Schriftenreihe BALTISCHE SEMINARE

Bd. 12

Zwischen Aufklärung und Baltischem Biedermeier

Schriftenreihe BALTISCHE SEMINARE
Herausgegeben von der
Carl-Schirren-Gesellschaft e. V.

Band 12

Als Deutsch-Baltisches Kulturwerk veranstaltet die Carl-Schirren-Gesellschaft seit 1989 Baltische Seminare in Lüneburg. Dabei werden geistes- und kulturgeschichtliche Themen behandelt mit besonderer Berücksichtigung der wechselseitigen Kulturbeziehungen zwischen Esten, Letten und Deutschbalten. Die Referenten sind Fachwissenschaftler aus Estland, Lettland und Deutschland.

Eine wesentliche Aufgabe der Baltischen Seminare besteht in der gegenseitigen Information. Als Symposien sollen sie über die nationalen Grenzen hinaus der Fachwissenschaft in Deutschland einen Überblick über den Forschungsstand der baltischen Länder verschaffen. Ebenso wichtig ist die bei dieser Gelegenheit zu vermittelnde Information für estnische und lettische Wissenschaftler hinsichtlich neuester Forschungsarbeiten aus ihrem Fachgebiet in Deutschland.

Mit der Herausgabe der Schriftenreihe BALTISCHE SEMINARE will die Carl-Schirren-Gesellschaft eine wissenschaftlich interessierte und allgemeine Öffentlichkeit erreichen.

Prof. Dr. Michael Garleff
Vorsitzender

ZWISCHEN AUFKLÄRUNG UND BALTISCHEM BIEDERMEIER

Elf Beiträge zum

14. Baltischen Seminar 2002

Herausgegeben von

Otto-Heinrich Elias

Verlag Carl-Schirren-Gesellschaft

Lüneburg 2007

Die Deutsche Bibliothek – CIP Einheitsaufnahme

Zwischen Aufklärung und Baltischem Biedermeier:
Elf Beiträge zum 14. Baltischen Seminar
hrsg. von Otto-Heinrich Elias
Lüneburg: Carl-Schirren-Gesellschaft 2007
Baltische Seminare: 12
ISBN-13: 978-3-923149-46-9

Gedruckt mit Unterstützung der
Karl Ernst von Baer-Stiftung

Layout und Bildbearbeitung: Hans-Gerhard Körner

Umschlagsentwurf: Ilmar Anvelt

Copyright 2007 by
Schriftenvertrieb Carl-Schirren-Gesellschaft e.V.
Lüneburg 2007

Herstellung: Books on Demand GmbH, Norderstedt

ISBN-13: 978-3-923149-46-9

Inhaltsverzeichnis

Vorwort des Herausgebers 7

OTTO-HEINRICH ELIAS 11
Aufklärung, Revolution, Nation
Wegmarken baltischer Geschichte

INDREK JÜRJO 45
Die Rezeption der Französischen Revolution
in den Ostseeprovinzen

MICHAIL KATIN-JARZEV 75
Der deutschbaltische Adel in russischen
Diensten 1750-1850

REIN HELME † 99
Unter siegreichen Fahnen
Die deutschbaltischen Offiziere in den Kriegen
unter Katharina II., Paul I. und Alexander I.

LEA LEPPIK 131
Die Universität Dorpat im livländischen Stilleben
Ihre sozialpolitische Rolle im ersten Drittel
des 19. Jahrhunderts

GVIDO ŠTRAUBE 165
Freimaurer in Livland

HENNING VON WISTINGHAUSEN 177
Freimaurer in Estland
Ihre Sozialstruktur am Beispiel der Revaler
Loge „Isis" 1773-1820

HEINRICH BOSSE 211
Vom Schreiben leben
Garlieb Merkel als Zeitschriftsteller

KONRAD MAIER 257
Die Bauernfrage in Estland
Die wirtschaftliche und soziale Lage des Landvolks
am Ende des 18. Jahrhunderts bis zur
Bauernbefreiung 1816/1819

KERSTI LUST 285
Die Domänengüter auf Ösel und in Livland
Vergleichende Übersicht über die Regulierung
der Agrarverhältnisse nach dem Bauernbefreiungsgesetz von 1819

EIŽENS UPMANIS 305
Der große Friedhof in Riga
Seine Entstehung, seine landschaftliche,
architektonische und künstlerische Bedeutung

Personenregister 337

Ortsregister 353

Autorenverzeichnis 359

Vorwort des Herausgebers

Der weitgespannte zeitliche Rahmen dieses 14. Baltischen Seminars, das im November 2002 in Lüneburg stattfand, ließ die Konzentration auf thematische Schwerpunkte als zweckmäßig erscheinen. Der Herausgeber dieses Bandes betrachtete einleitend die Französische Revolution und die Napoleonischen Kriege als historische Wendepunkte und untersuchte, welche geistes- und sozialpolitischen Entwicklungslinien von diesen Ereignissen ausgingen, welche durch sie beendet wurden und welche vom 18. zum 19. Jahrhundert langfristig als durchlaufend (im Sinne Alexis de Tocquevilles) verfolgt werden können. Auf die Behandlung der Bauernfrage als des großen innenpolitischen Problems dieser Zeit konnte umso weniger verzichtet werden, als dieses Thema in Lettland und Estland verständlicherweise im Mittelpunkt der wirtschaftsgeschichtlichen Forschung steht. Das Übersichtsreferat von Konrad Maier (Lüneburg) wurde durch Kersti Lust (Dorpat/Tartu) ergänzt, die sich auf die Lage der Bauern auf den Domänen und die regulierende Rolle der staatlichen Behörden konzentrierte. Einen weiteren Schwerpunkt bildeten die Möglichkeiten der Deutschbalten, im zivilen und militärischen Staatsdienst des Russischen Reiches Karriere zu machen, den Dienstadel zu erwerben und sozial aufzusteigen. Michael Katin-Jarzev (Moskau) und der zwischenzeitlich leider verstorbene Rein Helme (Reval/Tallinn) behandelten dieses Thema, wobei sie vielfach zu anderen Urteilen gelangten als die von ihnen ausgewertete russische Literatur. Neuland betraten Gvido Štraube (Riga) und Henning von Wistinghausen (Berlin) mit ihren Beiträgen über die Freimaurerei in den Ostseeprovinzen, eine Spielart aufgeklärter Geselligkeit, die im ganzen Russischen Reich schuld und grundlos in den Verdacht revolutionärer Umtriebe geriet und schließlich von Alexander I. ganz verboten wurde. Hier konnten die Grundlagen für weitere Forschungen gelegt werden. Ein letzter Themenbereich galt der Entstehung der europäischen Öffentlichkeit im modernen Sinne, an der deutschbaltische Schriftsteller und Wissenschaftler erheblichen Anteil hatten. Indrek Jürjo (Tallinn) sprach über Hupel und andere Literaten, Heinrich Bosse (Freiburg im Breisgau) über Garlieb Merkel. Schließlich behandelte Lea Leppik (Tartu) die Funktion der neu gegründeten Universität Dorpat für Staat, Stadt und Umland. Leider hat einer der Referenten, Wolfgang Griep (Eutin), seinen Vortrag über die Ostseeprovinzen im Spiegel zeitgenössischer Reisebeschreibungen nicht zum Abdruck in diesem Band zur Verfügung gestellt. Er brachte den „Blick von außen", das Urteil der fremden Beobachter, in den allgemeinen Befund ein. Starke Beachtung fand auch ein kunsthistorisch angelegter Bericht von Eižens Upmanis (Riga) über die Entstehung und Planung sowie das wechselhafte Schicksal des großen Rigaer Friedhofs.

Alle Referate wurden ausgiebig diskutiert. Als Ergebnis des Seminars kann festgehalten werden, dass in Liv- und Estland (wie im Russischen Reich überhaupt) viele konzeptionelle Ansätze der Aufklärung konservativen Anschauungen weichen mussten. Die Katharinische Reformverfassung, welche die Geburtsstände evolutionär in Berufsstände überführen sollte, wurde in den Ostseeprovinzen (aber nur hier) wieder aufgehoben und die traditionelle geburtsständische und ethnische Segregation wieder hergestellt. Provinzialrecht und Reichsrecht blieben für fast ein weiteres Jahrhundert getrennte Bereiche. Viele aufgeklärte Intellektuelle lehnten die radikale Phase der Französischen Revolution (Hupel) und die bonapartistische Expansionspolitik (Merkel) ab; sie entwickelten einen vorher nur von hohen Verwaltungsbeamten und Militärs praktizierten russischen Reichspatriotismus. Die im ausgehenden 18. Jahrhundert sehr deutliche wirtschaftliche Belebung brach ab; erst ab der zweiten Hälfte des 19. Jahrhunderts hat sie sich fortgesetzt, stimuliert durch fortschrittlichere landwirtschaftliche Methoden und den Eisenbahnbau. Hier hat sich die Kontinentalsperre trotz allen Schmuggels negativ ausgewirkt. Die Unterbrechung mancher Entwicklungslinien der Aufklärung erwies sich als unbeabsichtigte Förderung der lettischen und estnischen nationalen Bestrebungen. Die Frage, ob der moderne Nationalismus eine Spätfolge der Französischen Revolution oder ob er bereits in der Aufklärung in Ansätzen angelegt war, wurde kontrovers diskutiert. Die Agrarfrage und die verschiedenen Stadien der Bauernbefreiung wurden im Vergleich mit den in Westeuropa praktizierten Reformen behandelt; hier wurde in der Diskussion besonders deutlich, dass eine isolierte Betrachtung der baltischen Verhältnisse nicht weiterführt. Die Frage, ob die Mentalität der lettischen und estnischen bäuerlichen Bevölkerung weiter erforscht werden könne, wurde von den estländischen Tagungsteilnehmern unter Hinweis auf bisher unbearbeitete Archivalien eindeutig bejaht.

Eine nicht unwesentliche Einzelheit möchte ich noch erwähnen. Wie die Anna Amalia Bibliothek mitteilt, ist das in Weimar verwahrte Exemplar der seltenen Druckschrift von August Wilhelm Hupel über die *Greuel* der Französischen Revolution (1791), das Indrek Jürjo in seinem Beitrag so ausführlich behandelt, höchstwahrscheinlich in der Brandnacht des Jahres 2004 zugrundegegangen. Es hat sich aber auch herausgestellt, dass sich nicht nur in Jena, sondern auch in Eutin, Göttingen und Dresden weitere Exemplare von Hupels Büchlein befinden. Nicht alle Katastrophen erzeugen unwiederbringliche Verluste. Die Forschung geht weiter.

Der Herausgeber dieses Bandes dankt hiermit der Carl-Schirren-Gesellschaft, die das Seminar veranstaltet und den Druck dieses Bandes ermöglicht hat, insbesondere Wolf P. Wulffius und Gabriele von Mickwitz, auf deren Schultern die Last der Organisation lag. Sein Dank gilt ferner allen Referenten und Diskussionsteilnehmern für ihre Beiträge und für die bemerkenswert aufgeschlossene und lebendige Atmosphäre dieser Lüneburger Tage.

Vaihingen/Enz, im Oktober 2006   Otto-Heinrich Elias

AUFKLÄRUNG, REVOLUTION, NATION

Wegmarken baltischer Geschichte

Otto-Heinrich Elias

Dieses Seminar wird ein großes Thema behandeln, groß zunächst in Sinne von umfangreich – es umfasst ein ganzes Jahrhundert –, groß aber auch im Sinne von bedeutend: Es handelt sich um eine Schlüsselepoche der neueren Geschichte. Viele der damals aufgeworfenen Fragen stellen sich uns noch heute, wenngleich auf anderer Ebene und in anderer Terminologie. Aufklärung – dieser Begriff steht für eine philosophische Richtung, die davon ausgeht, dass der Mensch nicht in einer gottgewollten statischen Ordnung prinzipieller Ungleichheit leben muss, sondern dass er seine Zwecke und seine Ordnungen unter vernünftigen Gesichtspunkten selbst gestalten kann. Es handelte sich um eine eminent politische Philosophie, die folgerichtig auf die Ideale der Französischen Revolution hinauslief: Freiheit, Gleichheit, Brüderlichkeit. Lief sie mit der gleichen Folgerichtigkeit auf die Revolution selbst hinaus? Der Engländer Edmund Burke hat es behauptet[1]. Wir wissen, dass für diese Ideale entsetzliche Gewalttaten begangen und blutige Kriege geführt wurden. Die große Revolution und ihr General Bonaparte – diese beiden Phänomene gehören zusammen und bilden gleichzeitig einen Widerspruch. Hat Napoleon den Rachen der Revolution geschlossen und die Rückkehr zur Ordnung erzwungen, möglicherweise zu einer besseren Ordnung, oder hat er die Welt vollends ins Chaos gestürzt? Von dieser bewegten Zeit geht eine große Faszination aus, aber es ist eine Faszination, in der sich Bewunderung und Abscheu die Waage

---

[1] Edmund Burke, Reflections on the revolution in France, London 1790, deutsche Ausgabe besorgt von Friedrich Gentz, Berlin 1793.

halten. Das haben bereits die Zeitgenossen so empfunden, und das schlägt sich bis heute in der Historiographie nieder.

Eine Kernfrage der neueren Geschichtsschreibung – und damit auch dieses Seminars – lautet: Waren die Schrecken der Französischen Revolution und die daraus hervorgehende Herrschaft Napoleon Bonapartes eine Widerlegung der Aufklärung? Haben die beiden Jahrzehnte zwischen der Hinrichtung des französischen Königs Ludwig XVI. und der Verbannung Napoleons auf die Insel St. Helena den Beleg erbracht, dass der Mensch als politisches Wesen eben nicht in der Lage ist, seine sozialen Verhältnisse auf die Dauer vernunftgemäß zu gestalten? Der zweite Begriff unseres Rahmenthemas scheint diese Annahme zu bestätigen: Biedermeier. Das ist kein politischer Terminus, sondern ein literatur- und kunsthistorischer. Er bezeichnet zum Beispiel einen Möbelstil der Behaglichkeit und der Selbstzufriedenheit. Waren die Menschen in den Jahrzehnten zwischen 1815 und 1840 der philosophischen, der politischen und der kriegerischen Anstrengungen müde, lehnte man sich damals auf dem Biedermeiersofa zurück und begnügte man sich mit der unpolitischen Geselligkeit im Kreis der Familie und der Korporation? Viele Briefe und Memoiren gerade aus dem baltischen Bereich scheinen das „Baltische Stilleben" zu bestätigen[2]. Der Terminus „Restaurationszeit" bringt noch deutlicher zum Ausdruck, dass in diesen Jahrzehnten die Uhr zurückgestellt, der alte politische Zustand wiederhergestellt und befestigt werden sollte. Wenn dem so war, dann müssen wir fragen: Waren denn *dieser* Zeitgeist, *diese* Politik erfolgreich? Die konservative deutschsprachige Historiographie hat diese Frage bedingt bejaht, sie musste freilich einräumen, dass es nur ein Sieg auf Zeit gewesen ist. Die Revolution kehrte zurück, der Bonapartismus kehrte zurück, der Krieg kehrte zurück. War daran auch die Aufklärung schuld?

---

[2] Zu diesem Begriff vgl. den Beitrag von Lea Leppik in diesem Band.

Eine völkisch-rassistische Geschichtsschreibung war davon überzeugt. Der Franzose Graf Gobineau vertrat die Ansicht, in der Französischen Revolution sei die germanische Oberschicht Frankreichs durch einen Aufstand der keltisch-romanischen Unterschicht ausgerottet worden, ein nicht wieder gut zu machender Schaden, auf den auch alle folgenden historischen Übel zurückgehen[3]. Seine deutschen Nachahmer erfanden konsequenterweise das Schimpfwort vom „Aufkläricht" und verstießen damit Lessing und Herder, Kant und Schiller aus der deutschen Geistesgeschichte. Eine Gegenposition markierte Karl Marx. Für ihn sind bekanntlich Revolutionen notwendige, den Gesetzmäßigkeiten der Entwicklung gehorchende Ereignisse, die als nützliche Explosionen immer dann der Weg freimachen, wenn die wirtschaftlichen Verhältnisse und das Herrschaftssystem nicht mehr im Einklang stehen. Der marxistische Historiker wird infolgedessen die revolutionäre Gewaltanwendung weitestgehend rechtfertigen: Ein Musterbeispiel ist der 1989, im letzten Jahr der DDR, erschienene, im Auftrag der SED herausgegebene Prachtband über die Französische Revolution[4]. Die Aufklärung interpretiert ein Marxist mit distanzierter Freundlichkeit, den Aufklärern kommt sozusagen das Verdienst kleiner Propheten zu.

Burke (*1729), Gobineau (*1816), Marx (*1818) – diese Namen stehen für zum Teil extrem entgegengesetzte Geschichtsphilosophien und Schulen der Geschichtsschreibung. Sie lebten und schrieben innerhalb unseres Untersuchungszeitraums oder nur wenig später, sie waren Zeitgenossen oder fast noch Zeitgenossen. Das gilt auch für den französischen Historiker und Soziologen Alexis de Tocqueville (*1805). Auf ihn geht der Befund zurück, die Französische Revolution habe sich

---

[3] Joseph Arthur Graf von Gobineau, Essai sur l'inégalité des races humaines, Bd. 1-4, Paris 1853-1855.
[4] Die Große Französische Revolution 1789-1795. Illustrierte Geschichte, hrsg. von Kurt Holzapfel und Walter Markov, Berlin 1989.

in allen Ländern Europas nachhaltig ausgewirkt, nur nicht in Frankreich selbst. In Frankreich seien – auf lange Hand gesehen – nur diejenigen Reformen wirksam geworden, die das Ancien régime ohnehin vorgenommen hätte. Mit anderen Worten: Hätte sich die Revolution gar nicht ereignet, wäre es ungefähr auf dasselbe hinausgelaufen. Formuliert wurde dieser Gedanke 1856[5]. Tocqueville betrieb damit bereits Strukturanalyse langer Zeiträume, eine Methode, die die französische Wirtschaftsgeschichte erst sehr viel später entwickelt hat.

Es gab und gibt also viele Methoden, sich unserem Thema zu nähern. Wir werden nunmehr versuchen, das politische Anliegen der Aufklärung zu präzisieren und den Boden zu bereiten für die Frage: Welche ihrer Ziele sind in der Revolutions- und Kriegsphase untergegangen, welche wurden in der Restaurationszeit weiterhin verfolgt, vielleicht sogar verwirklicht? Welche Reformstränge sind durchlaufend, sind zeitübergreifend im Sinne von Tocqueville, welche brechen ab oder werden in ihr Gegenteil verkehrt? Wir werden also das Thema unseres Seminars nicht nur als zeitliche Eingrenzung verstehen, sondern als Aufforderung, Strukturanalyse zu betreiben. Dabei halten wir uns zunächst an Schriftsteller der politischen Aufklärung, die nicht nur in Westeuropa, sondern auch im Russischen Reich gelesen wurden, an Bücher, die auf den Schreibtischen der Kaiserin Katharina und ihrer baltischen Mitarbeiter gestanden haben. Das ist in erster Linie der „Esprit des Lois" von Montesquieu, sozusagen die Grundschrift der politischen Aufklärung[6]. Dazu kommen die Werke des Aufklärungsphilo-

---

[5] Alexis der Tocqueville, L'Ancien Régime et la Révolution, Paris 1856, deutsche Ausgabe Leipzig 1867.
[6] Charles de Secondat, Baron de Montesquieu, De l'esprit des lois, Bd. 1-2, Genf 1748. Deutsche Ausgabe: Vom Geist der Gesetze, Bd. 1-2, hsrg. von Ernst Forsthoff, Tübingen 1951. – Dazu bereits Erich Donnert, Politische Ideologie der russischen Gesellschaft zu Beginn der Regierungszeit Katharinas II. Gesellschaftstheorien und Staatslehren in der Ära des

sophen Christian Wolff[7] und der beiden Staatsschriftsteller Jakob Friedrich Freiherr von Bielfeld[8] und Johann Heinrich Gottlob von Justi[9]. Die beiden letzteren gehörten zum Umkreis Friedrichs des Großen, beide waren geadelte Bürgerliche, beide waren Freimaurer.

Versucht man, das Hauptanliegen der politischen Aufklärung in einem einzigen Satz zusammenzufassen, so müsste dieser lauten: Der Staat soll durch kluge Reformgesetze die geburtsständische Gesellschaft in eine berufsständische überführen. Die Stände sollen nicht abgeschafft werden, sondern ihrer politischen Funktion entkleidet werden. Das ist der Kern der Forderung nach Gleichheit. Der politische Schriftsteller Johann Gottfried Seume, ein ungebrochener Aufklärer, den wir auch als Reisenden in den baltischen Provinzen kennen lernen werden, hat das so ausgedrückt: *Freiheit ist durchaus nichts als Gerechtigkeit, und diese nichts als gleiche Befugnis mit glei-*

Aufgeklärten Absolutismus (Quellen und Studien zur Geschichte Osteuropas Bd. 20) Berlin 1976.

[7] Christian Wolff, Vernünftige Gedanken von dem gesellschaftlichen Leben der Menschen und insonderheit dem gemeinen Wesen. In: Gesammelte Werke. Hrsg. von J. Ercole u. a. 1. Abteilung: Deutsche Schriften Bd. 5. Franckfurt und Leipzig 4. Auflage 1736, Neudruck Hildesheim 1975.

[8] Des Freiherrn von Bielefeld [sic] Lehrbegriff der Statskunst aus dem Französischen übersetzt. Bd. 1-3, Breßlau und Leipzig 1761-1773. Russische, angeblich von Katharina II. teilweise selbst besorgte Übersetzung Moskau 1768-1775. – Zur Bedeutung der deutschen Kameralisten für die gesetzgeberische Arbeit Katharinas II. siehe Claus Scharf, Katharina II., Deutschland und die Deutschen (Veröffentlichungen des Instituts für Europäischen Geschichte Mainz, Bd. 153) Mainz 1995, S. 124-130.

[9] Johann Heinrich Gottlob von Justi, Die Grundfeste der Macht und Glückseligkeit der Staaten oder ausführliche Vorstellung der gesamten Polizeiwissenschaft, Bd. 1-2. Königsberg 1760/61, Neudruck Aalen 1965. – Des Herrn von Justi Natur und Wesen der Staaten als Quelle aller Regierungswissenschaften und Gesetze mit Anmerkungen hrsg. von Heinrich Godfried Scheidemantel, Mitau 1771, Neudruck Aalen 1969.

chen Pflichten im Staate[10]. Statt der Stände kommt schon bei Montesquieu ein merkwürdiges Gebilde zum Vorschein: das *Volk*, dessen Wohl die oberste Sorge des Herrschers sein soll. Das Volk und der Herrscher – auf diese beiden Faktoren reduziert sich die politische Szene bereits lange vor der Revolution. Es geht unseren Gewährsleuten aber nicht um Gleichheit des Besitzes oder des politischen Einflusses – dieses Ziel tauchte erst auf dem Höhepunkt der Revolution als Forderung einiger Utopisten auf. Es geht noch nicht einmal um Entmachtung des Adels. Es geht auch nicht grundsätzlich gegen die Kirche, so freigeistig sich viele Aufklärer auch gebärdeten. Es geht vielmehr um das, was wir heute als Chancengleichheit bezeichnen. Dazu musste die feudale Abhängigkeit der Bauern von Adel und Klerus fallen, was natürlich auch materielle Eingriffe mit sich bringen, aber vor allem Aufstiegsmöglichkeiten freimachen würde. Der Bauer sollte landwirtschaftlicher Unternehmer oder Händler werden können, vielleicht auch nur freier Landarbeiter, dem Bürgerlichen sollte der Weg zum Beamten und Offizier offen stehen. Es ging nicht um Auswechslung der Eliten, schon gar nicht um gewaltsame, sondern um deren Erweiterung.

Das Genie auf dem Thron

Wie hielt es die politische Aufklärung mit der Staatsform? Fast alle Aufklärer waren Gesinnungsrepublikaner und gleichzeitig Vernunftmonarchisten; selbst viele Monarchen gaben sich als gute Aufklärer. Eine Revolution, eine gewaltsame Auflehnung gegen die Regierung war theoretisch nicht vorgesehen. Selbst

---

[10] Johann Gottfried Seume, Mein Leben. Fortsetzung von G. J. Göschen, hsrg. von Jörg Drews, Stuttgart 1991, S 129. – Seume war mit Garlieb Merkel befreundet. Seine Reiseeindrücke in den Ostseeprovinzen schilderte er. In: Mein Sommer 1805. Hrsg. von Heinz Härtl 2. Aufl. Leipzig 1987.

Montesquieu, der sich ausführlich über die Verwerflichkeit des Despotismus auslässt, verwendet die Denkfigur des Tyrannenmordes nicht. Er hält zwar die Republik für die vernünftigste Herrschaftsform, zumal für die einzige, die wahre politische Tugend ermöglicht, aber die Republik funktioniert eigentlich nur in Stadtstaaten. Das beweisen die Antike und das Schicksal zeitgenössischer Städte wie Venedig. Für mittelgroße Länder, wie sie in Europa bestehen, ist die Monarchie noch am besten, und zwar wegen der Schnelligkeit der Gesetzgebung und der Kürze der Befehlswege. Zur Begründung der Monarchie wird bei den meisten Aufklärern weder das Legitimitätsprinzip noch die Tugend, sondern fast nur ihre Zweckmäßigkeit bemüht.

Trotzdem spielt die Tugend auch hier eine wichtige Rolle. Für einen Aufklärer ist der beste Monarch ein Philosoph auf dem Thron. Zwar gibt es Könige, die geistig nicht so auf der Höhe sind, die benötigen eben gute Berater und tun ansonsten gut daran, sich unauffällig zu verhalten. Von einer Institutionalisierung dieser Beraterschaft, gar von einer Konstitution, ist bei unseren Gewährsleuten kaum die Rede. Erwünscht ist der kompetente Monarch. In der modernen Geschichtsschreibung wird bestritten, dass es so etwas wie den Aufgeklärten Absolutismus überhaupt gegeben habe – das sei ein Widerspruch in sich[11]. Es ist aber offenkundig, dass einige Monarchen die Rolle des gekrönten Philosophen und Künstlers nur zu gern übernommen haben und dass ihnen die „echten" Philosophen dafür Beifall spendeten. In der „Öffentlichkeit", ein Begriff auf den wir noch zurückkommen werden, war das wichtig. Katharina von Russland und Friedrich von Preußen, auch der Habsburger

---

[11] Otmar Freiherr von Aretin, Aufgeklärter Herrscher oder aufgeklärter Absolutismus. Eine notwendige Begriffsklärung. In: Ferdinand Seibt, Gesellschaftsgeschichte. Festschrift Karl Bosl zum 80. Geburtstag. 1988; Ders., Das Problem des Aufgeklärten Absolutismus in der Geschichte Rußlands. In: Handbuch der Geschichte Rußlands., Bd. 2, II: Vom Randstaat zur Hegemonialmacht. Hrsg. von Klaus Zernack. Stuttgart 2002, S. 849-867.

Joseph II., haben auf den öffentlichen Nachweis ihres geistigen Ranges großen Wert gelegt, auf die Würde ihrer Geburt sicher auch, auf ihr Gottesgnadentum aber kaum noch. Es gab auch andere, markante Vertreter dieses Regententyps, etwa den Großherzog Leopold von Toskana und den Markgrafen Karl Friedrich von Baden. Der nicht mehr durch Geburt, sondern nur noch durch die Natur, durch sein Genie legitimierte Herrscher ist die folgerichtige Weiterführung dieses Prinzips. Das Auftreten eines Napoleon Bonaparte, der als Allround-Genie auftrat, war also bereits in der politischen Aufklärung angelegt, und der deutsche Dichter Martin Wieland hat diese Entwicklung vorhergesagt[12]. Eine Philosophie des Cäsarismus, die sich erst an Napoleon, dann (in Deutschland) an Friedrich dem Großen festmachte, war die konsequente Folge. Friedrich Ludwig Lindner, ein Kurländer, hat sie entworfen.

Dieses Prinzip hatte auch eine Kehrseite. Revolution und Tyrannenmord fehlten zwar im Ideengebäude der politischen Aufklärung. Man muss freilich hinzufügen: soweit es publiziert ist. Wenn man die Herrscherwürde an den öffentlichen Nachweis von Kompetenz bindet, wie das die Schriftsteller der politischen Aufklärung getan haben, dann liegt die Absetzung und Aburteilung eines unfähigen oder erfolglosen Monarchen nicht mehr außerhalb des Denkbaren. Der deutsche Aufklärer Lichtenberg hat diesen Schluss offen gezogen und gesagt: „Die Französische Revolution war das Werk der Philosophie". Man kann sogar einen Schritt weiter gehen. Die Hinrichtung Ludwigs XVI. und der Königin Marie Antoinette ist ein Einzelfall geblieben, der sich in dieser Form nur in Frankreich und nur als Teil einer einmaligen Entwicklung denken lässt. Die Beseitigung eines unfähigen oder politisch gescheiterten Herrschers

---

[12] Otto-Heinrich Elias, Das Bild des Kaisers. Literarischer und politischer Bonapartismus in Württemberg. In: Baden und Württemberg im Zeitalter Napoleons. Katalog der Landesausstellung Bd. 2, Stuttgart 1987, S. 717-741, hier: S. 724.

durch Staatsstreich, durch Offiziersverschwörung, ist aber mehrfach vorgekommen: zweimal in Russland, einmal in Schweden. Wenn man Karl XII. von Schweden, einen ungeklärten Fall, mitrechnet, sind es auch in Schweden zwei Fälle. Sowohl Karl XII. als auch Gustav III. von Schweden waren hochbefähigte, ja genialische Herrscher, auch im Sinne der politischen Aufklärung, deren Versagen darin bestand, ihr Volk zu überfordern. Auch Napoleon ist durch Staatsstreich an die Macht gekommen, gegen eine unfähige Direktorialregierung. Man wird daraus den Schluss ziehen müssen, dass der Staatsstreich einschließlich der Tötung des Monarchen eben doch zu den – vermutlich unbeabsichtigten – Folgeerscheinungen der politischen Aufklärung gehörte. In der Biedermeierzeit, in der die Monarchen keine Philosophen mehr sein wollten, sondern wieder mehr Wert auf ihr Gottesgnadentum legten, gab es so etwas nicht mehr[13].

Die Abschaffung des Krieges war kein eindeutiges Ziel der politischen Aufklärung. Kants „Traktat zum ewigen Frieden" wurde in Russland zwar rezipiert[14], hat aber die praktische Politik nicht beeinflusst. Der Staat, sagt Bielfeld, muss seine Bürger glücklich und sich selbst nach außen fürchterlich machen, das ist die Quintessenz der Politik. Katharina II. hat in ihrer Korrespondenz mit Voltaire mehr Aufhebens von ihren Siegen

---

[13] Die Hinrichtung Karls I. von England im Jahre 1649 gehört in einen anderen Zusammenhang. Die Attentate der russischen Sozialrevolutionäre in der zweiten Hälfte des 19. Jahrhunderts beruhten auf der Annahme, dass der Staat durch die Tötung des Monarchen – Zar Alexander II. starb 1881 durch ein Bombenattentat – und einiger wichtiger Funktionäre zum Zusammenbruch gebracht werden könne, ein Gedanke, den kein Aufklärer gedacht hätte.

[14] Michael Schippan, Katharina II. und die Rezeption des Europäischen Friedensdenkens im Zarenreich. In: Katharina II., Rußland und Europa. Beiträge zur internationalen Forschung, hrsg. von Claus Scharf (Veröffentlichungen des Instituts für europäische Geschichte Mainz, Beiheft 45) Mainz 2001, S. 251-274.

gegen Schweden und Türken gemacht als von ihren Theaterstücken und ihrer Verwaltungsreform, und Voltaire hat dieses Thema nur zu gern aufgenommen[15]. Für Karl XII. und für Friedrich war die Feldherrnschaft der wesentliche Teil ihrer Regentenkompetenz, für Napoleon natürlich auch. Auch hier gilt wieder: Die Monarchen des 19. Jahrhunderts, die weniger darauf angewiesen waren, ihre Tüchtigkeit öffentlich unter Beweis zu stellen, haben die Feldherrnfunktion wieder delegiert. Grundsätzlich ist der Krieg, nicht zuletzt durch die von Frankreich ausgehende revolutionär-nationale Aggression, ein durchlaufendes Phänomen vom 18. in das 19. Jahrhundert hinein, für uns vor allem interessant als die Grundlage militärischer Karrieren. Wir werden uns im Rahmen unseres Seminars noch mit diesem Aspekt beschäftigen.

Russland – das Reich der Aufklärung?

Fragt man, in welchen Ländern die Philosophen und Staatswissenschaftler der Aufklärung ihre Vorstellungen praktisch verwirklicht sehen konnten, so stößt man zunächst auf die Neue Welt. Amerika war das Idealland der Aufklärung, hier gab es von Anfang an keine Geburtsstände – natürlich reiche und arme Leute, angesehene und weniger angesehene, Indianer und Weiße, aber das entsprach ja dem „ordre naturel", der natürlichen Ordnung der Dinge. Aber dann kam gleich das Russische Reich. Hier hatte sich die ständische Ordnung noch kaum entfaltet, hier konnte man als Bürger, zumal als Ausländer mit Spezialkenntnissen, schnell reich werden oder in den Dienstadel aufsteigen. Der Dienstadel war eine typische Einrichtung der Aufklärung, ein Mittel zur Durchlöcherung geburtsständischer Schranken. Peter der Große hat ihn in Russland eingeführt. Jeder Offizier oder Staatsbeamte, vom Major an auf-

---

[15] Hans Schumann (Hrsg. und Übersetzer), Monsieur – Madame. Der Briefwechsel zwischen der Zarin und dem Philosophen, Zürich 1991.

wärts, erhielt automatisch den erblichen Adel. Auch der examinierte Akademiker wurde im Staatsdienst adlig[16]. Es gab in Russland natürlich auch Geburtsadel, darunter aber nur wenige wirklich reiche und mächtige Familien. Die meisten russischen Adligen hatten nur geringen und wenig einträglichen Grundbesitz. Der Unterschied zwischen einfachem Geburtsadel und Dienstadel war also in der Regel nicht sehr groß. Derartige Wege zur Schaffung einer erweiterten, dem Staat nützlichen Elite haben die Aufklärer gefordert, die als gute Psychologen wussten, dass nicht nur Reichtum, sondern auch Würde an den Staat bindet. Napoleon, der in so vielen Punkten neu angesetzt hat, schuf für Frankreich mit der Ehrenlegion einen nicht vererbbaren Verdienstadel, allerdings hat er in der Schlussphase seiner Herrschaft seine Marschälle auch mit erblichen Fürstentiteln ausgestattet[17]. Ludwig XVIII. hat klugerweise die Ehrenlegion beibehalten und den napoleonischen Adel bestätigt. Die napoleonische Leistungselite wurde weiterhin für den Staat in Anspruch genommen. Die meisten Länder des Deutschen Bundes kannten im 19. Jahrhundert eine ähnliche Institution, den Personaladel. Der Personaladel war meist mit der hohen Stufe eines Ordens verbunden und wurde zum Beispiel in Württemberg an Künstler, Gelehrte und Kaufleute vergeben, er war aber

---

[16] Die Rangtabelle siehe bei Erik Amburger, Geschichte der Behördenorganisation des Russischen Reiches von Peter dem Großen bis 1917 (Studien zur Geschichte Osteuropas Bd. 10) Leiden 1966, S. 65. Vgl. auch den Beitrag von Michail Katin-Jarzev in diesem Band. – Es ist wenig bekannt, dass selbst Heinrich Heine im russischen Dienstadel das „antifeudalistische Prinzip einer Gleichheit aller Staatsbürger" gesehen hat, „denen nicht die Geburt, sondern das erworbene Staatsamt einen Rang erteilt". Freilich wurde dieses Prinzip durch die Vererbbarkeit des durch Verdienst erworbenen Rangs wieder unterlaufen. Heinrich Heine, Einleitung zu „Kahldorf über den Adel in Briefen an den Grafen M. von Moltke". In: Sämtliche Schriften, hrsg. von Klaus Briegleb, 2. Bd., Darmstadt 1969, S. 665.
[17] Jacques Presser, Napoleon. Die Entschlüsselung einer Legende. Stuttgart 1977.

nicht vererbbar. Die deutschen Fürsten haben bis zum Ende des Kaiserreichs den erblichen Adel verliehen, das aber wiederum recht selten. Dass in Russland der Staatsdienst auf einer relativ niedrigen Rangstufe mit dem erblichen Adel verbunden war, war in Europa einmalig.

Das Russische Reich hatte für die politischen Aufklärer weitere Vorzüge. Katharina hat in den 1770er und 1780er Jahren in mehreren Stufen eine Verfassung eingeführt, die aus den Lehrbüchern der politischen Aufklärer geradezu abgeschrieben war, die sogenannte Statthalterschaftsverfassung. Der Name sagt nur aus, dass das Reich von nun an nicht mehr in Gouvernements, sondern in Statthalterschaften eingeteilt wurde. Selten ist eine politische Theorie so genau in Gesetze gegossen worden. Wie lautete die Forderung: Geburtsstände in Berufsstände überführen! Die in unserem Zusammenhang wesentliche Bestimmung des neuen Verfassungsrechts war die Allodifizierung der adligen Güter; Gutsbesitz war jetzt nicht mehr dem Adel vorbehalten, sondern frei konvertierbar. Dementsprechend entfiel auch die formal noch bestehende Dienstverpflichtung des Adels gegenüber der Krone[18]. Frankreich hat diese Rechtsreform gewaltsam durch die Revolution vollzogen. In Preußen wurde 1807 die Grundherrschaft aufgehoben, nicht aber die ständischen Vorrechte als solche. Bürgerliche konnten sich zwar in den Stand der Rittergutsbesitzer einkaufen. Adlig wurden sie damit nicht. Die meisten deutschen Länder folgten mit ähnlichen Reformen in der ersten Hälfte des 19. Jahrhunderts. Russland, wie gesagt, ging 1785 voran. Katharina hat den Dienstadel dem Geburtsadel rechtlich gleichgestellt. Natürlich genoss ein Mann aus alter Familie, mit altem Reichtum in der Öffentlichkeit mehr Ansehen. Aber einen rechtlichen Unterschied gab es nicht mehr.

---

[18] Claus Scharf, Innere Politik und staatliche Reformen seit 1762. In: Handbuch der Geschichte Rußlands (wie Anm. 11) S. 676-803.

Eine weitere wichtige Neuerung: In den Städten galt weitgehend Gewerbefreiheit. Geburtsständische Unterschiede innerhalb der Einwohnerschaft wurden aufgehoben, „Bürger" konnte jetzt jeder werden, vom Handelsherrn bis zum kleinen Krämer. Er musste sich nur in das Bürgerbuch eintragen lassen[19]. Sogar ein staatstragendes Großbürgertum wurde installiert: Sogenannte „Namhafte Bürger", nämlich bewährte Funktionsträger der städtischen Selbstverwaltung und des Gerichtswesens, Gelehrte, Künstler, Großhändler, Bankiers und Reeder durften vierspännig fahren, waren von Leibesstrafen befreit und konnten Güter außerhalb der Stadt erwerben. Bürger, die in dritter Generation diesem Kreis angehörten, durften den Adel beantragen. Damit war der städtisch-bürgerliche Bereich noch relativ niedrig in das Gesellschaftsgebäude eingeordnet; entscheidend ist aber, dass er durchlässig, dass er nach oben offen war. Nicht nur im Staatsdienst, sondern auch über Wirtschaft, Kunst und Wissenschaft war sozialer Aufstieg möglich. Langfristig – vielleicht in hundert Jahren – sollte eine „neue" adlige Funktionselite entstehen, die mit dem ehemaligen Geburtsadel kaum noch etwas zu tun hatte – für das 18. Jahrhundert eine erstaunlich moderne Konzeption.

Zur Verfassungsreform gehörten ferner die Einführung der Gewaltenteilung, der Aufbau eines von der Verwaltung getrennten Gerichtswesens, deren untere Instanzen gewählt wurden, sowie eine Neuregelung der Staatsfinanzen. Alles das gab es in Frankreich erst durch die Revolution und die napoleonische Neuordnung des Staates.

---

[19] Für Reval siehe Otto-Heinrich Elias, Reval in der Reformpolitik Katharinas II. Die Statthalterschaftszeit 1783-1796 (Quellen und Studien zur baltischen Geschichte Bd. 3) Bonn-Bad Godesberg 1978. – Der als solcher definierte Bürgerstand wurde eindeutig vom Adel abgegrenzt (gegen Aretin, wie Anm. 11, S. 861). Allerdings hatten die in der Stadt wohnenden Adligen Stimme in der Wahlkurie der Hausbesitzer.

In der Literatur wird die Verfassungsreform Katharinas oft negativ beurteilt: Sie sei am grünen Tisch entstanden ohne Praxisbezug, diese theoretisch ganz gute Verfassung habe für die unterentwickelte russische Gesellschaft noch nicht gepasst und sei durch Korruption unterlaufen worden; die in Russland herrschenden privilegierten Klassen hätten gerade durch das Statut von 1785 (das Adelsstatut) das Monopol ihrer Machtstellung konsolidiert[20]. Das Gegenteil ist der Fall. Das Monopol wurde aufgehoben, um durch Erweiterung der Eliten den Staat zu konsolidieren. Das ist Gesetzgebung im besten Sinne der politischen Aufklärung. Die neue Verfassung bot Spielraum für die weitere soziale Entwicklung und hat Russland vielleicht nicht gerade eine bürgerliche Revolution, aber doch politische Kämpfe erspart. Nur einen Bereich hat Katharina ausgelassen: die Agrarreform. Die Einbeziehung der Bauern in das staatliche Steuersystem anerkannte sie zwar als Staatsbürger, verschlechterte aber de facto ihre Lage. Hinsichtlich der Bauernbefreiung ging Russland nicht voran, sondern hinkte der europäischen Entwicklung um mehr als ein halbes Jahrhundert hinterher. Die Gründe dafür kann man nur vermuten; auch hier kann man der Aufklärungsphilosophie einige Hinweise entnehmen.

---

[20] Das Zeitalter der europäischen Revolution 1780-1848 (Weltbild Weltgeschichte Bd. 26). Hrsg. von Louis Bergeron, Francois Furet und Reinhard Koselleck, Augsburg 1998, S. 10. – Zur Kritik an der Verfassung neuerdings Janet Hartley, Katharinas II. Reformen der Lokalverwaltung – die Schaffung städtischer Gesellschaft in der Provinz. In: Katharina II., Rußland und Europa (wie Anm. 14) S. 457-447.

Europäische Wege der Agrarreform

Welche Vorbilder, welche Modelle standen für eine Agrarreform zur Verfügung? Ein Überblick soll den Vergleich mit den Verhältnissen im Russischen Reich und vor allem in dessen Ostseeprovinzen ermöglichen[21]. Überall in Europa überwog im ausgehenden 18. Jahrhundert ganz eindeutig die Landwirtschaft; Handel und Gewerbe waren in wenigen Städten konzentriert. Die einzige Ausnahme war England mit dem Voranschreiten seiner Industrialisierung, für das man ja ebenfalls den Ausdruck „Revolution" verwendet hat. In England war der Bauernstand schon seit dem 17. Jahrhundert durch die Einhegungen des Gemeindelands und durch Aufhebung ganzer Dörfer weitgehend vernichtet worden. Es entstanden leistungsfähige, oft von Bürgern betriebene Großbetriebe, die Verwissenschaftlichung der Landwirtschaft nahm hier ihren Ausgang. Die Grenzen zwischen Adel und aufstrebendem Bürgertum wurden durchlässig. Der englische Bauer wanderte aus oder wurde Land- bzw. Industriearbeiter. In diesem Milieu entstand die nationalökonomische Theorie von Adam Smith (*1723), demzufolge der Staat möglichst wenig in die Wirtschaftsabläufe eingreifen soll und Arbeitsverhältnisse am besten durch freien Vertrag geregelt werden.

Der französische und westdeutsche Typus der Landwirtschaft beruhte auf dem selbstständig wirtschaftenden Mittel- oder Kleinbauern, der dem adligen oder klerikalen Grundherrn zu persönlichen und dinglichen Leistungen verpflichtet ist. Der Grundherr wirtschaftet nicht selbst, sondern ist Soldat, Diplomat oder Beamter. Dieses System kennt keinen wissenschaftlich-technischen Fortschritt, keine Leistungssteigerung. Am französischen Königshof entstand deshalb die ökonomische

---

[21] Das Folgende im Wesentlichen nach Günter Barudio, Das Zeitalter des Absolutismus und der Aufklärung 1648-1779 (Weltbild Weltgeschichte Bd. 25) Augsburg 1998 und dem Bd. 26 dieser Reihe (wie Anm. 20).

Theorie der Physiokraten (Francois Quesnay, *1694), die die Landwirtschaft zur einzig produktiven Grundlage jeder Volkswirtschaft erklärte. Die Physiokraten sind klassische Vertreter der politischen Aufklärung, sie wollen nicht revolutionieren, sondern nur ändern, das aber an wesentlicher Stelle, und zwar nach englischem Vorbild. Der adlige Grundherr soll seine Rechte an Grund und Boden an den wohlhabenden Bürger verpachten, der dann mit wissenschaftlicher Methode einen effektiven Großbetrieb aufzieht. Die Entstehung eines landwirtschaftlichen Proletariats wird in Kauf genommen. Die Physiokraten hatten großen politischen Einfluss und in Frankreich selbst so gut wie keinen praktischen Erfolg. Die Französische Revolution, die ja zu einem nicht geringen Teil eine bäuerliche Revolution war, schaffte die Feudallasten der Bauern ab, die persönlichen ohne Entschädigung, die dinglichen aber mit finanzieller Ablösung. Damals entstand der behäbige und – bis heute – politisch einflussreiche französische Bauernstand.

Die agrarische Situation in West- und Mitteldeutschland entsprach der französischen, aber ohne deren scharfe Polarisierung. Die Aufklärungstheoretiker Justi und Bielfeld sagten mit aller Deutlichkeit: Das Ziel der Agrarregulierung muss der freie Bauer sein, und zwar aus philosophischen, demographischen und aus praktischen Gründen. Der freie Bauer bekommt mehr Kinder, er wird das Land besser peuplieren. Ein Bauernhof wirtschaftet intensiver als ein großes Gut. Dass die Bauern eines Tages frei sein würden, galt im ausgehenden 18. Jahrhundert nicht nur in Deutschland eigentlich als selbstverständlich, die Frage war nur, wann[22]. Die deutsche Bauernbefreiung kam auf dem Umweg über Frankreich, sie entsprach der französischen Praxis, dauerte in den meisten Ländern des Deutschen Bundes aber sehr viel länger. In den Rheinbundstaaten,

---

[22] Das Allgemeine Preußische Landrecht von 1794 hatte die Leibeigenschaft bereits vorwegnehmend aufgehoben, freilich ohne praktische Durchführungsbestimmungen.

selbst in den westlichen Gebieten Preußens, folgte man der nur wenig veränderten napoleonischen Gesetzgebung. Persönlich frei wurden die Bauern sehr schnell durch einen Federstrich des zuständigen Fürsten. Sie mussten aber dann die meisten ihrer feudalen Belastungen den Berechtigten sozusagen per Ratenzahlung abkaufen („ablösen"). Das dauerte Jahrzehnte. Zum Schluss waren die mit Landarbeitern wirtschaftenden Gutsbesitzer und die freien Bauern Konkurrenten auf demselben Markt. Es stand in Deutschland aber niemals zur Diskussion, den Bauern ihre Höfe zu nehmen und zu Großgütern zu vereinigen.

In den ostelbischen Gebieten Preußens lagen die Dinge eigentlich anders. Hier herrschte der Typus der Gutswirtschaft vor, das heißt, der adlige Gutsbesitzer bewirtschaftete seinen Besitz entweder selbst oder durch einen Verwalter; die zum Gut gehörenden Bauernhöfe galten als Außenstellen des Gutes und waren diesem zu Arbeits- und Sachleistungen verpflichtet. Die bäuerlichen Lasten, die in Frankreich und Westdeutschland als abstrakte Steuerleistung erschienen, waren hier erkennbar eine Gegenleistung für den vom Gutsherrn überlassenen Bauernhof. Diesen Typus der Gutsherrschaft gab es auch in den baltischen Ostseeprovinzen. In Preußen entschloss sich der Minister Karl August von Hardenberg schon 1810/11, auch östlich der Elbe dem französischen Beispiel der Agrarreform zu folgen, und zwar mit der harten, aber übersichtlichen Variante, Land statt Geld bei der Ablösung einzusetzen. Etwa ein Drittel des in bäuerlicher Hand befindlichen Bodens ging durch dieses Verfahren an die Gutswirtschaften über; da aber gleichzeitig das Gemeindeland aufgeteilt wurde, erhielten die Bauern dafür einen gewissen Ersatz. Das Verfahren wurde mit großer Konsequenz durchgezogen und war 1840 im Wesentlichen abgeschlossen. Dabei wurde in Kauf genommen, dass ein Landproletariat entstand, das zur Auswanderung oder zur Abwanderung in die Industriegebiete gezwungen war.

Außer den dargestellten Varianten der europäischen Agrarverfassung gab es noch eine nordische, etwa in Schweden, gekennzeichnet durch einen zahlenmäßig starken freien Bauernstand, der sogar in der Ständeversammlung vertreten war, sowie durch einen von der Krone weitgehend abhängigen Adel.

Was hat man nun aus diesen Vorbildern, aus diesen theoretischen Modellen in Russland und in den baltischen Provinzen gemacht? Hier spielte die Theorie des Physiokratismus, die in Frankreich selbst nicht zum Zuge kam, eine wesentliche Rolle. Johann Georg Eisen von Schwarzenberg, Autor vielgelesener Bücher über die Agrarreform, war ebenso Physiokrat wie Karl Friedrich von Schoultz-Ascheraden, der Urheber des bekannten Bauernrechtes. Gotthard Johann von Manteuffel, der über seine Bauern wie ein Napoleon kommandierte, war geradezu das Ideal eines selbstwirtschaftenden physiokratischen Landwirts. Einer der führenden Vertreter der Physiokraten, Pierre Paul Mercier de la Rivière, besuchte 1770 St. Petersburg und wurde von Katharina mehrmals empfangen. Rivière gehörte zu den Philosophen, mit denen sich die Kaiserin schmückte und von denen sie sich loben ließ. Daraufhin wurde der Physiokratismus von der neugegründeten „Freien ökonomischen Gesellschaft" in St. Petersburg zur herrschenden Lehre erhoben, obwohl er im Westen nur kurzfristig zum Zuge gekommen war[23].

---

[23] Claus D. Kernig, Rußlands Verhältnis zum europäischen Modernisierungsprozeß. Zur strukturgenetischen Unabschaffbarkeit des Ost-West-Konflikts. In: Felder und Vorfelder russischer Geschichte. Festschrift Peter Scheibert, hrsg. von Inge Auerbach u. a. Freiburg 1985, S. 15-31, hier: S. 17. – Die These des Autors, wonach westliche Ideen in Russland stets zeitverschoben, also verspätet rezipiert wurden, trifft zwar für die Bauernbefreiung, auf viele Teile der Katharinische Verfassungsreform aber nicht zu. Mit der weitgehenden Abschaffung der Todesstrafe war sie ihrer Zeit weit voraus. – Zur Bedeutung physiokratischer Ideen im Baltikum vgl. Jürgen Heeg, Garlieb Merkel als Kritiker der livländischen Ständegesellschaft. Zur politischen Publizistik der napoleonischen

Das Ziel der Physiokraten war die Modernisierung und Verrechtlichung der feudalen Agrarverfassung hin zum rentablen landwirtschaftlichen Großbetrieb. Humanitäre Gesichtspunkte mochten mitspielen, standen aber nicht im Vordergrund. Die Vorherrschaft der physiokratischen Lehre mag einer der Gründe dafür gewesen sein, dass Katharina in diesem Punkt nicht den deutschen Kameralisten Justi und Bielfeld gefolgt ist. Aber das ist nur einer der denkbaren Gründe. Die Agrarfrage war zu prekär, es waren mächtige Interessen im Spiel. Immerhin war die Schaffung eines freien Bauernstandes in der Katharinischen Verfassungsreform angelegt; bei den Bauern der Staatsgüter, den sogenannten Kronsbauern, versuchte die Regierung mehrfach, Statusverbesserungen beispielgebend voranzubringen[24].

Die Effektivität vieler Gutswirtschaften in den Ostseeprovinzen, in denen planmäßig für den Export produziert wurde, ist von russischen Reisenden bewundert worden. Ein Bauer in Livland oder Estland, befand 1789 der russische Schriftsteller Nikolai Michailovic Karamsin, „bringt seinem Herrn viermal mehr ein als einer unserer kasanischen oder simbirskischen Bauern"[25]. Die meisten Güter hatten in dieser Zeit einen ersten

---

Zeit in den Ostseeprovinzen Rußlands (Europäische Hochschulschriften Reihe 3: Geschichte und ihre Hilfswissenschaften Bd. 718) Frankfurt am Main 1996, passim. – Über Gotthard Johann von Manteuffel als moderner Agrarunternehmer vgl. Otto-Heinrich Elias, Aufklärungsbedingte Wandlungen des wirtschaftlichen Denkens in Estland. In: Von regionaler zu nationaler Identität. Beiträge zur Geschichte der Deutschen, Letten und Esten vom 13. bis zum 19. Jahrhundert. Nordost-Archiv. Zeitschrift für Regionalgeschichte Neue Folge 7 (1998) Heft 1 S. 195-218.

[24] Vergleiche den Beitrag von Kersti Lust in diesem Band.
[25] Dieses wichtige, in der Literatur kaum beachtete Zitat siehe Guntram Philipp, Die Wirksamkeit der Herrnhuter Brüdergemeine unter den Esten und Letten zur Zeit der Bauernbefreiung (Forschungen zur internationalen Sozial- und Wirtschaftsgeschichte Bd. 5) Köln Wien 1974, S. 76 Anm. 41. Selbst wenn Karamsins Befund keineswegs auf alle Güter zutraf, so wird man doch grundsätzlich von einer höheren Produktivität

Modernisierungsschub hinter sich, nämlich die Umstellung auf Branntweinbrennerei für die russische Monopolbehörde[26]. Die Reformen kamen in Gang, als die Branntweinkonjunktur auslief und man nach Wegen suchte, um die Rentabilität der Güter wieder zu erhöhen. Die anklagenden Schriften Merkels und Petris wiesen in die gleiche Richtung. Die baltische Agrarreform geschah in drei Schüben[27]: Der erste Schub um 1805, der physiokratische, nutzte in der Praxis die aus der Schwedenzeit stammenden Methoden des Bauernschutzes. Die eigentliche Bauernbefreiung der Jahre 1816 bis 1819 orientierte sich an der englischen Entwicklung, sie folgte der Lehre von Adam Smith vom freien Vertrag. Sie degradierte alle Bauern zu Landarbeitern ohne Recht auf eigenen Boden und wurde zunehmend als Fehlschlag empfunden.

Die dritte Stufe, die Fölkersahmsche Reform der 1840er Jahre, verlief nach dem preußischen Vorbild und ging damit indirekt auf die Französische Revolution zurück. Den Beschluss machte die russische Reform des Jahres 1861, die ja ebenfalls auf die Schaffung eines Standes freier Bauern hinauslief, eine Spätwirkung der Revolution noch jenseits der Biedermeierzeit.

---

der baltischen Gutswirtschaft ausgehen dürfen. Dem widerspricht nicht, dass von einer wissenschaftlich betrieben Landwirtschaft noch nicht die Rede sein konnte. Vgl. auch die folgende Anm.

[26] Elias, Aufklärungsbedingte Wandlungen (wie Anm. 23).
[27] Grundlegend: Reinhard Wittram, Baltische Geschichte. Die Ostseelande Livland, Estland, Kurland 1180-1918. Grundzüge und Durchblicke, Darmstadt 1973; Gert von Pistohlkors (Hrsg.), Baltische Länder (Deutsche Geschichte im Osten Europas, hrsg. von Hartmut Boockmann u. a.) Berlin 1994; Juhan Kahk, Bauer und Baron im Baltikum. Versuch einer historisch-phänomenologischen Studie zum Thema „Gutsherrschaft in den Ostseeprovinzen", Tallinn 1999.

Der baltische Sonderweg

Es muss noch berichtet werden, dass die baltischen Provinzen hinsichtlich der Katharinischen Verfassung einen Sonderweg eingeschlagen haben. Die Ostseeprovinzen wiesen eine Sozialstruktur auf, die derjenigen in Westeuropa durchaus vergleichbar war. Ihre seit Jahrhunderten bestehenden politischen Organisationsformen hatten sich bewährt, befestigten aber die geburtsständischen Schranken zwischen dem landsässigen Adel und der städtischen Bürgerschaft und innerhalb der Stadt zwischen Deutsch und Undeutsch. Durch ihre Religion waren auch die stadtsässigen Russen auf den Status von Gästen festgelegt. Die Katharinische Verfassungsreform griff hier deshalb viel stärker in die Rechtsverhältnisse ein als in Russland selbst. Da der Begriff der Revolution noch nicht negativ besetzt war, konnte Schlözer in seinen Göttingischen Staatsanzeigen von einer „wohltätigen Revolution in Estland" berichten[28]. Es ist eine historische Kuriosität, dass diese Reform in den Ostseeprovinzen als eine Folgeerscheinung der Französischen Revolution wieder rückgängig gemacht wurde. Der Weg in den Dienstadel und die damit verbundenen Vorteile des Staatsdienstes stand den bürgerlichen Deutschbalten weiterhin offen, aber die geschlossene Matrikel des ritterschaftlichen Adels wurde wieder Bestandteil des Provinzialrechts. Für mehr als ein halbes Jahrhundert blieben in den Ostseeprovinzen die geburtsständischen Schranken mit allen ihren rechtlichen Konsequenzen bestehen; sie verhinderten den möglichen Ausgleich zwischen Stadt und Land, zwischen Deutsch und Undeutsch. Die städtischen Intellektuellen rangierten nicht mehr als aufstiegsberechtigte bürgerliche Oberschicht, sondern wieder

---

[28] August Ludwig Schlözer (Hrsg.), Rechtfertigung der durch landesherrliche Machtvollkommenheit geschehenen Aufhebung der Estländischen Privilegien. In: Statsanzeigen 11 (1787) Heft 41-44; S. 161.

(oder weiterhin) als Angehörige eines besonderen Standes, der Literaten.

Zureichende Gründe dafür gab es nicht. Die Ostseeprovinzen haben die sogenannte Statthalterschaftszeit, die ja nur zwölf Jahre gedauert hat, gut überstanden[29]. Einen sozialen Umsturz hat sie nicht bewirkt, sondern ganz im Sinne ihrer Erfinder eine langsame Veränderung angebahnt. Die Aufhebung des von den Ritterschaften beherrschten Landesstaats und die rechtliche Gleichstellung mit dem Dienstadel missfiel natürlich dem Adel, andererseits hatten sich viele Adlige den Idealen der Aufklärung geöffnet, sie haben in den neuen Behörden und Gerichten gern mitgearbeitet. Die ganze Verfassung war ja von deutschbaltischen Mitarbeitern der Kaiserin ausgearbeitet worden. Die freie Konvertibilität der Rittergüter führte zu einem häufigeren Besitzwechsel, sogar zu Ansätzen einer Güterspekulation[30]. Das waren Übergangserscheinungen, die unter den besonderen Bedingungen der Ostseeprovinzen bald wieder verschwunden wären. Es gab hier gar nicht genügend freies Kapital zum Aufkauf der Adelsgüter durch Bürgerliche. Im nachrevolutionären Frankreich, ja selbst in Preußen sind derartige Erscheinungen ungleich heftiger aufgetreten.

In den Städten, vor allem in Reval, war die Statthalterschaftszeit eine Phase der wirtschaftlichen Prosperität. Räte und Gilden waren zwar aufgehoben, aber durch gewählte Organe ersetzt, die gut funktionierten. Die Tatsache, dass sich jetzt auch russische Kaufleute und estnische Handwerker als Bürger einschreiben lassen konnten, hat Handel und Wandel keinen Abbruch getan. Im Gegenteil: Gerade in diesen Jahren gab es nicht nur Riesenumsätze im Revaler Hafen, sondern man findet bereits einzelne wohlhabende Esten, Ansätze eines

---

[29] Elias, Statthalterschaftszeit (wie Anm. 19).
[30] Henning von Wistinghausen, Quellen zur Geschichte der Rittergüter Estlands im 18. und 19. Jahrhundert (1772-1889). (Beiträge zur baltischen Geschichte Bd. 3) Hannover-Döhren 1975.

estnischen Bürgertums[31]. Im ausgehenden 18. Jahrhundert entstanden die materiellen Grundlagen der estnischen Emanzipation. 1803 wurde der Zunftzwang wieder gelockert, gleichwohl ist Reval, was Handel und Wandel anbetrifft, in der Biedermeierzeit eine eher ruhige Stadt gewesen.

Vom Wirtschaftskrieg zur Niederwerfung Napoleons

Die große Politik hat auf den Handel langfristig keinen starken Einfluss ausgeübt, obwohl die russische Regierung das versucht hat. Kurzfristige Schwankungen des Handelsvolumens hat es immer gegeben, besonders unter der Regierung des Zaren Paul, der eine sprunghafte und inkonsequente Handelspolitik betrieb. Russlands wichtigster Handelspartner war England[32]. Bis etwa 1765 waren England und die baltischen Provinzen Russlands Konkurrenten als Anbieter von Getreide auf dem europäischen Markt, dann schied England als Getreidelieferant aus. Zwischen den baltischen Provinzen und England entstand das klassische Verhältnis des Austauschs von Rohstoffen (Getreide, Materialien zum Flottenbau) einerseits und industrieller Produkte anderseits. England und das Russische Reich waren ideale Handelspartner. Der Handel mit Frankreich dagegen hat nie eine große Rolle gespielt. Allerdings war Frankreich der Lieferant bestimmter teurer Luxusgüter, die die Außenhandelsbilanz negativ beeinflussten. Nach der Hinrichtung Ludwigs XVI. brach Katharina die diplomatischen Beziehungen zu Frankreich ab und verbot die Einfuhr französischer Waren. Die bereits entladenen Waren durften noch verkauft werden, aber noch eintreffende Transporte wurden zurückge-

---

[31] Otto-Heinrich Elias, Lebensumstände und Mentalität der sogenannten Undeutschen in Tallinn des 18. Jahrhunderts: Vorproletariat oder deklassiertes Handwerk? In: Modus Vivendi. Vana Tallinn Neue Folge 13 (2002) S. 96-113.

[32] Dietrich Gerhard, England und der Aufstieg Rußlands. München und Berlin 1933.

wiesen. Allerdings hatten derartige Einfuhrverbote auf die Dauer wenig Erfolg. Die Kaufleute wussten nur zu gut, wie man Papiere fälscht und Zollbeamte schmiert. Aus französischen Waren wurden eben italienische, englische und Schweizer Waren. Es wurden zwar tatsächlich weniger Waren eingeführt, aber hauptsächlich deshalb, weil die französischen Manufakturen wegen der revolutionären Wirren nicht mehr produzierten.

Das gleiche Spiel wurde gespielt, als Napoleon Russland zwang, der Kontinentalsperre beizutreten. Obwohl die Zahl der in Riga und Reval einlaufenden Schiffe stark zurückgegangen ist[33], hat die Handelssperre niemals funktioniert. Napoleons Versuch, ein gegen England gerichtetes europäisches Wirtschaftssystem aufzubauen, widersprach den traditionellen Handelsströmen zu sehr. Frankreich konnte einerseits für die russischen und baltischen Produkte keinen Markt anbieten, andererseits für den russischen Markt nicht genügend billige Industrieprodukte liefern. Zwangsläufig wurden die baltischen Häfen zur kontinentalen Einfallspforte für englische Waren mit gefälschten Papieren, die dann als amerikanische Waren nicht nur nach Russland, sondern auch zur Leipziger Messe weitertransportiert wurden. Das ist einer der Gründe – gewiss nicht der Hauptgrund – für den französischen Angriff auf Russland, mit dem der Untergang des französischen Kaiserreichs begonnen hat.

Napoleon begann seinen Vorstoß nach Russland im Raum Wilna, was ihm die Möglichkeit eröffnete, einen „Entlastungsangriff" auf St. Petersburg anzusetzen, um starke Kräfte der russischen Nordarmee unter dem General Ludwig Graf Wittgenstein zu binden. Das in dieser Richtung vorgesehene strategische Zusammenwirken zweier französischer Corps unter den Marschällen Alexandre Macdonald und Charles Nicolas Oudinot misslang jedoch. Oudinot wurde nach Süden abgedrängt,

---

[33] Wittram, Baltische Geschichte (wie Anm. 27) S. 167.

während Macdonald Kurland zur Flankensicherung besetzte und ausplünderte. Weiter sind die Franzosen nicht vorgedrungen[34]. Es gelang ihnen auch nicht, den Napoleongegner Garlieb Merkel auf seinem Gut Depkinshof zu verhaften. Die Ostseeprovinzen blieben ein unwichtiger Nebenkriegsschauplatz, dessen wichtigster Vorfall das Abbrennen der Rigaer Vorstädte gewesen ist. Eine Nachrichtenverbindung zur Hauptarmee bestand offensichtlich nicht. Bekannt ist der Ball, den Hugo Bernard Maret, der Herzog von Bassano, in Wilna abhielt und der auseinanderstob, als die zerlumpten Reste der Großen Armee in der Stadt eintrafen. Von den eigentlichen Gräueln dieses Feldzugs waren die Ostseeprovinzen nicht betroffen.

Viele baltische Offiziere haben auf dem Schlachtfeld gegen Napoleon gekämpft und man wird sagen dürfen, dass dieser Krieg den deutschbaltischen Reichspatriotismus wenn nicht begründet, so doch befestigt hat[35]. Es handelte sich um einen zweistufigen Patriotismus, man fühlte sich der baltischen Heimat und dem Russischen Reich verbunden. Die Klammer zwischen diesen beiden Welten bildete die Person des Zaren. Viele Offiziere sind mit den russischen Armeen nach Westeuropa gekommen; die wenigen überlieferten Memoiren belegen, dass sie den Krieg vor allem als ein großes Abenteuer erlebt haben. Die politischen Institutionen des Westens, etwa die französische Deputiertenkammer oder die Ständeversammlungen der süddeutschen Königreiche, kamen ihnen nicht in den Blick.

Die Verfassungsfrage stand in der Zeit nach Napoleon überall in Europa im Mittelpunkt der politischen Diskussion. An diesen Punkt wird deutlich, dass eines der bleibenden Er-

---

[34] Evgenij Tarlé, 1812. Rußland und das Schicksal Europas, Berlin 1951, S. 104-108. – Eine Veröffentlichung des Landrats Baron Ulrich von Schlippenbach über das Verhalten der französischen Besatzungsmacht in Kurland rezensierte August von Kotzebue in dem von ihm in Berlin herausgegebenen Russisch-Deutschen Volksblatt, Ergänzungsblatt Nr. 1 vom 26. April 1813, Nachdruck Berlin 1952.

[35] Siehe den Beitrag von Rein Helme in diesem Band.

gebnisse der Französischen Revolution die Entstehung der politischen Öffentlichkeit war. Immanuel Kant hat 1798 allein in der Anteilnahme der Völker an der Französischen Revolution und an deren Idealen (nicht an ihrer gewalttätigen Praxis), also in der Entstehung einer aufgeklärten politischen Öffentlichkeit, einen Beweis für die moralische Veranlagung der Menschen und für einen möglichen politischen Fortschritt gesehen[36].

Selbst in der Restaurationsperiode wussten die maßgeblichen Männer, dass sie zum absolutistischen Regiment nicht zurückkehren konnten, sondern dass sie einige, meistens ständisch definierte Mitspracherechte gewähren mussten. Ein wesentliches Anliegen der politischen Aufklärung ist das noch nicht gewesen, aber gerade in Russland gab es ein Modell: Katharina hatte 1767 befristet eine gesetzgebende Versammlung einberufen, der sogar Bauern angehört hatten. Zar Alexander erwog in den ersten Jahren seiner Regierung, Russland eine Verfassung zu geben, durch die konservative Wende seiner Politik entfiel dieser Plan. Die Erinnerung an die Pariser Constituante schreckte ab. Unter den Offizieren, die im Dezember 1825 durch Verweigerung des Huldigungseides eine Verfassung durchsetzen wollten, waren zwar einige Deutsche, aber nur ein einziger Balte: der Baron Andreas Rosen. Es ist vielleicht kein Zufall, dass der Vater dieses Mannes zu den adligen Verwaltungsbeamten der Statthalterschaftszeit gehört hat; es war der gleiche Eugenius von Rosen, der um 1790 den Aufstieg des estnischen Volkes vorhergesagt hat[37]. Hier ist wohl auch der durch den Roman von Jaan Kross bekannte Timotheus von Bock einzuordnen, der ebenfalls für eine Verfassung eintrat.

---

[36] Immanuel Kant, Der Streit der Fakultäten. Anthropologie in pragmatischer Sicht. In: Kant's Werke Bd. 7 (Gesammelte Schriften Erste Abteilung) Berlin 1917, S. 85.
[37] Eugenius von Rosen, Die sechs Decennien meines Lebens. Riga 1877.

Die Entstehung der politischen Öffentlichkeit

Wie stand es mit dem öffentlichen Leben in den Ostseeprovinzen? Hier gab es vor der Statthalterschaftszeit nur korporative Teilöffentlichkeiten. In den Ritterschaften, in den Gilden und Ämtern versammelten sich nur die jeweiligen Mitglieder. Mit den Gouverneuren oder den Magistraten verhandelten nur wenige Delegierte. Eine städtische Gemeindeversammlung gab es erst ab 1785, 1796 war wieder Schluss damit. Aber gerade in dieser Zeit entstanden nach westeuropäischem Vorbild andere, meist städtische Institutionen. Die Zeitungen brachten außer Anzeigen mehr und mehr auch politische Nachrichten. In Cafehäusern und Clubs, die den Gebildeten zugänglich waren, lagen Zeitungen und Zeitschriften aus, auch ausländische. Lesezirkel schlossen sich zusammen und diskutierten die gemeinsame Lektüre[38]. In Reval entstand ein privates Theater. Freimaurerlogen wurden gegründet[39]. Es mag überraschen, einen Geheimbund unter dem Stichwort „Öffentlichkeit" einzuordnen – die Historiker halten heute die Geheimnistuerei der Freimaurer überwiegend für einen geschickten Werbetrick. Die Logen verfolgten keine erklärten politischen Ziele, sondern es ging ihnen um die Schaffung eines Freiraums, in dem die Gleichheit aller gebildeten Menschen praktiziert werden konnte; geburtsständische Unterschiede sollten zwar nicht sofort aufgehoben, aber wenigstens vorübergehend suspendiert werden. Das entsprach durchaus den Zielen der politischen Aufklärung.

Zur politischen Öffentlichkeit gehörten auch Buchproduktion und Buchhandel. Die Ostseeprovinzen wuchsen damals

---

[38] Indrek Jürjo, Lesegesellschaften in den baltischen Provinzen im Zeitalter der Aufklärung. In: Zeitschrift für Ostforschung 39 (1990) S. 540-571, ebenda 40 (1991) S. 28-56; Ders., Der Buchhandel in Reval im 18. Jahrhundert. In: Nordostarchiv 7 (1998; wie Anm. 22) S. 139-172.
[39] Siehe die Beiträge von Gvido Štraube und von Henning von Wistinghausen in diesem Band.

mit dem deutschen Sprachraum zu einem einzigen Kommunikationsbereich zusammen, in dem die Deutschbalten eine führende Rolle spielten. Die Theaterstücke Kotzebues wurden überall in Deutschland aufgeführt, Merkel überall gelesen[40]. Kotzebue reiste 1791 per Eilpost nach Paris, um dort die Revolution zu besichtigen und darüber zu schreiben. Sein Reisebericht ist eine durchaus modern anmutende, spannende Reportage[41]. Er besuchte den Nationalkonvent und fand die dort gehaltenen Reden langweilig, besser gefiel es ihm im Theater, obwohl dort revolutionäre Stücke aufgeführt wurden. 1794, also auf dem Höhepunkte des revolutionären Terrors, verfasste er für die Kaiserin ein geheimes „Memoire über den Revolutionsgeist", in dem er vorschlug, die Ostseeprovinzen von der deutschen Öffentlichkeit wieder abzukoppeln. Er forderte darin ein Verbot des Studiums an deutschen Universitäten für Landeskinder, ein komplettes Verbot deutscher Zeitungen und eine scharfe Zensur für Bücher, auch für wissenschaftliche[42]. Die meisten seiner Vorschläge wurden nach Pauls Regierungsantritt tatsächlich verwirklicht. Später, als er selbst darunter zu leiden hatte, wurde Kotzebue wieder ein Gegner der Zensur. Im Jahre 1804, bei einem erneuten Besuch in Paris, wurde Kotzebue dem Ersten Konsul bei einem Empfang vorgestellt. Bonaparte gab ihm zu verstehen, dass er die klassische französi-

---

[40] Peter Kaeding, August von Kotzebue. Auch ein deutsches Dichterleben. Stuttgart 1988. – Henning von Wistinghausen, Die Kotzebue-Zeit in Reval im Spiegel des Romans „Dorothee und ihr Dichter" von Theophile von Bodisco. In: Aufklärung in den baltischen Provinzen Rußlands. Ideologie und soziale Wirklichkeit. Hrsg. von Otto-Heinrich Elias u. a. (Quellen und Studien zur baltischen Geschichte Bd. 15) Köln 1996, S. 255-304. – Zu Merkel siehe den Beitrag von Heinrich Bosse in diesem Band sowie Heeg (wie Anm. 23).

[41] August von Kotzebue, Meine Flucht nach Paris im Winter 1790. Leipzig 1791.

[42] Ders., Memoire über den Revolutionsgeist (1794). In: Die Französische Revolution im Spiegel der deutschen Literatur. Leipzig 1979, S. 208-219.

sche Tragödie dem modernen deutschen Unterhaltungstheater vorziehe. Kotzebue seinerseits war enttäuscht von dem großen Mann, der offensichtlich auch nichts anderes wollte, als die traditionellen Formen politischer Herrschaft zu imitieren[43].

Bald darauf begannen die beiden so ungleichen Schriftsteller, Merkel und Kotzebue, ihren rasanten publizistischen Kampf gegen Napoleon; sie traten damit neben Friedrich von Gentz und Joseph Goerres, Ernst Moritz Arndt und Friedrich Ludwig Jahn. Sie appellierten dabei – nach französischem Vorbild – an das Nationalgefühl ihrer Leser und aktivierten damit einen Bereich, der in der Aufklärung noch keine wesentliche Rolle gespielt hatte. Beide waren russische Staatsbürger, beide wendeten sich mit gleicher Selbstverständlichkeit an die deutschsprachige Öffentlichkeit aller deutschen Staaten und in Russland[44]. Besonders Kotzebue zog alle Register seines Könnens; mit der Verteufelung des politischen Feindes überschritt er oft genug die Grenzen des guten Geschmacks. Man kann sagen, dass die baltischen Publizisten in diesem Kampf die Speerspitze bildeten und dass sie es waren, die das Umschlagen der öffentlichen Meinung in Deutschland eigentlich bewirkt haben. Auch nach dem Krieg haben sie noch einige Jahre lang weiterhin Einfluss ausgeübt, Merkel als Publizist, Kotzebue als Theaterautor und -regisseur. Dass Garlieb Merkel zeitlebens ein Aufklärer blieb, steht außer Frage, aber auch August von Kotzebue wird man, ungeachtet aller Schwankungen seines politischen Standorts, als Anhänger einer aufgeklärten Monarchie bezeichnen können. In Napoleon bekämpften sie den Despoten, darin kam indirekt ihre Enttäuschung am Verlauf der französischen Geschichte zum Ausdruck.

---

[43] Ders., Erinnerungen aus Paris im Jahre 1804. Berlin 1804.
[44] Jürgen Heeg, Die letzte Bastion politischer Publizistik im Kampf gegen Napoleon: Die Zeitschriften des Journalisten Garlieb Merkel aus Livland. In: Zeitschrift für Ostmitteleuropaforschung 45 (1996) S. 159-191.

Bemerkenswerterweise war der führende Kopf der Gegenseite ebenfalls ein Balte. Es handelt sich um Kurländer Friedrich Ludwig Lindner, einen studierten Mediziner, auch er ein Freimaurer[45]. Lindner hatte vermutlich für den französischen Geheimdienst gearbeitet, in der Nachkriegszeit stand er als Publizist im Dienst des Königs von Württemberg. Lindner war der deutsche Chefideologe des Bonapartismus, einer Weltanschauung, die den genialen Herrschertypus zum Mittelpunkt eines philosophisch-politischen Systems erhob. Napoleon war demzufolge der einzige wirklich moderne Staatsmann, der die Zeichen der Zeit verstanden und der Zukunft den Weg bereitet hatte. Die Vertreter des alten Systems konnten dieses Genie nur durch ihre Übermacht besiegen. Die Natur, so prophezeite Lindner, wird einen ebenso genialen Nachfolger hervorbringen, der das politische Werk Napoleons vollendet. Wir haben hier ebenfalls eine Weiterentwicklung aufklärerischer Denkansätze vor uns, aber mit einer neuen philosophischen Begründung. Der Bonapartismus war verführerisch für alle politisch Enttäuschten, die sich weder mit der legitimen Monarchie noch mit der Republik identifizieren wollten.

Freilich zeigten sich im literarischen Kampf, im Bestreben, sich in der Öffentlichkeit eine Position und ein Einkommen zu erobern, bereits alle Schattenseiten des neuen Mediums: verletzende Polemik und anonymer Pamphletismus, Intrigen, Verleumdung und (bei Lindner) Erpressung. Lindner und Kotzebue waren nicht nur politische, sondern auch persönliche Feinde. 1818 deckte Lindner auf, dass Kotzebue Berichte für die russische Regierung lieferte. Damit löste er indirekt den Mord an Kotzebue und die Karlsbader Beschlüsse aus, das heißt die

---

[45] Otto-Heinrich Elias, Friedrich Georg Ludwig Lindner. Arzt, Geheimagent, Publizist (1772-1845). In: Lebensbilder aus Schwaben und Franken Bd. 15), Stuttgart 1983, S. 155-202. – Ders., Bild des Kaisers (wie Anm. 12) passim.

Einschränkung der politischen Öffentlichkeit während der gesamten deutschen Biedermeierzeit.

Bedenkt man ferner, dass auf der höchsten Ebene der politischen Macht zwei baltische Damen ihren – konservativen – Einfluss geltend machten, nämlich die Baronin Juliane von Krüdener, die Erfinderin der „Heiligen Allianz", als Ratgeberin des Zaren Alexander I., sowie die „Sibylle Europas", die Fürstin Dorothea Lieven geb. von Benckendorff, die Geliebte des Fürsten Metternich, so kann man sagen, dass die Geschicke Europas damals zu einem nicht geringen Teil von deutschbaltischen Persönlichkeiten beeinflusst wurden[46]. Die „Heilige Allianz" markiert die endgültige Abkehr Alexanders von den aufklärerischen Regierungsgrundsätzen seiner Großmutter und die Wendung zu einer bestandserhaltenden, von religiösen Werten bestimmten Politik. Das bedeutete auch den vorläufigen Verzicht des russischen Staates, „mit einer Revolution von oben die Staatsbürgergesellschaft anzustreben und die ständische Ordnung zurückzudrängen[47]".

Die Zeit des „baltischen Stillebens" wäre ebenfalls einer ausführlichen Darstellung wert. An dieser Stelle kann nur als Streiflicht auf die 1841 erschienene, detailreiche Reisebeschreibung von Johann Georg Kohl verwiesen werden. Dieser beschrieb den Rigaer Hafen in voller Funktion, die Stadt selbst bereits bedrängt von russischen Neubürgern, das Zentrum als Bastion vergangener Hanseherrlichkeit. Reval erlebte er als beschaulichen Wohnort „grüner Witwen", deren Männer und Söhne ihren Broterwerb überall in Russland fanden, nur nicht

---

[46] Hedwig von Redern, Zwei Welten. Das Leben der Juliane von Krüdener. 1927. – H. Montgomery Hyde, Fürstin Lieven. Die diplomatische Sibylle Europas. 1942; Theodor Heuss, Dorothea Lieven 1785-1857. In: Schattenbeschwörung. Randfiguren der Geschichte. 1947, S. 144-163. – Der Bruder der Fürstin Lieven war Alexander von Benckendorff, unter Kaiser Nikolai I. der Gründer und erste Leiter der russischen Geheimpolizei („Dritte Abteilung").

[47] Pistohlkors (wie Anm. 27) S. 336.

zu Hause: „Massive Eichentüren und antike Giebelfenster schützen die weiten leeren Hausflure, und ungehindert durchweht der Wind die über einander gesetzten, längst schon verödeten Kornböden. [...] Die uns begegnenden, sparsam beladenen Fuhrwagen bewegen sich eben so langsam fort, wie der Handel der Stadt. [...] Unbeschäftigt sitzen die Arbeiter vor der Waage, leer und verlassen steht die weite Börsenhalle da, während eine endlose Reihe geschwätziger Hökerweiber und Fuhrmannsdroschken den Hintergrund bildet"[48]. Die – bereits reformierte – Agrarverfassung der Ostseeprovinzen verurteilte Kohl, der Ethnologe und Geograph, fast mit der gleichen Schärfe wie die politischen Aufklärungsschriftsteller Merkel und Seume: „Erst dann, wenn man den Bauern ein Eigenthumsrecht an dem Grund und Boden zugestanden haben wird, erst dann werden die schönsten Folgen der Freimachung erblühen können. [...] Erst dann würde die Industrie [hier im Sinne von Fleiß] des Bauers geweckt und die Lust zur Verbesserung seines Zustands in ihm rege werden. Der Wohlstand des ganzen Landes würde sich heben, Recht und Gerechtigkeit besser gehandhabt werden, und auch der Gutsbesitzer würde gewiß, was er auf der einen Seite verlöre, auf der anderen wiedergewinnen."[49] Kohl wusste noch nicht, dass genau diese Veränderung der baltischen Agrarverfassung unmittelbar bevorstand.

Ich habe hoffentlich deutlich gemacht, dass viele Postulate der politischen Aufklärung in der Zeit der Französischen Revolution und der Napoleonischen Kriege zeitweilig verloren gingen oder verändert wurden. Wesentliche Denkansätze wurden

---

[48] Johann Georg Kohl, Die deutsch-russischen Ostseeprovinzen oder Natur- und Völkerleben in Kur-, Liv- und Ehstland, Bd. 1-2, Dresden und Leipzig 1841, hier: Bd. 1 S. 135, 275. – Kohl berichtet ein interessantes Detail: Nicht nur viele Revaler lebten fern der Heimat in Russland, auch manche Revalerinnen gingen als Gouvernanten und Bonnen in alle Teile des Reiches, sogar jenseits des Kaukasus. Ebd. S. 283.
[49] Ebd. Bd. 2 S. 304.

allerdings in Frankreich realisiert, vor allem durch Napoleon, und dann auch von dessen Gegnern übernommen. Das gilt auch für die Ostseeprovinzen. In der Agrarfrage, der sozialpolitischen Grundfrage dieses Zeitalters, waren die Reformbestrebungen durchlaufend, völlig unabhängig von den turbulenten Ereignissen der Außenpolitik. Man orientierte sich an wechselnden Vorbildern, ging Irrwege, korrigierte diese. Andererseits wurde eine bereits im Sinne der Aufklärung reformierte Landesverfassung in ihrer alten Form wieder hergestellt, es kam zu einer echten Restauration. Eine Chance positiver Weiterentwicklung wurde damit nicht eröffnet. Die hier behauptete Kausalität zwischen der erfolgten Abkoppelung von der Verfassungsreform und der sozialen und wirtschaftlichen Stagnation bedarf selbstverständlich einer weiteren Überprüfung.

Betrachtet man die baltische Geschichte mit den Augen Tocquevilles, also in langfristigen Zusammenhängen, so muss man feststellen, dass der Landesstaat und die tradierte Stadtverfassung schließlich doch untergegangen sind – lange nach dem baltischen Biedermeier, in der Zeit des entbrannten Nationalitätenkampfes. In der Zeit der Aufklärung und in der Biedermeierzeit wäre ein Ausgleich der nationalen Gegensätze vielleicht noch möglich gewesen. Allerdings ist auch die Drachensaat der politischen Moderne in dieser Epoche gelegt worden: Nationalismus und Cäsarenwahn.

DIE REZEPTION DER FRANZÖSISCHEN REVOLUTION IN DEN OSTSEEPROVINZEN

Indrek Jürjo

Schon vor dem Ausbruch der Französischen Revolution hatte die Aufklärung in den Ostseeprovinzen Est-, Liv- und Kurland den Boden für die Aufnahme der Ideen der allgemeinen Menschenrechte vorbereitet. Auch die Grundsätze von 1789 haben Anhänger in allen Ständen der baltischen Provinzen gefunden, die Vorherrschaft des ständischen Denkens brachte es aber mit sich, dass so mancher „die Gedanken der Freiheit und Gleichheit mit den Gewohnheiten ständischen Unterscheidens verband".[1] Gewiss begünstigten die konservativen sozialpolitischen Rahmenbedingungen in den baltischen Provinzen eher die schroffe Ablehnung als die begeisterte Aufnahme der Französischen Revolution, obwohl in der ersten Phase der Revolution das wohlwollende Interesse eines Teils der deutschbaltischen Gesellschaft für die Revolutionsereignisse noch klar bemerkbar ist. Im Ganzen folgten die baltischen Reaktionen auf die Französischen Revolution dem Rezeptionsmuster der deutschen Gebildeten.

Die Nachricht von der Eroberung von Bastille am 14. Juli 1789 und die folgenden Reformen der Nationalversammlung in Frankreich wurden vom deutschen Bildungsbürgertum noch hoffnungsvoll und mit Begeisterung aufgenommen, obwohl es bereits am Beginn der Revolutionsereignisse an Gegenstimmen nicht fehlte. Die deutschen Intellektuellen sahen in der Tätigkeit der Nationalversammlung die Krönung der humanitären Mission des Saeculums; Deutschlands Aristokratie aber begrüßte die Revolution als eine politische Kraft, die dem fürstli-

---

[1] Reinhard Wittram, Drei Generationen. Deutschland - Livland - Rußland 1830-1914. Gesinnungen und Lebensformen baltisch-deutscher Familien. Göttingen 1949, S. 27.

chen Absolutismus einen Zaum anlegen würde. Im Laufe der Radikalisierung der Revolution begann der anfängliche Enthusiasmus abzuflauen. Die Wendepunkte der Abkehr der Mehrheit der deutschen und europäischen Intelligenz von der Französischen Revolution sind die Hinrichtung des Königs Ludwig XVI. und die Einführung des jakobinischen Terrorregimes im Jahre 1793. In der Zeit des Direktoriums klingt der Meinungsstreit in einer ruhigeren Tendenz aus, um während Napoleons Herrschaft wieder neue, andersartige Töne anzunehmen. Die deutschen Intellektuellen identifizierten sich nicht mit den Revolutionären, denn im Ganzen war das deutsche Bildungsbürgertum nicht revolutionär, sondern reformerisch gesinnt. Während der Französischen Revolution bildeten sich in Deutschland drei Richtungen aus, die sich idealtypisch bestimmen lassen: eine kleine, aber an Bedeutung zunehmende Gruppe der Konservativen, auf dem linken Flügel die wenigen sogenannten deutschen Jakobiner und in der Mitte die liberal-reformerisch Gesonnenen, die Mehrheit der deutschen Aufklärungsgesellschaft.[2]

---

[2] Helmut Berding, Die Ausstrahlung der Französischen Revolution auf Deutschland. In: Französische Revolution und deutsche Öffentlichkeit. Wandlungen in Presse und Alltagskultur am Ende des achtzehnten Jahrhunderts. Hrsg. von Holger Böning (Deutsche Presseforschung Bd. 28) München, London, New York, Paris 1992, S. 3-16. Vgl. noch Jacques Droz, L'Allemagne et la révolution française. Paris 1949; Franz Dumont, Wirkungen auf Deutschland und Europa. In: Die Französische Revolution. Hrsg. von Rolf Reichhardt. Würzburg 1988, S. 264-284; „Sie, und nicht Wir". Die Französische Revolution und ihre Wirkung auf Norddeutschland und das Reich. Politik und Recht, Literatur und Musik. Hrsg. von Arno Herzig, Inge Stephan, Hans G. Winter. Hamburg 1989, Bd. 1-2; Revolution und konservatives Beharren. Das Alte Reich und die Französische Revolution. Hrsg. von Karl Otmar Freiherr von Aretin und Karl Härter. Mainz 1990. - Die Reaktionen aus dem Lager der konservativ gesinnten Literaten verfolgt auch Klaus Epstein, Die Ursprünge des Konservatismus in Deutschland. Frankfurt am Main, Berlin 1973, S. 502-583.- Die Überbetonung der Bedeutung der deutschen

Russland befand sich 1789 hinsichtlich der Entwicklung seiner sozialwirtschaftlichen Struktur und Kultur in einem ganz anderen Stadium: Im Gegensatz zu Frankreich und anderen westeuropäischen Ländern, in denen das Ancien régime sich schon erschöpft hatte, war Russland erst im Begriff, sein Ancien régime, das im russischen Kontext den Fortschritt repräsentierte, aufzubauen.[3] Das Schreckensgespenst der Französischen Revolution hat die zaristische Regierung im Laufe des ganzen 19. Jahrhunderts unter Modernisierungsdruck gesetzt.

Die Palette der verschiedenen Haltungen zur Französischen Revolution ist auch in den baltischen Provinzen ziemlich bunt. Am unmittelbarsten berührten die Revolutionsereignisse die Nachbarprovinz Kurland, die bis 1795 noch formell zu Polen gehörte und vor den revolutionären Einflüssen nicht so wirksam abgeschirmt war wie die in das Russische Kaiserreich inkorporierten Provinzen Est- und Livland. Das auffallendste Ereignis in Kurland waren die Unruhen der Mitauer Müllergesellen, die sich am 13. Dezember 1792 zu einem Aufstand entwickelten, der auch andere Handwerker der Stadt mitriss. Auf Befehl des kurländischen Herzogs wurde der Aufstand mit Kartätschenfeuer schnell unterdrückt. In der früheren sowjetischen und der DDR-Historiographie versuchte man oft, diese Unruhen als eine Übertragung der Französischen Revolution ins Baltikum zu interpretieren.[4] Viel überzeugender ist die Stu-

---

Jakobiner in der früheren Forschung kritisiert Erich Pelzer, Die Wiederkehr des girondistischen Helden. Deutsche Intellektuelle als kulturelle Mittler zwischen Deutschland und Frankreich während der Französischen Revolution. (Pariser historische Studien Bd. 43) Bonn 1998.

[3] Vgl. Alain Besançon, La Russie et la Révolution française. In: The French Revolution and the Creation of Modern Political Culture. Vol. 3. The Transformation of Political Culture 1789-1848. Oxford u.a. 1989, S. 575-584.

[4] Marģers Stepermanis, Lielās liesmas atblāzma. Latvija Franču buržuāsiskās revolūcijas laikā 1789-1798 (Der Abglanz der großen Flamme: Lettland in der Zeit der Französischen bürgerlichen Revoluti-

die von Heinrich Bosse, der gut argumentierend darstellt, dass die Müllergesellen gar nicht den politischen Zielen der Französischen Revolution nachstrebten, sondern in ihren Forderungen von dem eher mittelalterlichen Rechtsbewusstsein der Zünfte ausgingen.[5] An Sympathiekundgebungen wie der Pflanzung eines Freiheitsbaums vor dem herzoglichen Schloss hat es bei den Müllergesellen nicht gefehlt, diese sind aber nur als Zitate der Revolution und nicht als weitergehende revolutionäre Bestrebung zu interpretieren.

Schon 1790 ist es in Kurland zur Entstehung einer als „Bürgerliche Union" bezeichneten Oppositionsbewegung gekommen, die, mit der Unterstützung des von der Ritterschaft bedrängten Herzogs rechnend, einige wirtschaftliche Erleichterungen und die Erweiterung politischer Rechte forderte. Insgesamt blieb die „Bürgerliche Union", die bald auch im Streit mit den mitauischen Handwerkern lag, bei gemäßigten politischen Forderungen; sie vertrat vor allem die Bestrebungen der bürgerlichen Oberschicht.[6] Ein überzeugter Anhänger der Französischen Revolution war indessen der Mitauer Rechtsanwalt Wilhelm Ludwig Koenemann, ein intellektueller Sansculotte, der wegen der Radikalität seiner Anschauungen, die dem Jakobinismus nahekamen, sowohl bei der „Bürgerlichen Union" als

---

on). Riga 1971; Erich Donnert, Der Mitauer Volksaufstand vom Jahre 1792. Volksbewegungen und gesellschaftliche Ideologie in Kurland in den Jahren der Französischen Revolution. In: Zeitschrift für Slawistik 23 (1978), S. 702-712.

[5] Heinrich Bosse, Zunftgeist oder Revolution? Die Mitauer Müllerunruhen im Lichte der Gesellenaufstände des 18. Jahrhunderts. In: Zeitschrift für Ostforschung (1983) Jg. 32, S. 518-571. In seiner späteren Abhandlung tritt Erich Donnert in keine Auseinandersetzung mit den Thesen von Bosse ein, sondern versucht wiederum die Mitauer Müllerunruhen als eine Folgeerscheinung der Französischen Revolution zu interpretieren. Vgl. Erich Donnert, Kurland im Ideenbereich der Französischen Revolution. Politische Bewegungen und gesellschaftliche Erneuerungsversuche 1789-1795. Frankfurt am Main, u.a. 1992, S. 161-178.

[6] Ebenda, S. 75-95.

auch bei den Handwerkern keine Unterstützung fand. Seine politischen Auffassungen legte er in einer im Jahre 1790 verfassten Schrift „Merkwürdige Betrachtungen" nieder. Koenemanns Manuskript fand aber keinen Verleger und zirkulierte nur in den wenigen handschriftlichen Exemplaren. Das nimmt auch nicht wunder, denn sein Verfasser ging über die Revolutionsidee der gleichen bürgerlichen Rechte von 1789 weit hinaus: Er forderte auch Gleichheit in den Eigentumsverhältnissen. Koenemann kritisierte auch scharf die politische Ordnung des kurländischen Herzogtums und forderte die sofortige Befreiung der Bauern von der Leibeigenschaft. Seine Ideen waren völlig unrealisierbar und utopisch; er beschränkte sich auf allgemeine Freiheitsdeklamationen und konnte kein konkretes Reformprojekt entwerfen.[7]

Auch in Liv- und Estland gab es – wenn auch im Vergleich mit Kurland weniger radikale – unterschiedliche Reaktionen auf die Französische Revolution.[8] Die Nachrichten über die französischen Ereignisse gelangten hauptsächlich über deutsche Bücher und Zeitungen ins Baltikum, die dank der verhältnismäßig freien Zensurbedingungen im protestantischen Deutschland die politischen Veränderungen in Frankreich recht ausführlich und unparteiisch beschreiben konnten. Die meist-

---

[7] Koenemanns Texte sind veröffentlicht von Donnert, Kurland (wie Anm. 5) S. 237-290.

[8] Über den Einfluß der Französischen Revolution in den Ostseeprovinzen vgl. Juhan Kahk, Rahutused ja reformid. Talupoegade klassivõitlus ja mõisnike agraarpoliitika Eestis XVIII ja XIX sajandi vahetusel (1790-1810) [Die Unruhen und Reformen. Der Klassenkampf der Bauern und die Agrarpolitik der Gutsbesitzer in Estland in der Wende des 18. und 19. Jahrhunderts (1790-1810)]. Tallinn 1961, S. 214-224; Stepermanis, Lielās liesmas atblāzma (wie Anm. 4); Georg von Rauch, Die französische Revolution und die baltischen Provinzen. In: Georg von Rauch, Aus der baltischen Geschichte. Hannover-Döhren 1980, S. 356-368; Indrek Jürjo, Prantsuse revolutsiooni mõjust ja retseptsioonist Baltimaadel (Über den Einfluß und die Rezeption der Französischen Revolution im Baltikum). In: Akadeemia, 1989, Nr. 4, S. 825-849;

verbreitete ausländische Zeitung, die man im Laufe der Revolutionsjahre in den baltischen Provinzen ungestört lesen konnte, war der „Hamburgische unpartheyische Correspondent", das damalige „Weltblatt". Diese Zeitung verfügte über eigene Korrespondenten in vielen Städten und fiel durch einen sachlichen und neutralen Ton auf.[9] Auch die baltischen Zeitungen schöpften ihre ausländischen Informationen hauptsächlich aus dieser Quelle. Bis zur Französischen Revolution gab es in den Ostseeprovinzen nur zwei „politische" Zeitungen: die 1765 gegründeten „Mitauischen Nachrichten von gelehrten Staats- und einheimischen Sachen" und die seit 1788 herausgegebene „Rigische politische Zeitung". Die Gründung der dritten „politischen" Zeitung in Dorpat fällt zeitlich mit dem Beginn der Französischen Revolution zusammen. Der Herausgeber der „Dörptschen politisch gelehrten Zeitung", der Konrektor der Dorpater Stadtschule Friedrich Gotthard Findeisen, hatte als Literat in Livland schon einen Namen; gedruckt wurde die Zeitung in der Druckerei des ehemaligen Oberpahlener Buchdruckers Michael Gerhard Grenzius, der 1789 mit seiner Druckerei nach Dorpat übergesiedelt war.[10]

Die Probenummer der neuen Zeitung am 14. Juni 1789 leitete Findeisen noch mit der klagenden Bemerkung ein: „So sehr ich wünschte, meine Leser zum ersten Anfang meiner Zeitung mit recht wichtigen Neuigkeiten zu unterhalten, so ists nun schon der Lauf der Welt, daß der Zeitungsschreiber nicht

---

[9] Über die Hamburger Zeitung vgl. Margot Lindemann, Deutsche Presse bis 1815 (Geschichte der deutschen Presse Teil 1) Berlin 1969, S. 162-165; Brigitte Tolkemitt, Der Hamburgische Correspondent. Zur öffentlichen Verbreitung der Aufklärung in Deutschland. Tübingen 1995.

[10] Vgl. Arnold Feuereisen, Der Buchdrucker M. G. Grenzius und die Begründung der "Dörptschen Zeitung". In: Verhandlungen der Gelehrten Estnischen Gesellschaft, Bd. 11 H.1 (1904) S. 91-148; Indrek Jürjo, Tartu vanim ajaleht XVIII sajandi lõpul (Die älteste Zeitung Dorpats am Ende des 18. Jahrhunderts). In: Keel ja Kirjandus (1989) Nr. 6, S. 343-350.

den merkwürdigen Begebenheiten zu befehlen hat wie er will. Ich gebe also was ich habe, so gut wie es die neuesten Zeitungen aus der großen Welt uns hier auftischen." Vielleicht auch dank der Französischen Revolution hat die neue Zeitung schnell ihre Stabilität gewonnen, denn in den folgenden Monaten gelangen den Dorpater Zeitungsredakteur lauter spektakuläre Neuigkeiten. Die politischen Nachrichten aus Frankreich nahmen jetzt den größten Platz in der Zeitung ein. Wichtige Ereignisse wie der Bastillesturm und die bedeutenden Gesetze, darunter auch die von der Nationalversammlung verabschiedete Deklaration der Menschenrechte, wurden ausführlich referiert.

Die damaligen „politischen" Zeitungen waren im eigentlichen Sinn des Wortes apolitisch, denn die Redakteure referierten nur die politischen Nachrichten und enthielten sich eigener Stellungnahmen. Auch Findeisen begnügte sich meistens mit der Weitergabe der aus anderen Zeitungen geschöpften Nachrichten; seine Redakteurspersönlichkeit wird immerhin bei einigen Sympathie- oder Antipathieerklärungen oft sichtbar. Die Unruhen der französischen Volksmassen auf dem Lande (die sogenannte Grande Peur) und auch der Aufstand in den belgischen Niederlanden bezeichnete er als „Tollheiten", aber die Tätigkeit der Nationalversammlung beschrieb Findeisen nicht ohne Bewunderung und Hoffnung. So beendete er die Beschreibung des Bastillesturms mit dem charakteristischen Satz: „Doch wir wollen diese Scenen der schrecklichsten Anarchie verlassen, und uns nach Versailles [wo die Nationalversammlung tagte] wenden."[11] Die Abschaffung der ständischen Privilegien in der historischen Sitzung der Nationalversammlung am 4. August 1789 wurden von dem Dorpater Konrektor als ein patriotischer Akt der Nation und insbesondere des Adels begrüßt: „Der noch übrig gebliebene Lehns Coloß erhielt hier so starke Stöße, als er von der Politic Ludwigs des XI. und von

---

[11] Dörptsche Politisch Gelehrte Zeitung, St. 9, 29. Juli 1789.

der des Cardinals Richelieu nicht erhalten hatte. Hier war nur ein Augenblick nöthig, diese gehäßige Sclaverey gänzlich zu vernichten."[12] In einem späteren Zeitungsartikel notiert er, dass in Frankreich noch immer „eine gewisse Mischung von Patriotismus und Aufruhrgeist" herrsche.[13] Als Patrioten betrachtet Findeisen die Abgeordneten der Nationalversammlung, die den Staat mit gesetzgeberischen Mitteln zu reformierten suchten; unter dem Aufruhrgeist verstand er wahrscheinlich das spontane Agieren des einfachen Volkes. Diese aus Begeisterung und Angst gemischte ambivalente Einstellung zur Französischen Revolution war für viele gemäßigte deutsche Aufklärer charakteristisch.

Seit 1790 wurde die Zeitung nicht mehr von Findeisen, der am 2. Dezember 1789 über den Mangel der Pränumeranten geklagt hatte, sondern vom Drucker Grenzius selbst unter dem Namen „Dörptsche Zeitung" herausgegeben. Dieser verzichtete auf jede eigene Stellungnahme und begnügte sich mit den trockenen, aus anderen Zeitungen mechanisch zusammengetragenen Zeilen, aber der Umfang der der Französischen Revolution gewidmeten Artikel nahm beständig zu. Der Dorpater Leser bekam eine gute Übersicht über die Hauptpunkte der jakobinischen Verfassung von 1793; im Konvent, im Jakobinerklub und in der Pariser Kommune stattgefundene stürmische Debatten wurden ausführlich referiert, die neuen Feste und der Revolutionsalltag geschildert. Der große Textumfang, der den Revolutionsereignissen gewidmet wurde, zeugt von dem großen Interesse, das für die Französische Revolution sowohl in ganz Deutschland als auch in den ferneren baltischen Provinzen herrschte. Die regierungstreue politische Einstellung der Dorpater Zeitung widerspiegelt ein in der letzten Nummer des Jahrgangs 1794 erschienenes Gedicht, welches in holperiger Form die Jahresereignisse zusammenzufassen versucht. Dessen

---

[12] Ebenda, St. 15, 19. August 1789.
[13] Ebenda, Nr. 42, 21. November 1789.

Grundmotive sind die Verneinung des Jakobinertums und der polnischen Revolution, ferner Russlandpatriotismus und Verherrlichung Katharinas II., sowie Friedenswille.

Ebenso bot die Rigaer Zeitung reichhaltiges Material über die Französische Revolution. In der ausführlichen Darbietung der Sachinformationen, partiellem positivem Interesse für die reformerischen Initiativen des französischen Bürgertums und einhelliger ablehnender Haltung der revolutionären Aktivität der Volksmassen unterschieden sich die baltischen Zeitungen nicht von den regionalen Zeitungen in Deutschland.[14] Die baltischen Zeitungsleser waren übrigens über die französischen Revolutionsereignisse schneller und auch besser informiert als die russischen Zeitungsleser, denn seit 1791 wurden die russischsprachigen Zeitungen viel strenger zensiert, und ein Jahr später reduzierte sich die Berichterstattung über Frankreich in der russischen Presse auf ein Minimum. In den baltischen Zeitungen und auch in der deutschsprachigen „St. Petersburger Zeitung" aber war der Zensurdruck während der ganzen Herrschaft Katharinas II. nicht sehr spürbar.[15]

---

[14] Ich stütze mich hier auf folgende Studien: Rolf Reichhardt, Probleme des kulturellen Tranfers der Französischen Revolution in der deutschen Publizistik 1789-1799. In: Französische Revolution und deutsche Öffentlichkeit (wie Anm. 2) S. 91-146; Ursula E. Koch, Ute Nawratil, Detlef Schröter, Sommer 1789: Französische Revolution und preußische Zeitungsberichte. Ein Pilotprojekt zur historischen Inhaltsanalyse. Ebenda, S. 199-249; Herbert Langer, Das Echo der Französischen Revolution in Gelehrten-Zeitschriften und Zeitungen Schwedisch-Pommerns. Ebenda, S. 267-274.

[15] Vgl. C. Eichhorn, Die Geschichte der „St. Petersburger Zeitung" 1727-1902. St. Petersburg 1902, S. 131; V. Semennikov, K istorii cenzury v Ekateriinskuju epohu. In: „Russkij bibliofil" 1913, Nr. 1, S. 62; M.M. Štrange, Russkoe obščestvo in francuzskaja revolucija 1789-1794 gg. Moskva 1956, S. 45-49, 96-100; Henryk Rietz, Z dziejów życia umysłowego Rygi w okresie oświecenia. [Mit der deutschen Zusammenfassung S. 281-286: Aus dem geistigen Leben von Riga im Zeitalter der Aufklärung]. Toruń 1977, S. 131; Ju. A. Limonov, Russkie gazety i

Außer den Zeitungen kam es bald auch zu den ersten publizistischen Reaktionen der baltischen Literaten auf die französischen Revolutionsereignisse. Wenn wir diese Stellungnahmen politisch zu gruppieren versuchen, dann steht am rechten Flügel der bekannte livländische Topograph und Publizist August Wilhelm Hupel (1737-1819). Mit seinem 1791 anonym und ohne Druckort erschienenen Büchlein „Blicke auf Frankreichs jetzige Greuel inwiefern sie das europäische Staatsinteresse betreffen", in dem er die Revolution schon in ihrer Frühphase entschieden ablehnt, vertrat er eindeutig gegenrevolutionäre Standpunkte. Im Vergleich mit Hupels in vieler Hinsicht sehr freimütigen und unkonventionellen philosophischen und religiösen Anschauungen stellt seine extrem negative Reaktion auf die Französische Revolution einen konservativen Kontrapunkt in seiner Weltanschauung dar. Wegen der äußersten Rarität dieser Druckschrift ist Hupels Werk von den Forschern der Einflüsse und der Rezeption der Französischen Revolution im Baltikum bisher kaum zur Kenntnis genommen worden.[16] Hupels Broschüre ist wahrscheinlich zur Michaelismesse in Leipzig, im Herbst 1791, vom Rigaer Buchhändler Johann Friedrich Hartknoch veröffentlicht worden, denn in dieser wird bereits der Fluchtversuch Ludwigs XVI. am 20./21. Juni 1791 erwähnt.

Da Hupel sich mit seiner gegenrevolutionären Einstellung in der deutschen „Gelehrtenrepublik" wahrscheinlich noch in der Minderheit fühlte, eifert er auch gegen die prorevolutionären Beifallsbezeugungen der „angesehenen Männer" und „ganzen Gesellschaften", die er „jene verübte Rasereien als gerette-

---

Velikaja francuzskaja revolucija. In: Velikaja Francuzkaja Revolucija i Rossija. Moskva 1989, S. 289-313.

[16] Nur Jürgen Bartlitz widmet diesem Werk ein paar Seiten in seiner ungedruckten Dissertation. Jürgen Bartlitz, August Wilhelm Hupel (1737-1819) und das bürgerliche Gesellschaftsdenken in den baltischen Gouvernements Rußlands im letzten Drittel des 18. Jahrhunderts. Phil. Diss. Halle-Wittenberg 1982 (Masch.) S. 52-54.

te Rechte der Menschheit laut rühmen hört".[17] Hupel tritt in seinem Pamphlet als ein überzeugter Anhänger der Monarchie und als Anwalt aller europäischen Monarchien auf. Seine politische Auffassung ist eindeutig monarchistisch, auch die Abgeordneten der Generalstände sind in seinen Augen vor allem Untertanen des Monarchen. So verneint er überhaupt jeden Anspruch der Generalstände, die ganze französische Nation zu vertreten: „Die Versammlung vergaß, daß sie aus bloßen Deputirten und Unterthanen besteht; sie riß eine Gewalt an sich, die ihr nicht gebühret ...".[18] Unter solchen ideologischen Prämissen ist die ganze Tätigkeit der „sogenannten Nationalversammlung" für Hupel vom Anfang an illegitim. Dazu stellt er als den wirklichen Herrscher Frankreichs – im Jahre 1791 jedenfalls noch stark übertrieben – den Jakobinerklub dar. Nicht ganz unrecht hat er mit seiner Meinung, wonach die Nationalversammlung in Frankreich „eine Clubokratie" geschaffen habe und „dieser freche Haufe" alles, „was die Nationalversammlung und das ganze Volk, als ein heiliges Grundgesetz anerkannt und öffentlich beschworen haben", bald vernichten werde.[19] Von dem damaligen, eigentlich noch relativ friedlichen Zustand in Frankreich zeichnet Hupel ein abschreckendes Bild von Anarchie und Rechtlosigkeit. In der Französischen Revolution sieht er eine Gefahr „für die Regierungsformen und folglich für das ganze Staatsinteresse von Europa", denn die revolutionären Franzosen „schicken Aufwiegler aus, welche unter der Vorspiegelung, als wären die Rechte der Menschheit von den Königen überall gekränkt worden, in ruhigen Unterthanen schriftlich und mündlich den Geist der Rebellion anzufachen suchen".[20] Für die Wiederherstellung der Ordnung erkennt Hu-

---

[17] [August Wilhelm Hupel], Blicke auf Frankreichs jetzige Greuel inwiefern sie das europäische Staatsinteresse betreffen. [Riga] 1791, S. 4.
[18] Ebenda, S. 4-5.
[19] Ebenda, S. 8.
[20] Ebenda, S. 10-11.

pel in Frankreich selbst keine politische Kraft mehr, denn die Nationalversammlung stünde schon allzu stark unter dem Einfluss des wilden Pöbels und der Clubs, auch die royalistischen Emigranten seien für die Niederwerfung der Revolution allzu schwach. Folglich bliebe nur eine Hilfe von außen, von den europäischen Höfen, übrig.

In den Jahren 1789 bis 1791 haben die europäischen Großmächte die Entwicklung in Frankreich, die sie als ein Absinken in Chaos und Schwäche interpretierten, aus außenpolitischem Kalkül eher wohlwollend betrachtet denn als bedrohlich empfunden. Erst seit dem gescheiterten Fluchtversuch Ludwigs XVI. im Sommer 1791 begann bei den wichtigsten Gegnern Frankreichs, Österreich und Preußen, die Neigung zum Krieg zu wachsen. Gerade zu diesem Zeitpunkt legte Hupel seinen Interventionsplan für die Wiederherstellung der Monarchie in Frankreich vor. Als dringenden Beweggrund für einen militärischen Eingriff der Monarchen nannte er die „unverschuldete Gefangenschaft eines Königs".[21] In seiner Broschüre erwog er die Motive und Möglichkeiten der einzelnen Staaten zu einer Intervention in Frankreich.[22] Hupels politische Betrachtungen zeigen übrigens, dass er, von seinem antirevolutionären Wunschdenken abgesehen, über die europäische politische Lage ganz gut im Bilde war.

Obwohl Hupel mit dem sicheren Sieg der Interventionstruppen in Frankreich rechnete, war er durchaus imstande, die mögliche militärische Stärke der französischen Nationaltruppen realitätsnah zu bewerten. Er rechnete mit der starken Motivation und dem Kampfgeist der revolutionären Truppen, auch räumte er ein, dass die breiten Bevölkerungsschichten Frankreichs mit den Reformen der beiden ersten Revolutionsjahre viel gewonnen hatten.[23] Hupel hoffte aber – und der baldige

---

[21] Ebenda, S. 14.
[22] Ebenda, S. 23-36.
[23] Ebenda, S. 18-19.

Aufstand in der Vendée sollte diese Hoffnungen zum Teil auch bestätigen – auf die monarchischen Gefühle der breiteren Bevölkerungsschichten und auf den großen Einfluss der französischen Geistlichen auf das einfache Volk. Ebenso rechnete er mit der Überlegenheit der regulären Armee über die Revolutionstruppen und betrachtete im Ganzen die Wiederherstellung der Monarchie in Frankreich als eine verhältnismäßig leichte Aufgabe.[24]

In seinen Zukunftsplänen nach der Niederwerfung der Französischen Revolution war Hupel kein Ultraroyalist: Er vertrat den Standpunkt, dass gewisse, sehr beschränkte Reformen nach der Niederlage der Revolution doch notwendig seien; seine Reformvorschläge sind aber äußerst zögerlich und konfus. Seinem Wesen nach ist Hupels Pamphlet eigentlich nicht besonders militaristisch akzentuiert. Sein politisches Ideal ist die gemäßigte Aufklärung unter der Obhut des Aufgeklärten Absolutismus, das heißt das Zeitalter der Jahre zwischen 1763 bis 1789, in Verhältnissen des Friedens und der relativen Ungestörtheit, das er mit dem ersten Satz seiner Broschüre zusammenfasst: „Zum Charakter unsers jetzigen, auch schon des vorhergehenden Jahrhunderts rechnete man bisher hauptsächlich die in Europa allgemein verbreitete Aufklärung und Industrie, welche die inneren Kriege verscheuchten, und den Bürger von Waffen entwöhnten, die nun bloß in den Händen stehender Armeen blieben."[25] Auch ist sein Plan eher ein Befriedungsplan als ein Kriegsplan, er neigt zum Pazifismus, obwohl er die Herstellung des ewigen Friedens für eine Utopie hält.[26] Ver-

---

[24] "Das alsbald von mehreren Seiten angegriffene Reich ist bey seiner jetzigen Anarchie zur Ergreifung schicklicher Maasregeln eben so ungeschickt als zu einem mächtigen Widerstand [...]. Die leichtsinnige Nation wird eben so bald ihren König wieder in seine Rechte einsetzen, als sie ihn derselben beraubte." Ebenda, S. 38.

[25] Ebenda, S. 3.

[26] "Eine Verbindung etlicher von den namhaft gemachten europäischen Mächten, um dem bedrängten König von Frankreich eben so thätig als

mutlich hat Hupel die Französische Revolution als Störenfried empfunden, der das friedliche und gemäßigte Reformwerk des Aufgeklärten Absolutismus zu verhindern und den ganzen Kontinent in ein revolutionäres Abenteuer zu stürzen drohte. Die Reformierbarkeit des Staates von unten traute er der Gesellschaft nicht zu. Anders ist seine vom Anfang an absolut verneinende Einstellung zu den Ereignissen in Frankreich nicht zu erklären.

Großen Illusionen, dass seine Broschüre bei den europäischen Mächten auf starken Widerhall stoßen würde, gab sich Hupel nicht hin. Wie er selbst schrieb, ist er „nicht so blödsinnig", den Monarchen „einen Plan vorzuzeichnen": „Er wollte bloß dem lesenden Publikum einen Anlaß zum weiteren Nachdenken geben, etliche Vorurtheile entkräften, und zeigen, was ein gefühlvoller Theilnehmer wünschen könnte."[27] Nach dem Standort der beiden erhaltenen Exemplare des Büchleins lässt sich vermuten, dass Hupel sein Interventionsprojekt doch direkt an einige europäische Fürstenhöfe geschickt hat.[28] Da es aber zu keinen weiteren Reaktionen auf sein Pamphlet kam, ist es sehr wahrscheinlich, dass das Werk des Oberpahlener Pastors in der Flut ähnlicher Schriften schnell vergessen wurde. In mancher Hinsicht ähneln Hupels Ansichten zur Französischen Revolution denjenigen August Ludwig Schlözers, der mit der Hilfe der „kultivierten Souveräns" und der gelehrten Öffentlichkeit für die politische Aufklärung und für Reformen in Deutschland anstelle einer Revolution plädierte[29], nur war Hu-

---

nachdrücklich beyzustehen, ist weder leeres Hirngespinst oder Traum, noch ein Nebenstück zu des St. Pierre wohlgemeinten aber unausführbaren Project vom ewigen Frieden." Ebenda, S. 36-37.

[27] Ebenda, S. 46.
[28] Ein Exemplar befindet sich in der Herzogin Anna Amalia Bibliothek Weimar, das zweite Exemplar in der Thüringer Universitäts- und Landesbibliothek Jena, trägt den Stempel "Biblioth. Duc. Altenburg".
[29] Vgl. Rudolf Vierhaus, Politisches Bewußtsein in Deutschland vor 1789. in: Der Staat, Bd. 6, 1967, S. 184.

pel mit seinen Vorschlägen der „defensiven Modernisierung" noch viel vorsichtiger als der Göttinger Gelehrte und passte sich außerdem ganz der Regierungspolitik Katharinas II. an. Die weitere Entwicklung der Revolutionsereignisse in Frankreich kann Hupels Erwartungen kaum entsprochen haben. Im Jahre 1793 machte Hupel im zweiten Teil seines „Versuchs die Staatsverfassung des Russischen Reichs darzustellen" noch ein paar Bemerkungen „wegen des in Frankreich noch immer unglücklich webenden Schwindelgeistes".[30] Sein Hauptaugenmerk galt jetzt der angeblichen Aussichtslosigkeit der französischen Revolutionspropaganda in Russland; ganz offen unterstützte er auch die Unterdrückung der polnischen Reformbestrebungen seitens der zaristischen Regierung.

Bis 1791 hat die russische Regierung keine besonderen Maßnahmen gegen den Einfluss der Französischen Revolution getroffen, weil man mit Frankreich als Russlands außenpolitischem Verbündeten nach wie vor rechnete. Aber mit der Eskalation der Revolution begannen Russlands Beziehungen mit Frankreich schnell abzukühlen. Anfang 1792 wurde Russlands Gesandter als Protestmaßnahme aus Frankreich abgerufen. Auf die Hinrichtung Ludwig XVI. im Januar 1793 reagierte Katharina II. mit einem scharfen, gegen Frankreich gerichtete Ukas, womit sie alle in Russland wohnenden Franzosen verpflichtete, sich vom revolutionären Frankreich durch einen Eid öffentlich loszusagen.[31] Mit demselben Ukas wurde jeder Handel mit Frankreich verboten, worunter die baltischen Hafenstädte besonders litten. Seit dem Beginn der Französischen Revolution war auch der baltische Generalgouverneur verpflichtet, monat-

---

[30] August Wilhelm Hupel, Versuch die Staatsverfassung des Russischen Reichs darzustellen. Riga 1793, T. 2, S. 556.
[31] Polnoe sobranie zakonov Rossijskoj Imperij. S 1789 po 6 nojabrja 1796. S. I., 1830, Bd. 23, S. 402-404.

liche Lageberichte nach St. Petersburg zu schicken, obwohl er meistens gar nichts Außerordentliches zu berichten hatte.[32]

In der gleichen Zeit begann man alle vom Ausland ankommenden Personen zu bespitzeln und zu verfolgen. Die überspannte Atmosphäre der „Jakobinerriecherei" in Riga in den Jahren 1793/94, in denen man sogar ausländische Musiker als mögliche Attentäter der russischen Zarin denunzierte und maßregelte, schildert in seiner Reisebeschreibung der demokratisch gesinnte Münchener Jurist Johann Heinrich Liebeskind, der sich in dieser Zeit in Riga aufhielt.[33] Auch Liebeskind selbst fiel der Denunziation eines gewissen Grafen B. zum Opfer, der ihn als einen geheimen Jakobiner im Verdacht hatte. Obwohl die Rigaer Behörden zunächst darauf nicht reagierten, wurde Liebeskind im Februar 1794 auf Befehl aus St. Petersburg aus Russland ausgewiesen. Wie er selbst berichtet, teilte die Mehrheit der Rigenser diese Verfolgungsmanie nicht und verhielt sich seinem Schicksal gegenüber teilnahmsvoll. Eine ähnliche Stimmung herrschte auch in Estland, wo man jede energischere Sozialkritik und die Verteidigung der Menschenrechte schnell als gefährliches Jakobinertum diffamierte.[34] So

---

[32] Stepermanis, Lielās liesmas atblāzma (wie Anm. 4) S. 132.

[33] [Johann Heinrich Liebeskind], Rückerinnerungen von einer Reise durch einen Theil von Teutschland, Preußen, Kurland und Liefland, während des Aufenthalts der Franzosen in Mainz und der Unruhen in Polen. Straßburg 1795, S. 334-335; zu Liebeskinds Reisebeschreibung vgl. auch Wolfgang Griep, Reisen und deutsche Jakobiner. In: Reise und soziale Realität am Ende des 18. Jahrhunderts. Hrsg. von Wolfgang Griep und Hans-Wolf Jäger. Heidelberg 1983, S. 48-78, hier S. 49-51.

[34] Briefe über Reval nebst Nachrichten von Esth- und Liefland. Deutschland 1800, S. 27. Dieses anonym und ohne Verlagsort erschienene Werk ist bisher Johann Christoph Petri zugeschrieben worden. Neueste Untersuchungen aber zeigen, dass es sich um ein in Hamburg bei Benjamin Gottlob Hoffmann erschienenes Buch handelt. Dessen Verfasser war Christian August Fischer, ein heute vergessener, aber zu seiner Zeit erfolgreicher, vielseitiger Schriftsteller (darunter auch als Autor eines unter dem Pseudonym Althing veröffentlichten berühmt-berüchtigten ero-

wurde der Jakobinismusbegriff von den konservativen Gegnern der Revolution in eine Waffe gegen die gesamte Gedankenwelt der Aufklärung verwandelt.

Diese von den ausländischen Aufklärungspublizisten geschilderte Atmosphäre der Angst und der Schnüffelei nach revolutionsfreundlicher Gesinnung noch in den letzten Regierungsjahren Katharinas II. bestätigt auch der Fall des Estländischen Obergerichts-Advokaten Franz Ulrich Albaum, der als Literat und ehemaliger Professor der Ritter- und Domschule zu den Honoratioren der Stadt gehörte. Es liegt nämlich ein Brief von Albaum vom 17. Juni 1794 vor, in dem sich dieser vehement gegen die über ihn verbreiteten Gerüchte verteidigt.[35] Ein Bekannter, der Kammerherr und Geheimrat Hans Heinrich von Tiesenhausen, habe zu ihm gesagt, „... man hätte in St. Petersburg eine lange Liste solcher Personen aus dem revalschen und rigischen Gouvernement, die jacobinische Grundsätze hegte und äußerten, und auch mein [also Albaums] Name stünde darauf." Albaum beteuert in seinem Brief, dass er „seit 1789 so laut, daß ich oft Händel risquirte, die ganze französische Revolution, ihren Ursprung, ihre Folgen, getadelt habe; daß ich mit Heftigkeit dagegen geschrieben habe; daß ich all das Unglück, das nachgefolgt ist, schon damals prophezeyte; daß ich die Gleichgültigkeit der Regenten getadelt habe, die 1789 in einem

---

tischen Romans). Fischer hat sich vom Mai 1795 bis November 1796 als Hofmeister in Riga und auch andernorts im Peipusgebiet aufgehalten („in meiner Einsiedeley am Peipussee"). Im April 1796 lernte Fischer übrigens in Riga Garlieb Merkel kennen und half ihm für sein bahnbrechendes Werk „Die Letten" einen Verleger in Leipzig zu finden. Vgl. Gert Ueding, Hoffmann und Campe. Ein deutscher Verlag. Hamburg 1981, S. 129-130, 578; Josef Huerkamp/ Georg Meyer-Thurow, „Die Einsamkeit, die Natur und meine Feder, dies ist mein einziger Genuß". Christian August Fischer (1771-1829) - Schriftsteller und Universitätsprofessor (Bielefelder Schriften zu Linguistik und Literaturwissenschaft Bd. 15) Bielefeld 2001, S. 87-100, 127-129, 167.

[35] Eesti Ajaloomuuseum, B. 42, Verz. 1, A. 11, Bl. 9-10.

Feldzuge mit dem zehnten Theil der Macht, die sie nun schon 3 Jahre vergeblich angewendet haben, das Ungeheuer in seinem ersten Keim hätten ersticken können und die dem Unwesen zusahen und sich vielleicht darob freuten, weil es einen Staat zerfleischte, der ihnen oft Ungelegenheiten verursachet hätte". Er verdammt die Französische Revolution als „gallischen Unsinn" und geht in seinem Selbstverteidigungseifer so weit, dass er sich von der Regierungsform seiner reichsstädtischen Heimatstadt Hamburg distanziert und „sogar den despotisch regierten Staat jedem andern" vorzieht. Unter diesen politischen Umständen kann man bei den baltischen Literaten keine offenen Beifallsbekundungen zur Französischen Revolution erwarten. Die radikaler Gesinnten unter ihnen waren sicher auch eindeutig in der Minderheit und gaben ihrer Gesinnung nur im privaten Gespräch und höchstens im Briefwechsel kund.[36]

Der Rigaer Ratsherr Johann Christoph Berens, ein Freund Hamanns, Herders und Kants, formulierte 1792 in seinem Werk „Bonhomien", in dem er in freier essayistischer Form viele Fragen der europäischen Kultur erörterte, die Meinung der livländischen intellektuellen Elite. Vom Standpunkt eines hochgebildeten Großbürgers aus bejahte er die Aufklärung uneingeschränkt, aber für die Verwirklichung deren humaner Ideale hielt er nur den ruhigen evolutionären Weg für möglich. Die „wilden Auftritte" der Revolution könnten der kontinuierlichen Entwicklung der „blühenden Europäischen Humanität" nur Schaden zufügen.[37] Dem revolutionären Frankreich stellte Berens den Idealstaat der Aufklärer, China, gegenüber: „... so erhält sich doch dieses Reich [China] bei einerlei Blühte, durch

---

[36] Einer von diesen war der Künstler und Dichter Karl Graß, der 1793 seiner Schwester begeistert über die Siege der französischen Revolutionsarmee berichtet hat. Vgl. Stepermanis, Lielās liesmas atblāzma (wie Anm. 4) S. 39.

[37] [Johann Christoph Berens], Bonhomien. Geschrieben bei Eröffnung der neuerbauten Rigischen Stadtbibliothek. Mitau 1792, S. 187-188.

Gehorsam und Sitten, da sich jezt das blühendste Reich von Europa, bei seiner wilden politischen Freiheit – selbst mordet – durch Mangel von Gehorsam und Sitten."[38] Berens, wie viele deutsche Aufklärer, hätte die Revolution höchstens als ein abstraktes Problem, eine theoretische Manifestation der Aufklärung mit mehr oder minder glücklicher Anwendung von deren Prinzipien, zu sehen gewünscht[39], aber die wirkliche Revolution, mit ihrer zunehmenden Radikalität und Gewaltsamkeit, zwang ihn nun, einige bisher in das geistige Arsenal der Aufklärung gehörende Begriffe zu problematisieren. Das Wort „Publicitaet", das zunächst einen Bücherschrank der Rigaer Stadtbibliothek zieren sollte, ist für ihn jetzt „durch Verfälschungen und schiefe Anwendung streitig"[40]; auch die Zensur hält er nun, um „Zügellosigkeit und Leichtsinn" vorzubeugen, für nötig.[41] Berens` Ansichten, die die humanen Ideale des Zeitalters bejahten, aber jeden jähen politischen Umbruch ablehnten, waren wohl in der baltischen „Aufklärungsgesellschaft" tonangebend.

Die Hinrichtung des französischen Königs am 21. Januar 1793 markierte auch in den baltischen Provinzen den Wendepunkt, die endgültige Abkehr von der Französischen Revolution. Ein interessantes Zeitdokument ist das vom Volksaufklärer Friedrich Gustav Arvelius am 14. Februar 1793 in den „Revalischen Wöchentlichen Nachrichten" unter dem Pseudonym

---

[38] Ebenda, S. 42.
[39] Vgl. Jacques Droz, L´Allemagne (wie Anm. 2), S. 48.
[40] [Johann Christoph Berens], Bonhomien, S. 154. Ähnliche Bedenken gegen die Publizität, zwar ohne direkten Bezug auf die Französische Revolution, äußerte schon zwei Jahre vorher in dem Revaler Gymnasiumsprogramm der Professor Hörschelmann, der in seinem Kurzaufsatz "Ueber die Publicität" zum Fazit kommt: "Das wenige Gute, welches sie stiftet, verhält sich zu den Uebeln, die sie bewirkt, wie einige Loth zu einem Pfunde." Ernst August Wilhelm Hoerschelmann, Kurze Aufsätze über verschiedene Gegenstände. Reval, den 23. November 1790.
[41] [Johann Christoph Berens], Bonhomien, S. 61.

Sembard veröffentlichte Gedicht „Der wiederlegte Zweifler". Arvelius verwendet darin die Bibelszene von den Teufeln, die in die Sauherde fuhren, und vergleicht die Revolutionsereignisse in Frankreich mit einem „Heer von wilden Ebern", die ihren „sanften Hirt", Ludwig XVI., zerreißen. Am Ende seines Gedichts wendete sich Arvelius wohl auch an die estländischen „Zweifler", die er ermahnt, sich von ihren bisherigen Sympathien für die Französische Revolution loszusagen: „Der Zweifler frägt: „wo säh ich dies?" – Und ich, ich führ ihn nach Paris: Dort ruft er aus: (und wagt's nie mehr zu zweifeln), „Hier fuhr in Säue eine Legion von Teufeln!!'".

Arvelius machte sich auch über das viele Zeitunglesen und die daraus folgenden politischen Gespräche Sorgen. Dieses Problem behandelte er in einer im Revaler Gymnasium gehaltenen öffentlichen Rede.[42] Hier wiederholte Arvelius seine schon 1786/87 in Kotzebues Zeitschrift „Für Geist und Herz" geäußerte Meinung, dass die Erörterung der sowohl philosophisch-theologischen als auch politischen Fragen nur der gebildeten Elite überlassen werden müsse.[43] „Der große Haufen" wäre überhaupt nicht imstande, in politischen Fragen mitzureden, aber leider hielte sich fast jedermann zum „Kannegiessern" über die Handlungen und Beschlüsse der Staaten und deren mögliche Folgen für berechtigt. Nach seiner Meinung lebe man in einer kritischen Zeit, welcher die Neuerungssucht und die Unzufriedenheit mit allem Alten eigen sei. „Ich müßte mich sehr irren", wandte sich der Professor an die versammelte örtliche Prominenz, „wenn nicht auf diesem Wege jene unglücklichen, falschverstandenen Ideen von Menschenrecht, Freiheit, Gleichheit u.s.w. in Umlauf gekommen sind, und tausende,

---

[42] Friedrich Gustav Arvelius, Von gesellschaftlichen Gesprächen über politische Gegenstände. Reval 1793.
[43] Vgl. darüber Otto Alexander Webermann, Studien zur volkstümlichen Aufklärung in Estland. Friedrich Gustav Arvelius (1753-1806). Göttingen 1978, S. 174-196.

zum Theil unschuldige Schlachtopfer auf die unmenschlichste Art gemordet haben." Als nachteilige Folgeerscheinung politischer Gespräche fürchtete Arvelius schon die mögliche Entstehung der Parteien, die die Harmonie der Gesellschaft zerstören würden. Für am gefährlichsten hielt er solche Parteien, die ihre Ansichten unter dem einfachen Volk verbreiten.

Berens und Arvelius haben den Fragenkomplex der Französischen Revolution nur gestreift. Explizit zu diesem Thema hat sich außer Hupel noch der Rektor der Pernauer Stadtschule Christian Friedrich Scherwinzky geäußert. Sein Manuskript „Wir und Sie oder Gedanken eines Russischen Bürgers über ächter Monarchie und unächter Freiheit"[44] ist dem Umfang nach nicht größer als Hupels „Blicke". Wie es schon aus dem Titel sichtbar wird, handelt es sich auch hier um ein gegen die Revolution gerichtetes Pamphlet, das in der Zeit des Jakobinerterrors 1794 verfasst wurde. Scherwinzky, der sich auch in seinen anderen literarischen Produkten als ein folgerichtiger Glorifizierer des Russischen Reichs hervorgetan hat, setzt nach einem schwarz-weißen Schema dem bösen revolutionären Frankreich das gute Russland Katharinas II. entgegen. Scherwinzkys Pamphlet wurde nicht gedruckt, weil der Rigaer Buchdrucker und Verleger Julius Conrad Daniel Müller die ihm angebotene Handschrift ablehnte. Der lettische Historiker Stepermanis hat vermutet, dass die Rigaer Leserschaft so revolutionsfreundlich war, dass Müller mit der Produktion eines revolutionsfeindlichen Werkes einen kommerziellen Misserfolg fürchtete.[45] Wahrscheinlicher ist freilich, dass der Grund der Ablehnung der einseitig aggressive Stil und der geringe Informationsgehalt dieser Schrift waren; die Revolutionssympathien der Rigenser während des Jakobinerterrors darf man keinesfalls überschätzen.

---

[44] Das Manuskript des Werkes befindet sich in Riga: Latvijas Valsts Vēstures Arhīvs (weiterhin LVVA), B. 4038, Verz. 2, A. 1333.
[45] Stepermanis, Lielās liesmas (wie Anm. 4) S. 148.

Scherwinzky ist durchaus imstande, die welthistorische Bedeutung der Französischen Revolution zu erkennen[46], er kann sie aber nur negativ bewerten: Ein Volk, das noch vor kurzem für den Lehrer und das Vorbild des ganzen Europa gehalten wurde, ist jetzt zum Mörder seines eigenen Königs geworden. Seine Argumente trägt Scherwinzky im plumpen Propagandastil vor. Die Revolutionsanhänger, vor allem die Jakobiner, werden als gescheiterte Existenzen, die bürgerlichen Kritiker des Ständestaats als „brodlose Aftergelehrte" geschmäht; wirkliche Freiheit und soziale Sicherheit sei nur in einem monarchischen Staat möglich. Wie Hupel, so ist auch Scherwinzky ein überzeugter Anhänger des Ständestaats, welchen er als wahre Gleichheit aller Menschen interpretiert („alle Menschen [...] sind sich gleich erstlich darin, daß alle Stände gleich unentbehrlich sind").[47] Er verurteilt auch die religionsfeindliche Politik der Französischen Revolution. Übrigens ist sein eigenes Religionsverständnis, das er der Irreligiosität der Revolutionäre entgegenstellt, ganz voltairianisch, auf den pragmatischen Nutzen der Religion für die Moral der breiten Volksmassen abzielend.[48] Vollkommen teilt Scherwinzky die Meinung von Arvelius, dass der politische Gedankenaustausch für das einfache Volk, auch für die Handwerker, völlig überflüssig und nur schädlich sein kann.[49]

---

[46] "Wir haben in Frankreichs Revolution eine Begebenheit erlebt, welche in der Geschichte ihres gleichen nicht hat, nicht so wohl in Rücksicht ihrer Eräugnung und der Mittel, deren man sich dabey bediente, als vielmehr in Ansehung der Folgen, welche einzig in ihrer Art sind, und so wie sie sind, von keinem noch so geübten Blikke vorhergesehen werden konnten." LVVA, B. 4038, Verz. 2, A. 1333, Bl. 2.

[47] Ebenda, Bl. 32.

[48] "Die zahlreiche Volksklasse bedarf eben solcher Grundsätze, als diese Religion erhält, um gute, nüzliche und ruhige Bürger zu seyn." Ebenda, Bl. 18.

[49] „Politische Kannegießereien unter den Professionisten kommen hier in gar keine Betrachtung. Die geschickten und thätigen Leute dieser Art haben viel zu viel zu thun, als daß sie viel Zeit übrig behielten, über Re-

Sowohl Hupel als auch Scherwinzky wollen zwar keineswegs wegen der Revolutionsereignisse den Begriff der Aufklärung aufgeben, sie interpretieren ihn aber jetzt im konservativen Sinn. Wenn noch vor vier Jahren die Französische Revolution im viel freizügigeren Kurland von den Wortführern der „Bürgerlichen Union" als „wahre Aufklärung" begrüßt worden war[50], so verurteilt Scherwinzky nunmehr nicht nur die Französische Revolution, sondern wertet die ganze französische Aufklärung als „eine übertriebene Aufklärung" ab, die ihre Grenzen überschreitet, alle natürlichen Verpflichtungen abschafft und im ganzen den Menschen schadet. „Hätte man früher seinen Begriff von Aufklärung, Freiheit und Gleichheit berichtigt, und ins Reine gebracht; so wäre solche Katastrophe auf solche Weise und von solchen Wirkungen nicht erfolgt", ruft er aus.[51] Scherwinzkys Definition der „wahren Aufklärung" ist aber sehr konfus[52] und sein Verständnis der Aufklärung läuft auf die völlige Akzeptanz der Ständegesellschaft und der absolutistischen Monarchie hinaus. Damit kann Scherwinzky als Beispiel gelten, wie bei einigen baltischen Literaten die Aufklärung ganz ihren kritischen Inhalt verliert und nur noch das terminologische Gerüst übrigbleibt.

Auch der Erfolgsschriftsteller August von Kotzebue, der in dieser Zeit von 1785 bis 1795 das Amt eines Präsidenten des Gouvernementsmagistrats der bürgerlichen Sachen zu Reval

---

gierung und ihre gute oder schlechte Seite zu räsonniren; die braven Bürger dieser Klasse sind auch glücklich genug, als daß sie in monarchischen Staaten zu klagen Ursach hätten." Ebenda, Bl. 8.

[50] Vgl. Donnert, Kurland (wie Anm. 4), S. 76.
[51] LVVA, B. 4038, Verz. 2, A. 1333, Bl. 24.
[52] "...wahre Aufklärung [...] muß eine Erleuchtung des Verstandes der Menschen in jedem Stande seyn, aber eine Erleuchtung, die aufs Herz wirkt, und zwar so wirkt, daß das Herz eine überwiegende Neigung bekomt zu dem wahren Herzen, das ist zu dem reell Nützlichen, und immer mehr mit Abscheu erfüllt wird gegen das wirkliche Böse, das ist, gegen das den Menschen Schädliche". Ebenda, Bl. 25.

bekleidete[53], hat sich in seinen Werken mehrmals zur Revolutionsthematik geäußert. Zwar widmet seine Reisebeschreibung „Meine Flucht nach Paris im Winter 1790" die Hauptaufmerksamkeit den Pariser Theatern statt der Politik, aber aus seiner ironischen Einstellung zum „Freiheitsfieber" der Franzosen und zur Revolution im Allgemeinen macht Kotzebue kein Hehl. Seine Meinungsäußerung auf dem „fürchterlichen Platze" der Bastille, wo er seine Zufriedenheit über die Schleifung der alten Festung kundgibt, passt eher mit dem empfindelnden Grundton seines Werkes als mit einer revolutionsfreundlichen Haltung zusammen.[54] Im Jahre 1792 wurde in Riga das satirische Lustspiel von Kotzebue „Der weibliche Jacobiner-Klub" aufgeführt.[55] Dieses Theaterstück, in dem die Ideen der Freiheit und Gleichheit auf plumpe Art lächerlich gemacht werden und die Aristokraten die einzigen positiven Helden darstellen, hat eine ausgesprochen revolutionsfeindliche Zielrichtung. Wegen eines anderen Schauspiels, „Graf Benjowsky, oder die Verschwörung auf Kamtschatka", das 1795 in Frankfurt am Main aufgeführt wurde, hatte Kotzebue in der damaligen verängstigt-reaktionären Atmosphäre in Estland dagegen Ärger. Da der russische Botschafter in Deutschland Nikolai Petrowitsch Rumjanzew annahm, mit dem Helden dieses Stückes sei der

---

[53] Über Kotzebues Revaler Periode vgl. Henning von Wistinghausen, Die Kotzebue-Zeit in Reval im Spiegel des Romans „Dorothee und ihr Dichter" von Theophile von Bodisco. Tallinn 1995. Textgleich in: Aufklärung in den baltischen Provinzen Russlands. Hg. Otto-Heinrich Elias u. a. (Quellen und Studien zur Baltischen Geschichte Bd. 15) Köln 1996, S. 255-304.

[54] August von Kotzebue, Meine Flucht nach Paris im Winter 1790. Leipzig 1791, S. 227-230; vgl. Alain Ruiz, Deutsche Reisebeschreibungen über Frankreich im Zeitalter der Französischen Revolution (1789-1799): Ein Überblick. In: Reiseberichte als Quellen europäischer Kulturgeschichte. Aufgaben und Möglichkeiten der historischen Reiseforschung. Hrsg. von Antoni Mączak und Hans Jürgen Teuteberg. Wolfenbüttel 1992, S. 229-251, hier S. 233-234, 238.

[55] Stepermanis, Lielās liesmas atblāzma (wie Anm. 4) S. 136.

von den Russen gefangengenommene polnische Aufstandsführer Tadeusz Kościuszko gemeint, hat er gleich gegen dieses „jakobinische" Schauspiel protestiert; Kotzebue selbst musste seine ganze Redegewandtheit einsetzen, um sich vor dem estländischen Gouverneur Heinrich Johann von Wrangell zu rechtfertigen.[56] Schließlich war der nach Sibirien verbannte Graf Moritz August Benjowsky, der von Kamtschatka aus mit einem gekaperten Schiff nach Westeuropa floh und sich unterwegs zum König von Madagaskar ausrufen ließ, ein seinerzeit sehr bekannter Abenteurer.

Kotzebues Einstellung zur Französischen Revolution war nicht standfest; manchmal hat er sich revolutionsfreundlich geäußert, aber er hat auch einen konservativen und explizit antirevolutionären Text verfasst. Es handelt sich um die im Sommer 1794 abgefasste Denkschrift „Memoire über den Revolutionsgeist, in Rücksicht auf einige russische Provinzen, und über die Mittel, dessen Fortschritte zu hemmen".[57] Wenn Hupel in seiner Broschüre das außenpolitische Programm für die Unterdrückung der Französischen Revolution entworfen hat, so konzentrierte sich Kotzebue, schon nach dem militärischen Scheitern der antirevolutionären Koalition, auf die Herausarbeitung der innenpolitischen repressiven Maßnahmen gegen eine mögliche Verbreitung der „verführerischen Grundsätze der Franzosen" in den Ostseeprovinzen. Es ist erstaunlich, wie viel Kotzebue mit seinen Vorschlägen zur weitgehenden administrativen Maßregelung des baltischen gesellschaftlichen Lebens von der bald mit ganzer Wucht einsetzenden reaktionären Politik Pauls I. bereits vorwegnimmt. Kotzebue wendet sich in seiner Denkschrift gegen das Studium der Deutschbalten an den ausländischen Universitäten als den Örtern der Verbreitung

---

[56] Ebenda, S. 137.
[57] Veröffentlicht von Hans-Joachim Schreckenbach, Kotzebues "Memoire über den Revolutionsgeist". In: Weimarer Beiträge. Zeitschrift für deutsche Literaturgeschichte (1957) H.1, S. 87-112.

der Revolutionsideen, und schlägt vor, über die ausländischen Zeitungen und Bücher in den Ostseeprovinzen eine äußerst strenge Zensur einzuführen. Er eifert auch gegen die politisch völlig harmlosen Klubs in den baltischen Provinzen, die er „in jeder Rücksicht für schädlich hält", und schlägt vor, diese Klubs gänzlich aufzuheben oder wenigstens ihre Tätigkeit erheblich einzuschränken. Mit einigem Wohlwollen kann man Kotzebues Denkschrift auch als eine „patriotische" Tat interpretieren, denn er betont die Gefährlichkeit des Studierens im Ausland, um die Wiedereröffnung der Universität in Dorpat umso nachdrücklicher zu begründen. Aber im Gegensatz zu Hupel strebte Kotzebue mit seiner Denkschrift auch nach recht eigennützigen Zielen. Man kann dem Herausgeber dieser Denkschrift, Hans-Joachim Schreckenbach, nur zustimmen, wenn er vermutet, dass Kotzebue als Leiter des mit Monopolrechten ausgestatteten Zeitungs- und Nachrichtenbüros, das als einzige russische Dienststelle die ausländischen Zeitungen und Zeitschriften beziehen durfte, seine eigene Person im Auge hatte.[58] Persönlichen Nutzen hat die Denkschrift ihrem Verfasser, der bald selbst unter der Willkürherrschaft Pauls I. zu leiden hatte, nicht gebracht, aber das darin aufgezeigte Aktionsprogramm hat Paul I. – wahrscheinlich ganz ohne Kenntnis der Denkschrift von Kotzebue – fast hundertprozentig ausgeführt.

Die kurze Regierungszeit des Kaisers Paul I. (1796-1801) manifestierte sich als eine extreme Abwehrreaktion gegen die Französische Revolution. Mit rigorosen Maßnahmen versuchte Paul I. Russland von jedem möglichen Einfluss aus Frankreich abzukapseln. Ganz davon abgesehen, dass jede auch noch so vorsichtige Kritik der sozialen Zustände jetzt als gefährliches Jakobinertum mit entsprechenden strafrechtlichen Folgen qualifiziert werden durfte, war jetzt auch die Verbreitung des aufklärerischen Gedankenguts verpönt. Der Besitz der Werke von Voltaire, der früher bei jedem gebildeten Menschen zum guten

---

[58] Ebenda, S. 92-93.

Ton gehört hatte, wurde jetzt gefährlich[59]; eine äußerst strenge Zensur wurde eingerichtet und im Jahre 1800 jede Einfuhr ausländischer Literatur verboten. 1798 rief der Kaiser alle im Ausland studierenden russischen Untertanen, vor allem die Deutschbalten, nach Russland zurück.[60] Als eine indirekte Folge dieser Maßnahme wurde schon bald nach der Ermordung des Zaren 1802 die Universität Dorpat gegründet, eine neue mächtige Institution, die gegen die Absichten der Isolationspolitik Pauls I. zu einem wichtigen Brückenkopf im kulturellen Austausch zwischen Russland und Westeuropa werden sollte.

Die Französische Revolution rief das Erschrecken vieler deutscher Aufklärer und eine kritische Selbstreflexion der Aufklärung hervor, zugleich aber förderte sie die Verschärfung der sozialen Kritik und die Steigerung der Forderungen eines Teils der Publizisten. Der wichtigste Vertreter der radikaleren Richtung der baltischen Aufklärungspublizistik war Garlieb Merkel mit seinem Buch „Die Letten, vorzüglich in Liefland am Ende des philosophischen Jahrhunderts", das im Herbst 1796 in Leipzig erschien und schnell in Deutschland bekannt wurde. In den Ostseeprovinzen selbst war in dieser Zeit schon jede auch noch so zurückhaltende, Diskussion über die Französische Revolution undenkbar. Merkels Hauptthema war die miserable Lage der leibeigenen Bauern in Livland. Die französischen Revolutionsereignisse radikalisierten nur seine Kritik und seine Forderung nach Aufhebung der Leibeigenschaft. Merkel machte sich auch die Mühe, die Französische Revolution in sein stark von der französischen Aufklärung geprägtes Weltbild

---

[59] Zum Beispiel hat der Revaler Schullehrer Klee auf Beratung seiner Freunde die Werke von Voltaire schnell verkauft. Christian Carl Ludwig Klee, Eines deutschen Hauslehrers Pilgerschaft durch Land und Leben (1792-1818). Reval 1913, S. 69-70.

[60] Vgl. Arvo Tering, Balten an deutschen Universitäten um 1798. In: Festschrift für Vello Helk zum 75. Geburtstag. Beiträge zur Verwaltungs-, Kirchen- und Bildungsgeschichte des Ostseeraumes. Hrsg. von Enn Küng und Helina Tamman. Tartu 1998, S. 259-295.

einzubauen. Nach seiner Auffassung ist die Geschichte beständiger Wechsel und Wiederkehr und alle gesellschaftlichen Umbrüche folglich natürliche Ereignisse. Die Französische Revolution hält Merkel für einen Aufstand „der ganzen Volksmasse gegen eine fehlerhafte Staatsverfassung"; er warnte die baltischen Gutsbesitzer vor einem vergleichbaren Aufstand der unterdrückten lettischen Bauern, falls weitgehende Agrarreformen ausbleiben würden.[61]

Zusammenfassend kann man feststellen, dass die gebildeten Schichten der baltischen Gesellschaft über die Revolutionsereignisse zwar relativ schnell und gut informiert waren, dass aber der Einfluss der Französischen Revolution in den baltischen Provinzen nur indirekt und vermittelt war. Bei den gemäßigten Aufklärern konnte die Revolution in ihrer ersten Phase auch gewisse Bewunderung und positives Interesse erwecken, aber in ihrer weiteren Entwicklung stieß sie auf die fast einheitlich ablehnende Haltung der baltischen „Aufklärungsgesellschaft". Von den gemäßigten Aufklärern wie Hupel oder Berens wurde die Französische Revolution als eine Perversion der Aufklärung kritisiert; in ihrem Programm identifizierten sich die baltischen Aufklärer jetzt noch stärker mit der Regierungspolitik Katharinas II.

In den baltischen Provinzen bedeutet die Französische Revolution keine politische und geistig-kulturelle Epochenzäsur, eher kann man den Anfang des 19. Jahrhunderts noch zur Phase der Spätaufklärung rechnen. Die reaktionäre Politik Pauls I. hat die baltischen Literaten stark eingeschüchtert und jede Diskussion zum Verstummen gebracht, aber umso hoffnungsvoller

---

[61] Garlieb Merkel, Die Letten vorzüglich in Liefland am Ende des philosophischen Jahrhunderts. Ein Beitrag zur Völker- und Menschenkunde. Nach der Ausgabe Leipzig 1796 herausgegeben, mit einem Stellenkommentar und einem Nachwort versehen von Thomas Taterka. Wedemark 1998, S. 101-119.

und staatspatriotischer begrüßten die Aufklärer die Thronbesteigung Alexanders I. als Fortsetzung der Politik des aufgeklärten Absolutismus Katharinas II. Und in der Tat herrschten in der ersten Hälfte der Regierungszeit Alexanders I. für die Aufklärung wieder relativ günstige politische Rahmenbedingungen. Die Spätaufklärung in den baltischen Provinzen ist gekennzeichnet vom langsamen Abflauen aufklärerischer Gedanken und deren Vermischung mit neuen geistigen und kulturellen Strömungen, der deutschen klassischen Philosophie, der Romantik, des Neuhumanismus. Einer der wichtigsten langfristigen Impulse der Französischen Revolution waren die von den baltischen Ritterschaften auf Anregung der preußischen Reformen durchgeführten Agrarreformen in der ersten Hälfte des 19. Jahrhunderts. Auch die von den Napoleonischen Kriegen in Deutschland hervorgerufene nationale Bewegung kam in Baltikum erst langsam zur Auswirkung. Diese vielseitigen, von der Französischen Revolution hervorgerufenen Faktoren werden die baltische Geschichte während d es ganzen 19. Jahrhunderts gestalten.

DER DEUTSCHBALTISCHE ADEL
IN RUSSISCHEN DIENSTEN 1750-1850

Michail Katin-Jarzev

Das innere Leben der Ostseeprovinzen war im 18. Jahrhundert weitgehend durch die „Kapitulationen" geprägt, die Peter der Große mit den baltischen Ritterschaften im Jahre 1710 abschloss. Das baltische Deutschtum besaß nach dem Untergang der deutschen Bistümer und des Deutschen Ordens in Livland keinerlei militärische Macht mehr und konnte darum den Gebietsansprüchen der Nachbarländer nichts entgegensetzen. Außenpolitisch gesehen war der deutschbaltische Adel zur Abhängigkeit von den Nachbarstaaten verdammt, aber auch diese mussten ihrerseits auf ihn einige Rücksicht nehmen, weil er zwischen den Staaten hin und her manövrieren konnte, wie das während des Nordischen Krieges 1700 bis 1721 zwischen Russland und Schweden der Fall gewesen war.

In den „Kapitulationen" sicherte der russische Staat den Ritterschaften zu: 1) die Integrität des lutherischen Glaubens unter Beibehaltung der Kirchenleitung durch Konsistorien und des Patronats der Gutsbesitzer über die Gemeindekirchen zu schützen, 2) das örtlich jeweils gültige Einsetzungsverfahren der Pastoren nicht zu ändern, 3) den „Amtsstand der Provinz in den früheren Zustand zu versetzen", worunter man die Wiedereinrichtung des 1694 aufgelösten Landratskollegiums verstand, 4) die Unantastbarkeit des Gerichtswesens zu belassen, „das aus Personen der deutschen Nation" bestand, und schließlich 5) die im Zuge der schwedischen Reduktionen enteigneten Güter zurückzugeben. Im Punkt 11 baten die Ritterschaften ihrerseits, ihnen den Weg in den russischen Staatsdienst zu öffnen.

Am 30. September 1710 bestätigte Peter der Große in seinem Gnadenbrief an den livländischen Adel in feierlicher Form dessen Privilegien mit der Klausel, dass diese nicht die Würde und Rechte der Zaren und des Russischen Imperiums beschränken dürften.[1] Man hört es nicht allzu oft, aber mit der Bestätigung der Kapitulationen erhielt das Baltikum eine oligarchische Autonomie im Rahmen des Russischen Reiches. Wesentlich war, dass der deutsche Charakter der Stände- und Städteverwaltung erhalten blieb. Einer der wichtigsten Faktoren war der rechtliche Status der Adelskorporationen, der in den 1730er und 1740er Jahren festgeschrieben wurde. Die in einer besonderen Matrikel eingetragenen Personen nannten sich Ritter und genossen alle Eigentums- sowie weitgehende politische Rechte und Privilegien. Diese Selbstbezeichnung ebenso wie der Begriff „ureinheimischer Adel" ging in die russische Gesetzgebung ein.

Es sei daran erinnert, dass es in Russland eine besondere Prozedur der Zuerkennung der im Staatsdienst erworbenen Adelstitel, des sogenannten Dienstadels, gab. Die 1722 eingeführte Rangtabelle öffnete freien Bürgern jeglicher Herkunft den Weg in diesen Dienstadel. Nichtadelige erhielten die genuin staatlichen Adelsrechte im Militärdienst im Rang eines Fähnrichs und im Zivildienst im Rang eines Kollegienassessors. Später wurde diese Schwelle etwas angehoben. Um diesen Status bemühten sich auch die Nachkommen von Kaufleuten und Kleinbürgern aus den Ostseeprovinzen. Die nicht in die Matrikel eingetragenen adligen Besitzer von Rittergütern nannte man Landsassen. Sie spielten keine wesentliche Rolle im inneren Leben der Ostseeprovinzen, da sie in einigen Rechten eingeschränkt waren. Ihrem gesellschaftlichen und staatsrechtlichen Status nach unterschieden sich jedoch die Landsassen nicht vom russischen Adel der anderen Gouvernements Russlands. Die Geschichte der

---

[1] Полное Собрание Законов Российской Империи (1-е), т. IV, СПб 1830, с. 575-577. № 2301, от 30. 9. 1710. [1. Vollständige Gesetzessammlung des Russischen Imperiums, Bd. 4. St. Petersburg 1830, S. 575-577. Nr. 2301 vom 30. 9. 1710].

Landsassen, die eigene, von denen der Ritterschaft abweichende gesellschaftspolitische Interessen vertraten, ist bis heute nicht geschrieben worden.

Die Autonomie der Ostseeprovinzen wurde neben der regelmäßigen Bestätigung der Privilegien auch durch die Existenz einiger Institutionen gefestigt, die sich in der Hauptstadt des Reiches mit den Angelegenheiten dieser Region befassten. Das Justizkollegium für Livländische und Estländische Angelegenheiten übte die Kontrolle über die Tätigkeit der gerichtlichen und kirchlichen Einrichtungen in Livland und Estland aus; das Kammerkontor für Livländische und Estländische Angelegenheiten entstand 1736 und befasste sich mit den Steuereinnahmen in Livland und Estland.

Gewiss sah Peter der Große bereits voraus, dass der Staat von der Tätigkeit der durch den Erwerb der Ostseeprovinzen „eingeheimsten" Ausländer Nutzen ziehen könnte, deren Interesse am und deren Abhängigkeit vom Russischen Imperium sich nicht allein auf den Bezug einer guten Besoldung beschränken würde. Nach der Beendigung des Nordischen Krieges unternahm Zar Peter Schritte zur Beschränkung des Zugangs von angeworbenen Ausländern zum Militärdienst, was wie folgt formuliert wurde: „Wenn solche Ausländer zeitweilig im Dienste Seiner Zarenhoheit verbleiben möchten, so sind diese mit Degradierung im Range einzustellen, mit Ausnahme derer, die bis zu ihrem Tode zu dienen versprechen"[2]. In der Tat kehrten viele der angeworbenen Ausländer in ihre Heimat zurück. Diese Lücke wurde in der Folgezeit durch livländische und estländische Offiziere geschlossen. Wesentliche Maßnahmen zu ihrer Eingliederung in die russische Armee wurden 1729 getroffen. Durch einen Erlass des Obersten Geheimrates

---

[2] Указ от 28. 2. 1722, цит. по: Российский Государственный Военно-Исторический архив. Ф. 16. Оп. 1/118. Д. 850. [Erlass vom 28. 2. 1722, zit. nach: Russisches Staatliches Militärhistorisches Archiv, Abt. 16, Inv. 1/118, Dok. 850].

vom 14. März wurde die Aufnahme von Livländern und Estländern in den Armeedienst erleichtert. Den Mannschaftsbestand durften die kommandierenden Generale selbst auffüllen; Ober- und Stabsoffiziere mussten sich jedoch persönlich beim Kriegskollegium vorstellen. Durch diese Verfügung wurde praktisch eine den Deutschbalten sehr entgegenkommende Ordnung sanktioniert: Sie konnten in ihren heimischen Provinzen dienen und hier ihre Laufbahn - vom untersten Rang angefangen - absolvieren. In demselben Dokument wurde das Recht fixiert, dass livländische und estländische Bewerber, die nicht dem Adel angehörten, in den Armeedienst eintreten durften. Das war wahrscheinlich ein Zugeständnis an die Rigaer Bürger, die in dieser Zeit durch ihren Vertreter in St. Petersburg hinter den Kulissen einen langen Kampf gegen die Ritterschaft führten.[3] Aufgrund des Erlasses vom 19. Dezember 1729 wurden die Deutschbalten im russischen Dienst den eigentlichen Ausländern gleichgestellt, das heißt, sie bekamen von da ab eine Besoldung, die doppelt so hoch war wie die der Russen.[4] Gleichzeitig erhielten die livländischen Angehörigen der Ritterschaft die Möglichkeit, nicht nur alters- oder krankheitshalber den Dienst zu quittieren, sondern auch, und das ist besonders wichtig, „eines anderen Umstandes wegen", das heißt praktisch auf ihren ersten Antrag hin. Damit waren sie in einer

---

[3] Опись Высочайшим указам и повелениям, хранящимся в Санкт-Петербургском Сенатском архиве за XVIII век. Т. II. 1725-1740. СПб., 1875, № 3379. Полное собрание Законов Российской Империи. 1, т. VIII, СПб 1830, С. 135. № 5385 от 14. 3. 1729. [Verzeichnis der Allerhöchsten Erlasse und Befehle, die im St. Petersburger Archiv des Senates für das 18. Jahrhundert aufbewahrt sind, Bd. 2, 1725-1740. St. Petersburg 1875, Nr. 3379. 1. Vollständige Gesetzessammlung des Russischen Imperiums, Bd. 8, St. Petersburg 1830, S. 135, Nr. 5385 vom 14. 3. 1729].

[4] Полное Собрание Законов Российской Империи (1-е), т. VI, СПб 1830. С. 238-239. № 3643 от 17. 9. 1720. [1. Vollständige Gesetzessammlung des Russischen Imperiums, Bd. 6, St. Petersburg 1830, S. 238-239, Nr. 3643 vom 17. 9. 1720].

besseren Lage als ihre russischen Kollegen, die bis ins hohe Alter oder bis zum Tode dienen mussten und für die der Militär- bzw. der Staatsdienst damit zur aufreibenden Last wurde.[5] In den 1730er Jahren wurde auf diese Weise die Grundlage für die Ausnahmestellung der deutschbaltischen Adligen in der russischen Armee gelegt. Im gesamten 18. Jahrhundert war deshalb der Eintritt in den Zivildienst für diese weniger interessant. Der Höhepunkt des Andrangs junger deutschbaltischer Adliger fällt in die Jahre 1737 und 1738, als das Gardekavallerieregiment in St. Petersburg und andere Regimenter, die in Livland und Estland stationiert waren, nach und nach mit ihnen aufgefüllt wurden.

Bis zum Jahr 1741 waren alle Schlüsselposten in denjenigen Armee-Einheiten, die im russischen Baltikum stationiert waren, in der Hand von Nichtrussen.[6] Der Clan der Mengden-Münnich, der während der Braunschweiger Dynastie die Löwenwolde und Biron ablöste, sammelte weiter gebürtige Deutschbalten um sich. Durch ihre bessere Besoldung sowie wegen ihrer Unkenntnis der russischen Sprache und - in Russland - der örtlichen Bräuche waren diese Offiziere bei ihren russischen Kameraden ziemlich unbeliebt. Im Zeitabschnitt von Peter dem Großen bis zu Peter III. konnten sich die Nichtrussen, darunter eben auch die deutschbaltischen Ritter, gesell-

---

[5] Фаизова И. В. Материалы Герольдмейстерской конторы как источник по истории российского дворянства XVIII столетия. Саратов, 1990. [I. V. Faizova, Materialien des Heroldmeister-Kontors als Quelle zur Geschichte des russischen Adels im 18. Jahrhundert. Saratov 1990].

[6] Указ о распределении чинов от 3. 3. 1740: фон Виттен, фон Буттлар, граф Ласси, Де Брилли, Левендаль./Опись Высочайшим указам и повелениям, хранящимся в Санкт-Петербургском Сенатском архиве за XVIII век. т. II. 1725-1740. СПб., 1875. [Erlass zur Verteilung der Ränge vom 3. 3. 1740: von Witten, von Buttlar, Graf Lassy, De Brilly, Löwendahl. In: Verzeichnis der Allerhöchsten Erlasse und Befehle, die im St. Petersburger Archiv des Senates für das 18. Jahrhundert aufbewahrt sind. Bd. 2, 1725-1740, St. Petersburg 1875].

schaftlich absondern und einen eigenen Kreis bilden, in dem nur Ihresgleichen verkehrte. Lediglich auf dem Exerzierplatz oder bei der Befehlsausgabe kamen sie überhaupt mit Russen in Kontakt, nicht aber beim geselligen Beisammensein. Selbst nachdem Münnichs Beamte russische und ausländische Offiziere finanziell gleichgestellt hatten, herrschten weiterhin Entfremdung und gegenseitiges Misstrauen, ja das wurde als geradezu normal angesehen.

Im Jahre 1749 forderte die Zarin Elisabeth die im Ausland diensttuenden Deutschbalten im Offiziersrang auf, nach Russland zurückzukehren.[7] Nach einer Frist von einem Jahr drohte denen, die dem Erlass nicht nachkommen wollten, die Konfiszierung ihres Eigentums. Denjenigen Offizieren aber, die in die russische Armee eintreten wollten, sicherte die Zarin ein System höchster Begünstigungen zu. In den nächsten Jahren traten auf diese Weise noch einmal viele Deutschbalten in den russischen Dienst und verließen diesen nicht wieder. Unter Peter III. wurden bei den holsteinischen Truppen, die praktisch die neue Hofgarde bildeten, nicht nur adlige, sondern auch nichtadlige, persönlich freie Livländer eingestellt.[8]

Katharina die Große war eine gute Menschenkennerin und hatte die besondere Fähigkeit, geeignete Leute in ihre Dienste zu ziehen. Sie warb aus dem deutschbaltischen Adel nicht nur manchen durchschnittlichen Staatsdiener an, sondern auch viele

---

[7] Российский Государственный Военно-Исторический архив, Ф. 16. Оп. 1/118. Св. 354. Лл. 713-714. Указ от 3. 3. 1749 г. [Russisches Staatliches Militärhistorisches Archiv. Abt. 16, Inv. 1/118, Sammlung. 354, Blätter 713-714. Erlass vom 3. 3. 1749].

[8] Российский Государственный архив Древних Актов, фонд 248, кн. 3414, № 4, 22. 1. 1762. По Именному Указу о вербовании в Лифляндии и Эстляндии в голстинскую службу вольных людей. На л. 25. 3 лл. [Russisches Staatsarchiv für Alte Urkunden, Abt. 248, Buch 3414, Nr. 4, 22. 1. 1762. Nach dem Namentlichen Erlass über die Anwerbung von Freien in den holsteinischen Dienst in Livland und Estland. Auf Blatt 25, 3 Seiten].

hochbegabte und markante Männer, die den Interessen des russischen Staates auf vielen Gebieten nutzen sollten. Dafür einige Beispiele: Den hohen Staatsbeamten Jakob Johann von Sievers (1731-1808) kann man ohne Vorbehalte eine hervorragende Persönlichkeit der Aufklärung nennen. Dank seiner Fähigkeiten fiel er schon früh auf; er diente unter Katharina als Gouverneur von Novgorod (1764-1776), danach als Statthalter von Twer' (1776-1781) und schließlich unter Paul als Generaldirektor der Wasserwege (1797-1800). Sievers war außerdem ein wichtiger Berater und Formulierungsgehilfe Katharinas bei der Ausarbeitung der Verwaltungsreform von 1775 sowie der Stadtordnung von 1785. Als er 1781 das erste Mal zurücktrat, wurde er zum livländischen Landrat gewählt, in welcher Funktion er seinen Einfluss ausnutzen konnte, um die Politik der Zarin gegenüber den Ostseeprovinzen zu mildern.

Im Jahre 1775 verlangte die Zarin Katharina, ihr einen erfahrenen Landrat, der sich gut in den livländischen und estländischen Verhältnissen auskenne, zur Verfügung zu stellen. An den Hof entsandte man daraufhin den Landrat Gustav Reinhold von Ulrich, der unmittelbar bei der Erstellung der „Instruktion zur Verwaltung der Gouvernements" mitarbeitete, der Grundlage des bis 1917 gültigen Verwaltungsrechts in Russland. Nicht weniger aktiv war der hervorragende Diplomat Graf (seit 1775) Otto Magnus von Stackelberg (1736-1800). Von 1771 bis 1790 fungierte er als Botschafter Russlands in Warschau; er bereitete diplomatisch die erste und zweite polnische Teilung vor und war gleichzeitig Vermittler zwischen der kurländischen Ritterschaft und dem polnischen König.[9] Einer der großen Persönlichkeiten der Aufklärungsepoche war auch Baron Otto Hermann von Vietinghoff-Scheel (1722-1792), der mit einer Enkelin des Feldmarschalls Münnich verheiratet war. Von seinem Posten als Rat der Rigaer Gouvernementsverwaltung (1757-1787) wurde er 1788

---

[9] Hubertus Neuschäffer, Katharina II. und die Baltischen Provinzen (Beiträge zur baltischen Geschichte 2) Hannover-Döhren [1975], S. 92-98.

zum Präsidenten des Russischen Medizinischen Kollegiums wegbefördert. Der Aufklärer Vietinghoff befasste sich überdies mit der Einrichtung des Rigaer Theaters, mit Branntweinbrennerei und Flachsspinnerei. Seinen Bauern gegenüber verhielt er sich jedoch so sparsam, dass im Volk der Spruch entstand „Reich wie ein Vietinghoffscher Leibeigener", was ein äußerstes Maß an Armut bezeichnete.

In der Armee bewährte sich Otto-Heinrich Igelström (seit 1792 Graf, 1737-1823) als besonders erfolgreicher Heerführer und talentierter Diplomat. Im Jahre 1784 kommandierte er das russische Heer, das die Krim eroberte, und nahm den Krim-Khan Schagin-Girej gefangen. Von 1784 bis 1790 war er Statthalter von Simbirsk und Ufa, führte gegen die Kasachen Krieg, verhandelte später mit ihnen und zog den Khan des Mittleren Stammesbundes (Zhus) Sergasy[10], der als Secondemajor am Russisch-Schwedischen Krieg 1788 bis 1790 teilnahm, in russische Dienste. Ab 1794 fiel Igelström in Ungnade. Paul I. schenkte ihm wieder seine Gunst und ernannte ihn zum Kriegsgouverneur von Orenburg. Als Oberkommandierender der russischen Streitkräfte in Polen wurde Igelström im April 1794 vom polnischen Aufstand überrascht und konnte nur einen geringen Teil seiner Truppen retten. An seine Stelle wurde ein Livländer berufen, der General Hans-Heinrich von Fersen (1743-1800). Im Oktober 1794 nahm er Tadeusz Kościuszko gefangen und machte damit gemeinsam mit Alexander Wassiljewitsch Suworow dem polnischen Aufstand ein Ende. Auf den Posten des Statthalters von Simbirsk und Ufa gelangte bald nach Igelström ein Estländer, der Generalleutnant Otto Wil-

---

[10] Ерофеева И. В. Казахские ханы и ханские династии в XVIII - середине XIX вв.//Культура и история Центральной Азии и Казахстана: проблемы и перспективы исследования. Алматы 1997. С. 134. [I. V. Jerofeeva, Kasachische Khane und Khandynastien vom 18. Jh. bis Mitte des 19. Jh. In: Kultur und Geschichte Mittelasiens und Kasachstans, Probleme und Perspektiven der Forschung. Almaty 1997, S. 134.]

helm von Derfelden (1737-1819), der sich kurz zuvor auf dem Posten eines Divisionskommandeurs im Russisch-Türkischen Krieg (1789) ausgezeichnet hatte. Nach kurzem Aufenthalt in Sibirien (1793-1794) nahm Derfelden ebenfalls an der Niederschlagung des polnischen Aufstandes teil.

Gleichzeitig mit dem Erstarken des russischen Staates und dem zunehmenden Ruhm der russischen Waffen stieg die Anziehungskraft des Dienstes in der russischen Armee für junge deutschbaltische Adlige, und zwar nicht nur für besitzlose, sondern auch für wohlhabende junge Leute, die eben erst am Anfang ihrer Laufbahn standen. Die Vielzahl an Kriegen und Eroberungsfeldzügen versprach ihnen Kriegslorbeeren und eine schnelle Karriere. Zu jener Zeit zogen es die Väter, die aus dem ausländischen Dienst in den russischen Armeedienst traten, vor, ihre Söhne in das Adelige Kadettenkorps, zur Artillerie und zur Marine zu schicken. So entstanden ganze Offiziersdynastien. Mit Hilfe des erreichten Einflusses bei Hofe sicherten die Vertreter der alten Adelsgeschlechter ihren Söhnen und Neffen und nicht selten einfach ihren Landsleuten eine reibungslose Karriere im staatlichen Dienst. Diese Dinge wurden unter Freunden, nicht formaljuristisch gelöst. Zum Beispiel so: Während des Krieges im Jahre 1807 aß der Oberkommandierende Graf Friedrich Wilhelm von Buxhoeveden jeden Tag beim Kommandeur der Witebsker Landwehr Generalmajor Friedrich von Bradke zu Mittag. Bradke stürzte sich in Unkosten, indem er Buxhoeveden beköstigte und dann nach Hause bringen ließ, weil dieser keine eigene Kutsche hatte. Weiter berichtet sein Sohn Georg über die Folgen dieser „Mittagsmahle": „Buxhoeveden schlug Vater vor, bei ihm als diensthabender General anzufangen, und als das nicht zustande kam, die freigewordene Stelle als Estländischer Gouverneur zu übernehmen."[11]

---

[11] Журнал „Русский архив". I (1875), с. 16. [Zeitschrift „Russisches Archiv" Bd. 1 (1875), S. 16].

Gegen Ende des 18. Jahrhunderts versiegte die Abwanderung von Deutschbalten in Dienste außerhalb der russischen Grenze. Es war längst nicht mehr so einfach, im Ausland in den Militärdienst einzutreten, vor allem mit der Angliederung des Herzogtums Kurland an Russland (1795) wurden Karrieren deutschbaltischer Adliger in West- oder Südeuropa eher seltene Ausnahmen, erschwert durch den Umzug ins Ausland und den ständigen Aufenthalt dort ohne die Sicherheit einer Rückkehr nach Russland. Eine bedeutende Rolle spielen hierbei die Erschütterungen in der europäischen Politik, besonders die Französische Revolution 1789/95. Es wäre wohl keinem Deutschbalten in den Sinn gekommen, im revolutionären Frankreich zu dienen, mit dem Russland sich im Kriegszustand befand. Eine Laufbahn in den durch Napoleon geschwächten deutschen Staaten war ebenfalls nicht anziehend.

Den Militärdienst der Deutschbalten und ihre Tätigkeit während des Vaterländischen Krieges 1812 hat Rein Helme in diesem Band behandelt. Es sei hier nur das Fazit gezogen, dass die patriotische Gesinnung der Deutschbalten als russische Staatsbürger beispiellos war. Zur Armee meldeten sich sogar einige Studenten der Dorpater Universität, darunter auch der künftige Feldmarschall Graf Friedrich Wilhelm Rembert von Berg.

Wesentlich für die Karriere der Deutschbalten war seit Anfang des 19. Jahrhunderts die vereinfachte Prozedur der Beglaubigung des Adelstitels. Adlige mussten mindestens drei Jahre im Unteroffiziersrang dienen, bevor sie Offizier werden konnten. In den 1820er Jahren betrug ihre Dienstzeit im Unteroffiziersrang nur noch zwei Jahre, Nichtadlige dagegen hatten für den gleichen Zweck bis zu vier, acht, ja sogar zwölf Jahre zu dienen.[12] Ein russischer Adelsspross trat in den Militärdienst

---

[12] Волков С. В., Русский офицерский корпус. М., 1993. С. 53, 56, 58. [S. V. Volkov, Das russische Offizierskorps. Moskau 1993, S. 53, 56, 58].

als Unteroffizier ein. Wenn seine Familie jedoch noch nicht nach den neuen Regeln als adlig registriert war, mussten seine Eltern ein teures, hauptsächlich aber langwieriges Registrierungsverfahren mit Eintragung ins Adelsgeschlechtsbuch und Ausfertigung eines Erlasses über die Bestätigung der Adelsrechte betreiben. Alle Dokumente mussten in St. Petersburg vorgelegt werden und erst dann erging an das Inspektionsdepartement des Kriegsministeriums der Hinweis, dass der Jüngling „als adelig zu gelten hat", woraufhin er in den Offiziersrang befördert werden konnte. Einem Abkömmling der deutschbaltischen Ritterschaft genügten ein paar Bescheinigungen aus dem Ritterschaftskomitee oder dem Landratskollegium mit einem kurzen Stammbaum, und das Heroldie-Departement schickte dem Kriegsministerium die Mitteilung zu, dass der betreffende Unteroffizier dem Erbadel angehöre.

Übrigens wurden nach den §§ 1479, 1485, 1486 des IX. Bandes des Gesetzbuches alle Deutschbalten in den IV. Teil „Uradel" des Adelsgeschlechtsbuches eingetragen, die russischen Repräsentanten hingegen mussten ihren Adelsstatus mindestens bis ins Jahr 1685 zurückführen können, um dort registriert zu werden. Auf diese Weise wurden deutschbaltische Familien Mitglieder des „Uradels", die eigentlich zur Schicht der Kaufleute und damit zum Bürgertum gehörten. Das Adelsgeschlechtsbuch war allerdings ein staatliches Register und nicht identisch mit den exklusiven ritterschaftlichen Matrikeln der Ostseeprovinzen. Das Provinzialrecht sah anders aus. Abgesehen davon hatten die deutschbaltischen immatrikulierten Adligen im 19. Jahrhundert formal gesehen keinerlei Vorteile mehr, wenn sie in den Militär- oder Staatsdienst eintraten bzw. diesen ausübten. Das Reichsgesetz unterschied sie nicht mehr von den russischen Adligen.

Über die Deutschbalten im Zivildienst im 18. Jahrhundert lässt sich schwerer urteilen. Adlige wie Bürgerliche auf nichtmilitärischen Posten lebten und dienten meistens in den Ostseeprovinzen selbst und in St. Petersburg, wobei viele Staatsbeamte ehemalige Militärs waren. Manche deutschbaltische Adlige waren aber auch über das gesamte Russische Reich verstreut und landeten oft in den entlegensten Winkeln. Baron Johann Wilhelm von Klebeck war von 1784 bis 1795 Vorsitzender der Stadtverwaltung von Nertschinsk (in Ostsibirien), in der gleichen Stadt diente Johann von Fürstenberg (1781) als Mitglied der Bergwerksaufsicht, und Generalmajor Karl Adam von Handtwig war dort von 1786 bis 1795 Oberkommandant.[13]

Einige Beweggründe für den Eintritt deutschbaltischer Adliger in den Dienst mögen mit denen ihrer russischen Standesgenossen übereingestimmt haben. Die Moskauer Forscherin Je. N. Marasinova charakterisiert diese aufgrund einer Analyse von Privatbriefen wie folgt: „Erstens handelte es sich um Interessen und Bedürfnisse rein materieller Natur und des Prestiges: Land, Geld in Form von Auszeichnungen, Gehältern, Pensionen, Häusern, Kutschen, Dienstleistungen usw., das heißt die Mittel, um das luxuriöse und glänzende Leben eines Granden zu führen. Zweitens waren das soziale und ständische Wertorientierungen und -normen. Der Staatsdienst rief bei dem Adligen ein Gefühl der Teilhabe an der Zarenmacht hervor, der Dienst war die praktische Verwirklichung seiner Zugehörigkeit zur regierenden herrschenden Schicht. Er war der allgemein anerkannte Weg, um Anerkennung in der „edlen" Gesellschaft innerhalb eines Statussystems zu erringen, welches den Platz des Adligen in der Hierarchie von Macht und Wertschätzung festlegt."[14]

---

[13] Erik Amburger, Der Anteil der Deutschen, besonders der Liv- und Estländer, an der Verwaltung Sibiriens im 18. Jahrhundert. In: Baltische Hefte Nr. 2, Februar 1955, S. 59.
[14] Марасинова Е. Н. Психология элиты российского дворянства последней трети XVIII века. М., 1999. С. 64. [Je. N. Marasinova, Die Psychologie der Elite des russischen Adels im letzten Drittel des 18. Jahrhunderts. Moskau 1999, S. 64].

Sozialökonomische Faktoren waren also von Bedeutung. Für arme Adlige ohne Grundbesitz und Chance, einen Platz in den heimischen Verwaltungseinrichtungen zu finden, gab es am Anfang des 19. Jahrhunderts keinen anderen Weg, als nach Russland zu gehen und dort in den Dienst einzutreten. Die frühere Möglichkeit, in anderen Staaten zu dienen, war durch die Politik der russischen Regierung sehr erschwert worden, die Wahl eines freien Berufes aber, einer Tätigkeit im industriellen Unternehmertum oder Handel, widersprach noch zu sehr dem Ehrenkodex des deutschbaltischen Ritters.

Einer der wesentlichen Faktoren, welche die Dienstaufnahme in Russland seitens der Deutschbalten förderten, war die Entwicklung der demographischen Situation des deutschbaltischen Adels vom Ende des 18. bis zur Mitte des 19. Jahrhunderts. Am Anfang des 18. Jahrhunderts ging die Bevölkerungszahl und entsprechend die Zahl der Adligen infolge des Nordischen Krieges und durch die im Baltikum wütende Pest stark zurück. Im weiteren Verlauf des Jahrhunderts ließen viele Deutschbalten im Siebenjährigen, Russisch-Türkischen und Russisch-Polnischen Krieg ihr Leben. Aber bereits gegen Ende des Jahrhunderts stieg ihre Zahl wieder an. Die ruhigen Nachkriegsjahre nach der Niederwerfung Napoleons, die Jahrzehnte des „baltischen Stillebens" ohne Kriege und politische Erschütterungen, führten zu einer natürlichen Zunahme des Adels in den Ostseeprovinzen. Aufgrund der begrenzten Anzahl von Rittergütern und Ämtern konnte viele junge Leute keine ausreichende Lebensgrundlage daheim im Baltikum finden.

Wir verfügen leider nur über Angaben zum estländischen Adel, die E. von Mühlendahl erstellt hat.[15] Er teilt die Anzahl der Angehörigen der Ritterschaft nach Jahrzehnten auf. So zählte man in dem Zeitabschnitt der Erstellung der Adelsmatri-

---

[15] E. v. Mühlendahl, Der Bestand der Estländischen Ritterschaft 1711–1930. In: Nachrichtenblatt der Baltischen Ritterschaften, Nr. 150, Friedberg Juni 1996, S. 25-29.

kel (im Jahrzehnt von 1741 bis 1750) nur 635 estländische immatrikulierte Adlige männlichen Geschlechts. Bei der V. Revision (1795) wurden in Estland 795 Adlige erfasst. Nach Angaben von Mühlendahl lebten und wirkten im Jahrzehnt 1801 bis 1810 insgesamt 1.109 männliche Repräsentanten des estländischen Rittertums. Der Unterschied lässt sich auf das natürliche Wachstum und darauf zurückführen, dass viele Estländer ihren Dienst jetzt in Russland ausübten. Von 1782 (IV. Revision) bis 1858 (X. Revision) betrug die Zunahme der Adligen in Livland 195,4% und in Estland 174%. Das ist mehr als in Russland insgesamt (159,8%).[16] Die Werte liegen wohl auch deshalb so hoch, weil in den Ergebnissen der Revisionen die Landsassen und der nichtbegüterte Dienstadel inbegriffen sind.

Unter den Zarinnen Anna Iwanovna und Elisabeth Petrovna traten viele deutschbaltische Adlige in den Offiziersdienst, ohne auch nur ein Wort Russisch zu können. Später lernten die zukünftigen Offiziere deutscher Herkunft im Kadettenkorps und im Kontakt mit den Soldaten der unteren Dienstränge der Garderegimenter während des Dienstes Russisch. Im Alltag verbreitete sich die russische Sprache in der Zeit des patriotischen Aufschwungs während der Kriege gegen Napoleon. Noch A. O. Duhamel, der in seiner frühen Kindheit am Anfang des 19. Jahrhunderts im Kreise von Adligen deutscher Abstammung lebte, erinnert sich: „Zu dieser Zeit sprach man überhaupt nicht russisch, und es kostete mich große Mühe, diese Sprache zu erlernen."[17] 1809 wurden Examen für Ämter ab

---

[16] Кабузан В. М., Троицкий С.М. Изменения в численности, удельном весе и размещении дворянства в России в 1782-1858 гг.//История СССР. 1971, № 4. С. 164. [V. M. Kabusan, S. M. Troizkij, Veränderungen in der Anzahl, des Anteils und der Verteilung des Adels in Russland von 1782 bis 1858. In: Geschichte der UdSSR , 1971, Nr. 4. S. 164].

[17] Дюгамель А. О. Автобиография./Русский архив. 1885 г. № 2. С. 182. [A. O. Duhamel, Autobiographie. In: Russisches Archiv, 1885, Nr. 2. S. 182].

der 8. Rangklasse eingeführt, bei denen die Beherrschung des Russischen vorausgesetzt wurde. Die deutschbaltischen Adligen begannen bei der Vorbereitung auf den Eintritt in den Staatsdienst die Notwendigkeit ausreichender Sprachkenntnisse zu spüren. Andreas von Baranoff klagte 1810 seiner Tante, „es ist nicht richtig, dass Russisch in Livland so wenig gelehrt wird, da mich jetzt das Erlernen der Sprache meines Vaterlandes nicht nur viel Mühe, sondern auch viel Zeit kostet."[18] Der zukünftige Diplomat Baron Peter von Meyendorff bekannte seiner Mutter in einem Brief, dass „Russischkenntnisse jetzt mehr wert sind, als ein Gehalt von 1.000 Rubel."[19] Deutschbaltische Familien, die vorher das Erlernen der russischen Sprache durch ihre Kinder verschmäht hatten, begannen jetzt speziell dafür ausgebildete Repetitoren auf ihre Güter zu engagieren. Graf Paul von der Pahlen, zum Beispiel, lernte Russisch zunächst mit Hilfe einer russischen Erzieherin, dann mit Hilfe des eigenen Vaters, eines Gardeoffiziers, und schließlich gemeinsam mit dem Lehrer K. J. Kurotschkin, der extra jedesmal in den Ferien aus Moskau auf das Gut der Pahlens kam.[20]

Russisch verbreitete sich auch allmählich im Alltagsgebrauch. Baron Bernhard von Uexküll (1819-1884) berichtet, dass der Freund seines Vaters, der alte Gardeoffizier Karl von Kruedener (1777-1856), im Alter als Verwalter bei seinem Vater auf dem Gut Keblas/Keblaste in Estland lebte: Kruedener „sprach auch zuweilen Russisch, das er wundervoll sprach"[21],

---

[18] Brief vom 14. 11. 1810. Zit. nach H. Whelan, Adapting to Modernity. Family, caste and capitalism among the Baltic German nobility. Köln u. a. 1999, S. 157.
[19] A. Nölle, Zur Wirksamkeit des baltischen Adels in Russland unter Alexander I. und Nikolaus I. München 1940, S. 173.
[20] Paul Gf. v. der Pahlen, Aufzeichnungen. (Kurland: Genealogie. Hrsg. Vereinigte Kurländische Stiftung. Sonderausgabe) 2001. S. 7-8.
[21] B. Frhr. v. Uexküll, Als Schüler im Lyzeum von Zarskoje Sjelo. Staatsbeamter in St. Petersburg und Student in Berlin. In: Zwischen Reval und

während der Mittagsspaziergänge. Im Wortschatz der Deutschbalten nahmen Wörter wie „Wodka" und „Sakuska" ihren festen Platz ein, eine Stute auf dem Gut konnte Mascha heißen usw. Hedwig Margaretha von Löwenstern, eine geborene Stael von Holstein, nennt in einem Brief an ihren Bruder Matthias Stael von Holstein ihre deutschbaltischen Verwandten mit den Kosenamen „Maschinka" und „Karluscha".[22] Das Erlernen der russischen Sprache war als notwendig erkannt worden, und zwar nicht nur von denen, die nach Russland gehen wollten, sondern auch von denen, die in den Ostseeprovinzen blieben.

Zu Beginn des 19. Jahrhunderts verteilten sich die Deutschbalten auf die Heeresgattungen wie folgt: Einen vergleichsweise niedrigen Anteil im Vergleich zu anderen Nationalitäten, vor allem den russischen Adligen, stellte der Verfasser einer Untersuchung zum russischen Offizierskorps D. G. Zelorungo bei der Infanterie (4%) und Artillerie (3,5%) fest. Ein höherer Anteil entfällt auf die deutschbaltischen Adligen und Barone in der Kavallerie (6%), wo sie nächst den Russen die zweitgrößte nationalständische Gruppe ausmachten. In der Suite des Zaren gab es nicht weniger als 9,7% immatrikulierte deutschbaltische Adlige![23] Zelorungo bemerkt, dass unter diesen Offizieren die meisten livländischer, dann estländischer und die wenigsten kurländischer Herkunft waren. Natürlich bedürfen die genannten Zahlen einer Überprüfung, da man nur bei einer individuellen Betrachtung der Dienstliste jedes Offiziers und im Vergleich derselben mit der genealogischen Literatur und den Listen der immatrikulierten Adelsgeschlechter

---

St. Petersburg: Erinnerungen von Estländern aus zwei Jahrhunderten, hrsg. von H. v. Wistinghausen, Weissenhorn 1993, S. 52.

[22] Brief vom 20. 8. 1789. C. Rußwurm, Nachrichten über das adeliche und freiherrliche Geschlecht Stael von Holstein, Ehstländischer Linie. Teil II. Reval 1873, S. 224, 226.

[23] Целорунго Д.Г. Офицеры русской армии – участники Бородинского сражения. М., 2002. С. 78. [D. G. Zelorungo, Offiziere der russischen Armee. Teilnehmer an der Schlacht von Borodino. Moskau 2002, S. 78].

über dessen Zugehörigkeit zur einen oder anderen Ritterschaft oder zu den Landsassen urteilen kann. Unsere Berechnung, die wir nach dem Handbuch der Regimentschefs und -kommandeure angestellt haben, zeigt, dass unter den für den Zeitraum von 1796 bis 1815 als Regimentschefs aufgeführten 1.736 Personen der mittleren und oberen Kommandoebene 158 Personen (das sind 9,1%) dem deutschbaltischen Adel angehörten.

Die russische Zivilbeamtenschaft wurde erst ab dem Ende des 18. Jahrhunderts allmählich mit Deutschbalten aufgefüllt. Zu jener Zeit gab es noch keine spezielle Ausbildung, die auf den Staatsdienst vorbereiten sollte. In den zivilen Staatsdienst ging man meistens im Anschluss an den Militärdienst. Letzter galt als gute Schule, die hinreichend für die leitenden Kader war.[24] Es gibt verschiedene Schätzungen der Gesamtzahl deutschbaltischer Adliger im höheren Beamtenapparat um die Wende vom 18. zum 19. Jahrhundert. Erik Amburger ermittelte, dass von den 2.867 höchsten Beamten auf den von ihm erstellten Listen der Gouverneursebene (Minister und hohe Verwaltungsbeamte, Befehlshaber von Militärbezirken, Gesandte) 1.079 Personen nichtrussische Familiennamen trugen. Unter ihnen bildeten die Deutschbalten die größte Gruppe (355 Personen, das ist ein Achtel). Unter den 355 Deutschbalten gehörten wiederum 243 Personen Rittergeschlechtern an.[25] Demnach gab es unter der Oberschicht des russischen Beamtenapparates 8% immatrikulierte deutschbaltische Adlige. Dazu muss man anzumerken, dass unter ihnen sowohl Personen waren, für die

---

[24] Das wird insbesondere durch L. V. Mersljakova anhand der Materialien zum Gouvernement Wjatka bewiesen. Siehe: Мерзлякова Л.В. Чиновничество Вятской губернии первой половины XIX в. Ижевск 1997. С. 73-76, 113-119. [L. V. Mersljakova, Das Beamtentum im Gouvernement Wjatka in der ersten Hälfte des 19. Jahrhunderts, Ishevsk 1997, S. 73-76, 113-119].

[25] Erik Amburger, Geschichte der Behördenorganisation Rußlands von Peter dem Grossen bis 1917 (Studien zur Geschichte Osteuropas 10), Leiden 1966, S. 517.

Deutsch Muttersprache war, als auch vollkommen russifizierte. Im Zivildienst zeichneten sich die gebürtigen deutschbaltischen Adligen besonders in der wissenschaftlichen und diplomatischen Laufbahn aus.

Einige deutschbaltische Adlige widmeten sich der Wissenschaft. Manche wurden weltweit berühmt: Karl Ernst von Baer, Gregor von Helmersen, Alexander von Middendorff, Alexander Graf von Keyserling, Theodor Baron von Grotthuß. Baer, der jahrzehntelang an der Königsberger Universität wirkte, war es, der gestand, dass es der deutschbaltischen Seele zu eng im gesamtdeutschen Rahmen sei und dass gerade die russischen Weiten den Deutschbalten ungeahnte Arbeitsmöglichkeiten böten.[26] Natürlich meinte Baer vor allem die wissenschaftliche Tätigkeit, aber seine Worte treffen auch auf viele andere hervorragende Persönlichkeiten aus dem deutschbaltischen Rittertum zu, die wahre Anerkennung und ein ihrer Begabung würdiges Betätigungsfeld eben in Russland fanden.

Auch ohne gesetzlich garantierte Privilegien kamen die Deutschbalten im Staatsdienst faktisch in den Genuss eines Systems von Begünstigungen, dessen Basis die wohlwollende Haltung der Zaren war. Die Herrscher von Paul I. bis einschließlich Alexander II. sympathisierten stark mit dem deutschbaltischen Adel. Die Gunst des Zaren in einem absolutistischen Staat bedeutete für die Begünstigten Auszeichnungen und Titel, oftmals ermöglichte sie den Erwerb eines beeindruckenden Reichtums. In diesem Fall gehörte die Zuneigung einem ganzen Stand. Die Zaren achteten und liebten die Deutschbalten, in deren Anmut und Würde sie Züge des wahren Rittertums erblickten. Wodurch erwarben die Deutschbalten eine solche Gunst? Außer den Tugenden bei der Dienstausübung und den hervorragenden Fähigkeiten einzelner Persönlichkeiten spielten hier wohl Eigenschaften eine Rolle, die charakteristisch für diese Gruppe insgesamt waren. Vielleicht war es der deutschbaltische Stolz, das Dienen ohne

---

[26] Nölle (wie Anm. 19), S. 107.

Liebedienern, die Treue ohne Schmeichelei und das ausgeprägte Selbstbewusstsein.

Auf die Treue der deutschbaltischen Ritter konnte der Zar stets rechnen, gerade sie erfüllten mit deutscher Genauigkeit alle Aufgaben. Nikolai I. wurde gemeinsam mit dem Balten Woldemar von Adlerberg erzogen. Er besuchte auf dem estländischen Gut Fall/Joa seinen Freund Alexander von Benckendorff, wobei „die Majestät und Seine Erlauchte Familie einige Bäume pflanzten" (1833).[27] Großfürst Nikolai Nikolajewitsch der Ältere fuhr zur Jagd nach Estland und besuchte dort Graf Karl Magnus Stenbock, den ehemaligen Polizeimeister von Kasan, der jetzt im Ruhestand auf dem Gut Kolk/Kolga lebte.[28] Seine positive Einstellung zu den Deutschbalten bekundete gerade dieser Zar mehrmals offen. Während der Truppenschau des Regiments Chevaliergarde am 21. April 1838 waren der Regimentschef General von Grünewaldt, die Generale Kiselew und Apraxin sowie der Zar selbst anwesend. Dieser sprach voller Wärme über die Deutschbalten und ihre Angelegenheiten. Nikolai I. sagte: „Sie [die russischen Beamten, die sich gegen die deutschbaltischen Sonderrechte und gegen die Matrikel bei der Erarbeitung eines Provinzialgesetzbuches für die Ostseegouvernements gestellt hatten, Anm. des Verfassers] glauben, dass ich das Wort, das Peter der Große den Livländern und Estländern gegeben hat, brechen werde! Sie glauben, dass diese Glanzknöpfe [d. h. die Beamten] Adelige seien. Ich bin ein Adeliger und ein Ritter, und ich weiß, wo die wahren Ritter

---

[27] Лудмер Я. И. Княжеские, графские и баронские фамилии Прибалтийских губерний. Материалы для родословий. Вып. 1. Митава 1902. С. 60. [J. I. Ludmer, Fürsten-, Grafen- und Baronsfamilien in den baltischen Gouvernements. Materialien zu Genealogien. Ausg. I, Mitava 1902, S. 60].
[28] Th. v. Bodisco, Versunkene Welten. Erinnerungen einer estländischen Dame. Weissenhorn 1997, S. 64, 70. Die deutschbaltische Schriftstellerin Theophile von Bodisco war die Enkelin des Grafen Karl Magnus Stenbock.

sind". Er meinte damit die Deutschbalten. Der erfreute Grünewaldt fragte, ob er diese Worte seinen Standesgenossen mitteilen dürfe, worauf der Zar antwortete: „Sage sie, wem du willst!"[29] An anderem Ort zu anderer Zeit nannte sich Zar Nikolai selbst einen „guten Ostzejskij"(Ostseeritter)[30].

Bereits zu Anfang des 19. Jahrhunderts kam die Frage nach dem Verlust der nationalen Identität bei einigen Deutschbalten auf. Die Hauptstädte Russlands boten mit ihrer entwickelten Infrastruktur des kulturellen und religiösen Lebens (in St. Petersburg gab es vier lutherische Gemeinden, in Moskau zwei) eigentlich gute Möglichkeiten zur Bewahrung der nationalen und soziokulturellen Eigenarten des deutschbaltischen Adels. Im Kreise der Petersburger und Moskauer deutschen Landsmannschaft, unter Bewahrung ihrer Muttersprache und der Konfessionszugehörigkeit, hatten die in diesen Städten Geborenen, obwohl sie genuine Deutsche und Nachkommen deutschbaltischer Vorfahren waren, jedoch kaum noch gemeinsame ökonomisch-politische Interessen mehr mit ihren Verwandten, die in der Heimat geblieben waren.

Noch ungünstiger sah es in der russischen Provinz aus. Dorthin gelangten die Deutschbalten durch ein militärisches Kommando, gemeinsam mit einem Regimentsverband oder durch die Berufung in eine Institution der örtlichen Verwaltung. Nach einer gewissen Zeit konnten sie sich aus verschiedenen Gründen (Ruhestand, Gründung einer Familie, Kauf von Immobilien, Übertritt in einen privaten Beruf) dort bis zum Lebensende niederlassen. Aber in der Provinz war es viel schwieriger, den religiösen Status zu bewahren. Städte, in denen es lutherische Kirchen gab, lagen in der Provinz weit voneinander entfernt. Unter diesen Bedingungen wurden die Pastoren wahre Helden im

---

[29] Hermann Baron v. Bruiningk, Das Geschlecht von Bruiningk in Livland. Riga 1913, Abt. III, Kap. XII. S. 198.
[30] Theodor Schiemann, Geschichte Rußlands unter Kaiser Nikolaus I., Bd. 3, Berlin 1919, S. 404.

Dienst ihres Glaubens; für die Gläubigen, die ihre Gemeinde nur durch eine wochenlange Reise erreichen konnten, entstand ein konfessionelles Vakuum. Der während der Erstellung von Buschs „Materialien" amtierende Geistliche der Nowgoroder Gemeinde konnte nur einmal im Jahr eine Reise durch sein Gouvernement unternehmen.[31] Die Gemeinde der Stadt Wladimir und des genannten Gouvernements zählte 1858 etwa 300 Seelen, von denen 218 in verschiedenen Städten und Dörfern verstreut lebten.[32]

Trotzdem wussten sich viele Balten nach der Ankunft in den russischen Provinzstädten sowohl in das Leben der Institution bzw. des Regiments, wo sie zu dienen hatten, als auch in das Leben der ortsansässigen „bürgerlichen" lutherischen Gemeinde einzufügen. Das Beispiel einer rührenden deutschen Diaspora berichtet uns der Nachkomme estländischer Landsassen Philipp Philippowitsch Wiegel: „Manchmal, obgleich sehr selten [die Rede ist von den 1770er Jahren] versammelten sich abends bei meinem Lehrer Muth seine Freunde und Landsleute: der Gouvernementsarchitekt Helmersen, der Apotheker Bunge, der Platzmajor Brockhausen und Kapellmeister Dill. Öfter besuchte er sie selbst reihum und nahm mich in diese gesetzten und ruhigheiteren Abendgesellschaften mit. Mir gefielen sie ganz und gar nicht. Die Abende begannen gewöhnlich mit Gesprächen über die Politik, von der ich damals überhaupt nichts verstand. Man hörte die jeweiligen Bemerkungen aufmerksam bis zu Ende an, die Antworten waren stets wohlbedacht, da einer jeden einige Minuten Schweigen vorausgingen. Dann bekam jeder eine Pfeife gereicht, dann setzte man sich, um Lamusch oder Lotto zu spielen, und alles fand sein Ende mit einem Glas Bier, einigen Schnitten Butterbrot und dem freundschaftlichen Händedruck

---

[31] E. H. Busch, Materialien zur Geschichte und Statistik des Kirchen- und Schulwesens der ev.-luth. Gemeinden in Russland, St. Petersburg 1862, S. 111.
[32] Ebenda, S. 219-220.

zum Abschied."³³ Sehr oft gerieten die Deutschbalten in kleine Kreisstädte, wo sich die wenigen Honoratioren, meist russische Gutsbesitzer aus der Umgebung, trafen. In solchen Ortschaften gab es keine lutherische Kirche, selten bekam man deutsche Bücher in die Hände, und wenn auch einige Deutsche vorhanden waren, so waren das in der Regel der Apotheker, der Bäcker und der eine oder andere Hauslehrer. Natürlich knüpfen viele deutschbaltische Adlige freundschaftliche Kontakte zu ihren russischen Standesgenossen, oft Regimentskameraden, Amtskollegen aus den Gouvernementsinstitutionen oder Nachbarn. Die Eingliederung in das russische Provinzleben war die zweite Stufe der Integration. Georg von Bradke lebte in Wjatka bei seinem Vater, dem Gouverneur: „Sonntags fuhr der Vater mit mir und meinem Bruder aus Mangel an einer lutherischen Kirche in die griechische". Die Gewohnheit, in einer orthodoxen Kirche zu beten, behielt Bradke auch später bei.³⁴

Infolge derartiger Integrationsprozesse wuchs seit dem 19. Jahrhundert die Zahl der deutsch-russischen Mischfamilien; sie erreichte in den 1850er und 1860er Jahren ihren Höhepunkt. Aus den Mischehen, welche die dritte Stufe des Integrationsprozesses darstellten, erwuchsen Kinder, die Erben beider Kulturen waren. Praktisch aber (und hier meinen wir Ehen zwischen deutschen Männern und russischen Frauen, die doppelt so häufig vorkamen wie umgekehrt), wenn wir berücksichtigen, dass die Erziehung der Kinder zumeist in den Händen der Mutter lag, und dass das Kind die Kultur des Landes in sich aufnimmt, in dem es aufwächst (zu 95% war das Russland) wurden die Kinder Russen. Entsprechend dem vom Zaren am 28. Dezember 1832 bestätigten Statut der Evangelisch-

---

[33] Вигель Ф. Ф. Записки. Ч.I М., 1891. С. 42. [Ph. Ph. Wiegel, Aufzeichnungen. Teil I., Moskau 1891, S. 42].

[34] Журнал „Русский архив". I (1875), с. 22. [Zeitschrift „Russisches Archiv". Nr. 1. (1875), S. 22].

Lutherischen Kirche in Russland[35] waren die Lutheraner verpflichtet, die in Mischehen geborenen Kinder nicht nur russisch-orthodox taufen zu lassen, sondern auch die schriftliche Verpflichtung zu geben, dass sie diese im russisch-orthodoxen Glauben erziehen würden. Ein Abweichen von diesen Regeln wurde streng bestraft. Nach dem § 187 des 1885 in St. Petersburg erschienenen Strafgesetzbuchs wurden dem Schuldigen „für die Verleitung aus der Orthodoxie in eine andere christliche Konfession" alle besonderen Rechte aberkannt, sein Eigentum eingezogen und er selbst nach Sibirien verbannt oder zur einer Gefängnisstrafe des fünften Grades (1 bis 1,5 Jahre Zwangsarbeit) verurteilt. Der § 195 lautete: Wenn die Eltern, die verpflichtet sind, ihre Kinder im russisch-orthodoxen Glauben zu erziehen, ihre Kinder in einem anderen christlichen Glauben taufen oder konfirmieren, so sollen sie zu einer Gefängnisstrafe von 8 Monaten bis zu einem Jahr 4 Monaten verurteilt werden. Die Kinder wurden zur Erziehung den Verwandten russisch-orthodoxen Glaubens übergeben. Das wurde als Härte empfunden, aber man fügte sich in der Regel.

Die Repräsentanten des deutschbaltischen Adels hinterließen in der russischen Geschichte eine unauslöschliche Spur. Das soziale Verhalten der in diesem Beitrag erwähnten sowie vieler anderer bedeutender Persönlichkeiten wurde in vielem durch ihre Zugehörigkeit zum deutschbaltischen Adel bestimmt. Dessen Rolle in der Geschichte Russlands wurde bisher oft vereinfacht einerseits aus deutschbaltischer Sicht, andererseits aus großrussischer Sicht interpretiert. Eine genauere Untersuchung der russisch-deutsch-baltischen gegenseitigen Kontakte, als sie hier geleistet werden kann, birgt in sich noch viele anziehende und lösenswerte Probleme.

---

[35] Полное Собрание Законов Российской Империи (2-е), т. VII, СПб., 1833. С. 956-1022, № 5870, гл. V, § 267. [2. Vollständige Gesetzessammlung des Russischen Imperiums, Bd. 7, St. Petersburg 1833, S. 956-1022. Nr. 5870, Kap. V, § 267].

UNTER SIEGREICHEN FAHNEN

Die deutschbaltischen Offiziere in den Kriegen unter Katharina II., Paul I. und Alexander I.

Rein Helme (†)

In seinem dem Generalfeldmarschall Fürsten Barclay de Tolly (Abb. 1) gewidmeten Gedicht schreibt Alexander Puschkin: „Glückloser Feldherr du! Vom Schicksal schwer bedacht!/ Der du dem fremden Land zum Opfer dich gebracht!" Gemeint ist das Russische Reich. Der General der Kavallerie Graf Paul Grabbe (1789–1875), ein Livländer, protestierte gegen diese Sicht der Dinge im Namen seiner Landsleute, die „mit Strebsamkeit und Blut schon mehr als im Laufe eines Jahrhunderts das Recht erworben haben, sich Russen zu nennen".[1] Natürlich wollte Grabbe nicht auf eine Russifizierung hinsichtlich der Nationalität, der Sprache oder der Kultur hinaus. Es handelte sich vielmehr um Identifikation mit dem Staatswesen, genauer gesagt um Treue gegenüber der Krone, die ein gewisses Maß an patriotischer Phraseologie einschloss, das heißt um „Reichspatriotismus", nicht um „Nationalpatriotismus". So sah das Graf Alexander Keyserling um die Mitte des 19. Jahrhunderts.

Und wirklich: Seit dem Anschluss der baltischen Provinzen an das Russische Imperium als Ergebnis des großen Nordischen Krieges sehen wir zunehmend Deutschbalten im Dienst des Staates als Beamte und auch als Militärs. Das hat sie gewiss nicht gehindert, auch anderen Kronen zu dienen, und so finden wir die Balten im 18. Jahrhundert auf fast allen Kriegsschauplätzen der ganzen Welt. Zum Beispiel dienten in der ersten größeren Schlacht des Siebenjährigen Krieges zwischen Russen und Preußen, die im Jahre 1757 bei Großjägersdorf

---

[1] Iz pamjatnyh zapisok grafa Pavla Hristoforoviča Grabbe, 1812-j god. In: Russkij arhiv, 1873, Nr. 5, S. 787.

stattfand, in der Armee des Grafen Apraxin die Generäle von Lieven (die Brüder waren), der Generalmajor Guillemot de Villebois (der vom preußischen Nachrichtendienst als „Nationalrusse" bezeichnet wird), Andreas Gotthard Zöge von Manteuffel, der Generalmajor von Berg, der Generalquartiermeister Hans Heinrich von Weymarn, der Leutnant Baron von Stackelberg und der Gardesergeant von Kursell. In den Reihen der russischen Armee fielen auch baltische Offiziere auf, die ihre Karriere im Ausland gemacht hatten und die jetzt freiwillig in der russischen Armee mitkämpften, darunter ein französischer Oberst von Vietinghoff und ein sächsischer Oberst von Lambsdorf(f). Ein Oberst von Manteuffel und ein Leutnant von Derschau — beide Kurländer — gerieten in russische Gefangenschaft. Obwohl die Edelleute im 18. Jahrhundert, in der Zeit der sogenannten Kabinetts- oder dynastischen Kriege, oft in den Dienst fremder Staaten getreten sind, muss man hinsichtlich des baltischen Adels im Auge behalten, dass Kurland bis zum Jahre 1795 gar nicht zum Russischen Reich gehörte, wodurch dessen Verbindungen nach Sachsen und in andere deutsche Staaten über Polen verständlich werden.

In der Zeit der großen Kriege des russischen Staates in der zweiten Hälfte des 18. Jahrhunderts wird der russische Militärdienst unter Deutschbalten immer üblicher. Überhaupt kann man die im russischen Staatesdienst stehenden Deutschen in drei große Gruppen einteilen: erstens die Deutschbalten; zweitens Deutschrussen (Russlanddeutsche) und drittens sich zeitweilig in Russland aufhaltende Reichsdeutsche. Wir konzentrieren unsere Aufmerksamkeit auf die Deutschbalten.

Im russischen Staatsapparat und besonders im Militär fallen die Deutschen vor allem durch ihren großen Anteil in führenden Positionen auf.[2] Das ist weitgehend durch ihre bessere

---

[2] E. Amburger, Geschichte der Behördenorganisation Russlands von Peter dem Grossen bis 1917. Leiden 1966 (Studien zur Geschichte Osteuropas 10).

Bildung im Vergleich zum durchschnittlichen Niveau der russischen Offiziere bedingt. Fast immer, wenn eines bedeutenden deutschen bzw. deutschbaltischen Offiziers biographisch gedacht wird, kommt seine gute Bildung zur Sprache. Auf dieses Thema komme ich noch zurück. Der russische Historiker Vladimir Lapin begründet den Erfolg zudem auch noch mit folgenden Worten: „Ein anderer wichtiger Grund für die überdurchschnittliche Präsenz der Deutschen in der Generalität und unter den Stabsoffiziere war die Tatsache, dass ein großer Teil der russischen Offiziere, die über Immobilien verfügten, den Dienst nicht als Sache ihres ganzen Lebens betrachteten. Die Armee war sozusagen Bestandteil der Ausbildung der Sprößlinge aus Adelsfamilien. Viele quittierten schon nach fünf bis sechs Jahren den Dienst und kehrten auf ihr Landgut zurück. Unter den deutschen Offizieren kam das nur selten vor, und längere Dienstzeiten brachten ihnen dementsprechend auch höhere Ränge und Ämter".[3] Ganz bestimmt gilt das auch für viele Deutschbalten.

Wenn in den Kriegen der 1730er und 1740er Jahre die führenden Offiziere meistens Ausländer waren, dann kann seit dem Siebenjährigen Krieg von einer ausgesprochenen Plejade der Deutschbalten gesprochen werden, die bis zum Ende des Zarenreiches für die russische Armee charakteristisch blieb. Zur Position der Balten in der russischen Armee kann man sagen, dass in der zweiten Hälfte des 18. Jahrhunderts ihr Aufstieg und ihre zunehmende Bedeutung begannen. Zur Zeit der Napoleonischen Kriege hatte sie bereits ihren Höhepunkt erreicht, blieb bis zum Ende des zweiten Drittels des 19. Jahr-

---

[3] V. Lapin, Der Prozeß der Europäisierung Rußlands im 18./19. Jahrhundert unter besonderer Berücksichtigung des Beitrags der deutschen Militärangehörigen des Hauptquartiers der St. Petersburger Garnison. In: B. Meissner, A. Eisfeld (Hg.), Der Beitrag der Deutschbalten und der städtischen Rußlanddeutschen zur Modernisierung und Europäisierung des Russischen Reiches im 18. und in der ersten Hälfte des 19. Jahrhunderts. Köln 1996, S. 311.

hunderts bedeutend und büßte dann in Verbindung mit der allgemeinen Wehrpflicht und der Entstehung der Massenarmeen sowie mit deren relativer Demokratisierung nach und nach ihre Wichtigkeit ein. Zwar finden wir in den höheren Stäben zahlreiche Deutschbalten noch im Russisch-Japanischen Krieg und im Ersten Weltkrieg, aber unter den Regiments-, ja sogar Divisionskommandeuren ist ihr Anteil geringfügig geworden. Offensichtlich sollte man die Herausbildung und die Geschichte des russischen Offizierskorps übersichtlicher periodisieren und gründlicher erforschen.

Hubertus Neuschäffer zufolge sind „unter den führenden Soldaten in der zweiten Hälfte des 18. Jahrhunderts viele Balten zu finden, die aber namentlich meist nicht im Vordergrund standen."[4] In der Tat werden zu den großen Feldherren der langen Regierungszeit von Katharina II. vor allem Pjotr Rumjantsew, Grigori Potjomkin und Aleksandr Suworow gezählt (*á propos*, unabhängig vom politischen Regime hat diese Wertung auch der russischen chauvinistischen Geschichtsschreibung eingeleuchtet). Erst nach der ersten Garnitur, neben mehreren anderen russischen Generälen, wurden zahlreiche Deutschbalten eingeordnet. Einige von ihnen sind mehr, andere aber weniger bekannt. Man muss im Auge behalten, dass die Kämpfe mit den Türken und die Feldzüge in Polen und Finnland von den Napoleonischen Kriegen überschattet wurden — sowohl hinsichtlich ihrer politischen Bedeutung als auch hinsichtlich aller sonstigen Maßstäbe. Das wiederum bedeutet, dass diese Kriege viel weniger erforscht wurden. In der Tat ist über die Feldzüge 1805 bis 1807 und 1813 bis 1814, auch über den Russisch-Schwedischen Krieg der Jahre 1808 bis 1809 von russischen Historikern wenig gearbeitet worden. Die russischen Archive und die wenigen vorhandenen Publikationen sind aber

---

[4] H. Neuschäffer, Rußland und Europa. Modernisierung und Europäisierung von Peter I. bis zum Krimkrieg. In: B. Meissner, A. Eisfeld (wie Anm. 3) S. 46.

auch von westeuropäischen und angloamerikanischen Forschern kaum rezipiert worden und deshalb enthalten deren Forschungsarbeiten viele Irrtümer. Weil die uns zur Verfügung stehenden Quellen eine detaillierte Statistik über die in russischen Armee dienenden Deutschbalten nicht ermöglichen, beschränken wir uns im folgenden auf führende Militärs, die sich durch bedeutende Eigenschaften ausgezeichnet haben, besonders auf diejenigen, die aus dem einem oder dem anderem Grunde von der Geschichtsschreibung vergessen worden sind.

Sieger und Versager

Einer der anerkannten Helden des ersten Türkischen Krieges (1768–1774) war Generalmajor Baron Otto Adolf Weismann von Weißenstein (1726–1773), ein Livländer. Als Offizier hatte er am Siebenjährigen Krieg teilgenommen. Im Jahre 1758 wurde er in der Schlacht bei Zorndorf zweimal verwundet; er beendete den Krieg als Oberst. Im ersten Türkischen Krieg diente er zunächst als Regimentskommandeur; im Jahre 1770 wurde er zum Generalmajor befördert. In den Schlachten an der Larga und von Kagul führte er eine Brigade (wofür er den Georgs-Orden der 3. Klasse erhielt), und im Jahre 1771 stand er an der Spitze einer Division. Er schlug die Türken bei Tultscha und Isaktscha und vernichtete einen großen Teil der Armee des Großvesirs bei Babadag. Für seine Siege und seine geschickten Manöver wurde Weismann mit dem Militärorden des Heiligen Georgs der 2. Klasse ausgezeichnet. Das war für den Rang eines Generalmajors etwas Außergewöhnliches. Zusammen mit seinen Brüdern, die im Generalsrang standen, wurde Weismann in den Baronsstand erhoben. Im Juni 1773 stand das Detachement von Weismann bei Kutschuk-Kainardsch einer von Türken befestigten Stellung gegenüber. Der General beschloss, diese mit einem mutigen Angriff zu erobern. Bei einer Gegenoffensive türkischer Elitesoldaten, der Janitschare, wurden die russischen Karrees umzingelt. Weismann führte persönlich einen Bajonettangriff seiner Leute an, der die Reihen der Türken durchbrach, aber „inmitten des vollkommenen Sieges ist er direkt auf dem Schlachtfeld durch eine Gewehrkugel gefallen, die seinen Arm, seine Brust und sein Herz durchschlagen hat", so hat es Rumjantsew der Kaiserin Katharina berichtet.[5]

Bei seinem letzten Atemzug hat man noch die Worte von Weismann gehört: „Sagt den Leuten nicht ...". Die Kaiserin hat den Tod des begabten Generals bedauert. Als Suworow von seinem Tod erfuhr, sagte er betrübt: „Weismann ist nicht mehr da, ich bin allein geblieben ...". Dem General Graf Iwan Saltykow schrieb er: „Lauf nach Lorbeeren ist nicht leicht, man kann sich auch den Hals brechen, wie es mit Weismann geschehen ist; selbst dann ist es gut gegangen, falls mit Ehren und Nutzen".[6] Für seine Kameraden war er einfach *Otto Iwanowitsch*, aber schon vor seinem Heldentod hatte er sich den Beinamen „der russische Achilleus"[7] erworben. Ein bekannter Militärhistoriker und Literat, der am Beginn des 19. Jahrhunderts schrieb, Generalmajor Alexander Pissarew, hat über 15 russische Feldherren eine vergleichende Analyse angefertigt, in der er mit einem 12-Punkte-System fünf Merkmale bewertet hat: Strategie, Taktik, Aktivität, Kaltblütigkeit, persönlicher Mut. Das erreichbare Maximum betrug 60 Punkte. Weismann hat

---

[5] A. V. Suvorov, Pis'ma. Hg. von V. S. Lopatin. Moskva 1986, S. 31 (*früher hat Suvorov geschrieben*: "Que g[énéra]l Weissmann est passé à l'autre mond et notre armée 'à ce bord [du Danube].« Ebenda.; Fel'dmarshal Rumjancev. Sbornik dokumentov i materialov. OGIZ 1947, S. 235–236.
[6] A. V. Suvorov, Dokumenty Teil I., Moskva 1949, S. 674.
[7] J. Lubčenkov, Nikogda ne otstupavšii. Generalmajor Otto-Adolf Vejsman. In: A. V. Šišov (Hg.), Georgievskie kavalery v 4-h t. Teil I, Moskva 1993, S. 70–76.

von ihm 52 Punkte bekommen, davon die wenigsten für Strategie. Suworow hat 57 und Kutuzow nur 47 Punkte erreicht.[8]

Der im Jahre 1770 zur Feldarmee geschickte Estländer General der Kavallerie Otto Wilhelm (Hristoforovič) von Derfelden (1737–1819) hat ebenfalls in der Armee von Rumjantsew in Detachementen von Grigorij Volkonski, Carl Christer Freiherr von Ungern-Sternberg, Michael Kamenski und Weismann als Oberst gekämpft; nach dem Krieg wurde er zum Brigadier befördert. Im zweiten Türkischen Krieg (1787–1791) hat Derfelden die 4. Division der Armee von Rumjantsew geführt. Diesem General haben die siegreichen Schlachten bei Maximen und Galatz im April des Jahres 1789 zu Ruhm verholfen. Talentiert und mutig hat Derfelden die von Ibrahim Pascha befestigten Stellungen bei Galatz erobert. Mit einem verborgenen Manöver hat er für Überraschung gesorgt. Den Angriff führte er tapfer und findig durch; dabei ging er selbst den Soldaten mit gutem Beispiel voran. Am Beginn der Schlacht stürzte das Pferd des Generals; er fiel dabei auf sein Gesicht. Die Soldaten befürchteten, dass er gefallen wäre, aber Derfelden erhob sich, wenngleich blutend, und rief: „Nein, Jungs, ich lebe! Mit Gottes Hilfe vorwärts!" Vor den Befestigungen der Türken half er eigenhändig, die Aufbauten niederzureißen, damit die Soldaten über den Wallgraben Brücken schlagen konnten. Sein unerwarteter Schlag hat mit wenigen Verlusten einen großen Sieg gebracht. Im Schlachtgetümmel, in dem sogar Türken, die sich ergaben, wild umgebracht wurden, ließ man dem Sohn von Ibrahim Pascha das Leben; für dessen weiteres Schicksal trug Derfelden Sorge.[9] Für die obengenannten Schlachten wurde Derfelden mit dem Georgs-Orden der 2. Klasse ausgezeichnet. Als Suworow zu seinen Großsiegen bei Focsany und Ramnicu beglückwünscht wurde, sagte er: „Die

---

[8] N. A. Troickij, Feldmarshal Kutuzov: mify i fakty. Moskva 2002, S. 15.
[9] A. N. Petrov, Vtoraja Tureckaja vojna v carstvovanie Imperatricy Ekateriny II. 1787–1791, Teil II., St. Petersburg 1880, S. 19–22.

Ehre gehört nicht mir, sondern dem Wilhelm Hristoforowitsch, ich bin nur sein Lehrling, weil er mit Siegen gegen die Türken bei Maximen und Galatz gezeigt hat, wie der Feind überrascht werden muss."

Zusammen mit Rumjantsew und Suworow hat Derfelden auch den Krieg in Polen im Jahre 1794 mitgemacht, wobei er sich in jeder Weise von seiner besten Seite zeigte. Im Jahre 1799 wurde Derfelden mit der von Suworow kommandierten Armee auf den Feldzug nach Italien und in die Schweiz geschickt. Offiziell war er als Begleiter des Großfürsten Konstantin Pawlowitsch dabei, aber eigentlich hatte er den geheimen Auftrag, erforderlichenfalls für Suworow einzuspringen. Zur Erfüllung eben dieser Aufgabe besaß Derfelden sowohl die moralischen Qualitäten als auch die professionellen Fähigkeiten. Er vermied sehr diskret, den Oberbefehlshaber bloßzustellen und begnügte sich damit, ihm seinen besten Rat und seine Unterstützung zu bieten. Im Laufe einzelner Operationen hat Suworow den Großteil seiner Truppen Derfelden untergeordnet, der alle Aufgaben glänzend bewältigte. Seine Fähigkeiten, seine Entschlossenheit und seine Kaltblütigkeit kamen besonders in der Schlacht bei Novi (15. August 1799) und während des gesamten, sehr schweren Feldzugs in der Schweiz zum Ausdruck. Hauptsächlich ihm ist zu verdanken, dass sich der größte Teil der Armee mit Ehren retten konnte.

Zum Unglück von Derfelden hat Kaiser Paul in seiner Regierungszeit überhaupt keinen Militärorden des Heiligen Georgs verliehen. Das Großkreuz des Hl. Johannes von Jerusalem (Malteserorden), das ihm für die auf Feldzügen nach Italien und in die Schweiz erbrachten Dienste verliehen wurde, war natürlich ebenfalls eine würdige Auszeichnung. Der Grund dafür war, dass Paul I. nach der Auflösung des Malteserordens durch die französische Eroberung der Insel Malta das Amt des Großmeisters übernommen hatte. Falls Paul sich auf die in ihrer Art absonderliche Affäre des Malteserordens nicht eingelassen hätte, wer weiß, dann hätte es vielleicht 26 und nicht nur 25 Träger des Georgs-Ordens der 1. Klasse gegeben ... Eine große Anerkennung für die Dienste des Generals war ein Ukas des Zaren Paul I. von 1797, dem zufolge der Name und das Wappen von Derfelden zusammen mit dazugehörigen Vermögensrechten dem Zögling von Otto Wilhelm, dem Hauptmann des Pleskauer Dragonerregiments Michael Derfeld, weitergegeben wurden.[10] Übrigens, an den Schlachten des Siebenjährigen Krieges und des ersten Türkischen Krieges hat als Offizier auch Detloff Johann, ein Bruder von Otto Wilhelm, teilgenommen, dem der Militärorden des Heiligen Georgs verliehen wurde und der den Rang eines Generalleutnants erreicht hat. Otto Wilhelm von Derfelden ist im Jahre 1800 in den Ruhestand getreten und im Jahre 1819 verstorben.[11]

Im zweiten Türkischen Krieg hat Michael Andreas von Barclay de Tolly (1761–1818) seine Feuertaufe erhalten und erste Ehrenzeichen verdient. Mit ihm zusammen nahm auch der spätere berühmte Staatsmann, der General der Kavallerie Graf Peter Ludwig von der Pahlen (1745–1826), als einer der Führer an der Belagerung und Erstürmung der Festung Otschakow (1788) teil. Nur wenig später kämpften beide Offiziere im Krieg mit Schweden in Finnland.

Auf dem Feldzug nach Polen im Jahre 1794 standen neben berühmten russischen Feldherren (Rumjantsew, Suworow, Repnin) einige deutschbaltische Militärs, nämlich Otto Wilhelm von Derfelden, Otto-Heinrich von Igelström (Abb. 2), Gotthard Johann von Knorring (Abb. 3), Hans-Heinrich von Fersen (Abb. 4), Berend Heinrich von Mellin und Friedrich Wilhelm von Buxhoeveden (Abb. 5) im Mittelpunkt der Ereig-

---

[10] Ukazy, rasporjaženii i rezoljucii imperatora Pavla 1796–1801. In: Russkaja starina Bd. 12, 1873, S. 498.
[11] N. Šahmogonov, "My - russkie, i...vse odoleem!". Generalmajor Vil'gel'm Hristoforovič Derfel'den. In: A. V. Šišov (wie Anm. 7) S. 122–125.

nisse. Ein sonst in jeder Weise tüchtiger Mann, ein kultivierter und erfahrener Estländer, der Graf Otto-Heinrich von Igelström (1737–1823), besaß eigentlich mehr die Talente eines Diplomaten als die eines Feldherren. Nachdem er als junger Offizier tapfer gekämpft hatte, ist er zu Führungspositionen aufgestiegen, ohne größere Truppenverbände leiten zu müssen. Die Regierung hat sich seiner Klugheit bei der Unterwerfung der Krim bedient; ein weiteres unbestreitbares Verdienst war der Friedensschluss mit Schweden in Värälä im Jahre 1790, der Igelström den Orden des Heiligen Andreas und einen Grafentitel eingetragen hat. Als Gesandter in Warschau im Jahre 1794 ist er allerdings weder den Aufgaben eines Feldherren noch denen eines Diplomaten gewachsen gewesen. Der an den polnischen Ereignissen beteiligte Smolensker Adlige Lev Engelhardt berichtet, dass nach gelungenen Manövern Knüttelverse verbreitet wurden, in denen die Frage gestellt wurde, warum Igelström so froh ist. Antwort: Weil er zum ersten Mal im Leben eine Schlacht gewonnen hat.[12] Aber leider ist es Igelström auf wirklichen Schlachtfeldern tatsächlich schlecht ergangen. In Warschau hat er die Vorbereitungen des polnischen Aufstands gegen die Russen nicht bemerkt und die Garnison verringert, um der Bevölkerung keine übermäßigen Schwierigkeiten zu bereiten. Als er von den Aufständischen unerwartet angegriffen wurde, hat er nur einen kleinen Teil seiner Soldaten retten können. Er wurde aus allen Ämtern entlassen und fiel für lange Zeit in Ungnade.

Ein anderer Estländer, Generalmajor, später General der Infanterie Gotthard Johann von Knorring (1744–1825), ist in den Erinnerung der Zeitgenossen als barscher Pedant überliefert, vor dem alle Furcht hatten.[13] Im Krieg mit Schweden (1788–1790) war er Generalquartiermeister und führte selbständig eine Truppe in Polen. Knorring war ein gebildeter Mili-

---

[12] L. N. Engel'gardt, Zapiski. Moskva 1997, S. 109.
[13] Ebenda S. 114–115.

tär. Er hatte sich auch in Preußen bei den größten Autoritäten seiner Zeit ausführlich fortgebildet. Seine administrativen Fähigkeiten waren groß, als Taktiker und Stratege aber war er eine bloße Null, obwohl er bei Vilnius einen Sieg errungen hat, wofür er mit dem Georgs-Orden der 2. Klasse ausgezeichnet wurde. Die höchste Position erreichte er in den Jahren 1808 und 1809, als er anstelle des Grafen Buxhoeveden zum Oberbefehlshaber in Finnland ernannt wurde. In dieser Position hat er völlig versagt, woraufhin er aus dem Dienst entlassen wurde. Immerhin hat er sich als alter Mann im Jahre 1812 noch einmal zum Dienst angeboten. Er bekam keine abschlägige Antwort, aber von seinem Angebot wurde auch kein Gebrauch gemacht. Sein Sohn Generalmajor Carl von Knorring (1774–1817) hat tapfer gegen Napoleon gekämpft. Gotthard Johann hat die letzten Jahre seines Lebens in Dorpat verbracht. In beiden Türkischen Kriegen an der Kaukasischen Front und später auf Verwaltungsposten in Astrachan und Georgien hat sein Bruder Generalleutnant Carl-Heinrich (1746–1820) gedient, dessen Tapferkeit zwar der Georgs-Orden bezeugt, der aber zum Schluss ebenfalls wegen Unzulänglichkeit aus verantwortungsvollen Ämtern entlassen wurde.

Der schon in früheren Kriegen positiv aufgefallene Livländer General der Infanterie Graf Hans-Heinrich von Fersen (1743–1800) hat sich den Ehrentitel „der ritterliche Besieger des Tadeusz Kościuszko" verdient. Er war „klein von Wuchs und schmächtig. Mit einem leidenschaftlichen Charakter vereinigte er ein gutes Herz. Er zeichnete sich durch Tapferkeit und Wahrheitsliebe aus und schonte seine Soldaten." So steht es in einem alten Lexikon. Auf türkischen und polnischen Feldzügen hatte sich Fersen durch seine Eigeninitiative wiederholt bewährt. So hat er auch die Schlacht bei Maciejowice gegen den Willen von Suworow geschlagen. Dort siegte er über den stärksten Verband der Polen und nahm deren wichtigste politische und militärische Persönlichkeit Tadeusz Kościuszko gefangen.

Dafür wurde er mit dem Georgs-Orden der 2. Klasse ausgezeichnet, außerdem erhielt er einen Goldenen Degen, einen Haufen Geld und Grundstücke zusammen mit 3.121 Seelen.[14] Doch weil diese Grundstücke und die Leibeigenen auf Befehl der russischen Okkupationsmacht in Polen konfisziert worden waren, weigerte sich Fersen, dieses fremde Vermögen entgegenzunehmen. Das ist einer der Gründe, warum Arved von Taube urteilte, „daß dieser Vertreter des Geschlechts von Fersen in der skrupellosen Machtpolitik und inmitten der Kriegsgreuel seiner Zeit als integere Persönlichkeit erscheint, daß er die Tugenden bewährt hat, die man von einem baltischen Edelmann erwartet."[15]

Der Estländer und General der Infanterie Friedrich Wilhelm Graf von Buxhoeveden (1750–1811) war eine der bedeutendsten Persönlichkeiten in den Kriegen am Ende des 18. und am Beginn des 19. Jahrhunderts. Ich habe ihm vor einigen Jahren einen Vortrag auf dem Historikertreffen in Göttingen gewidmet.[16] Hier werde ich nur sehr kurz seine Biographie markieren. Buxhoeveden studierte am St. Petersburger Kadettenkorps der Artillerie- und Pioniertruppen und fiel schon als junger Mann im ersten Türkischen Krieg positiv auf. Man kann seine erfolgreiche Tätigkeit im Russisch-Schwedischen Krieg der Jahre 1788 bis 1790 aufgrund von Unterlagen des Generals Frederik Numsen verfolgen, die zufällig in Dorpat im Estnischen Geschichtsarchiv liegen.[17] Bis jetzt haben die Forscher

---

[14] Russkij arhiv, 1873, S. 2307.
[15] A. Freiherr v. Taube, Graf Hans-Heinrich von Fersen - der ritterliche Besieger Tadeusz Kościuskos (1794). In: Nachrichtenblatt der Baltischen Ritterschaft, Heft 9, 8. Jg., September 1966, S. 33–37.
[16] In verkürzter Form siehe R. Helme, Friedrich Wilhelm Graf von Buxhoeveden (1750–1811) als Feldherr und Staatsmann. In: Riga 1201 - Buxhoeveden - 2001 Riga. Zusammengestellt von V. Baron von Buxhoeveden. Familienverband der Barone und Grafen Buxhoeveden, o.O. 2002, S. 113–129.
[17] Estnisches Historisches Archiv (EHA) 1449, Findbuch 1.

diesen Quellen noch keine Aufmerksamkeit gewidmet. Europäische Berühmtheit hat Buxhoeveden während des polnischen Feldzugs erworben, in dem er sich in vielen Schlachten auszeichnete, sich aber später auch noch die allgemeine Achtung der Polen als Kommandant von Warschau verdient hat. Die dankbaren Polen haben ihn mit zwei Goldmedaillen geehrt.

Die Rolle Buxhoevedens in der Schlacht bei Austerlitz am 2. Dezember 1805 als Führer der russischen Hauptkräfte ist umstritten. Sie wurde bisher noch nicht auf archivalischer Grundlage untersucht; ungerechterweise wird er für die Katastrophe zum Sündenbock gemacht. Wenn die Quellen besser ausgewertet würden, fiele auf sein Verhalten in der Schlacht ein ganz anderes Licht. Deshalb ist es kein Zufall, dass er auch im folgenden Jahr eine der russischen Armeen gegen Napoleon geführt hat. Später aber zerstritt er sich mit General Levin August Bennigsen, der sich mit Hilfe von Lügen ein Renommée geschaffen und eigenmächtig den Posten des Oberbefehlshabers eingenommen hatte, und ist als Generalgouverneur in die Heimatprovinzen zurückgekehrt.

Zum letzten Mal führte Buxhoeveden das Kommando im Jahre 1808 in Finnland während des Krieges gegen Schweden. Vielleicht war seine Tätigkeit in diesem Krieg, der eigentlich kein methodisch geplanter Feldzug, sondern eher ein politisches Abenteuer war, nicht immer tadellos, aber sein Amt hat er wegen kleinlicher Nörgelei des Kriegsministers Graf Aleksej Araktschejew niedergelegt. Für seine menschenfreundliche Verwaltung hat der Oberbefehlshaber sogar die Achtung der einheimischen Bevölkerung genossen, wie Johan Ludvig Runeberg in dem Werk "Der Landeshauptmann" berichtet. In Dorpat, im Familienarchiv der Familie Buxhoeveden, finden wir das Gedicht eines unbekannten Dichters, eine französischsprachige Apologie der Buxhoevedens. Das Credo von Buxhoeveden als Feldherr zeigt sich in seinem Brief an Kriegsminister Graf Araktschejew, in dem wir folgende Zeilen finden:

„Wissen Sie auch, mein geneigter Herr, was ein Oberkommandierender ist? [...] Ein Oberkommandierender ist ein Heerführer, erprobt in der Liebe zum Vaterlande, geprüft auf dem Ehrenfelde der Schlachten und bewährt in seiner Ergebenheit gegen den Thron durch den Dienst. Ihm überträgt der Monarch die Ruhe und Gefahrlosigkeit der Grenzen, den Ruhm des Reichs; ihm unterwirft er Tausende von Kriegern, deren Schonung und Lebensglück von seinem Befehl, von seiner unermüdlichen Treue und unablässigen Sorge abhängt."[18]

Wie bereits ausgeführt, waren die Napoleonischen Kriege eine Glanzzeit des deutschbaltischen Offizierskorps. Leider haben die baltischen und russischen Kriegshistoriker innerhalb dieses Zeitabschnittes den Feldzügen von 1805 bis 1807 weniger Aufmerksamkeit zugewandt. Liegt der Grund dafür in einem Jahrhunderte anhaltenden Schamgefühl wegen einiger Niederlagen? Jedenfalls brauchen wir eine neue kritische Forschung sowohl über die Schlacht von Austerlitz als auch über den Feldzug von 1806 bis 1807 nach Polen und Ostpreußen, und zwar besonders unter dem Gesichtspunkt der Rolle der Deutschbalten. Die Gefechte von Barclay de Tolly vor der Schlacht von Preußisch-Eylau wurden bisher zu oberflächlich behandelt; diese haben jedoch in seiner Charakterentwicklung als Feldherr eine bedeutende Rolle gespielt.

Der in der Schlacht von Mohrungen gefallene Livländer, Landespolitiker und Generalleutnant Heinrich Reinhold von Anrep (1760–1807), der für einen Feldherrn mit großer Zukunft gehalten wurde, ist in der neueren Literatur vollständig untergegangen. Einen verhältnismäßig oberflächlichen Überblick über den Lebenslauf von Heinrich Reinhold von Anrep hat Reinhold Otto Baron Stackelberg geschrieben. Stackelbergs Hauptaufmerksamkeit gilt der Landespolitik, nicht der Kriegs-

---

[18] Ein Schreiben des Generals von der Infanterie Grafen Buxhöveden, an den Kriegsminister Grafen Araktschejew vom 13. September 1809. In: Das Inland, 1859, Nr. 37, Spalte 723.

geschichte.[19] Anrep begann nach einer Ausbildung im Pagenkorps seinen Militärdienst im Range eines Oberstleutnants. Im Krieg mit Schweden hat er als mutiger Offizier teilgenommen und während des Polenfeldzuges die 3. Klasse des St. Georg-Ordens (zusätzlich zu der bereits vorher erhaltenen 4. Klasse) für die Schlacht von Ostrolenka verliehen bekommen. 1804/05 hat er das russische Expeditionskorps auf den Ionischen Inseln befehligt, die Russland schon seit 1799 besetzt hielt. In dieser Funktion hat er administrative Fähigkeiten und diplomatisches Geschick gezeigt. Gleichwohl hat der Historiker Jevgenij Tarlé, der über die Expedition der russischen Flotte in das Mittelmeer von 1805 bis 1807 geforscht hat, den Aktivitäten Anreps keinerlei Aufmerksamkeit geschenkt.[20] Das Standardwerk „Deutschbaltisches Biographisches Lexikon" vermerkt unrichtig, dass Anrep an der Schlacht von Austerlitz teilgenommen habe.

Unterschiedliche Urteile

Die deutschbaltischen, russischen und sowjetischen Historiker haben sich hauptsächlich auf das Jahr 1812 und weniger auf die folgenden Feldzüge konzentriert. Die Historiographie dieses Themas setzt sich aus einer verhältnismäßig umfangreichen Literatur zusammen, aber analytisch vorgehende oder übersichtlich gearbeitete Werke muss man suchen. 1912 erschien in der „Baltischen Monatsschrift" eine Übersicht von Friedrich Bie-

---

[19] R. v. Stackelberg, Heinrich Reinhold von Anrep. Ein Lebensbild. In: Baltische Monatsschrift Bd. 57, 1904, S. 19–27. - Suworow erinnerte sich an einen anderen Anrep, der als Major während des Ersten Türkischen Krieges als Kommandant seiner Jäger im Kloster von Koman eingekesselt wurde und, nachdem die Munition zu Ende ging, mit allen seinen Soldaten gefallen ist. Siehe: V. Suvorov, Pis'ma. Moskva 1986, S.144, 569.

[20] E. V. Tarlé, Ekspedicija admirala Senjavina v Sredizemnoe more (1805–1807). in: Sočinenija Teil 10, Moskva 1959, S. 232–360.

nemann über die deutschbaltischen Offiziere in der russischen Armee in den Jahren 1812 bis 1815.[21] In demselben Jahr veröffentlichte George Baron Wrangell die Broschüre „Baltische Offiziere im Feldzug von 1812".[22] In dem Buch von Ingeborg Fleischhauer „Die Deutschen im Zarenreich" (1986) trägt der erste Abschnitt des VI. Kapitels den Titel „Der Retter Europas und sein Offizierskorps".[23] Im Jahre 1990 habe ich selbst das Buch „Das Jahr 1812 in Est- und Lettland" vorgelegt[24], in dem relativ viel über die Deutschen enthalten ist, die im Jahre 1812 auf der Seite Russlands gefochten haben.

Die neuesten Arbeiten über das russische Offizierskorps, insbesondere über die nationale Zusammensetzung der Generalität, stammen von dem Moskauer Historiker Dr. Viktor Bezotosny. In dem unter seiner Leitung zusammengestellten biographischen Lexikon der russischen Generäle (1996), die an den Kriegen gegen Napoleon 1812 bis 1815 teilgenommen haben, gibt es viele Fehler, sogar bei der Bestimmung der Nationalität, die er später einigermaßen korrigiert hat.[25] Jedenfalls sind sich die besten Vertreter der neuen Generation russischer Militärhistoriker der Existenz und der Eigenart der Deutschen in den Ostseeprovinzen bewusst. Gleichwohl ignorieren sie weiterhin völlig deutsche bzw. deutschbaltische Quellen und Literatur.

---

[21] F. B[ienemann], Liv-, Kur- und Estländer als Offiziere in den Kriegen 1812–1815. In: Baltische Monatsschrift Bd. 74, 1912, S. 35–69.
[22] G. Wrangell, Baltische Offiziere im Feldzug von 1812. Reval 1912.
[23] I. Fleischhauer, Die Deutschen im Zarenreich. Zwei Jahrhunderte deutsch-russische Kulturgemeinschaft. Stuttgart 1986, S. 139–150.
[24] R. Helme, 1812. aasta Eestis ja Lätis. Tallinn 1990.
[25] V. M. Bezotosny (Hg.), Russkije generaly v voinach s napoleonovskoi Francijei v 1812–1815 gg. Podrobnaja rospis'imen, familii, nagrad i biografii. In: Rossiiskii Arhiv. Istorija Otečestva v svidetel'stvah i dokumentah XVIII–IX vv. VII. Moskva 1996, S. 256–645; V. M. Bezotosny, Nacional'ny sostav rossiiskogo generaliteta 1812 goda. In: Voprosy Istorii Nr. 7, 1999, S. 60–71.

Einige Abhandlungen sind hervorragenden Persönlichkeiten wie Barclay de Tolly, dem Dekabristen Andreas Baron von Rosen, dem Dissidenten Timotheus von Bock, dem Generalfeldmarschall Friedrich Wilhelm Rembert von Berg, Carl Heinrich Georg von Bistram und anderen gewidmet. Reichlich Material bietet die Memoirenliteratur (zum Beispiel das Tagebuch von Boris Baron Uexküll und die Lebenserinnerungen der Gebrüder Löwenstern, von Gregor von Berg[26], Alexander von Benckendorff und Friedrich von Schubert). Aus Raumgründen verzichte ich auf eine Aufzählung der biographischen Erwähnungen. Die monumentalen Quellenpublikationen sowohl aus der Zaren- als auch aus der sowjetischen Zeit, besitzen ebenfalls einen großen Wert für die Behandlung dieses Themas.

Friedrich Bienemann zählte 725 deutschbaltische Offiziere, die während der Napoleonischen Kriege in der Russischen Armee gedient haben. Nach Meinung von Baron Wrangell waren es sogar mehr als 800. Viktor Bezotosny hat ausgerechnet, dass Deutsche verschiedener Herkunft 5% des russischen Offizierskorps ausmachten; wir finden indessen unter den 550 Generälen 117 deutsche Familiennamen, unter denen mindestens 73 Deutschbalten gewesen sind (Friedrich Bienemann kannte nur 70). Man kann in dieser Frage aus vielen Gründen nie endgültige Klarheit schaffen, aber in dem Werk von Ingeborg Fleischhauer geht alles total durcheinander. Selbstverständlich gehörten nicht alle deutschbaltischen Offiziere aus Est-, Liv-, Kurland und Oesel den Ritterschaften an, zumal es unter ihnen auch Männer rein bürgerlicher Abstammung gab (zum Beispiel den bei Leipzig gefallenen Generalmajor Axel Friedrich Lindfors, einen Sohn des Revaler Buchdruckers). Zu den höheren Militärs gehörten beispielsweise der Kriegsminis-

---

[26] Autobiographie des Generals der Infanterie Gregor von Berg. Dresden 1871. Dieser sehr detailreiche Bericht über zahlreiche Feldzüge des Verfassers hat unverdienterweise nicht das Interesse der Forschung gefunden.

ter und der Oberbefehlshaber der Ersten Westarmee Michael Andreas Barclay de Tolly, und viele Korpskommandeure — Karl von Baggehufwudt (von Baggo), Fabian von der Osten-Sacken, Karl von Lambert, Friedrich von Korff, Peter von der Pahlen, Karl von Sievers. Die Adjutanten von Barclay waren ebenfalls Deutschbalten. Der Generalquartiermeister der Ersten Westarmee war Karl von Toll (nach heutigem Verständnis kann man dieses Amt mit dem des Leiters der Operativabteilung beim Generalstab vergleichen). Nur dank Tolls Anstrengungen funktionierte die ganze Stabsarbeit, denn weder Kutuzov noch sein Stabschef General Alexej Jermolov konnten im Stab eine elementare Ordnung sichern. So begann zum Beispiel die Schlacht bei Tarutino einen Tag und sechs Stunden später als geplant, weil Jermolov mit seinen Offiziere zechen gegangen war und die Tagesbefehle nicht rechtzeitig bei den Einheiten eintrafen.

In der russischen Armee gab es ferner viele deutschbaltische Divisions- und Regimentskommandeure. Der deutschbaltische Anteil war besonders groß im I. Korps des Grafen Ludwig von Wittgenstein. Der Korpskommandeur selbst stammte aus Deutschland, hatte aber bereits eine russische Mutter und wurde erst 1812 in die Estländische Ritterschaft aufgenommen. Der Leiter der Pioniertruppen in seinem Korps war Graf Georg von Sievers, der diensttuende General (*général du jour*) Alexander Graf Igelström, einer der Divisionskommandeure war General Gregor von Berg, die Kavallerie wurde von Friedrich Graf von Rüdiger und Karl Magnus von der Pahlen geführt. Die Artillerie leitete Jacob von Hoyningen-Huene usw. Viele deutschbaltische Offiziere gab es auch in der Rigaer Garnison: Generalgouverneur war Magnus von Essen, Oberbefehlshaber der Feldtruppen war Friedrich von Löwis of Menar, der Kommandant von Riga war Johann von Emme usw. Deutschbalten gab es sogar unter Anführern der Partisanentruppen. Der Initiator der Partisanenbewegung war - im Gegensatz zu den Behauptungen der sowjetischen Historiker - Barclay de Tolly, nicht Kutuzov. Der Führer der ersten Armeepartisanengruppe war der aus Hessen stammende Ferdinand Baron von Winzingerode, nicht aber Denis Davydov. Der heutige russische Historiker Prof. Dr. Nikolaj Troitski schreibt sarkastisch: „Natürlich klingt für das russische Ohr die Kombination „Kutuzov und Davydov" viel angenehmer, „patriotischer" als „Barclay de Tolly und Winzingerode", aber es ist unzulässig, nur deswegen eindeutige Fakten zu verdrehen, und zwar umso mehr, als der Beginn des Partisanenkrieges um einen Monat früher, als es in der Literatur geschildert wird, Russland nur zur Ehre gereicht".[27] Später war einer der berühmtesten und erfolgreichsten Partisanenkommandeure der Estländer Konstantin Alexander von Benckendorff.

Das sind nur einige Beispiele hinsichtlich der großen Zahl von Deutschbalten. Man schätzte die deutschbaltischen Offiziere wegen ihrer Bildung und guten professionellen Fähigkeiten. Bekanntlich war das Bildungsniveau der Offiziere in Russland im Allgemeinen sehr niedrig. Alle Militärlehranstalten zusammen konnten jährlich nur etwa 120 bis 170 Leute ausbilden, der Jahresbedarf lag aber bei 1.500 Offizieren. Nach den Worten des Akademiemitglieds Jevgenij Tarlé war „die schwache Seite der russischen Armee die Unbildung der Offiziere und sogar der Generäle". Der Literat Filip Wiegel schrieb: „Und wieviel gab es hier in der Russischen Armee Generäle, die Turenne und Friedrich beim Namen kannten, aber von Caesars „Commentarii" nichts gehört hatten [...]".[28] General Friedrich von Schubert urteilte über die russische Armee: „Von den Generälen waren zwar viele ungebildet, selbst dumm, die Offi-

---

[27] N. A. Troickij, Feldmarshal M. I. Kutuzov: legenda i real'nost'. Saratov 1998, S. 60; Ders., Kutuzov: mify i fakty, (wie Anm. 8), S. 154.
[28] Zapiski Filipa Filipoviča Vigelja. Bd. 3. Moskva 1892, S. 62.

ziere meistenteils roh".[29] Der moderne russische Historiker V. Lapin schreibt: „Was den Mut im Schlachtfeld oder eine weniger schwierige Sache wie den täglichen Drill anbelangt, so waren die russischen Offiziere ihren deutschen Kollegen keinesfalls unterlegen, wenn es jedoch um die Ausführung von wirtschaftlichen oder insbesondere von Stabsfunktionen ging, so brachte das höhere Bildungsniveau den aus Deutschland und den Ostseeprovinzen stammenden Offizieren unbestreitbare Vorteile beim Aufstieg im Dienst".[30] Solche Beurteilungen kann ich aufgrund meiner persönlichen Archivforschungen nur bestätigen. Gleichzeitig können wir in verschiedenen Epochen eine fast krankhafte Xenophobie gegenüber nichtrussischen Landsleuten finden. Von den sogenannten patriotischen Russen ist auch Barclay de Tolly stark kritisiert worden. An den Urteilen Jermolovs erkennt man eine offenbar typische Voraussetzung der Russen, ihr Minderwertigkeitsgefühl: „Hätte Bagration dasselbe Bildungsniveau gehabt wie Barclay de Tolly, hätte man diesen mit jenem kaum vergleichen können."[31] Darum aber ging es ja eben, dass weder Bagration noch die meisten anderen russischen Generäle eine solche Bildung besaßen.

Zur Charakterisierung des deutschbaltischen Offiziers hat Detlef Uexküll in seinem Begleitwort zum Tagebuch des Boris von Uexküll wohl die besten Worte gefunden: „Typisch [...] waren seine Treue zum Kaiser von Rußland, seine Liebe zur Heimat, Estland vor allem, aber auch zum großen Reußischen Reich. Typisch waren auch seine europäische Lebensart, sein lebhaftes Interesse für alles Neue auf dem Gebiet der Wissen-

---

[29] F. von Schubert, Unter dem Doppeladler. Erinnerungen eines Deutschen in russischem Offiziersdienst 1789–1814. Hg. von E. Amburger. Stuttgart 1962, S. 85.
[30] V. Lapin, Der Prozeß der Europäisierung Russlands, In: Meissner/ Eisfeld (wie Anm. 3) S. 311.
[31] Zapiski A. P. Jermolova 1798–1826. Moskva 1991, S. 153.

schaft und Literatur".[32] Wir können unsererseits noch hinzufügen, dass sich die 27 Studenten, die an der Dorpater Universität Militärwissenschaften studierten, folgendermaßen verhielten: Zu Beginn des Krieges von 1812 traten sie allesamt freiwillig in den aktiven Dienst. Unter diesen befand sich auch der künftige Generalfeldmarschall und Graf Friedrich Wilhelm Rembert von Berg, der mit einem Sack auf dem Rücken und einem Paar Stiefel über der Schulter barfuß nach Riga marschierte und sich beim Korps von Löwis of Menar in den Schlachten alsbald auszeichnete.

Entsprechend ihren Verdiensten bedachte man die deutschbaltischen Offiziere mit Auszeichnungen. Allein im Laufe des Jahres 1812 erhielten 30 von ihnen den Militärorden des Heiligen Georgs. Unter ihnen bekam Barclay de Tolly den Orden der 2. Klasse, die Generäle Friedrich von Löwis of Menar, Otto Wilhelm von Harpe, Gotthard von Helffreich[33], Friedrich Alexander von Rüdiger unter anderem den Orden der 3. Klasse. Im Jahr darauf erhielt Barclay de Tolly den Orden der 1. Klasse, im Zeitraum 1769 bis 1917 wurde dieser nur 25 Mal verliehen. Man muss berücksichtigen, dass es sich hier um die damals höchste militärische Auszeichnung überhaupt handelte, die von zahlreichen Privilegien begleitet wurde.

In der russischen Literatur, insbesondere in der sowjetischen Geschichtsschreibung, hat bisher eine Art xenophobischer Einstellung dominiert. Sogar die absolut imperiumstreuen Deutschbalten wurden nicht völlig akzeptiert oder ihre Verdienste richtig eingeschätzt. Da bildet Alexander Puschkin mit *einem* seiner Gedichte — nämlich „Der Feldherr" — eine Aus-

---

[32] Armeen und Amouren. Ein Tagebuch aus Napoleonischer Zeit von Boris von Uexküll. Reinbek 1965, S. 13.
[33] Generalleutnant Gotthardt August von Helffreich (1776–1843) kommandierte 1813 und 1814 die 14. Infanteriedivision. Er spielte eine große Rolle bei Bautzen, Leipzig und Paris. Sein Vorgänger als Kommandeur der 14. Division war Heinrich Reinhold von Anrep.

nahme, indem er recht offen und ehrlich, wenn auch etwas idealisiert, Barclay de Tolly darstellt. Erbarmungslos gegenüber den Deutschen ist Graf Lev Tolstoi in seinem Roman „Krieg und Frieden". Alle deutschen Offiziere werden von ihm als bornierte und egozentrische Pedanten geschildert (zum Beispiel der Husarenoberst Schubert, der Gardeoffizier Berg, der Flügeladjutant von Wolzogen und andere mehr).

Es kann auch nicht überraschen, dass chauvinistische Urteile über Nichtrussen vor allem in der sowjetischen Geschichtsliteratur anzutreffen sind. Josef Stalin kritisierte im Jahre 1946 Carl von Clausewitz und unter anderen auch Barclay de Tolly: „Engels hat sich geirrt, denn Kutuzov als Heerführer stand unbestritten zwei Köpfe höher als Barclay de Tolly". Das war das Anfangssignal. 1950 schrieb der Militärhistoriker Pavel Žilin, dass Barclay de Tolly mit seinem Strebertum beim Zaren Karriere gemacht habe: „Ihm, einem Ausländer, der nicht einmal die russische Sprache beherrschte, waren die patriotischen Gefühle, von denen das russische Volk ergriffen war, fremd und unbegreiflich [...]. Im Krieg gegen Napoleon erkannte Barclay de Tolly nicht jene potentiellen Möglichkeiten, die im Volke verborgen waren [...]".[34] Angemerkt sei, dass Barclay de Tolly die russische Sprache perfekt in Wort und Schrift beherrschte, dessen sich viele russische Generäle nicht rühmen konnten. Sein Deutsch und Französisch waren übrigens ebenfalls tadellos. Ein weiterer Erforscher des Krieges von 1812, Ljubomir Beskrovny, schrieb 1951 über Barclay etwas vorsichtiger. Er gab dessen Verdienste als Retter der Armee zu, war aber doch gezwungen, so wie es der Zeitgeist damals verlangte, Kritik auszuüben: „Indem er keinen festen Handlungsplan besaß, strebte Barclay nur danach, Niederlagen zu vermeiden und sich mit der 2. Armee zu vereinigen. Kutuzov dagegen hat später dem Rückmarsch eine zutiefst strategi-

---

[34] P. A. Žilin, Kontrnastuplenije russkoj armii v 1812 godu. Moskva 1953, S. 85.

sche Bedeutung hinzugefügt".[35] Hier wieder nur eine kurze Nebenbemerkung: Von allen führenden russischen Generälen war Barclay der einzige, der vor dem Kriege einen realistischen, durchführbaren strategischen Plan vorgelegt hatte. In seinem 1952 und 1956 publizierten Buch hat ein anderer Sowjethistoriker, Nikolaj Garnitsch, eine lange Liste der Fehler und Mängel von Barclay aufgestellt. Der Autor resümiert vernichtend: „Der baltische Adlige, Anhänger der Leibeigenschaft, General Barclay de Tolly, hat im Krieg, der das ganze Volk anging, nur die Rolle eines Beobachters eingenommen".[36] *Le voilà!*

Das Beispiel von Barclay de Tolly ist für die Beurteilungen typisch, die in der sowjetrussischen Geschichtsliteratur den Ausländern zuteil geworden sind. Auch die Historiker Sowjetestlands stimmten in diesen Chor ein. Über die Schlacht bei Eckau vom 7. (19.) Juli 1812 behauptete Juhan Kahk, der weder den Verlauf der Schlacht kannte, noch imstande war, ihn zu analysieren, im Jahre 1955, dass „obwohl die in der Schlacht beteiligten Kräfte fast gleich waren, der unbegabte deutsche General Löwis of Menar die Schlacht dennoch verloren hat."[37] Tatsächlich wissen wir, dass Löwis of Menar ein General von tadelloser Reputation gewesen ist. Große Tapferkeit und Aktivität in Kriegen mit Schweden und Polen haben seiner Karriere eine feste Grundlage gelegt. Im Jahre 1805 ist er bei Austerlitz positiv aufgefallen.[38] Ungeachtet einer schweren Krankheit ist er im Jahre 1812 freiwillig in den Krieg geeilt. In den Jahren 1813 und 1814 war er der faktische - in seinem Vorgehen menschenfreundliche - Leiter der Belagerung von Danzig. Von dankbaren Stadtbewohnern ist zu Ehren des „Retters" eine Ge-

---

[35] L. G. Beskrovny, Otečestvennaja vojna 1812 goda i kontrnastuplenije Kutuzova. Moskva 1951, S. 27.
[36] N. F. Garnič, 1812 god. Moskva 1956, S. 101 f.
[37] Eesti NSV ajalugu. Bd. 1, Tallinn 1955, S. 571.
[38] M. I. Kutuzov, Sbornik dokumentov. Teil 2, Moskva 1951, S. 263.

dächtnistafel in der Waisenhauskirche angebracht worden und dem General wurde auch eine Dankode gewidmet.[39] Nach den Kriegen hat Löwis Memoiren, Traktate über Militärwesen, Artikel über Landwirtschaft, Botanik und Technologie, aber auch humoristische Literatur verfasst.[40]

Notwendige Neubewertungen

Aber kehren wir zurück zu den Irrfahrten der sowjetischen und neueren russischen Historiographie. Erst in den 1960er Jahren wurde in der russischen Geschichtsschreibung die Einstellung gegenüber den Nichtrussen objektiver. Leider haben wir die Wiedergeburt des Chauvinismus in Russland miterleben können, was sich in den 1990er Jahren mehr oder weniger gegen den Pluralismus - wenigstens in der Geschichtswissenschaft - ausgewirkt hat. Von den Untersuchungen der letzten Zeit kann die Biographie über Carl Heinrich Georg (Karl Iwanowitsch) von Bistram, abgefasst von Gennadij Bobenko,[41] und von den Quellenpublikationen der ausführlich kommentierte russisch-französisch-sprachige Paralleltext der Erinnerungen von Alexander von Benckendorff hervorgehoben werden.[42] In der Untersuchung von Boris Antonov über die Geschichte der Russischen Kaiserlichen Garde werden viele Deutschbalten erwähnt, aber nicht entsprechend deren proportionalem Anteil und mit vielfachen Fehlern in der Rechtschreibung der Namen und den

---

[39] Ich bedanke mich für diese Information und für die Kopien von Texten bei Herrn Günther von Maydell.
[40] Voennaja galereja Zimnego dvorca. Teil 5, St. Petersburg 1849.
[41] G. I. Bobenko, Polkovodcy Rossii. Mihail Miloradovič. Karl Bistram. St. Petersburg 2000.
[42] Zapiski Benkendorfa. 1812 god. Otečestvennaja vojna. 1813 god. Osvobozhdenie Niderlandov. Moskau, Jazyki slavjanskoj kul'tury, 2001.

Angaben der Lebensläufe. Auch dieser Autor hat die deutschsprachige Literatur völlig ignoriert.[43]

Auch in Estland hat die Untersuchung der Rolle der Deutschbalten in unserer Geschichte ein neues Niveau erreicht. Die Bedeutung unserer historischen Landsleute versucht man nunmehr allgemein mit größtmöglicher Objektivität einzuschätzen. Zusätzlich zu den schon erwähnten historischen Untersuchungen und Quellenpublikationen ist einem kleinen Teil der deutschbaltischen Offiziere in Reval ein Monument gewidmet worden: „Dem Beschlusse der Ritterschaft zufolge werden in dem hiesigen Rittersaale mehrere marmorne Tafeln errichtet werden, auf welchen zum Andenken für die späteste Nachwelt, in alphabetischer Ordnung, mit goldenen Buchstaben, die Namen aller zur hiesigen Ritterschaft gehörenden Personen aufgenommen werden sollen, die in dem ewig denkwürdigen Kriege von 1812 bis 1814 unter den siegreichen russischen Fahnen gefochten haben." So schrieb am 15. November 1815 die damalige Revalsche Zeitung über den Beschluss der Estländischen Ritterschaft, der vier Tage vorher gefasst worden war.[44] Das Beschlossene wurde damals schnell verwirklicht: Als Kaiser Alexander I. zehn Jahre später zum letzten Mal Reval besuchte, befanden sich die Gedenktafeln jedenfalls schon an Ort und Stelle. Nach der Übernahme des Ritterhauses durch den neu entstandenen estnischen Staat wurden die Tafeln in den 1920er Jahren in die Domkirche gebracht. Die Stiftung des Verbandes der Baltischen Ritterschaften in Deutschland und Spenden von Familien der Kriegsteilnehmer von 1812 bis 1814 ermöglichten es jetzt, die Tafeln zu restaurieren und in der eigens hierfür renovierten Fersen-Kapelle der Domkirche wieder

---

[43] B. I. Antonov, Imperatorskaja gvardija v Sankt-Peterburge. St. Petersburg 2001.
[44] Revaler Wöchentliche Nachrichten, 15. Nov. 1815.

aufzustellen. Eine Feierstunde zum Abschluss der Renovierung der Kapelle und der Gedenktafeln fand am 11. Mai 2001 statt.[45]

Die Rolle der deutschbaltischen Offiziere in den Kriegen bleibt nach wie vor ein faszinierendes Thema, das noch weiterer gründlicher Behandlung bedarf. Die meisten von mir an dieser Stelle genannten deutschbaltischen Offiziere wären einer umfangreichen Monographie wert. Quellen dafür sind zu finden.

---

[45] Weiteres über die Gedenktafeln und die deutschbaltischen Offiziere siehe: R. Helme, Baltische Offiziere in den Kriegen gegen Napoleon 1812-1814. In: Nachrichtenblatt der Baltischen Ritterschaften. Heft 2, 43 Jg., Juni 2001, S. 23-25.

Abb. 1 Michael Andreas von Barclay de Tolly

(Bildnachweis: Postkarte;
Archiv der Carl-Schirren-Gesesellschaft)

Abb. 2 Otto-Heinrich von Igelström

(Bildnachweis: Abb. 2-6; Bildarchiv FOTO MARBURG,
die freundlicherweise die Abbildungen zur Verfügung stellten.)

Abb. 3 Gotthard Johann von Knorring

Abb. 4 Hans-Heinrich von Fersen

FRIEDRICH WILHELM GRAF VON BUXHOEVEDEN

1750 – 1811

Miniatur auf Elfenbein
von D. Bossi

Abb. 5 Friedrich Wilhelm Graf von Buxhoeveden

Abb. 6 Friedrich von Löwis of Menar

DIE UNIVERSITÄT DORPAT IM LIVLÄNDISCHEN STILLEBEN

Ihre sozialpolitische Rolle im ersten Drittel des 19. Jahrhunderts

Lea Leppik

Die Universitätsgeschichte ist vorwiegend eine Geschichte der *universitas, einer Gesellschaft der Professoren und Studenten.* Das ist zweifellos richtig, und die Hauptaufgabe der Universitäten in der Gesellschaft ist es, denen, die sie brauchen und anstreben, einen Zugang zu wissenschaftlicher Bildung zu vermitteln. Und doch wirkt eine Universität immer auch in einer bestimmten Zeit, einer Region und einer Gesellschaft, ihr Wirkungskreis ist immer größer als nur der Raum der Universitätsanstalten. Auch darüber ist viel geschrieben worden. Oft werden die Universitäten als Orte des Kulturaustauschs untersucht (auch die Dorpater Universität)[1] und manchmal werden auch die Beziehungen der Universitäten mit der Staatsmacht erörtert.[2] Der folgende Text konzentriert sich auf einige weniger häufig behandelte Fragen, vor allem auf der Mikroebene.

---

[1] Für dieses Thema gibt es eine sehr umfangreiche Historiographie einzelner Wissenschaftszweige, Personen und Länder. Sehr häufig benutzt ist z.B. Roderich von Engelhardt, Die deutsche Universität Dorpat in ihrer geistesgeschichtlichen Bedeutung. Reval 1933.

[2] Charles E. McLelland, State, Society, and University in Germany 1700-1914. Cambridge University Press, 1980; Villu Tamul, Die Dörptsche Universität - Landes- oder Reichsuniversität? Zum Verhältnis von Deutschbalten, Staat und Universität im 19. Jahrhundert. In: Zur Geschichte der Deutschen in Dorpat. Tartu 2000, S. 87-112; Klaus Meyer, Die Universität im Russischen Reich in der ersten Hälfte des 19. Jahrhunderts. In: Die Universitäten Dorpat/Tartu, Riga und Wilna/Vilnius 1579-1979. Beiträge zu ihrer Geschichte und ihrer Wirkung im Grenzbereich zwischen West und Ost. Hrsg. Gert von Pistohlkors, Toivo U. Raun, Paul Kaegbein, Köln-Wien 1987. Quellen und Studien zur baltischen Geschichte, Bd. 9. S. 37-50.

Mein Ansatz lautet: Was hat man von der in Dorpat einzurichtenden Universität erhofft oder befürchtet, und zwar die Russische Regierung, die Stadt Dorpat und die Einwohner der Ostseeprovinzen? Wie haben sich diese Hoffnungen oder Befürchtungen erfüllt? Welche sozialpolitische Rolle spielte die Universität für verschiedene Schichten der Gesellschaft – für die Adligen, die Literaten, die Handwerker, die Bauern und andere mehr? Dieses Thema wird anhand gedruckter Quellen mit Hinzuziehung ziemlich wenig benutzter, in Dorpat/Tartu und in Riga befindlicher Archivalien behandelt. Das erste Drittel des 19. Jahrhunderts war in den russischen Ostseeprovinzen von den Zeitströmungen Spätaufklärung, Romantik und Livländisches Stilleben geprägt, wobei sich die beiden ersteren in einer besonderen Weise gegenseitig durchdrangen.[3]

Der Begriff "Stilleben" bezeichnet gewöhnlich die 1830er Jahre. Er entstammt den Schriften des Historikers Julius Eckardt als Bezeichnung der Epoche vor der Ulmann-Affäre an der Universität (1842) und der Konversionsbewegung unter den livländischen Bauern (Anfang der 1840er Jahre).[4] Die Universität in Dorpat spielte bei der Herausbildung dieses Stillebens eine bedeutende Rolle. Schon viele Autoren haben bemerkt, dass das Stilleben gar nicht so still war[5], aber in einigen Schichten der Gesellschaft subjektiv so empfunden wurde.

---

[3] Siehe z.B.: Aufklärung in den baltischen Provinzen Russlands: Ideologie und soziale Wirklichkeit. Hrsg. Otto-Heinrich Elias in Verbindung mit Indrek Jürjo, Sirje Kivimäe und Gert von Pistohlkors. Köln 1996.

[4] Julius Eckardt, Die baltischen Provinzen Russlands. Politische und culturgeschichtliche Aufsätze. Leipzig 1869, Nachdruck Hannover-Döhren 1971 S. 398-422.

[5] Zum Beispiel: Gert von Pistohlkors, Ständische, ethnische und nationale Argumentationen von deutschen Balten über Esten und Letten im 19. Jahrhundert. In: Nordost-Archiv. Zeitschrift für Regionalgeschichte. Von regionaler zu nationaler Identität. Beiträge zur Geschichte der Deutschen, Letten und Esten vom 13. bis zum 19. Jahrhundert. Neue Folge. Bd. VII. 1998. H. 1. S. 235-253.

Universität für Russland

Die russische Regierung hat die Universität in Dorpat keineswegs nur aus landesväterlicher Fürsorge oder zur Erfüllung der in den Kapitulationen von 1710 bestätigten Versprechen gegründet. Die Universität war Teil eines komplexen Bildungsprogramms. Im 18. Jahrhundert vermittelten in Russland Hochschulbildung nur die Universität in Moskau (gegründet 1755) und das Akademische Gymnasium an der Akademie der Wissenschaften in St. Petersburg. Es gab außerdem noch einige Spezialhochschulen: geistliche Akademien, medizinische, technische, kriegswissenschaftliche und wirtschaftliche Hochschulen.[6] Für ein so großes Staatswesen war das natürlich zu wenig. Ernsthafte Pläne zur Gründung neuer Universitäten entstanden unter der Regierung Katharinas II. Aber tatsächlich wurden nur die Haupt- und Normalvolksschulen in den Städten eingerichtet, so auch während der Statthalterschaftszeit in Est- und Livland.[7] Obwohl diese Maßnahmen ziemlich beschränkt blieben, sind sie doch als der erste und wesentliche Schritt zur Verstaatlichung des Bildungswesens zu betrachten. Es versteht sich, dass die Französische Revolution nicht zu neuen Schritten ermutigte. Die Volksbildung auf dem Lande (wo ja die meiste Bevölkerung lebte) blieb jedenfalls noch lange unter Kontrolle der evangelisch-lutherischen Kirche und der Ritterschaften.

---

[6] S. z.B. Janet M. Hartley, Social History of the Russian Empire 1650-1825. London, New-York 1999. Chapter 6: Education and welfare. S. 125-149.

[7] Die meisten Normalvolksschulen wurden später zu Elementarschulen und die Hauptvolksschulen zu Kreisschulen reorganisiert. Wie die Statthalterschaftszeit die Leistungsfähigkeit der Gesellschaft gehoben hat, dazu Otto-Heinrich Elias, Aufklärungsbedingte Wandlungen des wirtschaftlichen Denkens in Estland. In: Nordost-Archiv. Neue Folge, Band VII, 1998, H. 1. S. 195-218.

Die akademische Bildung wurde im 18. Jahrhundert in der Regel aus Deutschland „importiert". Dazu gab es verschiedene Methoden: Einmal die Einwanderung ausgebildeter Menschen, zum zweiten der Besuch ausländischer Universitäten (meistens der Est-, Liv- und Kurländer, aber auch einiger Russen).[8] Kaiser Paul I. (1754-1801, Kaiser 1796-1801) erließ 1798 einen Ukas, durch welchen Studien im Ausland verboten und die Studenten zurück nach Russland befohlen wurden. Paul wollte einen Damm gegen den westeuropäischen Geist des Umsturzes in soziologischer und konfessioneller Hinsicht errichten: Eine Adelsuniversität mit protestantischem Charakter erschien ihm dafür am geeignetsten.[9] So konnte nun das ritterschaftliche Kuratorium mit den Vorbereitungen beginnen, und nach einigen Streitigkeiten über den Standort und anderes mehr wurde am 21. April 1802 in Dorpat feierlich die zweite Universität in Russland als eine ritterschaftliche Institution eröffnet.[10]

Nunmehr regierte bereits Kaiser Alexander I. (1777-1825, Kaiser 1801-1825); dieser hatte jedoch mit den Universitäten seine eigenen Pläne. So wie er in seiner Thronantrittsrede im Geiste seiner Großmutter zu regieren versprach, so sah er auch im Bildungswesen eine Regierungsaufgabe. Der Dorpater Gründungsrektor Georg Friedrich Parrot (1767-1852) erwirkte im Dezember 1802 eine kaiserliche Umgründungsakte, durch welche die Universität aus einem ständischen Institut in eine

---

[8] Für Dorpat: Arvo Tering, Gelehrte Kreise: Dorpater Kontakte mit Deutschland im 18. Jahrhundert. In: Zur Geschichte der Deutschen in Dorpat. Hrsg. Von Helmut Piirimäe und Claus Sommerhage, Tartu 1998, S. 62-84. Russen in Göttingen: Archiv brat'ev Turgenevyh. Vyp. 2. Pis'ma I dnevniki Aleksandra Ivanovicha Turgeneva Gettingenskogo perioda (1802-04) I pis'ma ego k A. S. Kajssarovu I brat'jam v Gettingen 1805-1811. Pod. Red. V. M. Istrina.

[9] Michael Garleff, Dorpat als Universität der Baltischen Provinzen im 19. Jahrhundert. In: Die Universitäten Dorpat/Tartu, Riga und Wilna/Vilnius 1579-1979 (wie Anm. 2) S. 145.

[10] Siehe auch Villu Tamul (wie Anm. 2) S. 87-112.

staatliche Anstalt mit reichlicher finanzieller Ausstattung, Selbstverwaltung und Zensurfreiheit des Lehrkörpers umgewandelt wurde. Gewöhnlich werden in dieser Sache die Verdienste Parrots hervorgehoben, aber sein Vorhaben wäre ihm nicht gelungen, hätte nicht der Kaiser ähnliche Pläne gehabt. Die Verdrängung des ritterschaftlichen Kuratoriums ist in zweifacher Hinsicht wichtig. Gewiss waren das Männer, die es mit der Universität gut meinten.[11] Parrot aber wollte die Universität zur Fürsprecherin sozialer Reformen machen; der erste Geschichtsprofessor Georg Friedrich Pöschmann (1768-1812) betonte darüber hinaus die Chance, sie zu einem Kommunikationszentrum zu entwickeln, in dem westeuropäische Erkenntnisse und Erfahrungen mit dem russischen Geistesleben vermittelt werden konnten.[12]

Der junge Kaiser war davon überzeugt, dass die Regierung auf allen Ebenen in das Bildungswesen eingreifen müsse. 1802 wurde das Ministerium für Volksaufklärung gegründet, 1804 wurden Lehrbezirke mit jeweils einer Universität an der Spitze eingeführt. Die Universität sollte das regionale Zentrum für Lehr-, Wissenschafts- und Verwaltungsarbeit, bis 1826 auch der Zensur, sein. Die Grundlage der Tätigkeit war das allgemeine Statut der Universitäten von 1804, das in gleicher Weise in Moskau, Kasan und Charkov galt. In den Grundzügen handelte es sich um das deutsche Universitätsmodell: Es gab einen aus Professoren bestehenden Konseil und eine professorale Selbstverwaltung, ferner wählbare Dekane und Rektoren. Der Konseil hatte das Recht der Professorenberufung und der Bestätigung der Lehrpläne. Die Fakultäten erteilten die wissen-

---

[11] Mit neuer Bewertung der archivalischen Quellen hat Marju Luts darüber geschrieben: Vaimude veerandtund rüütelkondade kuratooriumiga [Eine Viertelstunde der Geister mit dem ritterschaftlichen Kuratorium]. In: Ajalooline Ajakiri. 2002. 1/2. S. 11-32.
[12] M. Garleff, (wie Anm. 9) S. 146. Die estnische Zeitschrift "Akadeemia" (Nr. 12, 2002) hat zum 200jährigen Jubiläum der Kaiserlichen Universität die Festreden auf estnisch veröffentlicht.

schaftliche Grade. Zu den Universitäten sollte eine Reihe von Instituten – physikalische, mineralogische, astronomische und ein Münzkabinett, ein Botanischer Garten, eine Druckerei, eine Bibliothek, ferner Anstalten für Zeichnen, Tanzen, Reiten und Fechten gehören. Die für deutsche Universitäten charakteristische Lehrfreiheit entfiel, weil es an Professoren fehlte, die Hörfreiheit, weil man den Studenten nicht vertraute.[13] Die Bildung qualifizierter Staatsdiener war und blieb die erste und wichtigste Aufgabe der Universität in Russland überhaupt. Die akademischen Grade und Ämter wurden mit der Rangtabelle verknüpft.[14]

Der Anteil der Kronsstipendiaten unter den Studenten war in Dorpat übrigens kleiner als an den anderen russischen Universitäten. Zum Beispiel genossen in Kasan die meisten Studenten Kronsstipendien, weil die Eltern ihre Söhne andernfalls nicht auf die Universität geschickt hätten. Sie lebten auf Staatskosten in der Nähe der Universität, hatten einen festen Lehrplan und sollten nach dem Examen mindestens sechs Jahre im Staatsdienst bleiben. In Dorpat sah es freilich etwas anders aus. In den baltischen Provinzen wollten viele junge Leute studieren, und ihre Eltern hatten auch im 18. Jahrhundert die Kosten, um ihre Söhne in Deutschland studieren zu lassen, nicht als zu hoch angesehen. In Dorpat war das Studium immerhin viel günstiger. Allerdings gab es auch hier Kronsstipendien und Kronsstipendiaten, vor allem für die Ausbildung von Lehrern und Ärzten. Es gab immer mehr Bedürftige als Mittel. Der verdienstvolle Rektor Johann Philipp Gustav Ewers (1779-1830) meinte: „Die 10.000 Rubel, welche die Krone jährlich zu Stipendien bestimmt hat, reichen nicht, um alle zu unterstützen."[15] Als Ausländer im russischen Dienst hat gerade Ewers sehr gut

---

[13] L. Leppik, Rektor Ewers. Tartu 2001, S. 130.
[14] Klaus Meyer, Die Universität im Russischen Reich (wie Anm. 2) S. 50.
[15] Ewers an Karl Gottlob Sonntag 08.08.1819. In: Lea Leppik, Rektor Ewers (wie Anm 2) S. 256.

verstanden, dass die Universität von der Regierung nur dann Förderung verlangen kann, wenn sie selbst etwas zu geben hat. Auf dieser Basis entstanden viele großzügige Projekte, die auch wirklich von der Regierung reichlich finanziert wurden, zum Beispiel in der Form von zusätzlichen Kronsstipendien. Ab 1819 stellte man der Universität jährlich 40 Stipendien für die Ausbildung der Mediziner zur Verfügung. Diese studierten vier Jahre (jedes Jahr konnten zehn neue Studenten das Studium aufnehmen), und die Absolventen mussten mindestens sechs Jahre im Staatsdienst verbleiben.[16] Am 13. Januar 1828 wurde das frühere Theologische Seminar zum „Theologischen Seminar zur Bildung von Predigern für die evangelische Pfarren in den südlichen Kolonien und im Innern von Russland" umgewidmet. Die Universität bekam dafür zwölf Stipendien jährlich. Die Absolventen waren verpflichtet, vier Jahre nach Studienabschluss in den (meistens deutschen) Kolonien in Südrussland oder auf polnischem Territorium zu arbeiten.[17] Dank dieses Seminars hatten die evangelischen Pfarren in ganz Russland ein starkes Einheitsgefühl: Die meisten Pfarrer waren ja Kommilitonen. In Dorpat studierten nicht nur Lutheraner, sondern auch Reformierte, die nicht alle die Mittel für ein Studium im Ausland besaßen. Seit 1823 gab es für die vom Litauischen Synod zugelassenen reformierten Gemeinden in Dorpat sechs von der Krone finanzierte Freistellen.[18] Einerseits erfüllte die Universität auf diese Weise ihre Pflicht gegenüber der Regierung (Staatsdiener auszubilden), andererseits ermöglichten die

---

[16] E. Käer-Kingisepp, Tartu Ülikooli arstiteaduskonna kroonustipendiaatide instituut (asutatud aastal 1819). In: Tartu ülikooli ajaloo küsimusi. III. Tartu 1975. S. 90-98.
[17] Usuteaduslik seminar. In: Haridusinstitutsioonid Eestis keskajast kuni 1917. aastani. Hrsg. A. Liim. Tartu 1999. S. 246-248.
[18] Erik Amburger, Die Universität Dorpat und Osteuropa 1802-1889. In: Die Universitäten Dorpat/Tartu, Riga und Wilna/Vilnius 1579-1979. (wie Anm. 2) S. 169.

staatlichen Stipendien begabten, aber armen Studenten das Studium.

Eine besondere Stellung nahm das sogenannte Professoreninstitut (1828-38) ein. Die Verwaltung des Ministers der Volksaufklärung und geistliche Angelegenheiten, des Obskuranten Fürst Aleksander Golizyn (1773-1844, Minister 1816-24), hatte die russischen Universitäten völlig ruiniert, nur Dorpat hat nicht nur glücklich überlebt, sondern war in dieser Zeit sogar aufgeblüht. Als am Anfang der Regierungszeit von Nikolai I. (1796-1855, Zar 1825-1855) die russische Regierung nach Möglichkeiten suchte, um den russischen Universitäten aus ihrer katastrophalen Lage herauszuhelfen, fand sie in Dorpat eine ausgezeichnete deutsche Universität auf russischem Boden vor. Begabte junge Russen wurden nunmehr nach Dorpat geschickt, damit sie hier zusammen mit den dortigen Studenten Vorlesungen anhörten. Der Anteil dieses Instituts an den russisch-deutschen Wissenschaftskontakten und an der Verbesserung der russischen Hochschulbildung steht außer Zweifel.[19] Doch muss hier hinzugefügt werden, dass die Idee nicht nur, wie meist angenommen wird, von Parrot ausging, sondern dass sie schon früher Schritt für Schritt ausgearbeitet worden war. Bereits in den Jahren 1823 bis 1828 studierten in Dorpat fünf Jünglinge aus dem Kaiserlichen Erziehungshaus, die ebenfalls persönliche Tutoren und Programme hatten und die zweimal im Jahr geprüft wurden. Die dabei erworbene Erfahrung wurde später bei Ausarbeitung der Lehrpläne des Professoreninstituts benutzt.[20] Übrigens: zwei von diesen fünf sind später auch Professoren geworden.

---

[19] Villu Tamul, Das Professoreninstitut und der Anteil der Universität Dorpat/Tartu an den russisch-deutschen Wissenschaftskontakten im ersten Drittel des 19. Jahrhunderts. In: Zeitschrift für Ostforschung 1992, H. 4. Jg. 29, S. 525-542.

[20] Julius Madisson, Molodoj Kutorga (k voprosu o vozniknovenii russkoj istoricheskoj nauki). In: Uchenye Zapiski Tartuskogo Gosudarstvennogo Universiteta. 43. Tartu 1956.

Die wissenschaftlichen Interessen der Dorpater Professoren waren im ersten Drittel des 19. Jahrhunderts aufklärerisch vielseitig. Dorpater Gelehrte nahmen großen Anteil an der naturwissenschaftlichen und geographischen Erforschung des ganzen russischen Imperiums und noch weiterer Länder (zum Beispiel an den Weltumseglungen[21]). Die Entstehung der historischen Rechtsschule Russlands an der Universität Dorpat (Johann Neumann, Gustav Ewers, Alexander Magnus von Reutz, Ewald Tobien) ist als eine Weiterentwicklung der deutschen Russlandforschung des 18. Jahrhunderts zu betrachten.[22] Die Ideen und Bücher der Dorpater Professoren waren im Ausland und in Russland gut bekannt, sie wurden in Zeitschriften diskutiert, aktuelle Themen wurden in den studentischen Arbeiten behandelt; schließlich darf man auch die persönlichen Beziehungen nicht vergessen. Rektor Ewers hatte noch weitergehende Pläne: Er wollte eine slawische Bibliothek gründen und aus Dorpat ein Zentrum für die rechts- und sprachgeschichtliche Forschung aller slawischen Länder machen. Im Jahre 1828 nahm sich das gar nicht utopisch aus, erst der Generationenwechsel der 1830er Jahre brachte auch eine Umwälzung der wissenschaftlichen Interessen mit sich.[23] Nach Ewers' Tod 1830 wollte die neue Generation – meist einheimische, aus den Ostseeprovinzen stammende Professoren – von diesen Zielen

---

[21] Von einem fortwährenden Interesse zeugen die Neudrucke und Übersetzungen der Reiseberichte: Reise um die Welt: Erlebnisse und Bordbuchnotizen des Kommandanten der Expeditionsschiffe „Nadeshda" und „Newa" bei der ersten Weltumseglung unter russischer Flagge in den Jahren 1803 bis 1806. In: Adam Johann von Krusenstern, ausgew., bearb. u. hrsg. von Christel u. Helmuth Pelzer, mit einem Nachw. von Helmuth Pelzer. Leipzig, 1985. (Klassische Reisen); Otto von Kotzebue, Reis ümber maailma aastail 1823-1826; saksa keelest tõlkinud Ü. Kurvits. Tallinn 1978.
[22] Peeter Järvelaid, Lea Leppik, Olev Teder, Die historische Rechtsschule Russlands und Professor Neumann. In: Steinbrücke. Jg. 1. 1998, S. 199-218.
[23] L. Leppik, Rektor Ewers (wie Anm. 13) S. 150-151.

nichts mehr wissen. Um 1835 wurden an anderen russischen Universitäten Lehrstühle für Slawistik eingerichtet, nicht aber in Dorpat. Allerdings haben die Professoren Alexander Magnus von Reutz (1799-1862)[24] und Ewald Tobien (1811-1860)[25] Themen russischer und slawischer Rechtsgeschichte weiter mit Erfolg bearbeitet. Auch an hervorragenden Slawisten hat es hier niemals gefehlt.

Es war ein ganz natürlicher Prozess, dass die ausländischen Professoren nach und nach durch einheimische (meistens Zöglinge der eigenen Universität) ersetzt wurden und dass diese ihre wissenschaftlichen Interessen von der weiten Welt oder dem gesamten Russischen Reich auf die baltischen Provinzen eingeschränkt haben. Ebenso natürlich war es, dass in den ersten Jahrzehnten der Universität die ausländischen Professoren maßgebend waren. Es ist bezeichnend, das diese weltoffener und regierungsfreundlicher waren als die einheimischen. Rektor Ewers, der ja selbst Ausländer war, hat sich in manchen Briefen so geäußert, "die Inländer genügen hierhin selten. [...] es fällt sehr schwer, deutsche Gelehrte von einigem Rufe für unsere Universität zu gewinnen, und es müssen bei ihrer Erwählung so vielfältige Rücksichten genommen werden, dass der darin Eingeweihte sich über endliche Besetzung der Vakanzen mehr zu verwundern hat als über deren lange Dauer."[26]

Ihre wissenschaftliche Blüte im ersten Drittel des 19. Jahrhunderts verdankt die Universität ihrem langjährigen Rektor. Dieser ging bei seiner Tätigkeit davon aus, dass er als ein

---

[24] Lea Leppik, Peeter Järvelaid, Aleksander Magnus Fromhold v. Reutz, Tartu ülikooli vene õiguse professor ja Liivimaa aadlik (Professor des russischen Rechts und Livländischer Adliger). In: Ajalooline Ajakiri. 1998. 3 (102). S. 31-42.

[25] Lea Leppik, Ewald Tobien, Vene Õiguse kaudu eestlaste ajaloo juurde (Über Russkaja Prawda zur Geschichte der Esten). In: Ajalooline Ajakiri. 1999. 2 (105). S. 49-56.

[26] Ewers an K. G. Sonntag 03.02.1824. In: Rektor Ewers (wie Anm. 13) S. 266.

deutscher Wissenschaftler im russischen Staatsdienst diesen Standard hier einzubürgern habe. Er glaubte an die deutsche Wissenschaft. Die Gestaltung der Universität Dorpat als eine deutsche Universität war sein Lebenswerk. Dank der diplomatischen Fähigkeiten des Rektors hat die Universität trotz der reaktionären Bildungspolitik der russischen Regierung in den 1820er Jahren ihre Privilegien bewahrt und als ernst zu nehmende Forschungsanstalt erfolgreich gearbeitet. Das war kein Geschenk des Schicksals, sondern das Ergebnis kluger Leitung und rastloser Arbeit. Da die Lehrkräfte meistens aus Deutschland kamen, spielte sie eine zunehmende Rolle als Vermittlerin der deutschen wissenschaftlichen Ideen und Schulen im russischen Imperium. Es gab auch einige wechselseitige Strömungen, die leider sehr wenig erforscht sind. Die aus Deutschland stammenden Professoren haben ihre Forschungsergebnisse nicht selten in Deutschland veröffentlicht. Man darf auch den persönlichen Briefwechsel als Medium der Verbindung nicht unterschätzen. Im ersten Drittel des 19. Jahrhunderts funktionierte die aufklärerische europäische Gelehrtenrepublik ohne Zweifel noch immer und die Dorpater Professoren gehörten wie selbstverständlich dazu.[27]

Durch die Schulkommission und das Zensurkomitee war die Universität mit dem Staatsapparat verbunden. Dadurch hat sie großen Einfluss auf das kulturelle Leben in Livland, Estland, Kurland und bis 1811 auch in Finnland gehabt. Man darf diesen Bereich wohl auch nicht überschätzen; für die Volksaufklärung blieben ja vor allem die Kirche und die adligen Gutsbesitzer zuständig. Der Schulkommission waren direkt nur die Gymnasien und die Kreisschulen in den Städten unterstellt. Die Schulaufsicht wurde der Universität durch die Aufhebung der Schulkommission 1837 ganz genommen (ersetzt durch den

---

[27] Lea Leppik, Ein deutscher Professor im russischen Reich. Über Leben und Werk des Historikers Gustav Ewers. In: Zur Geschichte der Deutschen in Dorpat (wie Anm. 8) S. 135.

Konseil des Kurators), die Zensur schon früher, und zwar durch die Einrichtung eines besonderen Zensurkomitees im Jahre 1826 (damals mit Rektor Ewers an der Spitze). Übrigens haben die Universitätsprofessoren auch später noch das Zensorenamt bekleidet, obwohl die Zensur nicht mehr offiziell zu den Aufgaben der Universität gehörte.

Eine Schaltstelle zwischen der Universität und der Staatsmacht war der Kurator. So war das ganze Bildungssystem direkt der Regierung unterstellt und ziemlich unabhängig von der Provinzialverwaltung. Seit Anfang des 19. Jahrhunderts waren die drei Ostseeprovinzen unter der Verwaltung eines Generalgouverneurs vereinigt. Dem ehrgeizigen Generalgouverneur Marquis Philippo Paulucci (1779-1849, Generalgouverneur von Liv-, Est- und Kurland 1819-1829) missfiel es sehr, dass er als Ziviloberbefehlshaber der drei Provinzen im Bildungswesen nicht mitreden konnte. Er schlug deshalb vor, das Kuratorenamt mit dem des Generalgouverneurs zu vereinigen. Er selbst erreichte das zwar noch nicht, aber der Kurator Carl Magnus von der Pahlen (1779-1863)[28] wurde als Pauluccis Nachfolger 1830 auch zum Generalgouverneur ernannt. Die Verbindung des Kuratorenamts mit dem des Generalgouverneurs der Ostseeprovinzen kann als ein misslungenes staatsrechtliches Experiment betrachtet werden. Der Generalgouverneur war viel zu beschäftigt, um sich auch noch um die Universität zu kümmern. Eine gewisse Rolle spielten vielleicht auch die jeweiligen Persönlichkeiten. Der Historiker August Buchholz charakterisierte Pahlen folgendermaßen: "ein gut deutsch und protestantisch gesinnter, aber seinem Amte nur wenig gewachsener

---

[28] Villu Tamul hat über ihn publiziert und bezeichnet Karl Lieven als Kurator 1818-1835, was aber nicht zutrifft. Karl Lieven (1767-1844) war Kurator 1817-1828, danach Minister der Volksaufklärung 1828-1833, C. M. v.d. Pahlen war Kurator 1828-1835.

Mann".[29] So ist an der Zeit des Pahlenschen Kuratoriums nichts zu loben und nichts zu tadeln. Die Beseitigung der Schulkommission fällt in die Zeit nach seinem Kuratorium; die Provinzialbehörden hatten schon vorher die Schulaufsicht der Universitätsprofessoren als eine nutzlose Sinekure betrachtet - das war also ein Sieg der Provinzverwaltung über die Zentralverwaltung.

Mit dem Wechsel des Ministers der Volksaufklärung verlor auch Pahlen seinen Kuratorenposten. Obwohl er selbst den Eindruck vermittelte, als ob er freiwillig abginge, zeigen die Quellen doch, dass er entlassen wurde und erst hinterher um seine Demissionierung bat.[30] Das gemeinsame Generalgouvernement war allerdings ein wesentlicher Entwicklungsfaktor der baltischen Provinzen, es prägte die gemeinsamen Züge der drei Provinzen: evangelische Kirche, deutsche Sprache und deutsches Recht, ähnliche soziale Strukturen und Kultur der Elite.[31] Die Grenzen des Generalgouvernements fielen (in großen Zügen, es gab zeitweilige Abweichungen) mit denen des Lehrbezirks zusammen. Diese Tatsache macht die gegenseitige Wechselwirkung zur Konsolidierung der Ostseeprovinzen noch deutlicher.

Universität für die Ostseeprovinzen

Die baltischen Ritterschaften und Stadtbürger träumten von der Bildung ihrer Söhne zu Hause, das heißt in Livland. Nachdem Paul I. das Studieren im Ausland verboten hatte, erklärten die Ritterschaften sich bereit, die Unterhaltungskosten einer Uni-

---

[29] A. Buchholz, Fünfzig Jahre Russischer Verwaltung in den Baltischen Provinzen. Leipzig 1883, S. 21.
[30] Pahlen an Minister Uvarov den 12. Dezember 1835. Lettisches Staatliches Historisches Archiv. Riga (LVVA), Fond 766: Pahlenu dzimtas arhivs. Verz. 1, Akte 5, Nr. 8.
[31] Edward C. Thaden, Russias Western Borderlands 1710-1870. Princeton University Press 1984 (New-Yersey), S. 97-98.

versität zu übernehmen. Die Vorbereitungen für die Eröffnung der Universität wurden ja auch von dem Ritterschaftlichen Kuratorium getroffen. Die Finanzierung der Universität aus der Staatskasse war gewiss einfacher und bequemer als eine Bewirtschaftung von Universitätsgütern oder die Einsammlung patriotischer Beiträge des Adels und der Bürger. Schon während der Vorbereitungen zur Eröffnung der Universität zeigte sich eine verborgene Gefahr: Als die geplante Universität aus Mitau nach Dorpat verlegt wurde, traten die Vertreter der Kurländischen Ritterschaft aus dem Kuratorium aus, wobei sie natürlich auch ihre finanziellen Beiträge abzogen. Im russischen Imperium wurde zum Beispiel die Charkovsche Universität das ganze 19. Jahrhundert hindurch nur von den patriotischen Beiträgen der Bürger und des Adels unterhalten. Ihre materielle Lage war deshalb meistens nicht gut. In Dorpat bezahlte die russische Regierung die Professoren und andere Unterhaltskosten, und manchmal bekam die Universität zusätzliche Summen für gewisse Projekte, wovon schon oben die Rede war. Für Professoren, die sich ja besser auf ihre Wissenschaft als auf Finanzverwaltung verstanden, war das viel besser. Als Gegenleistung verlangte die Regierung, dass die Professoren sich nicht in die Politik einmischten. Der Hintergrund eines jeden Kandidaten auf einen Lehrstuhl wurde schon vor Berufung gründlich untersucht, und manchmal mussten die Professoren ausdrücklich versprechen, dass sie künftig gewisse politische Fragen weder wörtlich noch schriftlich behandeln würden.[32]

Die Universität Dorpat unterschied sich nach vielen Merkmalen, die fast alle vom regionalen Nutzen ausgingen, von anderen russischen Universitäten. Zuerst sind die deutsche Unterrichtssprache und die protestantische theologische Fakul-

---

[32] Auch Gustav Ewers, der ja vor seiner Berufung an die Universität Dorpat als Publizist ziemlich bekannt gewesen war, hat dem Kurator Friedrich Maximilian Klinger sein Wort geben müssen, über die Bauernfrage nichts mehr öffentlich zu sagen oder zu schreiben.

tät zu erwähnen (die russischen Universitäten hatten überhaupt keine theologischen Fakultäten, weil es ein altes System der geistlichen Akademien gab), weiter die Lehrstühle für die Provinzialrechte (nämlich Liv-, Est- und Kurlands, ab 1820 gab es dann einen gemeinsamen Lehrstuhl für Provinzialrecht), schließlich kriegswissenschaftliche (bis 1830)[33] und landwirtschaftliche Lehrstühle. So ist in Dorpat wirklich eine *Kaiserliche Landesuniversität für die Ostseeprovinzen* entstanden.[34] Der Durchbruch der Inländer in der Professorenschaft der Universität setzte in den 1830er Jahren ein. Es bestand ja ein natürliches Interesse, die Lehrstühle allmählich mit eigenen Zöglingen zu besetzen. Das brachte freilich eine bedeutende Veränderung der wissenschaftlichen Interessen und Forschungsgebiete mit sich. Dafür ist sehr bezeichnend, dass die von neun Professoren und dem Universitätssyndikus herausgegebene, auf das Kulturleben des ganzen Imperiums orientierte Zeitschrift „Dorpater Jahrbücher für Literatur, Statistik und Kunst, besonders Russlands"[35] 1836 eingestellt und durch Professor Bunges „Das Inland"[36] ersetzt wurde. Dieses Organ beschränkte sich ausdrücklich nur auf die Geschichte und Gegenwart der Ostseeprovinzen. Die bedeutende Rolle der Universität für die Ausbildung des baltischen Literatenstandes kann kaum über-

---

[33] Neueste Behandlung: Tõnu Tannberg, Sõjateaduse õpetamisest Tartu ülikoolis aastatel 1802-1830. In: Ajalooline Ajakiri. 2002. 1/2 (116/117). S. 33-48.

[34] Marju Luts, Keiserlik Landesuniversität Läänemereprovintsidele. Tartu ülikooli õigusteaduskonna struktuur 19. sajandi alguses. In: Ajalooline Ajakiri. 1998. 3 (102). S. 43-53.

[35] Dorpater Jahrbücher für Literatur, Statistik und Kunst, besonders Russlands. Hrsg. Prof. Dr. K. L. Blum, Univ.-Syndicus Borg, Prof. Dr. F. G. Bunge, Prof. Dr. E. Friedlaender, Prof. Dr. Goebel, Prof. Dr. Kruse, Prof. Dr. Neue, Prof. Dr. Rathke, Prof. Dr. W. Struve, Prof. Dr. J. Walter. Riga/Dorpat 1833-1836.

[36] Das Inland. Eine Wochenschrift für Liv-, Esth- und Curländische Geschichte, Geographie, Statistik und Litteratur. Hrsg. u. Red. Dr. F. G. v. Bunge (erschien 1836-1863).

schätzt werden. Dieser Literatenstand ist eine ganz eigentümliche Erscheinung, weil es in nur sehr wenigen Ländern etwas Ähnliches gegeben hat. Zu den Literaten gehörte jedermann, der eine Universität oder gleichrangige Hochschule besucht hatte, sofern er nicht einer der baltischen Ritterschaften angehörte. Die Grenzen dieses Standes sind freilich immer fließend gewesen. Die volle Entwicklung erreichte er in Kurland im 18. Jahrhundert[37], in Livland und Estland erst im 19. Jahrhundert, als in den meisten europäischen Ländern ständische Kriterien bereits eine abnehmende Rolle spielten.[38] Die Wurzeln des Literatenstandes sind im tiefen Mittelalter zu suchen. *Literatus* war im Mittelalter einer, der in der lateinischen Sprache lesen und schreiben gelernt hatte. Der gelehrte Stand entstand als eine Folge der Universitätengründungen und der Rezeption des Römischen Rechts. Die Immunitäten der römischen Staatsbeamten wurden auf die Universitätslehrer - *literata militia* - ausgedehnt. Ein Doktorgrad war dem Adelsdiplom gleichgestellt, aber auch für den jüngsten Studenten musste gelten, „dass er frei ist von Steuern und Abgaben, dass sein Vermögen nicht gepfändet werden kann, dass er nicht gefoltert werden darf, dass er juristisch nur dem Bischof, dem Universitätsgericht oder dem Landesherrn untersteht, dass er direkt an den Kaiser appellieren darf, und so fort – kurz – die Privilegien der Professoren gelten auch für die Studenten". Die Zugehörigkeit zu einer Korporation und nicht die Leistung bestimmte ihren gesellschaftlichen Status.[39] In einigen Staaten konnte die Erlangung einer gelehrten Würde die Nobilitierung nach sich ziehen. In Königsberg zum Beispiel wurde jeder Magister der Philosophie

---

[37] Heinrich Bosse, Die Einkünfte kurländischer Literaten am Ende des 18. Jahrhunderts. In: Zeitschrift für Ostforschung 35 Jg. 1986. H. 4. S. 516-594.

[38] Wilhelm Lenz, Baltischer Literatenstand. Marburg 1950.

[39] Heinrich Bosse, (wie Anm. 37) S. 522. Zitiert wurde Horatius Lucius, Tractatus De privilegiis scholarium. Padua 1594. S. 20.

zugleich zum polnischen Edelmann promoviert – ein Geschenk von Sigismund II. August, das noch zu Kants Zeiten zitiert wurde, auch wenn es nicht mehr galt. Auf die Dauer konnte der Lehrstand zwar mit dem Wehrstand nicht erfolgreich konkurrieren, wohl aber sich vom Nährstand distanzieren.[40]

Als die Universität Dorpat anlässlich ihrer Gründung die gerichtliche Autonomie und der Lehrkörper (zusammen mit Familienangehörigen und Dienstboten) die Privilegien des Adels (Steuerfreiheit, keine körperliche Strafe, kein Militärdienst, dazu noch die Zensurfreiheit) erhielt, hat man vielleicht nicht die Einrichtung eines neuen Standes beabsichtigt. Es bleibt fraglich, ob in der Aufnahme dieser Privilegien in die Statuten der Universität das Beispiel von Kurland eine Rolle spielte, wo ja bereits im 18. Jahrhundert alle *literati* das humanistische Traumziel der Steuer- und Abgabenfreiheit erreicht hatten.[41] Bei der Ausdehnung der Kopfsteuer im Jahre 1783 auf Est- und Livland stellte die russische Regierung durch Senatsukas vom 23. August 1783[42] die Literaten auch davon frei, ohne genau zu bestimmen, wer ein Literat wäre, es wurde nur gesagt „"alle Gelehrten, nämlich Doktoren, Aerzte, Lehrer u. a.".

Es ist bemerkenswert, dass die Sonderstellung der Literaten in der Gesellschaft lange Zeit gesetzlich nur halbgeregelt blieb. Wer die Universität mit Examen absolvierte, erhielt den Status des graduierten Studenten, wurde in die unterste Stufe der Rangtabelle aufgenommen und war damit steuerfrei. Aber am Anfang des 19. Jahrhunderts haben noch ziemlich wenige Studenten Prüfungen abgelegt, diese wurden ja nur von den Kronsstipendiaten verlangt. In der Gesellschaft galten alle trotzdem als Literaten mit allen entsprechenden Privilegien. Erst 1832 wurde die Sonderstellung der Literaten auch gesetzlich geregelt durch die Einführung des Ehrenbürgerstandes,

---

[40] Ebenda S. 524.
[41] Ebenda S. 529.
[42] Polnoe Sobranie Zakonov I. Nr. 15820.

dessen Glieder von der Kronskopfsteuer, der Rekrutenpflicht und der Körperstrafe befreit waren. Mit dem evangelischen Kirchengesetz von 1832 erhielt die Geistlichkeit alle Rechte des persönlichen Adels.[43]

Problematisch waren die Kinder der Literaten. 1849 hat Professor Ewald Tobien ein „Demandiertes Gutachten über die Rechtsverhältnisse der Kinder der Literaten und Exemten, nach erreichter Volljährigkeit" für den Livländischen Kameralhof geschrieben und nach gründlichem historischen Überblick den Vorschlag gemacht, in Rücksicht „1) auf die Unbestimmtheit des Begriffes der Literaten, sowohl nach dem Provinzialrechte der Ostseegouvernements, als auch nach dem Ukas vom 19. Okt. 1831 und 2) in Rücksicht darauf, dass die Rechte der Kinder der übrigen, persönlich steuerfreien Personen, oder der sogenannten Exemten überhaupt, in Betreff der vorschriftsmäßigen Wahl eines Standes nach erreichter Volljährigkeit einer näheren Bestimmung bedürfen, unvorgreiflich den Antrag zustellen: „dass in Grundlage der allerhöchstbestätigten Meinung des Reichsrathes vom 27. Januar 1847 ganz im allgemeinen ausgesprochen werde, dass alle Personen ohne Ausnahme, welche gesetzlich verpflichtet sind, nach erreichter Volljährigkeit eine Stand zu erwählen, als hiervon entbunden zu erachten seien, so lange als sie als ‚Zöglinge' einer solchen Lehranstalt des Reiches angehören, die nach Beendigung des Lehrcursus Prärogative zu erteilen das Recht hat, welche zugleich von der Verpflichtung zum Eintritt in einen steuerpflichtigen Stand entbinden, steuerpflichtigen Personen aber das Recht auf Ausschließung aus dem Kopfsteuer-Oklad verleihet."[44] Diesem Vorschlag, die Kinder der Literaten schon während des Studiums von der Kopfsteuer zu befreien, lag die alte Vorstellung von der korporativen Zusammengehörigkeit aller Studierten

---

[43] W. Lenz, (wie Anm. 38) S. 22.
[44] Ewald Tobien, Die Standesverhältnisse studierender Kinder von Literaten. Estnisches Historisches Archiv Tartu (EHA), 402-7-91. Bl. 11.

zugrunde, die mit der steuerrechtlichen Stellung dieser Personen im russischen Staat nicht übereinstimmte.

Die Entstehung eines neuen Standes hat der spätere Rektor Ewers vorausgesehen, wenn er sich 1816 im Universitätskonseil für die Autonomie der Universität einsetzte: „In allen europäischen Staaten [...] ist die Bildung von den Universitäten ausgegangen. Ihre Wirkung ist immer gestiegen, wenn sie eine neue politische Korporation bildeten, welche sich anderen durch Geistigkeit und Wissen entgegensetzte. [...] Eigene Jurisdiktion ist kein Privileg, sondern eine Vorbedingung für ihre nützliche Wirkung." Im Jahre 1827 – 25 Jahre nach der Gründung der Universität – hat der Rektor gesagt: „Die Anstalt glich einer zarten Pflanze, die unter fremdem Himmelsstriche, auf wenig vorbereitetem Boden nicht schnell gedeihen konnte, sondern mannigfaltige Versuche erheischte, um sich zu acclimatisieren."[45] Für Ewers war die Autonomie ein Mittel zur Selbstverteidigung. Vermutlich hat er zwar nicht einen derartigen Literatenstand gemeint, die Autonomie der Universität war aber eine wesentliche Vorbedingung für die Entwicklung des baltischen Literatenstandes. In den ersten 25 Jahren haben nur 620 Studenten dem Erbadel, 350 dem geistlichen Stande, 1.400 dem bürgerlichen und 24 dem bäuerlichen Stande angehört. Obwohl, wie schon gesagt, die Standesverhältnisse der Literaten überhaupt nicht genau bestimmt waren, galt nach alter Tradition jeder, der eine Universität besucht hatte, als Literat.

Die Gründung der Universität in Dorpat hat junge Männer aus drei Provinzen zusammengebracht. Anfangs haben die Kurländer wie früher an deutschen Universitäten weiterstudiert (Königsberg lag oft näher als Dorpat), aber ihre Zahl nahm beständig ab. Mehr und mehr Kurländer kamen nach Dorpat. Die drei Provinzen führten – obwohl in Dorpat fraglos viele persönliche Freundschaften geschlossen wurden – immer noch ihr Sonderdasein. Nach einigen Streitigkeiten unter den Studenten

---

[45] R. v. Engelhardt, (wie Anm. 1) S. 463.

über die Organisationsformen und Prinzipien (Fakultät oder Landsmannschaft?) wurden die Korporationen in Dorpat nach dem landsmannschaftlichen Prinzip organisiert, was die provinzielle Absonderung begünstigte. Die Kurländer hatten von Anfang an dieses Prinzip angestrebt. Es gab damals noch nicht die verbindenden Begriffe „Ostseeprovinzen" oder „baltisch". Man sprach von Est-, Liv- und Kurland. Noch in der Regierungszeit Nikolais I. verband die Provinzen nur wenig miteinander. In gesellschaftlicher und kultureller Hinsicht wiesen sie aber viele gemeinsame Züge auf, außer der deutschen Sprache und dem Luthertum. Dazu gehörten zum Beispiel die soziale Gleichheit unter den Gebildeten, die geringe Rolle der Vermögensunterschiede; auch eine großzügige Gastfreiheit und Geselligkeit herrschte in allen drei Provinzen an der Ostsee.

Wer in Dorpat einer der alten Studentenkorporationen angehört hatte, war damit ganz in den Literatenstand aufgenommen, selbst wenn er nur ein Apotheker war.[46] So ist die Korporationswahl eine Wahl für das ganze Leben gewesen. Das ist vermutlich auch eine Ursache des guten Vorwärtskommens der Balten im russischen Staatsdienst. Im Adel hat das Literatentum sein gesellschaftliches Vorbild gesehen. Dieses Vorbild bestimmte ebenfalls die Stellung der Frau. Von ihr wurde wohl die Leitung des Hauswesens erwartet, doch brauchte sie, weil es genügend Dienstboten gab, selbst nur wenig Hand anzulegen.[47] Für Ausländer war es überhaupt nicht selbstverständlich, dass eine Professorenfrau in Dorpat wie eine Adelsdame leben konnte. Zu den Kaufmannskreisen verhielten die Literaten sich eher ablehnend. Wie Wilhelm Lenz sen. das Literatentum in seinem Werk geschildert hat, scheint alles klar zu sein. Erst in den letzten Jahren sind an diesem Bild einige Zweifel aufgetaucht. Hat es je überhaupt einen Literatenstand mit besonderem Selbstgefühl gegeben? Das ist wirklich problematisch und

---

[46] W. Lenz, (wie Anm. 38) S. 29.
[47] Ebenda S. 31.

bedarf noch weiterer Untersuchungen, insbesondere was das Konnubium, die Patenschaftsverhältnisse und andere Fragen betrifft. In Lebensweise, Beziehungen und Selbstbewusstsein näherten die Literaten sich weitgehend dem Adel an, es fehlten nur die Urkunden über die berühmten Ahnen. Anscheinend verlief die wichtigste ständische Trennungslinie zwischen den Steuerfreien und den Steuerpflichtigen. Das erklärt auch, warum die Literaten so selten Kaufmannstöchter heirateten – Kaufleute waren ja steuerpflichtig.

Das „Nordische Heidelberg" oder das „Embach-Athen" war eine Schmiede des deutschbaltischen Beamtentums. Im 18. Jahrhundert wurde ja an keiner deutschen Universität est-, liv- oder kurländisches Recht gelehrt. Die Juristen mussten die nötigen Erfahrungen erst durch praktische Arbeit erwerben. Andererseits aber waren die Juristen durch Auslandsstudien enger mit dem Rechtsleben in Deutschland verbunden. Das Provinzialrecht enthielt geltende Regelungen aus verschiedenen Epochen. So hat die Lehre des Provinzialrechts in Dorpat manche aus dem Mittelalter stammende Verfahren wiederbelebt. Das trug zu der Trennung der Ostseeprovinzen von Deutschland bei und spielte eine gewisse Rolle für die Entwicklung des Einheitsgefühls der Provinzen. Nur die Ostseeprovinzen haben innerhalb des russischen Imperiums ihr Provinzialrecht kodifiziert. Als Dank für diese Arbeit ist Professor Friedrich Georg von Bunge in die Estländische Ritterschaft aufgenommen worden.

In der Gesellschaft der 1820er und 1830er Jahre spielte der Adel die führende Rolle. Während noch in der Aufklärungszeit die (ausländischen) Literaten die Verbesserung der Lage der Bauern verlangten, so haben die Literaten in die der Fölkersahmschen Reform vorausgehenden Meinungskämpfe publizistisch nicht mehr eingegriffen. Die Studentenkorporationen in Dorpat waren unpolitisch. Das Literatentum gewann vor allem dadurch an Bedeutung, dass die Universität Dorpat immer mehr zum geistigen Mittelpunkt der Provinzen wurde, zur geistigen Waffenschmiede im Kampf gegen die Russifizierungstendenzen. Wie immer, brauchte man einen gemeinsamen Feind, um sich selbst zusammenzufinden. So kam die eigentliche Blütezeit des baltischen Deutschtums wie auch des Literatentums erst um die Mitte des 19. Jahrhunderts.

Wie stand es aber mit Esten und Letten? Die Aufhebung der Leibeigenschaft eröffnete den Einheimischen mehr Möglichkeiten zum Studieren. Das galt aber nur für eine sehr kurze Zeit. Die neue Schulordnung der 1830er Jahre kehrte zur ständischen Abgeschlossenheit zurück; es war von da ab nicht mehr möglich, aus einer niedrigen Schule gleich in die nächsthöhere zu treten. Die verschiedenen Schultypen erhielten wieder einen ständischen Charakter. Die meisten Esten und Letten, die in der ersten Hälfte des 19. Jahrhunderts in Dorpat studieren konnten, haben das in den 1820er Jahren getan. Die Universität in Dorpat war damals eine fast reine deutsche Universität.

So kann man über die Jahre des Livländischen Stillebens sagen, dass der Plan Pauls I. politisch aufgegangen ist: Die Universität und die Literaten waren meistens bestrebt, sich nicht in die Politik zu mischen. Die Provinzen schlummerten im ungestörten Frieden, man kümmerte sich kaum um die äußere Welt. Die Universität wurde nicht Wortführerin sozialer Reformen, wie einst Parrot gehofft hatte. Die politische Tätigkeit war den Professoren streng verboten und die Studentenorganisationen haben sich freiwillig davon distanziert.

Natürlich galt das nicht für jeden Literaten oder für alle Universitätsmitglieder. Der Chemieprofessor Carl Christoph Traugott Friedemann Goebel (1794-1851) – ein Ausländer – hat nämlich in den 1830er Jahren eine Verfallsepoche der Universität gesehen.⁴⁸ Aber seine Stimme und die einiger Gesinnungsgenossen klangen in diesen Jahren nicht allzu laut. Das schreckliche Erwachen kam am Beginn der 1840er Jahre. Während der Ulmann-Affäre drohte die Schließung der Theologischen Fakultät in Dorpat⁴⁹, wozu sich noch die Konversionsbewegung der livländischen Bauern gesellte. Glaube und Kirchenordnung bildeten wesentliche Teile der Identität der Deutschen in den Ostseeprovinzen. Aber es sind noch weitere 20 Jahre vergangen bis zu Carl Schirrens (1826-1910) „Livländischer Antwort" - die rein politische Kampfschrift (1869) eines Professors der Universität Dorpat, die ihm zwar die lebenslange Verbannung aus der Heimat eintrug, aber ihn auch zum Helden des baltischen Literatentums gemacht hat.

Universität für die Stadt Dorpat

Es scheint sonderbar, dass die Abgeordneten der Stadt bei der Wiedereröffnung der Universität so wenig mitreden konnten. Wahrscheinlich wurden sie überhaupt nicht gefragt, aber sind vermutlich auch nicht dagegen gewesen, weil die Erinnerung an die Universität in der schwedischen Zeit noch lebendig war. Seitens der Regierung wollte man der Stadt eine neue Funktion geben, weil Dorpat nach dem großen Brand von 1775 nicht mehr als Garnisonsstadt taugte. Die Regierungskreise haben die Universität als ein Geschenk für die Stadt angesehen. Wenn Dorpat über zu hohe Abgaben klagte, wurde die Stadt von oben fast immer mit dem Argument abgewiesen: Dorpat habe ja eine Universität, sie müsse genug Einkünfte haben.

---

[48] EHA. Bestand 5208 (Dr. Karl Christoph Traugott Friedemann Göbel, Professor der Dorpater Universität). Verzeichnis 1, Akte 8 (Kritische Schriften über die Tätigkeit der Dorpater Universität).

[49] Erki Tammiksaar, Ulmanni afäär Tartu ülikoolis 1842. a novembris. In: Akadeemia. 1999. 12 (129). S. 2576-2596.

Wie steht es also, hat die Universität, welche ja von allen Abgaben sowohl für den Staat als auch für die Stadt befreit war, die Stadtbürger reich gemacht? Vor allem hat die Einrichtung der Universität in Dorpat einen regen Kulturaustausch auf allen Ebenen mit sich gebracht. Über russisch-deutsche Kulturkontakte, die wissenschaftlichen Vereine in Dorpat und dergleichen ist schon ziemlich viel gesagt worden. Zweifellos hat Dorpat wirklich als ein interessantes kleines, aber wichtiges Kulturzentrum, besonders als Vermittlerin russisch-deutscher Kontakte, gerade im ersten Drittel des 19. Jahrhunderts gewirkt.

Die Verlegung der Livländischen Gemeinnützigen und Ökonomischen Sozietät von Riga nach Dorpat im Jahr 1813 hat die Stadt auch zu einem Zentrum des wirtschaftlichen Denkens in den Ostseeprovinzen gemacht. Die Nachbarschaft der Sozietät mit der Universität hatte wechselseitige Wirkung, wodurch manche wissenschaftliche Ideen in die Praxis eingeführt wurden. Aber über Kulturaustausch können wir auch dann sprechen, wenn ein estnisches Küchenmädchen von einem deutschen Koch, der mit seinem Professor aus Deutschland gekommen war, die Zubereitung eines neuen Gerichts erlernte. Und umgekehrt: im damaligen Kochbuch einer edlen Frau findet man ein Rezept, wie aus schwarzem Bauernbrot, Äpfeln und Zimt eine Süßspeise zubereitet wird.

In der behandelten Periode blieben die Universität und die Stadt einander fremd. Durch ihre Autonomie war die Universität von der Stadtadministration abgesondert. Die Autonomie der Universität wurde dadurch vergrößert, dass viele Professoren die Studenten in ihr Haus aufnahmen. Die 1814 gegründete Akademische Muße war der Ort, an dem das akademische Personal von den Professoren bis zum Studenten die Freizeit verbrachte, im Gegensatz zur Bürgermuße (ein Klub der städtischen Kaufleute und Handwerker). Übrigens, die Adligen, die im Winter in der Stadt lebten, besuchten oft die Akademische

Muße, die Kaufleute aber bevorzugten immer die Bürgermuße. Für die Studenten war die Bürgermuße sogar streng verboten. Die Professoren haben sogar ein eigenes Holzkontor für die Versorgung der Universität und ihrer Mitglieder mit Brennholz eingerichtet, weil sie bei den Kaufleuten in der Stadt nicht kaufen wollten. Nach einer Feuersbrunst im Hauptgebäude organisierte die Universität ihre eigene Feuerwehr (um teure wissenschaftliche Geräte zu schonen, welche in den Händen der ungeschickten Helfer zerbrochen waren). Die Beziehungen zwischen dem Rat der Stadt Dorpat und dem Universitätskonseil waren gespannt. Es gab ziemlich wenig Kontakte zwischen Stadtverwaltung und Universität. Die Ausnahme machten einige Juristen, die früher in Stadtverwaltungen tätig waren und später Universitätsprofessoren wurden. Carl Friedrich Meyer (1757-1817) war Stadtsyndikus 1798 bis 1802 und danach Universitätsprofessor; Erdmann Gustav von Bröcker (1784-1854) fungierte 1822 bis 1825 als Obersekretär des Rats, danach auch als Professor der Universität (Außerordentlicher Professor für Provinzialrecht). Dass aber ein Mann Ratsherr und zugleich Privatdozent der Universität war, wie Friedrich Georg von Bunge (1802-1897) in den Jahren 1825 bis 1831, das war eine große Ausnahme.

Trotz aller Absonderung konnte die Universität die Kontakte mit den Stadtbewohnern nicht vermeiden. Von Anfang an war sie die größte Arbeitgeberin und damit ein wirtschaftlicher Entwicklungsfaktor der Stadt. Die Professoren kamen nach Dorpat mit ihren Familien, sie brauchten Diener und Kindermädchen, nur selten wurden einige Bediente aus Deutschland mitgebracht (meistens männliche langjährige Familiendiener), gewöhnlich aber wurden die Dienstboten in Dorpat gedungen. Die meisten waren natürlich Esten, aber es gab auch viele Russen. Akademische Bürger verkehrten mit ihren Dienstboten in einem sonderbaren Pidgin-Estnisch. In dieser eigenartigen Mundart wurden auch mehrere Studentenanekdoten aufgeschrieben. Die Universität selbst brauchte eine ganze Armee von Kalefaktoren (Ofenheizer), Türschließern, Wasserträgern, Wächtern, Laboranten, Pedelle und andere mehr. Das war eine sehr unterschiedlich gegliederte soziale Schicht. Sie alle waren dem akademischen Gericht und der akademischen Polizei unterstellt.

Eine interessante soziale Gruppe bilden die Pedellen – die akademische Polizei. Meistens waren das Esten, es kam ungefähr ein Deutscher (aus Deutschland) auf zwei Esten. Die Pedellen mussten die drei örtlichen Sprachen – estnisch, russisch und deutsch – beherrschen, und diese lesen und schreiben können. Mehrere Pedellenkandidaten waren früher bei Adligen Hausdiener gewesen und hatten dort lesen und schreiben gelernt. Das Pedellenamt war populär, es gab immer Konkurrenz hinsichtlich der freien Stellungen. Während der Dienstzeit war ein Pedell als Staatsdiener abgabenfrei, nach langem Dienst konnte er mit einer Pension rechnen. Nicht selten haben die Pedellen sich selbst bis zum Ehrenbürger emporgearbeitet, aber ihre Söhne ließen sie fast immer studieren. Diese jungen Männer sind häufig weiter nach Russland gegangen, vermutlich weil die korporative Gesellschaft in Livland für sie keine höheren Posten bereitstellte. Ihre Söhne, die dritte Generation, haben oft wieder in Dorpat studiert.

Ein Beispiel: Carl Holbeck (1796-1853) stammte aus einer Bauerngemeinde des Gutes Lugden/Luke (Livland), war ein Bedienter der Baronesse Caroline von Knorring gewesen, stand im Dienst der Universität vom 1. Mai 1833 bis zum 28. Oktober 1853, als er "an Ruhr, wozu die Cholera zugeschlagen war", starb. Er hatte vier Söhne und zwei Töchter. Drei Söhne studierten in Dorpat. Frommhold Holbeck studierte Medizin 1855 bis 1860 und wurde Hauptarzt des Hafens Kronstadt. Marcus Holbeck studierte ebenso Medizin 1858 bis 1863 und war später als Hauptarzt der Bergwerke im Gouvernement Wjatka (1868-78), als Oberarzt der Militärhospitäler im Kaukasus während des Türkenkrieges 1878 bis 1879 und seit 1879 als Oberarzt des Michael-Stadt-Hospitals in Tiflis tätig. Carl Holbeck studierte Pharmazie 1863 bis 1866 und wurde Apotheker im Gouvernement Smolensk, danach in St. Petersburg. Der Sohn von Marcus, Otto Holbeck (geboren in Wjatka am 17. Juni 1871) kam wiederum nach Dorpat, wo er ab 1889 Medizin studierte.[50] Das ist nur ein einziges, aber ziemlich typisches Beispiel einer derartigen sozialen Karriere einer ganzen Familie. Man müsste noch weitere Untersuchungen anstellen, um die Rolle der Universität als eines Lieferanten des mittleren Beamtentums sowohl für die Ostseeprovinzen als auch für Russland richtig einzuschätzen.

Außer den direkt im Dienst der Universität oder ihrer Mitglieder stehenden Personen gab die Universität auch anderen Stadtbewohnern Brot und Beschäftigung. Die rege Bautätigkeit der Universität in ihren ersten Jahren verlangte eine ganze Armee von Baumeistern und Bauarbeitern.[51] Sehr viele von ihnen kamen aus Russland, meistens aus dem Gouvernement Pskow (über den Peipussee und den Embach).

Die Erzeugnisse der Handwerker waren oft auf die Professorenfamilien und die Studenten ausgerichtet. So hat zum Beispiel Professor Goebel, bevor er von Jena nach Dorpat umsiedelte, vor allem seiner Frau die in Dorpat vorhandenen Handwerker aufgezählt. Ein Apotheker wurde reich, als ein Student seine Tinte lobte und alle dann bei ihm kauften. Er konnte seinen Töchtern eine große Mitgift geben und mindestens eine dieser Töchter hat einen Professor (Friedrich Georg von Bunge) geheiratet.

Die Zahl der Stadtbewohner wuchs mit der Universität. 1802 gab es in Dorpat 3.534 Einwohner, 1826 schon 8.590. Bis

---

[50] Personalakte Carl Holbeck: EHA. 402-3-477; Angaben des Album Academicum.
[51] Vertrag mit Zimmermeister Johann Gottlieb Königsmann 15.03.1804. EHA. 402-3-749.

um die Mitte des 19. Jahrhunderts wuchs die Einwohnerzahl noch einmal um die Hälfte, 1847 gab es in Dorpat 12.403 Einwohner. Als die Universität sich stabilisierte (bei 500 bis 600 Studenten – mehr durfte eine russische Universität damals nicht haben), tat das auch die Stadt. Es steht fest, dass Dorpat sich in der ersten Hälfte des 19. Jahrhunderts fast ohne Industrie entwickelte, erst 1837 wurde die erste Dampfmaschine aufgestellt, aber große Betriebe hat es hier bis zum Zweiten Weltkrieg nicht gegeben. Umso reger war der Kulturaustausch. Die Universität hat viele Menschen verschiedener Herkunft nach Dorpat geführt. Der Stallmeister der Universität war ein dänischer Adliger Justus von Daue[52], die vier nacheinander folgenden Schwimmlehrer entstammten einer französischer Emigrantenfamilie Stöckel[53], die aus Kurland nach Dorpat gekommen waren und so fort. Die Sprachlehrer waren von sehr unterschiedlicher Nationalität (man bevorzugte, dass der Sprachmeister die Unterrichtssprache als Muttersprache beherrsche). Dank der Professur der russischen Sprache und Literatur entstand in Dorpat ein interessantes kleines, aber wichtiges russisches Kulturzentrum.[54] Nicht unbedeutend war dabei die Tatsache, dass in den ersten 30 Jahren alle vier Professoren auf diesem Lehrstuhl zum russischen Erbadel gehörten. Als Grigori Glinka (1774-1818, Professor in Dorpat 1802-1810) 1802 diese Stelle annahm, berichtete sogar Nikolai Karamsin in seiner Zeitschrift „Vestnik Jevropy" (Europäischer Bote) darüber, dass ein Adliger Universitätsprofessor geworden sei. In Dorpat hat das wohl die hochmütige Ablehnung der Ritterschaften zu

---

[52] Personalakte EHA. 402-3-568.
[53] Personalakten EHA. 402-3-1935, 1936, 1937, 1938.
[54] Darüber siehe auch Sergei Issakov, Die russische nationale Minderheit in Estland. Vergangenheit, Gegenwart, Zukunft. In: Estland - Partner in Ostseeraum. Lübeck 1998. Hrsg. Jörg Hackmann. Travemünder Protokolle, Bd. 2. S. 117-138; Malle Salupere, Professor Andrei Kaissarov Tartus, Wilhelm Küchelbeckeri eluloo Eestileheküljed, Unustatud sõprussidemed. In: Tõed ja tõdemused. Tartu 1998, S. 236-281.

besänftigen geholfen. Ein Zögling der Universität Göttingen, der hervorragende Slawist Andrei Kaissarov (1782-1813, Professor 1810-1813) wäre beinahe zum Rektor gewählt worden. Sein Nachfolger Alexander Wojeikov (1779-1839, Professor 1815-20), Dichter und Journalist, hat den Halbbruder seiner Schwiegermutter, den berühmten Dichter Vassili Žukovskij (1783-1852) auf ewig mit Dorpat verbunden. Die Frauen dieser Familie unterhielten hier einen russisch-französischen literarischen Salon, der viel zur Publizität und Verbreitung der eben aufblühenden russischen Kultur beigetragen hat. Die Gäste dieses Salons Karl Friedrich von der Borg (1794-1848, 1811-1816 stud. jur. in Dorpat, Syndikus und Kanzleidirektor der Universität 1827-48) und Peter Otto von Goetze (1793-1880, 1810-12 stud. theol. in Dorpat) haben die erste deutsche Anthologie der russischen Dichtung und eine Anthologie der Volksdichtung herausgegeben.[55] Dieser Salon bestand bei dem Chirurgieprofessor Johann Christian Moier (1786-1858, Professor der Chirurgie 1815-36), der mit Žukovskijs vergötterter Halbnichte Maria verheiratet war; der Salon wurde auch nach deren 1823 erfolgten Tod weitergeführt. Hier trafen sich russische und russisch lernende Studenten mit anderen Literaten und Professoren. Aus den Briefen des „Dorpater Chronisten" dieser Jahre, des hier studierenden Dichters Nikolaj Jazykov (1803-1846, stud. phil. 1823-27) ist bekannt, dass alle gedruckten und ungedruckten literarischen Neuigkeiten und Gerüchte aus Russland hier entweder bei Moier oder beim Professor der russischen Literatur nach Wojeikov, Vassili Perevoshtshikov (1785-1851, Professor 1820-30), sogleich gelesen und besprochen wurden.[56] In diesem Kreis verkehrten auch einige deutschbalti-

---

[55] Poetische Erzeugnisse der Russen, Stimmen des russischen Volks. 1820 (übersetzt 1817).

[56] Malle Salupere, Прижизненное восприятие Пушкина в Дерпте. А.С. Пушкин и Эстония. Сборник работ к 200-летию поэта. Таллинн 1999. S. 15-32.

sche Adlige wie Woldemar Hermann von Löwenstern (1776-1858) oder General Gotthard Johann von Knorring (1744-1825) sowie der Professor des russischen Rechts Johann Georg Neumann (1780-1855, Professor in Dorpat 1811-1814, 1818-26), um nur einige zu nennen. Die russisch-orthodoxen Russen waren bei ihren evangelischen Freunden oft Taufpaten, aber umgekehrt war das nicht möglich, wie bei Mischehen die Kinder nur orthodox getauft werden durften.

Dank der Universität ist auch die seit der Reformation verbannte Römisch-Katholische Kirche nach Dorpat zurückgekommen. Bei Gründung der Universität gab es in Dorpat einzelne Katholiken unter dem Militär und unter den Stadtbewohnern. Einmal im Jahr (meistens zu Ostern) kam ein Garnisonskaplan aus Riga nach Dorpat. Es ist bekannt, dass einzelne in Dorpat lebende Katholiken der Gemeinde in Reval angehörten (zum Beispiel der Besitzer des Guts Karlova Faddei Bulgarin (1789-1859).

Viele Katholiken kamen nach Dorpat, als infolge des Polnischen Aufstandes 1830 die einzige katholische Universität des Russischen Reiches in Vilna aufgelöst wurde. Die Geistliche Akademie in Vilna arbeitete zwar weiter, aber für die polnischen Katholiken gab es kaum noch Möglichkeiten, eine weltliche Bildung zu erwerben. So zogen viele polnische Studenten und einige Professoren nach Dorpat, viele von ihnen brachten auch ihre Familien und ihre Bedienten mit. Mit ihren Glaubensbrüdern unter den Garnisonsmitgliedern und den Stadtbewohnern ergab das schon eine beträchtliche Anzahl an Katholiken. Man versuchte mehrfach, einen geeigneten Raum für katholische Gottesdienste zu finden. 1827 kam ein ehemaliger Adelsmarschall des Gouvernements Vitebsk mit seiner Familie und allen Bedienten nach Dorpat, um seinen Sohn an der Universität studieren zu lassen.[57] Diese katholische Familie

---

[57] Julius Siwicki, geboren 1812, aus dem Gouvernement Vitebsk, studierte in Dorpat Rechtswissenschaft 1828-30 und lebte später als Gutsbesitzer

richtete sich eine Hauskapelle ein, die von allen in der Stadt wohnenden Glaubensgenossen mitbenutzt werden konnte. Auch der Garnisonskaplan, der aus Riga zu Ostern nach Dorpat kam, hielt seinen Gottesdienst in dieser Kapelle. Nach dem Fortgang dieser Familie war weiterhin von einem Priester die Rede, der einmal im Jahr in der Osterzeit aus Riga nach Dorpat kam, bis 1849 der katholische Lehrstuhl an der Universität eingerichtet wurde. Dieser katholische Religionslehrer betreute von da ab außer den Universitätsmitgliedern alle Katholiken in Dorpat und Umgebung. Als der Lehrstuhl 1893 aufgehoben wurde, hatte die Gemeinde für sich inzwischen eine große selbständige katholische Kirche gebaut.

Es gab genug und ziemlich wohlfeile Dienstboten. Was haben eigentlich die Professorenfrauen in Dorpat gemacht? Es ist bemerkenswert, dass mehrere von ihnen sich der Wohltätigkeit widmeten. Viele Universitätsprofessoren oder ihre Frauen, manchmal auch Witwen, waren Mitglieder des Dorpater Hilfsvereins. Die Frauen konnten diese Arbeit organisieren und als Lehrerinnen arbeiten. Zum Beispiel kennen wir ein ziemlich gründliches Lebensbild der Frau des Universitätssyndicus Dorothea von Ungern-Sternberg: Sie wirkte als Lehrerin in der Armenschule.[58] Der Hilfsverein entwickelte in Dorpat eine sehr gute Organisation der Sozialfürsorge; auch das gehört zum Anteil der Universität am städtischen Leben.

Der wichtigste Beitrag der Universität für das Wirtschaftsleben ist mit der Livländischen Gemeinnützigen und Ökonomischen Sozietät verbunden, welche ja 1813 von Riga nach Dorpat verlegt wurde. Das Verhältnis der Ökonomischen Sozietät zur Universität Dorpat, insbesondere naturgemäß zu physik-

---

im Gouvernement Vitebsk und später noch in Kurland. Album Academicum Nr. 2571.

[58] Dorothea von Ungern-Sternberg 1787-1828. Ein Lebensbild, nach Briefen und anderen Unterlagen zusammengestellt von Heinrich Seesemann. Hannover-Döhren 1979.

mathematischen Fakultät, hat im Laufe der Zeit mehr und mehr zugenommen. Die Professoren waren Ehrenmitglieder der Sozietät und arbeiteten eng mit dieser zusammen. So wurden beispielsweise die astronomisch-trigonometrischen Messungen Wilhelm Struves (1793-1864) mit Mitteln der Sozietät in den Jahren 1816 bis 1819 durchgeführt, woraus später (1839) die Karten C. G. Rückers entstanden.[59] Obwohl es in Dorpat fast keine Industrie gab, war die Stadt doch ein Zentrum des fortschrittlichen wirtschaftlichen Denkens.

Zusammenfassung

Die neu eingerichtete Kaiserliche Universität konnte schon im ersten Vierteljahrhundert ihrer Tätigkeit die Aufgabe, dem Russischen Reich akademisch ausgebildete Staatsdiener zu stellen, vorzüglich erfüllen. Die Leistungen der Professoren und der Akademiemitglieder sind ziemlich gut erforscht, der Anteil der Universität Dorpat an der Entwicklung des russischen Beamtentums bedarf indessen noch weiterer Untersuchungen.

Die Universität wirkte einerseits als Faktor der Modernisierung, andererseits in Richtung der Konservierung der baltischen Standesgesellschaft. Ohne ihre institutionelle Autonomie hätte die Universität diesen Gegensatz nicht durchhalten können. Sie musste verteidigt werden, die Grundsätze ihrer Tätigkeit waren anfangs sehr ungesichert und die Regierung, obwohl sie selbst alle diese Institutionen eingerichtet hatte, stand ihnen sehr misstrauisch gegenüber.

Die Professoren der ersten Jahrzehnte verfolgten das Ziel, dass die Universität vor allem den Interessen der deutschen Wissenschaft in Russland dienen solle. Sie war also nicht die

---

[59] Die Livländische Gemeinnützige und Ökonomische Sozietät (1792-1939). Hrsg. Hans Dieter von Engelhardt und Hubertus Neuschäffer. Köln-Wien 1983, S. 41-43.

Wortführerin sozialer Reformen, sondern die Trägerin deutscher Wissenschaft in Russland. Im Verlauf einer ganz normalen Entwicklung wurden die Lehrstühle mehr und mehr mit eigenen Zöglingen besetzt. In den Jahren des Livländischen Stillebens fand ein Durchbruch der Einheimischen statt und damit veränderten sich auch die Ziele der Forschung. Das trifft natürlich nicht für jeden Professor und jeden publizierten Aufsatz zu, bezeichnet aber die Tendenz.

Die Universität hat einen wesentlichen Beitrag für die Ausformung eines Einheitsgefühls der drei Provinzen geleistet, welche noch im 18. Jahrhundert ziemlich wenig Kontakt miteinander hatten. Auch das bei den Studentenverbindungen geltende landsmannschaftliche Prinzip konnte das nicht verhindern. Der Literatenstand, obwohl juristisch problematisch, vereinigte alle Gelehrten, und in dieser Hinsicht kann man wirklich keinen scharfen Gegensatz zum Adel feststellen. Besonders in den Jahren des Livländischen Stillebens lebten die Literaten wie Adlige und verkehrten meistens mit Adligen. In den 1830er Jahren wurden die gesellschaftlichen Rahmenbedingungen schwieriger, auch der Literatenstand nahm eine Verteidigungsstellung ein. Die Meinung von Gert von Pistohlkors, dass die Zunahme der Korporationen die Verteidigung des neuen Literatenstandes zum Ziel hatte, scheint sehr begründet zu sein.

Die Gesellschaft war aber bereits am Anfang des 19. Jahrhunderts sehr vielschichtig gegliedert (sozial, ständisch, national, beruflich). Weit wichtiger als die Zugehörigkeit zum Adel oder zum Literatentum war diejenige zum steuerpflichtigen oder zum steuerfreien Stande, das war eine subjektiv tief empfundene Trennungslinie.

Die Universität war die größte Arbeitgeberin der Stadt Dorpat und in vielen Fällen ermöglichte der Dienst bei der Universität eine soziale Karriere. Die Stadtverwaltung stand diesem "Geschenk" aber misstrauisch gegenüber und versuchte nicht – wie zum Beispiel in Göttingen – die Infrastrukturen zu verbessern und dergleichen, um mehr und wohlhabendere Studenten in die Stadt zu locken. Übrigens, in Russland, wo die Regierung so viel vorschrieb (darunter die Zahl der Studenten pro Universität), hätten derartige Maßnahmen wohl auch nicht zum Erfolg geführt. Die Straßen wurden von der Universität oder der staatlichen Polizeiverwaltung gepflastert. Nur Schritt für Schritt hat sich die Stadt die Universität angeeignet.

Die Universität hat viele Menschen von verschiedener Herkunft, Sprache, Religion, Kultur und dergleichen zusammengeführt, und damit mehr Vielseitigkeit nach Dorpat gebracht, was ja als ein Reichtum betrachtet werden kann. Auf die mittleren und unteren Schichten der städtischen Gesellschaft hatte das großen Einfluss. Wir besitzen aber bisher keine Untersuchungen über die soziale Gliederung der städtischen Gesellschaft von Dorpat im Vergleich mit anderen Städten Estlands oder Deutschlands.

FREIMAURER IN LIVLAND

Gvido Štraube

Die Aufklärung – ein Phänomen des 18. Jahrhunderts – war eine sehr wichtige und einflussreiche Epoche für viele Völker in Europa wie auch in Nordamerika. Weil die meisten Völker daraus viel Positives erworben haben, dürfen wir die Frage stellen, ob dieses interessante Zeitalter auch im heutigen Lettland seine Spuren hinterlassen hat. Zunächst sieht diese Frage rein rhetorisch aus, doch sie hat einen tieferen Grund. Wenn wir behaupten, dass die Aufklärung im 18. Jahrhundert in den russischen Ostseeprovinzen einen ihrer Brennpunkte, hatte, dann sprechen wir meistens von Menschenfreunden wie Heinrich Johann von Jannau (1753-1821), Garlieb Helwig Merkel (1769-1850), Johann Gottfried Herder (1744-1803), Karl Philip Michael Snell (1753-1806), Gotthard Friedrich Stender (1714-1796), Johann Georg von Eisen (1717-1779) und noch einigen anderen human gesonnenen Männern aus dem Prediger- und Literatenstand. Vielleicht erinnern sich einige Historiker an die berühmte kurländische Dichterin Elisa Charlotte von der Recke (1754-1833), geborene Gräfin Medem, die manchmal als Vertreterin einer mystischen Dichtung erwähnt wird. Waren diese gelehrten und literarisch interessierten Persönlichkeiten die einzigen Vertreter der Aufklärung in Livland und Kurland?

Immerhin hat selbst Johann Gottfried Herder geschrieben, dass der Mensch zur Geselligkeit geboren sei. In England, Frankreich, Deutschland und Skandinavien wie noch in vielen anderen Ländern war das Zeitalter der Aufklärung durch die Ideen der Humanität, durch Toleranz, Brüderlichkeit, Selbststudium, Selbsterkenntnis und Menschenliebe, aber auch durch den Pietismus gekennzeichnet. Für die Verwirklichung dieser Ideale wurden vielfältige Gesellschaften und Vereine gegründet. Richard van Dülmen hat in seinem Buch „Die Gesellschaft der Aufklärer" folgendes geschrieben: „Mit den aufklärerischen Vereinigungen, die um die Mitte des 18. Jahrhunderts in der zweiten Phase der Aufklärungsbewegung sich herausbildeten und starke Verbreitung fanden, kamen ganz neue Organisationsformen auf, die in ihrer Trägerschaft erstmals weit über den Gelehrtenstand hinausgingen und Ziele verfolgten, die nicht mehr als gelehrt-wissenschaftlich, sondern erstmals als „bürgerlich"-reformerisch bezeichnet werden können, so unterschiedlich sie auch waren. Zwei Gruppen traten in den Vordergrund: die Geheimgesellschaften der Freimaurer und die sogenannten patriotisch-gemeinnützigen Gesellschaften. Diese Sozietäten repräsentieren die zwei Haupttypen aufklärerischer Aktivitäten: Wollte die Freimaurerei eine moralische Welt außerhalb von Staat und Kirche unter dem Schutz des Geheimnisses nach „innen" verwirklichen, in ihr Menschen und Staatsbürger heranbilden, die aus eigenem Antrieb nach den Geboten aufgeklärter Vernunft moralisch und vernünftig handelten, so wollten die patriotischen Gesellschaften nach „außen" für Staat und Gesellschaft gemeinnützig tätig sein, das heißt ein patriotisches Bewusstsein stärken und Aufklärung durch praktische Vorschläge und reformerisches Handeln realisieren."[1]

Derartige Gesellschaften und noch andere Vereinigungen, die sogenannten gelehrt-literarischen Sozietäten, die gelehrten Gesellschaften, die verschiedenen aufklärerischen Clubs und Vereinigungen im Form von Lesegesellschaften oder literarischen Zirkeln, treffen wir im 18. Jahrhundert auch im Baltikum, in Riga, Mitau, Reval an. Wenn wir aber über die Geheimgesellschaften in Riga und Mitau sprechen, so müssen wir feststellen, dass ihre Aktivitäten oft weit über den Rahmen der typischen Freimaurertätigkeiten hinausgingen und dass sie oft

---

[1] Richard van Dülmen, Die Gesellschaft der Aufklärer. Frankfurt/Main 1986, S. 55.

auch die Funktionen der sogenannten patriotisch-gemeinnützigen Gesellschaften wahrgenommen haben.

Ehe wir uns konkret der Freimaurerei im heutigen Lettland zuwenden, müssen wir einige Worte über die unterschiedlichen Positionen der derzeitigen Aufklärungsgeschichtsschreibung sagen. Man kann ganz klar drei dominierende Richtungen abgrenzen, nämlich die deutschbaltische Historiographie, die sehr wohl Vertreter der Aufklärung im Baltikum feststellen kann, und außerdem zwei Richtungen der lettischen Geschichtsschreibung, von denen die eine mit der deutschbaltischen Richtung weitgehend übereinstimmt, während die zweite zu ganz anderen Ergebnissen kommt. Der Hauptvertreter der letztgenannten Gruppe war der kürzlich verstorbene lettische Exilhistoriker Edgars Dunsdorfs, der ziemliche Schwierigkeiten hatte, überhaupt einige Aufklärer im heutigen Lettland dingfest zu machen. Merkel, Snell und ihre Gesinnungsgenossen waren für ihn nur zeittypische Gelehrte, belesene Leute, die über die lettischen und estnischen Bauern nur deshalb Bücher geschrieben haben, weil das damals modern war. Dunsdorfs vertrat die Ansicht, dass die Letten und die Esten selbst aktiv an der Bewegung der Aufklärung hätten teilnehmen müssen, und weil das nicht stattgefunden habe, könne man hierzulande auch nicht von Aufklärung sprechen.[2]

Viele Balten sind während ihrer Studienjahre in Deutschland zum ersten Male mit der Freimaurerei in Verbindung gekommen. Sie traten verschiedenen Logen bei und pflegten auch nach Beendigung ihrer Studien und der Heimkehr nach Livland und Kurland weiterhin ihre Kontakte und Mitgliedschaften in diesen Gesellschaften, wie das die maurerische Verfassung vorsah. Um 1750 entstand die erste Freimaurerloge in Riga. Diese war gleichzeitig die älteste geheime Gesellschaft in Livland und in den ganzen Ostseeprovinzen. In einer „Kurtzen Ge-

---

[2] Edgars Dunsdorfs, Latvijas vēsture 1710-1800. Stokholma 1973, S. 573-591.

schichte der Loge zum Schwerdt" erfahren wir: „Die Geschichte lehret uns, dass der Geist der M[aure]rey aus Dänemark über St. Petersburg zu uns nach Livland gekommen sey: Denn im Jahre 1750 im April wurden die rigischen Kaufleute Joh. Diedr. von der Heyde und Joh. Zuckerbecker in der von dem Baron Malzahn, dänischen Minister am russisch-keiserl. Hofe, einem Sohn und Mitglied der schon damals in Kopenhagen blühenden Loge Zorobabel zum Nordstern, in St. Petersburg errichteten Loge Zur Verschwiegenheit aufgenommen. Gleich nach seiner Zurückkunft aus St. Petersburg nach Riga stiftete der Bruder von der Heyde allhier die erste Loge, der er den Namen Zum Nordstern gab, und fing im September seine Arbeit an [...]".[3] Der Meister vom Stuhl war von der Heyde selbst, als erster Vorsteher fungierte la Badie, als zweiter Vorsteher Vietinghof, ein „Kurländer", wie die Chronik berichtet.

Im Herbst 1764 berief der Rat der Stadt Riga den Bruder Gustav Chr. von Handwig, einen Livländer, der als Doktor und Professor in Rostock tätig gewesen war und dort die Loge „Zu den 3 Sternen" gestiftet hatte, einen Günstling des Herzogs Karl Leopold von Mecklenburg, nach Riga. Handwig kam im Juni 1765 nach Riga und stiftete hier die Loge „Zum Schwerdt". Ab 1767 und bis zum 10. September 1775 amtierte als Hauptmeister dieser Vereinigung der schon erwähnte Kaufmann Zuckerbecker, der kurzfristig auch den Hammer der Nordsternloge geführt hatte, bis ihm der Tod diesen aus der Hand nahm. Laut der „Kurtzen Geschichte" bestand die Loge 1778 aus 64 Brüdern. Neben der rituellen Tätigkeit hat sich die Schwerdtloge sehr der Wohltätigkeit gewidmet. Ein Teil davon war die Beschenkung der armen Rigenser. Zum zweiten trug man Sorge für eine Erziehungs- und Bildungsanstalt für arme begabte Jugendliche aus den niedrigsten Schichten. Seit 1778 veranstalteten die Mitglieder jährlich am Johannisfest (23./24.

---

[3] Latvijas Valsts Vēstures Arhīvs (LVVA) (Lettisches Staatliches Historisches Archiv Riga), 4038. f., 2. apr., 1393. l., S. 49.

Juni) eine Kollekte, welche gewöhnlich 30 Reichsthaler eintrug, die dem Vorsteher besagter Schule übergeben wurden. Doch das war noch nicht genug: Die Brüder wollten mehr tun. Dank der Bemühungen der Freimaurer Voss, Blumenthal und Hartknoch erlebten 1781 acht Knaben eine Glücksstunde: Sie wurden neu eingekleidet und durften die St. Gertrudenschule besuchen. Am ersten Schultag begleiteten der Großmeister Balthasar von Bergmann, die Brüder Voss und noch einige Vertreter der Loge die Jungen persönlich zur Schule. 1783 genossen schon acht Knaben und vier Mädchen aus armen Familien dank der Schwerdtloge freien Unterricht. Um die Kosten und die Verpflegung brauchten sie sich nicht zu kümmern.

Es ist bekannt, dass für die Freimaurer Selbstausbildung und Selbsterkenntnis eine wichtige Rolle spielten, doch haben sie auch andere beim Studium unterstützt. Am eifrigsten haben die Rigaer Logen ihren eigenen Brüdern und deren Verwandten bei ihren Bestrebungen nach besserer Ausbildung geholfen. 1784 studierten Johann Wilhelm Harder, damals 21 Jahre alt, und sein Bruder in Jena Medizin, doch leider ging ihnen sehr schnell das Geld aus und die beiden Studenten befürchteten, ihre Studien unterbrechen zu müssen. Sie sandten einen Hilferuf an die Schwerdtloge, und aus einem Dankesbrief von Harder an Johann Friedrich Hartknoch ersehen wir, dass den Jünglingen schnell geholfen wurde.[4]

Die Reihen der Freimauer wurden von Jahr zu Jahr immer größer. Im Jahre 1781 bestand die Schwerdtloge in Riga aus 84 ordentlichen Brüdern, elf Ehrenmitgliedern und sechs dienenden Brüdern.[5] Meister vom Stuhl war damals Oberfiskal Balthasar von Bergmann, ein in Riga geborener Lutheraner, als erster Vorsteher amtierte Obernotar Theodor Nikolaus Jankewitz, als zweiter Vorsteher der Apotheker Johann Daniel Hotzen. Von 84 Brüdern waren 74 Lutheraner, fünf Vertreter der

---

[4] LVVA, 5759. f., 2. apr., 535. l., S. 29-31.
[5] Ebenda, 4038. f., 2. apr., 1390. l., S. 19-25.

sogenannten englischen Kirche bzw. Anglikaner, zwei Katholiken, zwei Reformierte und ein Rechtgläubiger; religiöse Vorbehalte oder Gegensätze haben also hier keine Rolle gespielt. Unter den Brüdern befanden sich adlige Erbherren, Staatsdiener, Militärs, Kaufleute, Künstler, Geistliche und Gelehrte sowie Vertreter anderer Professionen. Die meisten von ihnen waren Livländer und kamen aus Riga, Wenden/Cēsis, Dahlen/Dole, Salisburg/Valbērumž und anderen livländischen Orten, doch wurden auch St. Petersburg, Leipzig, Jena, Arensburg/Kuressaare, Narva, die Ukraine und andere fernerliegende Städte und Länder als Lebens- oder Aufenthaltsorte erwähnt.

Im Jahr 1773 wurde die „Apollo"-Loge gestiftet.[6] Zu ihren Brüdern gehörte Karl Gottfried Sonntag, der spätere Generalsuperintendent.[7] Als Freimaurer war er von 1789 bis 1793 aktiv und in dieser Zeit erreichte er den Meistergrad. Seit 1791 erfüllte er die Pflichten des Orators beziehungsweise des Redners – eine gute Schule für das künftige Oberhaupt der livländischen Kirche. Seit 1778 ist eine weitere Freimaurerloge, die „Castor"-Loge, in Riga bekannt. Die berühmtesten Persönlichkeiten unter ihren Mitgliedern waren Balthasar von Hagemeister (1778 Großmeister), Johann Adolph Freiherr von Ungern-Sternberg (1786 Großmeister), Paul Reinhold von Rennenkampff, Ludwig Graf von Manteuffel, Christian G. Trompowsky, der Assessor am Oberkonsistorium Karl J. von Zimmermann, der Kapitän Georg Gustav von Wrangel und andere.[8] Noch im Jahre 1778 zählte die Castor-Loge erst 25 Mitglieder, aber schon 1786 waren es bereits doppelt so viele.

In mehreren Ländern finden wir freimaurerische Gesellschaften unter dem Namen „Zur kleinen Welt". In Riga wurde eine solche Brüderschaft am 17. August 1789 gestiftet. Im Sep-

---

[6] Johann v. Eckardt, Die Freimaurerei in Riga. In: Rigascher Almanach 43, 1900 (1899), S. 3.
[7] Ebenda, 233. f., 3. apr., 464. l., S. 19, 20.
[8] Ebenda, 5759. f., 2. apr., 529. l., S. 113.

tember 1796 hatte sie 46 Mitglieder, doch schon vier Jahre später – am 14. Januar 1800 – bekannten sich mehr als 100 Männer als Brüder dieser Vereinigung. Unter ihnen findet man recht berühmte Namen, die wir auch in anderer Hinsicht als Menschenfreunde kennen, vor allem Jannau, wie auch einen ziemlich erfolgreichen Letten namens Muischel[9], der als Mastenwracker ähnlich wie Johann Steinhauer in Riga ein gutes Vermögen für sich und seine Familie gemacht und – zusammen mit noch einigen Letten – einen markanten Platz in der Rigaer Gesellschaft errungen hatte. Insgesamt gab es in Riga sechs Logen.

Die höchste Form der Aufklärung – die freimaurerischen Gesellschaften – kann man nicht nur in Riga, sondern auch in anderen Städten des heutigen Lettland finden. Schon ziemlich früh, nämlich im Jahre 1754, wurde eine Loge in der herzoglichen Residenzstadt Mitau gegründet. Es handelte sich um die Gesellschaft „Zu den drei gekrönten Schwerdtern". Hier waren Mitglieder Angehörige der Familien von Keyserling, von Offenberg, de la Croy, von Fircks, von Korff, mehrere Medems, G. Harder usw., insgesamt 25 Personen (1816).[10] Wir dürfen auch annehmen, dass die berühmte Dichterin Elisa von der Recke, die dadurch weltbekannt wurde, dass sie einen internationalen Hochstapler, den Grafen Cagliostro, durch eine Veröffentlichung entlarvte, mit dieser Loge Verbindung hatte.[11]

Mehrere in Livland und Kurland beheimatete Personen waren Brüder in verschiedenen Logen in Deutschland. Baron Heinrich von Korff, Johann von Budberg, Baron K. Rosen, Alexander von Medem, ein Ungern-Sternberg, Otto von Pistohlkors und viele andere waren Mitglieder der Loge „Hohen

---

[9] Ebenda, 4038. f., 2. apr., 1393. l., S. 207, 208.
[10] Ebenda, 5759. f., 2. apr., 529. l., S. 113.
[11] Nachricht von des berüchtigsten Cagliostro Aufenthalt in Mitau im Jahre 1779 und dessen magischen Operationen. Berlin 1787.

Ordens" in St. Petersburg.[12] Die Kurländer K. Wittenberg und H. Schilder besaßen Zertifikate, die ihre Mitgliedschaft in preußischen Gesellschaften bekräftigten: Der erste war Mitglied der Bruderschaft „Zu den drei Weltkugeln" in Berlin, der zweite in der Loge „Unter drei Kronen" in Königsberg.[13] In Leipzig gab es eine Loge, die den Namen „Minerva" trug, und zu deren Mitgliedern der Pastor aus Trikaten/Trikāte Johann Pohrt, der Pastor aus Lasdohn/Lazdona Heinrich Eberhard von Bergmann sowie Carl Magnus Baron Klebeck, der zweite weltliche Assessor am Livländischen Oberkonsistorium, gehört haben.

Garlieb Merkel, der Verfasser von „Die Letten"[14], war seit 1799 Mitglied einer Freimaurerloge in Berlin.[15] Wir können daraus einige Schlussfolgerungen über seine gesellschaftliche und publizistische Tätigkeit wie auch über seine Position als Freimaurer ziehen. Es fällt auf, dass Merkel keine ernsthaften Schwierigkeiten und kaum scharfe Kritik wegen seiner Publikationen, insbesondere nach der Veröffentlichung des Buches „Die Letten" erfahren hat, während ein anderer Autor, nämlich Jannau, der Verfasser „Der Geschichte der Sklaverey", sehr harte biographische Rückschläge und Anfeindungen durch Kritiker erleben musste. Die Situation wird klarer, wenn wir die beiden Bücher und die jeweilige Position der Freimaurerei vergleichen. Jannau veröffentlichte sein Buch zu einem frühen Zeitpunkt, zu dem die Logen in Livland noch nicht so großen Einfluss hatten und als erst wenige Kaufleute beigetreten waren. Am Ende des Jahrhunderts genossen die Logen dank ihrer wirtschaftlich aktiven Brüder viel mehr Respekt und nur ein sehr leichtsinniger Mensch konnte es wagen, gegen eine solche Macht – in geistiger, politischer, kultureller und wirtschaftlich-

---

[12] LVVA, 5759. f., 2. apr., 529. l., S. 189, 190.
[13] Ebenda, S 6, 7.
[14] Siehe den Beitrag von Heinrich Bosse in diesem Band.
[15] LVVA, 4038. f., 2. apr., 1394. l., S. 5.

finanzieller Hinsicht – aufzutreten. Merkel muss also auch in Livland, nicht nur in Berlin, mächtige Freunde gehabt haben.

Ein weiterer Beweis für den Machtzuwachs der Freimaurerei ist die Tatsache, dass seit 1803 der Generalsuperintendent der Evangelisch-Lutherischen Kirche Livlands ein Freimaurer war. Hier muss die berühmte Landtagspredigt von 1818 erwähnt werden, in der Sonntag dieselben Ideen wie Merkel und Herder vortrug und den versammelten Adel aufforderte, gegenüber den einheimischen Nationen Rechtlichkeit walten zu lassen mit den Worten: „Recht muß doch Recht bleiben".[16] Denselben Gedanken können wir bei Herder finden: „Kein Vorwurf ist drückender als der, fremden Nationen Unrecht gethan zu haben."[17] So bildete sich eine logische Kette – Jannau, Herder, Merkel, Sonntag – und diese alle und noch viele andere Männer verband die Freimaurerei. Die Predigt von Sonntag und das Buch Merkels „Die Letten" verhalfen dem Standpunkt einer bestimmten gesellschaftlichen Gruppe zu öffentlichem Ausdruck.

Bis zum Ende des 18. Jahrhunderts hatte die Freimaurerei im Baltikum ein ziemlich reibungsloses Leben. Nach 1793 wechselte Katharina II., die am Anfang ziemlich große Sympathien für die Logen hegte, plötzlich ihre Position. Eugen Lennhoff schrieb: „Die weitgreifende Wirksamkeit des moskowitischen Adels erregte die Eifersucht und das Misstrauen des Hofadels in Petersburg; man stellte die Verbreitung der Aufklärung als gefährlich für Staat und Kirche dar und behauptete, die Freimaurer in Moskau hätten in ihren Kellern einen Waffenvorrat zur Ausrüstung eines Heeres aufgehäuft." An vielen Orten in Russland mussten die Freimaurer ihre Tätigkeit einstellen oder mit ihren Aktivitäten wenigstens vorübergehend pausieren.[18] Allerdings waren die Logen in Riga nicht sehr „diszip-

---

[16] Zit.nach A. Švābe, Latvijas vēsture. 1800-1914. Rīga 1991, S. 132.
[17] Herder, Briefe, XVIII, S. 146.
[18] E. Lennhoff, Die Freimaurer. Wien-München 1981, S. 210 ff.

liniert" und auch nach 1793 finden wir einige Belege als Beweise ihrer Tätigkeit. Das neue Jahrhundert brachte neue Probleme hervor, durch welche die Situation für die Mitglieder ungünstiger wurde. Es begann mit Legenden über den Zionismus, die der russische Professor W. Strojew, ein ehemaliger Historiker und Archivarius der zaristischen Kanzlei, in die Welt setzte. Dieser Mann verbreitete eine neue Variante der alten Verschwörungstheorie, wonach die Juden an allem Übel in der Welt Schuld trügen. Da einige Juden an bestimmten Aktivitäten der preußischen Freimaurerlogen beteiligt gewesen waren, wurde von Teilen der Öffentlichkeit eine Verbindung zwischen den freimaurerischen Gesellschaften und dem Zionismus hergestellt. Juden und Freimaurer erschienen als Vertreter einer bösen und feindlichen Macht. Es handelte sich im Grunde um eine antisemitische Theorie, die sich für die Freimaurer negativ auswirkte.

Bereits im Jahre 1822 hatte Zar Alexander I. einen Befehl gegen die geheimen Gesellschaften und Logen unterzeichnet; entsprechende Repressalien blieben damals noch aus. Ein totaler Umschwung der russischen Innenpolitik hinsichtlich der geheimen Vereine erfolgte mit dem Thronwechsel des Jahres 1825. Den neuen Herrscher Nikolai I. verband mit seinem Gendarmeriechef Graf Alexander von Benckendorff eine Todesangst vor verschiedenen geheimen Gesellschaften, einschließlich der geistlichen Orden, weil die Köpfe der Dekabristen in geheimen Gesellschaften organisiert und zum Teil auch Freimaurer waren. Am 21. April 1826 erblickte ein Zaren-Manifest das Tageslicht, welches das Verbot aller geheimen Gesellschaften und religiösen Bruderschaften bestätigte. Daraufhin wurden alle Freimaurerlogen im russischen Reich aufgehoben. Alle Exfreimaurer, die weiterhin im Staatsdienst verbleiben wollten, mussten einen Revers unterschreiben, dass sie keiner Loge mehr angehören und in Zukunft keinerlei Kontakte mit derartigen Gesellschaften mehr haben würden. Im Historischen Archiv Lettlands kann man viele dieser schriftlichen Eidesformulare finden, die von ehemaligen Freimaurern unterschrieben wurden; die meisten von ihnen haben aber nur Positives über die Logen und die Freimaurerei ausgesagt. Eines dieser Formulare hat 1826 der Doktor der Theologie und Philosophie sowie Generalsuperintendent der Evangelisch-Lutherischen Kirche Livlands Karl Gottfried Sonntag ausgefüllt und eigenhändig unterzeichnet.[19] Unter anderem hat der ehemalige Freimaurer ausgesagt, dass „[...] in Riga eine Zeitlang der Orden [Apollo] hauptsächlich auf die geistige und sittliche Bildung des Kaufmannsstandes und zur öffentlichen Wohltätigkeit sehr heilsam gewirkt hat."[20]

Die krankhafte Angst des Zaren Nikolai vor geheimen Organisationen – eine Folge des Dekabristenaufstands 1825 – hatte leider weitreichende Folgen. Im 19. Jahrhundert konnten die Freimaurer innerhalb der Grenzen des Russischen Reiches ihre Wirksamkeit als Träger der Ideen der Aufklärung – Wohltätigkeit, Toleranz, Menschenliebe, Demokratie, Bildung – nicht wieder aufnehmen. Trotzdem haben in demselben 19. Jahrhundert Lettland und Riga von den Freimauern profitiert. Der erste Rektor des Polytechnischen Instituts in Riga war Dr. Nauck – ein Freimaurer aus Deutschland.

---

[19] LVVA, 233. f., 3. apr., 464. l., S. 19, 20.
[20] Ebenda.

FREIMAURER IN ESTLAND

Ihre Sozialstruktur am Beispiel der Revaler Loge „Isis"
1773-1820

Henning von Wistinghausen

In älterer Zeit hatte es in Reval auch Freimaurerlogen gegeben, die eine „zu den drei Streithämmern" und die andere „Isis" benannt. Zu diesen Logen gehörten die Besten. In ihnen gab es keinen Standesunterschied und vom Edelmann bis zum Handwerker reichten sie sich alle unter einander in Einigkeit die Bruderhand. Aecht freundschaftlicher Verkehr und Wohltätigkeitssinn zeichnete diese edelen Männer aus, die jede Spur von gewissenlosem Ehrgeiz, jede Doppelzüngigkeit, jedes treulose, intrigante Verhalten gegen ihre Mitmenschen haßten. Als die Logen von der Regierung geschlossen worden waren, traten die früheren Freimaurer in die vorhandenen Clubs ein. Dadurch kamen edlere Keime in die bisher kastenartig geschiedenen Abendgesellschaften der Clubs.

So erinnert sich der damalige Oberlehrer für Geschichte und Geographie am Revaler Gouvernementsgymnasium und spätere Stadtarchivar Gotthard von Hansen in seinen Jugenderinnerungen *Meine Vaterstadt Reval vor 50 Jahren*, die er 1877 unter einem dem Mädchennamen seiner Mutter Anna Dorothea Springfeld entlehnten Pseudonym veröffentlicht hat[1]. Dies ist die einzige Erwähnung, die die Freimaurer in Estland in der deutschbaltischen Literatur und auch in den mir bekannten unveröffentlichten Memoiren gefunden haben; ansonsten

---

[1] G. Sprengfeld, Meine Vaterstadt Reval vor 50 Jahren, Dorpat 1877. Fotomechanischer Nachdruck o.O. (Hannover-Döhren) o.J. (1958) und Tallinn 1992 (mit einem Geleitwort von Rein Helme) Seite 53f. Über Gotthard von Hansen (1821-1900) vgl. Wilhelm Lenz (Hrsg.), Deutschbaltisches Biographisches Lexikon 1710-1960, Köln-Wien 1970.

berichtet von ihrer Existenz lediglich die freimaurerische Fachliteratur, und diese mehr als spärlich und nur im Gesamtzusammenhang der russischen Freimaurerei. Was uns von ihnen überliefert ist, ruht vorerst im Wesentlichen noch in den Archiven, der Großteil davon im Estnischen Geschichtsmuseum (*Eesti Ajaloomuuseum*) in Reval/Tallinn.

Bevor wir uns unserem eigentlichen Thema zuwenden, nämlich der Antwort auf die Frage, wer denn diese von Gotthard von Hansen in verklärender Erinnerung wohl etwas zu idealisiert dargestellten „edlen Männer" waren, ein kurzer Blick auf die Geschichte der Freimaurerei in Estland, was gleichbedeutend mit Reval ist, denn nur dort hat es in den Grenzen des alten Gouvernements Estland Logen gegeben (Dorpat lag bekanntlich in Livland). Schon bald nachdem in den frühen Regierungsjahren Katharinas II. die sich in Westeuropa mit Windeseile ausbreitende freimaurerische Bewegung auch Russland – genauer gesagt: die beiden Residenzstädte St. Petersburg und Moskau – erreicht hatte, entstanden in der Gouvernementshauptstadt Reval nacheinander insgesamt vier Logen. Als erste wurde 1773 die „Isis" gegründet, ihr folgten 1777 die Loge „Zur Bruderliebe", 1778 die Loge „Zu den 3 Streithämmern" und 1787 „Die Hoffnung der Unschuld"[2]. Alle Gründungen erfolgten von St. Petersburg aus bzw. in engem Zusammenwirken mit dortigen Logen und Brüdern, und alle vier waren sogenannte Johannislogen, arbeiteten also nur in den ersten drei Graden – Lehrling, Geselle und Meister. Während die „Bruderliebe" und „Die Hoffnung der Unschuld" nur wenige Jahre bestanden haben, treffen wir die „Isis" und die „3 Streithämmer" während beider Phasen an, in die man die Freimaurerei im 18. und 19. Jahrhundert in Reval einteilen kann:

---

[2] Vgl. die Übersicht bei Henning von Wistinghausen, Die Kotzebue-Zeit in Reval, Tallinn 1995. Wiederabdruck. In: Otto-Heinrich Elias u.a. (Hrsg.), Aufklärung in den baltischen Provinzen Rußlands. Ideologie und soziale Wirklichkeit, Köln-Weimar-Wien 1996.

Die erste dauerte bis zum Jahre 1794, als auch hier wie im übrigen Russischen Reich alle Logen mit Rücksicht auf einen von Katharina II. – wohl vor allem unter dem Eindruck der politischen Entwicklungen in Frankreich – geäußerten Wunsch ihre Arbeiten einstellten, ohne dass es eines offiziellen Verbots bedurft hätte. Im Protokoll der „Isis" heißt es dazu lapidar: *die von dem hochw. Br. Koerber gemachte proposition, die Arbeiten der [Loge] voritzt bis zu günstigern Zeiten ganz ruhen zu lassen, wurde einstimmig bewilligt*[3]. Zu diesem Zeitpunkt gab

---

[3] Protokollbuch der Isis 1771-1814. In: Eesti Ajaloomuuseum (Estnisches Geschichtsmuseum Tallinn) 128/1/51 Seite 384 unter dem Datum des 26. Oktober 1794. In einem (undatierten) Bericht von 1820/21 des Zivilgouverneurs von Estland, Gotthard Wilhelm Baron Budberg, an den Generalgouverneur von Liv-, Est- und Kurland in Riga, den Marquis Philipp Paulucci, über die Tätigkeit der beiden Logen „Isis" und „3 Streithämmer" spricht jener davon, die „Isis" habe 1794 diesen Beschluß gefaßt, weil der Gouverneur von Livland Peter Baron von der Pahlen im Auftrag des Generalgouverneurs von Liv- und Estland in Riga, des Fürsten Nikolaj Repnin, den *Rigaer* Logen eröffnet habe, *daß es der Willen Ihro Majestät der Kaiserin Katharina sey, bei denen damaligen Zeit-Umständen alle freimaurerischen Versammlungen und Vereinen* [sic] *einzustellen* (Abschrift von Edmund Iversen (1824-72) aus dem Geheimarchiv des estländischen Gouverneurs. In: Eesti Ajaloomuuseum 70/1/10 (Kollektion E. Iversen) Bd. IV. Seite 1ff.). Damit auffallend übereinstimmend Br. Ernst Friedrichs: Geschichte der einstigen Maurerei in Rußland nach dem Quellenmaterial der Großen Landesloge zu Berlin sowie der Petersburger und Moskauer Bibliotheken, Berlin 1904 (Sonderabdruck aus „Zirkelcorrespondenz der Großen Landesloge der Freimaurer von Deutschland", XXXII. Jahrgang, 1903), Seite 90, wo er aus dem Protokoll der Loge „Zur kleinen Welt" in Riga vom 28. März 1794 zitiert: *Ich Endesunterzeichneter erhielt von dem hochw. Br. v. Wiesender die Eröffnung, daß der Gouverneur Baron Pahlen im Auftrage des Fürsten Repnin ihm geheissen habe, mir von Seinetwegen anzuzeigen, daß es der Wunsch der erhabenen Kaiserin sei, dass unter den jetzigen Zeitumständen die Zusammenkünfte aufhören möchten. Am 13. April unterhielt sich der Gouverneur sehr gütig mit mir und versicherte, dass diese Eröffnung allen hiesigen Logen gelte [...] J. Collins, Meister v. St.*

es in Reval nur noch diese eine Loge, da auch die „3 Streithämmer" mittlerweile eingegangen war. Die zweite Phase der Freimaurerei in Reval begann 1812, nachdem sich in St. Petersburg allmählich wieder ein reges Logenleben entwickelt hatte, so dass es auch die „Isis" wagen konnte, ihre Tätigkeit fortzusetzen; ihr folgte 1816 die Loge „Zu den 3 Streithämmern". Beide Logen erfuhren viel Zuspruch, bis diese Entwicklung – auf der auch das positive Urteil von Gotthard von Hansen beruht haben dürfte – durch eine geheime Anweisung des in Riga residierenden Generalgouverneurs Marquis Paulucci an den estländischen Gouverneur vom 4. Dezember 1820 unterbrochen wurde. In dieser forderte er ihn auf, den Meistern vom Stuhl der Revaler Logen zu eröffnen, dass *obgleich [...] die Arbeiten dieser Logen guten und in keiner Rücksicht Tadel verschuldenden oder Verdacht erregenden Zwecken gewidmet sind, es dennoch für diesen Augenblick höhere Rücksichten erforderlich und mir zur Pflicht machen, die Anordnung zu treffen: daß die Logen in Reval gedeckt werden*, und fügte eigenhändig hinzu, er wünsche, *daß diese meine Anordnung auser den Angehörigen ihrer Loge in Reval niemand bekannt werden* [sic][4]. Da mit Paulucci bekanntlich nicht zu spaßen war, meldete Gouverneur Baron Budberg bereits am 11. und dann endgültig am 22. Dezember Vollzug[5]. Es scheint so, als ob Paulucci – der katholische Piemontese in russischen Diensten – die Schließung der Revaler Logen (wie schon zuvor 1816 die der Mitauer Loge „Zu den drei gekrönten Schwertern"[6]) aus eige-

---

[4] Original in: Eesti Ajalooarhiiv (Estnisches Historisches Archiv Tartu) 29/7/117 und Abschrift bei Iversen ebd. (Anm. 3).

[5] Eesti Ajalooarhiiv 291/10/421 Bl. 1f. und 18. Die Loge „Zu den 3 Streithämmern" deckte am 11., die „Isis" am 13. Dezember 1820 (ebd. Bl. 5ff. und Bl. 10ff.).

[6] A. N. Pypin, Quellen und Beiträge zur Geschichte der Freimaurerlogen Rußlands. Autorisirte deutsche Übersetzung mit nur wenigen und unwesentlichen Licenzen, Riga 1896, Seite 100 (Paulucci sei hierfür der Allerhöchsten Anerkennung gewürdigt worden); A. N. Pypin, Russkoe ma-

nem Antrieb verfügt hat, sozusagen in vorauseilendem Gehorsam gegenüber einem von allgemeiner Revolutionsfurcht ergriffenen Alexander I. (wir befinden uns in der Zeit der Kongresse der Heiligen Allianz in Troppau und Laibach). Auslöser war offenbar ein Schreiben des Generaladjutanten Pjotr Fürst Volkonskij vom 15. November 1820 gewesen, das die Einrichtung einer neuen Loge in Riga – wo es im Gegensatz zu Reval noch zu keiner Renaissance der Freimaurerei gekommen war – und die Ankunft von Abgesandten verschiedener geheimer Gesellschaften aus dem Ausland im Russischen Reich zum Gegenstand hatte. In einem Bericht an den Kaiser vermeldete Paulucci bereits am 19. Dezember, dass er die beiden in Reval mit Erlaubnis des Justizministers bestehenden Logen, *die e i n z i - g e n in den Ostseeprovinzen* (Hervorhebung des Verf.) geschlossen habe, obgleich sie *wegen ihrer Entfernung von Preußen und Polen keinerlei schädliche Resultate haben konnten.* Zugleich nahm er den Adel und die Bürgerschaft seines Amtsbezirks gegen jeden Verdacht in Schutz, nur der Gelehrtenstand erschien ihm nicht ganz sicher. Dann entwickelte er seine Gedanken zur allgemeinen Schädlichkeit geheimer Gesellschaften, die in dem Vorschlag gipfelten, sie im ganzen Russischen Reich zu verbieten[7]. Auch in weiteren Berichten hat Pau-

---

sonstvo. XVIII i pervaja četvert' XIX v. Redakcija i primečanija G. V. Vernadskago, Petrograd 1916, Seite 507 und 527; A. I. Serkov, Istorija russkogo masonstva XIX veka, St. Petersburg 2000, Seite 213 zufolge wurde die Mitauer Loge von Paulucci 1818 – als ein erster Fall dieser Art im Russland des 19. Jahrhunderts – verboten, ohne dass er hierfür eine Quelle angibt. Aus einem Bericht des kurländischen Gouverneurs Emanuel von Stanecke an Paulucci vom 22. September 1822 – dem ein Verzeichnis der noch lebenden Mitglieder beigefügt ist - geht indessen hervor, dass die Loge *seit dem November 1816 ihre Versammlungen eingestellt* hat, und dass Stanecke selbst Logenmitglied gewesen war (Eesti Ajalooarhiiv 291/1/3647 Bl. 26f.).

[7] Marquis Paulucci und seine Verfolgung geheimer Gesellschaften in den Ostseeprovinzen. In: Baltische Monatsschrift Bd 39, Riga 1897, Seite

lucci den Kaiser in dieser Richtung zu beeinflussen gesucht, so dass die Annahme gerechtfertigt erscheint, er habe zu dem schließlich von Alexander I. am 1. August 1822 angeordneten Verbot der Freimaurerlogen und aller geheimen Gesellschaften[8] beigetragen[9]. Die Tatsache, dass die Revaler als die letzten in den russischen Ostseeprovinzen noch arbeitenden Logen beinahe zwei Jahre vor dem allgemeinen Verbot der Freimaurerei in Russland schließen mussten, wird von der Literatur durchweg ignoriert.

Wer waren sie also, diese – um bei Gotthard von Hansen zu bleiben – „Besten" ihrer Vaterstadt Reval, die sich in den Freimaurerlogen zusammenfanden? Bevor wir die Sozialstruktur der „Isis" etwas näher betrachten, zuerst einige Zahlen, um sich eine Vorstellung von der Dimension der Freimaurerei in Reval machen zu können. Dabei sollte nicht aus den Augen verloren werden, dass sie hier insgesamt nur während eines guten halben Jahrhunderts (1773-1820) vertreten war, sich ihre tatsächliche Existenz aufgrund der Zäsur von 1794 bis 1812 aber auf die 29 Jahre reduziert, in der die „Isis" als die sich am längsten am Leben erhaltende Loge gearbeitet hat.

Bisher können 424 Mitglieder Revaler Logen nachgewiesen werden, die sich wie folgt verteilen: „Isis" 210, „3 Streithämmer" 116, „Zur Bruderliebe" 80 und „Zur Hoffnung der Unschuld" 18. Berücksichtigt man die 22 Doppelmitgliedschaften, so kommt man – einschließlich der 18 Ehrenmitglie-

---

499-514 (gekürzte Fassung eines in der *Russkaja Starina*, Bd. 91 (Juli-September 1897) Seite 1-32 ebenfalls ohne Angabe eines Verfassers erschienenen gleichnamigen Artikels).

[8] Polnoe Sobranie Zakonov Rossijskoj Imperii s 1649 goda (Vollständige Gesetzessammlung des Russischen Reiches ab 1649), Bd XXXVIII 1822-23, (St. Petersburg) 1830 Nr. 29.152.

[9] Dies wird auch von Eugen Lennhoff, Oskar Posner und Dieter A. Binder, Internationales Freimaurerlexikon, Neuauflage München 2000 der Ausgabe von 1932, Seite 732 vertreten.

der, die von wenigen Ausnahmen abgesehen prominente Angehörige St. Petersburger Logen weitgehend deutscher Nationalität waren – auf 402 Personen. Aufgrund der Quellenlage kann – von Einzelfällen abgesehen – kaum damit gerechnet werden, noch weitere bisher unbekannte Revaler Freimaurer zu entdecken: Das gilt jedenfalls für die „Isis" und die „3 Streithämmer", für die wir über Protokollbücher und Mitgliederlisten verfügen, die zusammen praktisch den gesamten Zeitraum ihrer Existenz abdecken[10]. Dies trifft zwar auf die beiden anderen Logen nicht zu, doch erscheint es angesichts der – vor allem im Falle der „Hoffnung der Unschuld" – äußerst lückenhaften Überlieferung unwahrscheinlich, noch eine größere Zahl weiterer Mitglieder festzustellen. Verf. wird in dieser Annahme dadurch bestärkt, dass das vor wenigen Jahren erschienene umfangreiche biographische Lexikon aller russischen Freimaurer von Serkov, ein höchst eindrucksvolles Ergebnis immensen Forscherfleißes, anders als erhofft in dieser Hinsicht kaum neue Informationen vermittelt, wir also damit rechnen müssen, dass in russischen Archiven – und nur solche hat Serkov konsultiert – zusätzliches ins Gewicht fallendes Material über diese beiden Logen und ihre Mitglieder nicht vorhanden ist[11].

Die 402 Personen, die Mitglieder Revaler Logen waren, konnten, von ganz wenigen Ausnahmen abgesehen, sämtlich

---

[10] Die Aufzählung des umfangreichen Quellenmaterials wäre der Natur dieses Tagungsbeitrages nicht angemessen und muss einer Gesamtdarstellung der Revaler Freimaurerei vorbehalten bleiben, die sich Verf. zum Ziel gesetzt hat.

[11] A. I. Serkov, Russkoe masonstvo. 1731-2000 gg. Enciklopedičeskij slovar', Moskau 2001 (1222 Seiten). Da sich Serkov auch nahezu ausschließlich auf die russischsprachige Literatur stützt und das umfangreiche deutschbaltische prosopographische Schrifttum einschließlich des Deutschbaltischen Biographischen Lexikons (Anm. 1) ignoriert, fallen seine Biographien von Liv-, Est- und Kurländern, die Mitglieder von Logen im Russischen Reich inklusive der Ostseeprovinzen waren, meist recht lückenhaft aus.

identifiziert werden. Ihre Biographien bilden die Grundlage dieser Analyse[12].

Bevor wir uns endgültig der personellen Zusammensetzung der „Isis" zuwenden, zunächst noch eine *alle* Revaler Logen berücksichtigende Statistik. Untersucht wurde, wie viele Revaler Freimaurer *Landeskinder* in dem Sinne waren, dass sie in den Grenzen des Russischen Reiches – überwiegend natürlich in Reval und dem übrigen Estland – geboren wurden, wie viele *Einwanderer* i.d.S., dass sie in Reval/Estland eine neue Heimat fanden (einschließlich der wenigen, die später in das Innere des Reiches weitergezogen sind), wie viele *Ausländer* i.d.S., dass sie Reval/Estland bzw. andere Teile Russlands (in den allermeisten Fällen St. Petersburg) später wieder verlassen haben und wie viele *russischer Nationalität*. Zählen wir zusammen, so ergibt sich, dass – Doppelmitgliedschaften berücksichtigt und Ehrenmitglieder zu den Landeskindern gerechnet – knapp 75% (301 Personen) der Revaler Freimaurer Landeskinder, 20% Einwanderer (80 Personen), 4% Ausländer (16 Personen) und 1,5% (5 Personen) Russen waren. Dabei hielten sich bei der „Isis" und den „3 Streithämmern" Einwanderer und Ausländer mit zusammen genommen 23% bzw. 26% in etwa die Waage. Zu den Landeskindern zählen auch zwei Logenmitglieder, die nachgewiesenermaßen estnischer Nationalität waren, nämlich Johann Frey, 1784-98 Landmesser des Kreises Wesenberg/Rakvere, ein freigelassener Leibeigener, der sich zuerst in der Armee zum Offizier hochgedient hatte und 1785 in die „Isis" aufgenommen wird, sowie Karl Friedrich Karell, dessen Eltern bereits freigelassene Esten waren, ein Musiker und Komponist und 1819 in die „3 Streithämmer" rezipiert, als er noch Geiger im Orchester des Revaler Theaters

---

[12] Die im folgenden Text verwendeten Personalangaben sind dem Manuskript des Verf. *Biographisches Lexikon der Revaler Freimaurer 1773-1820* entnommen, so dass hier auf weitere Quellenangaben grundsätzlich verzichtet wird.

und gleichzeitig Organist der Heiliggeistkirche war, bevor er im darauffolgenden Jahr nach Moskau und später nach St. Petersburg ging, wo an der Kaiserlichen Rechtsschule Peter Čajkovskij zu seinen Schülern zählen sollte[13]. Anzunehmen ist aber, dass noch andere Revaler Freimaurer estnischer Herkunft waren, zumindest hatten einige, wie der 1784 als dienender Bruder in die „Isis" rezipierte Jakob Fries, eine estnische Mutter. Unter den Einwanderern und Ausländern finden sich nur drei Personen, die nicht deutscher Herkunft waren, nämlich zwei Franzosen, die nach den Napoleonischen Kriegen als Lehrer nach Reval kamen[14], und Antoine O'Hara, vermutlich ein Anglo-Ire, der als Offizier in russischen Diensten in den 1770er Jahren Mitglied der „Bruderliebe" geworden war und später um die Jahrhundertwende noch eine Rolle in der Geschichte des Malteserordens in Russland spielte[15]. Auch ein Jude wurde in Reval Freimaurer; jedenfalls sehe ich in dem 1788 als Schatzmeister der „Hoffnung der Unschuld" erwähnten Lew den 1786 unter großer Anteilnahme der Revaler vom damaligen Diakon an der St. Nikolaikirche und Meister vom Stuhl der „Isis" Joachim Friedrich Hartmann auf den Namen Friedrich

---

[13] Über ihn vgl. Henning von Wistinghausen, Schauspieler und Musiker als Mitglieder der Revaler Freimaurerlogen. In: Laurence Kitching (Hrsg.), Die Geschichte des deutschsprachigen Theaters im Ausland: Von Afrika bis Wisconsin – Anfänge und Entwicklungen, Frankfurt am Main u.a. (Peter Lang) 2000, Seite 39-51. Eine estnische Übersetzung von Nils B. Sachris war unter dem Titel *Näitlejad ja muusikud Tallinna vabamüürlasloožide liikmeina* bereits in: Akadeemia Nr. 11/1997, Tartu 1997, erschienen.

[14] Pierre Devienne, * Paris 1793, 1814-44 Französischlehrer an Revaler öffentlichen Schulen, pensioniert als k. russischer Hofrat und nach Helsingfors gezogen; sowie Lazare Hadamar, * Paris 1797, 1820 als Französischlehrer in Reval und bereits 1822 als solcher in Moskau erwähnt. Ersterer wurde 1820 in die „Isis", letzterer 1820 in die „3 Streithämmer" rezipiert.

[15] Roderick E. McGrew, Paul I. of Russia 1754-1801, Oxford 1992, Seite 272f.

Gottlieb Lew (auch Löw genannt) getauften, aus Mecklenburg-Strelitz gebürtigen und seit 1776 in Reval lebenden Juden Lewin Moses, der kurz nach seiner Taufe das Bürgerrecht erwarb und den Beruf eines Kaufmanns ausübte.

Betrachten wir jetzt die Sozialstruktur der „Isis". Von den uns bekannten 210 Mitgliedern waren 154 (73%) Landeskinder, 37 (18%) Einwanderer, 10 (5%) Ausländer und 9 (4%) Ehrenmitglieder. Nationalrussen finden wir nur einen, und den auch nur unter den Ehrenmitgliedern: Es ist Graf Vasilij Musin-Puškin-Bruce, den als einen der führenden St. Petersburger Freimaurer – er war nacheinander Großmeister der Großen Direktorialloge „Wladimir zur Ordnung" und der Großloge „Asträa" – 1817 sowohl die „Isis" als auch die „3 Streithämmer" in dieser Weise ehrten.

Ihrer sozialen Stellung nach setzen sich die abzüglich der 9 Ehrenmitglieder insgesamt 201 Personen, die im Laufe der drei Jahrzehnte ihres Bestehens aktive Mitglieder der „Isis" gewesen sind, folgendermaßen zusammen:

1. Kaufleute 35
2. Juristen 34
3. Offiziere 22
4. Landesbeamte 21
5. Mediziner und Apotheker 19
6. Nicht studierte Kanzlei- und andere Beamte 16
7. Theologen 11
   Pädagogen 11
8. Gutsbesitzer, die keine Landesämter innehatten 8
   Rats- und Gildendiener 8
9. Künstler (Maler und Musiker) 6
   Schauspieler 6
10. Handwerker 4

Die alte Hansestadt Reval wurde zu der Zeit, von der hier die Rede ist, noch von einem aus Kaufleuten gebildeten Rat regiert. Daran hat sich auch während der Statthalterschaftszeit, in der zwischen 1787 und 1796 die alte Ratsverfassung aufgehoben war, nichts wesentlich geändert[16], so dass es nicht verwundern sollte, wenn die Kaufmannschaft auch die zahlenmäßig größte Gruppe innerhalb der „Isis" darstellt. Allerdings sind es weniger Angehörige der alten Ratsfamilien gewesen, die sich als Freimaurer engagierten (unter ihnen begegnen wir Mitgliedern der Familien Duborgh, Frese, Glehn, Höppener, Hueck, Oom, Riesenkampff, Rodde und Witte), als vielmehr *homines novi*, deren Väter oder die selbst zugezogen oder aus dem Ausland eingewandert waren. Allein 8 der 35 Kaufleute, also nahezu ein Viertel, sind Einwanderer: Sie hießen Dufour (aus Leipzig), Hoyer (Lübeck), Krafft (Segeberg/Holstein), Küster (Memel), Martinsen (Leitmeritz/Böhmen), Meyer (unbekannt), Schultz (Stettin) und Steiner (Augsburg), waren also von geographisch breit gestreuter Herkunft. Zu den *homines novi* in der Revaler Kaufmannschaft zählen auch einer der Stifter der „Isis", der aus Hapsal stammende Samuel Johann Jencken, und der Großkaufmann Johann Friedrich Jürgens, dessen „Aufstieg und Fall" zur Zeit der Statthalterschaft und danach Otto-Heinrich Elias in einem anregenden Essay geschildert hat[17].

Dicht gefolgt werden die Kaufleute von den Juristen, die zum Großteil im Ausland studiert hatten, da die Universität Dorpat erst 1802 wiedereröffnet werden konnte. Dies gilt natürlich auch für die 8 Brüder der „Isis", die aus Deutschland eingewandert waren. Die Juristen stellen eine in sich etwas we-

---

[16] Vgl. hierzu Otto-Heinrich Elias, Reval in der Reformpolitik Katharinas II. Die Statthalterschaftszeit 1783-1796 (Quellen und Studien zur baltischen Geschichte 3), Bonn-Bad Godesberg 1978, bes. Seiten 116ff.

[17] Otto-Heinrich Elias, Johann Friedrich Jürgens (1755-1829). Aufstieg und Fall eines Revaler Kaufmanns. In: Vana Tallinn 10 (2000) S. 45-66.

niger geschlossene Gruppe dar als die Kaufleute, standen sie doch entweder im Dienst der Stadt, der Ritterschaft, der Kirche und der russischen Staatsverwaltung oder praktizierten als selbständige Advokaten. In Johann Erhard Kiesow, Sohn eines Thurn und Taxisschen Postmeisters in Saarbrücken, begegnet uns ein Ausländer, der in Halle, Helmstedt, Leipzig und Straßburg studiert hatte, in Reval eine Anstellung als Sekretär des Provinzialkonsistoriums fand und nicht nur einer der insgesamt fünf Stifter der „Isis", sondern 1773/74 auch ihr erster Meister vom Stuhl gewesen ist (und dann nochmals ab 1775, bis er 1782 nach Deutschland zurückkehrte, um in Augsburg nach dem Tod seines Bruders die Produktion der von diesem erfundenen *Lebensessenz* zu übernehmen und als *russischer Agent* die Interessen seines früheren Gastlandes zu vertreten[18]; noch heute kann man auf dem großen Markt von Augsburg das Kiesow-Haus besichtigen). Unter den Einwanderern ist Dr. jur. August Christian Jordan aus Göttingen ein typisches Beispiel für eine Karriere, die mit der Stellung eines Hauslehrers auf dem Lande begann und dann in der Stadt in höchste Positionen führte – Estland war auch wie hier zu Beginn des 19. Jahrhunderts noch auf Zuzug aus Deutschland angewiesen und hatte attraktive Bedingungen zu bieten. Für junge Theologen, aber auch Juristen und Philologen, war die anfängliche Tätigkeit als Hofmeister ein probates Einfallstor. Vor allem im 18. Jahrhundert sind viele der Revaler Freimaurer als Hofmeister ins Land gekommen. Jordan trat 1812 als Sekretär des Revaler Niedergerichts in städtische Dienste, übte dann bald ein Menschenalter lang das Amt eines Ratsherrn und seit 1843 das eines rechtsgelehrten Bürgermeisters und Präsidenten des Stadtkonsistoriums aus. Revaler Kinder hingegen waren die auf der Stu-

---

[18] Ursula Kranzfelder, Dr. Kiesow's Lebens-Essenz. Biographische Angaben zur Familie Kiesow. In: Pharmazie und Geschichte. Festschrift für Günter Kallinich zum 65. Geburtstag, Straubing und München 1978, Seiten 113ff.

fenleiter der städtischen Juristenlaufbahn bis zum rechtsgelehrten Bürgermeister aufgestiegenen Mitglieder der „Isis" Thomas Johann von Dehn (1814), Georg Gloy (1813), Adam Johann von Hueck (1811), Diedrich Rodde (1796), Karl Johann Salemann (1817) und Heinrich Johann von Strahlborn (1806). Fünf Angehörige der Familie Riesenkampff, die Estland bedeutende Juristen gestellt hat, waren Revaler Freimaurer, und zwar alle in der „Isis", unter ihnen Justus Johann von Riesenkampff (Reichsadel 1792), zuerst Advokat, dann Zollbeamter und seit ihrer Wiederbegründung 1812 bis 1818 Meister vom Stuhl. Nur die Familien Wrangell und Stackelberg, von der sieben bzw. sechs Mitglieder – allerdings verschiedenen – Revaler Logen angehört haben, übertreffen in dieser Hinsicht noch die Familie Riesenkampff. Gedacht sei auch drei weiterer hervorragender Juristen: Dr. jur. Christoph Johann Höppener, in dessen Nachruf es 1837 heißt, er sei *einer der ausgezeichnetesten practischen Rechtsgelehrten Esthlands* gewesen[19], war Advokat, Manngerichtssekretär und Sekretär der Estländischen Adligen Kreditkasse; Christoph Riesemann, Advokat und über 30 Jahre Gouvernementsprokureur von Estland, ist es 1820 beschieden gewesen, als amtierender Meister vom Stuhl die von Paulucci verfügte Schließung der „Isis" vornehmen zu müssen, und Dr. jur. Heinrich Tideböhl stand bis 1820 als Obergerichtssekretär und Syndikus im Dienste des Revaler Rates, um dann jahrzehntelang in der Kanzlei des Generalgouverneurs in Riga eine einflussreiche Tätigkeit bei der Entwicklung der Agrarverhältnisse in den Ostseeprovinzen auszuüben.

Die drittstärkste Gruppe bilden Offiziere. Unter ihnen gibt es keine Einwanderer, alle sind Landeskinder. Dabei ist im Auge zu behalten, dass viele Söhne des in der Estländischen Ritterschaft immatrikulierten Adels, und um solche handelt es sich bei den in der „Isis" anzutreffenden Offizieren ganz überwiegend, in jungen Jahren im russischen Militär dienten, um

---

[19] Nachruf. In: Das Inland 1837, Sp. 664.

dann – gewöhnlich im Majorsrang – den Abschied zu nehmen, sich in der Heimat zu verheiraten und den Rest ihres Lebens als Gutsbesitzer zu verbringen. Sie sind hier nicht gemeint, viele von ihnen finden wir vielmehr in der sogleich zu betrachtenden Gruppe der Landesbeamten wieder. Allerdings gibt es auch Abgrenzungsprobleme wie im Falle der drei zwischen 1754 und 1758 auf dem väterlichen Gut Haakhof (Aa) in Ostwierland geborenen Brüder von Wangersheim, die nach einer militärischen Ausbildung im Adeligen Artillerie- und Ingenieurkadettenkorps in St. Petersburg eine Offizierslaufbahn eingeschlagen hatten, um dann während der Statthalterschaftszeit – die aufgrund der vielen neugeschaffenen Verwaltungs- und Richterstellen ungeahnte Karrieremöglichkeiten eröffnete – in Reval in den Zivildienst zu wechseln, und die ich trotzdem zur Gruppe der Offiziere rechne, da sie alle drei bereits als Militärs Freimaurer geworden waren (und sozial falsch eingestuft wären, wenn man sie zur Gruppe der nichtstudierten Kanzlei- und anderen Beamten rechnete): Konrad wird 1783 Oberlandgerichtsprokureur, Reinhold 1784 Prokureur der Oberrechtspflege bürgerlicher Sachen und Moritz 1791 Assessor des Gerichtshofs bürgerlicher Sachen. Auch der 1778 in Reval gestorbene Vizegouverneur Joachim Freiherr von Sievers, seit 1775 faktisch Gouverneur von Estland, da er von da an nur den Generalgouverneur in Riga über sich hatte, ist – nach über 30 Jahren russischen Militärdienstes und im Rang eines Generalleutnants stehend – in erster Linie als Offizier anzusehen. Er war in Riga Freimaurer geworden und trat erst wenige Tage vor seinem Tod der „Isis" bei, die dessen ungeachtet in einem längeren *mit Lindforsschen Schriften* gedruckten Gedicht *Isis am Grabhügel ihres Sohnes* [...] um ihn trauerte, von dem sich ein Exemplar erhalten hat[20]. Auch der seit 1806 amtierende Kommandant von Reval Generalleutnant Gregor von Berg, der sich seit 1816 zur „Isis" hielt, war seinerzeit 1786 als jüngerer Offizier in Ri-

---

[20] Eesti Ajaloomuuseum 128/1/57 Bl. 7ff.

ga als Maurer rezipiert worden, und zwar in die Loge „Apollo". Zu erwähnen wären noch die vier Brüder von Löwenstern, die 1814 bzw. 1817 aufgenommen worden sind und von denen zwei, der älteste Woldemar und der jüngste Eduard, Erinnerungen an ihre Offizierszeit während der Napoleonischen Kriege hinterlassen haben („Denkwürdigkeiten eines Livländers" [1858] und „Mit Graf Pahlens Reiterei gegen Napoleon" [1910]). Zusammen mit einem dritten Bruder Georg, der später im dänischen diplomatischen Dienst Karriere machen sollte, zogen sie mit den russischen Truppen 1814 in Paris ein. Der vierte, Hermann von Löwenstern, wurde Marineoffizier und nahm als junger Midshipman 1803-1806 an der ersten russischen Weltumseglung unter Leitung seines estländischen Landsmanns Kapitänleutnant Adam Johann von Krusenstern teil. Zur „Isis" gehörten aber auch zwei bürgerliche Offiziere aus bekannten Revaler Familien: Johann Gottlieb Nottbeck, der 1787 als Premierleutnant rezipiert und 1822 als Major zum letzten Mal erwähnt wird, sowie Alexander Riesemann, rezipiert 1813 und gestorben als Generalmajor 1841.

Mit 21 Logenmitgliedern stehen die Landesbeamten den Offizieren an Zahl kaum nach. Sie alle gehörten definitionsgemäß Familien der Estländischen Ritterschaft an und besaßen ein Rittergut, denn – von wenigen Ausnahmen abgesehen – waren nur *grundbesitzliche* immatrikulierte Edelleute zur Ausübung eines Landesamtes, in das man gewählt wurde, berechtigt[21]. Die meisten von ihnen, denen wir in der „Isis" begegnen, hatten in Deutschland studiert, und zwar überwiegend die Rechtswissenschaften, obwohl auch ein Richteramt im Landesdienst keine juristische Vorbildung zur Voraussetzung hatte – die Urteile wurden von den meist bürgerlichen studierten Sekretären gefertigt. Rechneten wir also diese Landesbeamten

---

[21] Vgl. §§ 461-471 des Provinzialrechts der Ostseegouvernements. Zweiter Theil. Ständerecht, St. Petersburg 1845.

zur Gruppe der Juristen, dann würden diese die mit Abstand zahlenstärkste unter den Logenmitgliedern ausmachen. Dies aber wäre unhistorisch: Da sie sich als Edelleute verstanden und nicht als Angehörige des Literatenstandes wie die akademisch gebildeten bürgerlichen Logenmitglieder, müssen sie auch unter dem Gesichtspunkt der Sozialstruktur der Loge gesondert betrachtet werden. Wer von den späteren Landesbeamten nicht studiert hatte, der war gewöhnlich beim Militär gewesen; in einigen Fällen trifft beides zu. Statistisch weist diese Gruppe insofern einen Einwanderer aus, als Reinhold August Freiherr von Kaulbars als Angehöriger der schwedischen Linie dieses Geschlechts aus schwedischen in russische Militärdienste getreten war, nachdem ihn die aussterbende estländische Linie der Familie 1780 zum Erben des Güterbesitzes in Estland – Mödders/Mõdriku und Raggafer/Rägavere – erklärt hatte; er nahm 1793 als Oberstleutnant seinen Abschied und begann eine Karriere im Landesdienst, die ihn bis in das Landratskollegium führte. 1814 ließ er vom damaligen Revaler Stadtarchitekten Karl Ludwig Engel, dem späteren Schöpfer des klassizistischen Helsingfors, eines der schönsten Palais auf dem Domberg erbauen, das mit seinem der Unterstadt zugewandten Säulenportikus jedem Besucher Revals/Tallinns schon von weitem in die Augen sticht. Er war ein Förderer des Theaters, und eine Freundin der Familie war die einst europaweit berühmte Sängerin Mara, die ihren Lebensabend in Reval verbrachte[22]. Die Kaulbars zugeschriebene, auf einer Anhöhe hinter dem Gutshaus von Mödders noch heute zu besichtigende Säule gilt als ein Erinnerungszeichen an die russischen Siege über Napoleon; mir will eher scheinen, dass sie zumindest ursprünglich als ein Freimaurersymbol gedacht war und dann möglicherweise später, nach dem Verbot der Freimaurer, eine militärische Umdeutung erfahren hat. Obwohl Kaulbars erst

---

[22] R. Kaulitz-Niedeck, Die Mara. Das Leben einer berühmten Sängerin. Heilbronn 1929, passim.

seit 1817 als Mitglied der „Isis" nachzuweisen ist, jedoch gleich als Meister, spricht einiges dafür, dass er wie viele andere schon früher – sei es noch als russischer Offizier oder im Ausland – Freimaurer geworden war. Lassen wir noch einige der prominenteren Landesbeamten Revue passieren: Johann von Brevern hatte u.a. in Leipzig die Rechte studiert, ehe er nach Rückkehr in die Heimat in den Landesdienst trat; zur Statthalterschaftszeit – als die Landesverfassung außer Kraft gesetzt wurde – ist er 1786-1789 Gouvernementsmarschall d.h. höchster Funktionsträger des Adels in der Provinz gewesen, ein Amt, welches das des Ritterschaftshauptmanns ersetzt hatte und das er von seinem nur um fünf Jahre älteren Onkel Moritz Engelbrecht von Kursell übernahm, der es 1783-1786 innegehabt hatte und zuvor 1783 noch kurz Ritterschaftshauptmann gewesen war. Mit ihm hatte er auch zusammen studiert, und beide waren wie andere Estländer in Leipzig in die berühmte Loge „Minerva" rezipiert worden; bereits 1774 schlossen sie sich der „Isis" an und bekleideten dort wichtige Ämter: Brevern war 1774/75 über ein Jahr Meister vom Stuhl und Kursell während dieser Zeit Sekretär. 1776/77 haben sie sich wie auch einige andere Mitglieder der „Isis" aus nicht ganz geklärten Gründen aus dem Revaler Logenleben zurückgezogen, vermutlich haben dabei maurerische Querelen eine Rolle gespielt, denn beide gehörten danach noch der Petersburger Andreasloge St. George an. Brevern galt als ein exzellenter Kenner der ritterschaftlichen Landesverfassung, und Kursell - der dann beinahe während der gesamten Statthalterschaftszeit Präsident des sogenannten Gewissensgerichts, einer bei ihrer Aufhebung 1796 wieder abgeschafften Institution mit schiedsgerichtsähnlichen Funktionen, gewesen ist und sich auch als solcher großen Ansehens erfreute – wird von Hupel *wegen seiner ausgebreiteten Gelehrsamkeit und großen Kenntniß* gepriesen, der *jeden griechischen Schriftsteller mit großer Einsicht liest.* Karl Thure von Helwig ließ ihm auf der Insel Pucht/Puhtu bei Werder/Virtsu einen noch gegenwärtig vorhandenen Gedenkstein setzen, und Fabian Wilhelm von Schilling, ein in Göttingen, wo er studiert hatte, aufgenommener Maurer und seit 1781 Mitglied der „Isis", widmete ihm 1786 im Revaler Wochenblatt anlässlich seines Abschieds als Gouvernementsmarschall ein Gedicht, welches die große Verehrung widerspiegelt, die Kursell – wie es dort heißt – unter *Ehstlands Edlen* genoss[23]. Schilling selbst bekleidete während eines über 20jährigen Landesdienstes zahlreiche Richterämter und lebt in der Erinnerung seiner Familie als ein Mann fort, der – getreu freimaurerischer Ideale – *viel Sinn für Freundschaft hatte, dem weder Standesunterschiede noch andere Hindernisse im Wege standen*, auch nicht im Umgang mit seinen estnischen Bauern, wie uns der mit Schilling befreundete estophile Dichter Peter Graf Manteuffel überliefert hat[24]. Von den vier Freiherren von Stackelberg, die allein der „Isis" angehörten (zwei weitere Angehörige dieser Familie waren Mitglieder der „3 Streithämmer") hatten drei studiert: die Brüder Georg und Otto aus dem Hause Jürgensberg die Rechte in Göttingen; sie waren aber bereits zuvor im Januar 1789 gemeinsam rezipiert und dann innerhalb weniger Monate in den 3. Grad eines Meisters befördert worden, bevor sie nach Göttingen aufbrachen, wo sie im Oktober desselben Jahres immatrikuliert wurden, so dass man den Eindruck gewinnt, als sollte ihnen mit einem Freimaurerzertifikat der gesellschaftliche Anschluss im Ausland erleichtert werden. Beide werden übrigens bei der Aufnahme in die Loge als Wachtmeister des vornehmen St. Petersburger Regiments der Garde zu Pferde bezeichnet. Georg, der ältere, starb jung

---

[23] An Sr. Excellenz, den Herrn Etatsrath M. E. von Kursel, als Sie das Amt eines Gouvernementsmarschalls niederlegten. (Ein Impromptü) von F.W. von Schilling. In: Revalische Wöchentliche Nachrichten 50. Stück vom 14. Dezember 1786.

[24] Helene Baronesse von Schilling, Schilling. Der Weg eines baltischen Geschlechts, Tönisvorst-St. Tönnis 1999, Seite 44ff. [Privatdruck].

(1808), nachdem er bereits erster Ritterschaftssekretär gewesen war. Otto folgte ihm 1806 in diesem Amt, wurde 1809 zum Ritterschaftshauptmann gewählt und starb bereits zwei Jahre später beinahe im gleichen Alter wie sein Bruder. Schon als junger Mitarbeiter in der Ritterschaftskanzlei war er 1798 vom Landtag zu einem der drei Delegierten der Estländischen Ritterschaft gewählt worden, die gemeinsam mit den Vertretern der Livländischen und Kurländischen Ritterschaft auf Befehl Kaiser Pauls I. den Plan zur Errichtung einer Landesuniversität ausarbeiten und sich auf den Ort für eine solche einigen sollten. Nach einigem Hin und Her fiel die Wahl dann bekanntlich auf Dorpat. Auch die beiden anderen estländischen Repräsentanten in diesem Gremium waren Revaler Freimaurer: der eine der uns bereits bekannte Johannes von Brevern, der andere Fabian Reinhold Freiherr von Ungern-Sternberg, Assessor des Manngerichts für Wierland und Jerwen und seit 1783 Mitglied der „3 Streithämmer". Später gehörte Ungern-Sternberg dann der Kommission zur Ausarbeitung einer neuen estländischen Bauernverfassung an, durch die 1816 die Leibeigenschaft aufgehoben wurde. In dieser wirkte neben weiteren Revaler Freimaurern auch der dritte Stackelberg in der „Isis", Gustav a.d.H. Mexhof/Mäo, mit. Auf die spannende Frage, welchen Anteil gerade Freimaurer an den Agrarreformen des 19. Jahrhunderts gehabt haben, kann im Rahmen dieses ersten Versuchs einer Analyse der Sozialstruktur einer der Revaler Logen nicht näher eingegangen werden. Der vierte Stackelberg in der „Isis" war Reinhold a.d.H. Mexhof, der ebenfalls in Leipzig studiert hatte und später Richterämter innehatte. Ein vielseitig talentierter und zu den interessantesten Mitgliedern der „Isis" zählender Mann war Johann Friedrich Freiherr von Ungern-Sternberg, der über den Rahmen der Revaler Loge hinaus, in der er 1818/19 auch das Amt eines Meisters vom Stuhl bekleidete, in der russischen Freimaurerei eine Rolle gespielt hat: Er besuchte, wenn auch nur kurz, die Hohe Karlsschule, die

Schiller gerade verlassen hatte, studierte dann in Erlangen die Rechte (wo er zum Freimaurer wurde), ging nach Wien und bildete sich im Zeichnen aus (und ist hier 1784 am selben Tage wie Georg Forster in die berühmte Loge „Zur wahren Eintracht" aufgenommen worden, die später auch Haydn zum Mitglied und Mozart zu ihren Besuchern zählte[25]), um nach seiner Rückkehr in die Heimat eine Karriere sowohl im Dienst der Ritterschaft als auch bei einigen der von der Statthalterschaftsverfassung neu geschaffenen Gerichte zu beginnen. Vom Landtag zum „Vizekurator" der künftigen Universität Dorpat, d.h. dem geschäftsführenden Mitglied des ritterschaftlichen Kuratoriums, gewählt, hat er in deren Gründungsphase eine wichtige, wenn auch bedingt durch die noch 1802 erfolgte Umwandlung Dorpats in eine staatliche Universität nur kurz währende Rolle gespielt. Später bekleidete er verschiedene weitere Landesämter, wurde Landrat, wirkte an der Bauernbefreiung mit und war mehrfach ritterschaftlicher Deputierter in St. Petersburg und Moskau. Ungern-Sternberg war eng mit Kotzebue befreundet, förderte das Revaler Theater, malte, schriftstellerte und interessierte sich nicht nur für die Landesgeschichte, sondern auch für die Geschichte der Freimaurerei in Russland, worüber er ein leider unvollständig gebliebenes Manuskript hinterlassen hat. Er war der Vater des Schriftstellers Alexander von Sternberg. Zu den Landesbeamten, die zuerst eine militärische Karriere eingeschlagen und nicht studiert hatten, zählen – um nur zwei der bedeutenderen zu nennen – der spätere Ritterschaftshauptmann und dann Gouverneur von Estland Paul von Benckendorff, der 1837 die Gründung eines Volksschullehrerseminars erwirkte und sich seinerzeit unter seinen Landsleuten großer Beliebtheit erfreute, sowie Magnus

---

[25] Hans-Josef Irmen (Hrsg.), Die Protokolle der Wiener Freimaurerloge „Zur wahren Eintracht" (1781-1785). Frankfurt am Main u.a. (Peter Lang) 1994 (Schriftenreihe der Internationalen Forschungsstelle „Demokratische Bewegungen in Mitteleuropa 1770-1850", Bd. 15).

von Essen, ebenfalls Ritterschaftshauptmann und anschließend Gouverneur von Livland, der eigentlich schon einer anderen Zeit angehört und als ganz junger Mann 1818, im selben Jahr wie Benckendorff, in die Loge aufgenommen wird.

Eine wichtige Gruppe sind die Mediziner und Apotheker, auch wenn sie – gleich den Theologen und Pädagogen, wie wir gleich sehen werden – nicht besonders stark vertreten sind, denn schließlich waren die Möglichkeiten zur Berufsausübung zahlenmäßig beschränkt. Gleich zwei der Stifter der Loge zählen zu dieser Gruppe: Elias Eckbaum, über den wir nur wissen, dass er Apotheker war und der sich offenbar auch nur vorübergehend in Reval aufgehalten hat, (er starb bereits 1778 als Oberhofapotheker in St. Petersburg), sowie der schon erwähnte Dr. med. Peter Friedrich von Körber, der an mehreren deutschen Universitäten studiert hatte, seit 1756 beinahe ein halbes Jahrhundert als Arzt in Reval praktizierte und seit 1783 auch Kreisarzt von Harrien war. Dies brachte ihm einen Beamtenrang (zuletzt war er Hofrat) und den damit verbundenen russischen erblichen Adel ein. Nachdem er sich 1761 bei Linné in Stockholm über die beste Methode der Pockenimpfung informiert hatte, führte er diese in Estland ein. Ferner gehörten alle vier Revaler Stadtärzte, die während der Existenz von Freimaurerlogen amtierten, der „Isis" an: Dr. Hermann Bluhm 1769-1796, Dr. Karl Johann Nyberg 1796-1810, Dr. Ferdinand Jencken 1810-1819 und Dr. Johann Georg Riesenkampff 1819-1835 – die beiden ersteren hatten noch in Deutschland studiert und dort den Doktorgrad erworben, die beiden letzteren bereits in Dorpat. Aus der alten, im 16. Jahrhundert aus Ungarn – daher der Name – nach Reval eingewanderten Arzt- und Apothekerfamilie Burchart genannt Bellavary de Sycava, die beinahe 300 Jahre die noch heute als *Raeapteek* am Rathausplatz bestehende Große oder Rats-Apotheke besessen hat[26], stammen drei

---

[26] Vgl. u.a. Erich Seuberlich, Liv- und Estlands älteste Apotheken. Riga 1912, Seite 178ff. und H. Gustavson, Tallinna vanadest apteekidest kuni

Brüder der „Isis": Dr. Johannes (VII.) Burchart, der 1772 die väterliche Apotheke übernahm, nachdem er in Halle, Berlin und Leipzig – wo er in die Loge Minerva aufgenommen worden war – studiert hatte, dessen jüngerer Bruder Christian, ein Offizier und Gutsbesitzer, und sein Sohn Dr. Johannes (VIII.) Burchart, der sich nach dem Studium in Jena 1802 als freipraktizierender Arzt in seiner Heimatstadt niederließ und 1809 nach dem Tod des Vaters diesem im Besitz der Apotheke nachfolgte. Beide nahmen aktiv an den Logenarbeiten teil, und beide zeichneten sich – ebenfalls getreu freimaurerischer Ideale – durch einen besonderen Wohltätigkeitssinn aus. Vom Vater hat sich eine Korrespondenz mit bekannten Freimaurern seiner Zeit wie z.B. Lavater in Zürich erhalten, die noch der Auswertung harrt. Der Sohn entwickelte eine Schwäche für altertümliche, aber auch kuriose und exotische Gegenstände, gleichsam als ein später Nachfahre der Liebhaber von Kunstkammern früherer Jahrhunderte, und brachte im Laufe der Jahrzehnte eine ansehnliche Sammlung zusammen, die er bezeichnenderweise *Mon Faible* nannte und die mit der Zeit zu einer Attraktion auch für auswärtige Besucher Revals wurde. Im Juni 1822 machte er sie erstmals in der Form einer Ausstellung zum Besten der Armen des Estländischen Hilfsvereins, in dem er die Aufgaben eines Schatzmeisters wahrnahm, der Öffentlichkeit zugänglich und erzielte den beachtlichen Erlös von 700 Rubeln[27]. *Mon Faible* wurde später zum Grundstock des 1864 gegründeten Estländischen Provinzialmuseums, das im heutigen Estnischen Geschichtsmuseum weiterlebt und eine der modernen Touristenattraktionen im Herzen der Tallinner Altstadt ist.

1917. a. [Über alte Revaler Apotheken bis 1917], Tallinn 1972, passim.

[27] Dr. Johann Burchard von Sykawa genannt Belawary, Geschichte meiner Sammlung, genannt: Mon Faible, aufgesetzt für meine geliebten Nachkommen im Jahre 1825 (mit Fortsetzungen bis 1835). In: Eesti Ajaloomuuseum 135/11/27. Jetzt auch gedruckt in: Eesti Ajaloomuuseum (Hrsg): Mon Faible ist ajaloomuuseumiks [Von Mon Faible zum Geschichtsmuseum], Tallinn 2002, S. 77ff.

1833 war Dr. Burchart einer der Mitbegründer des kurzlebigen Estländischen Vereins für vaterländische Geschichte. Ein engagiertes Logenmitglied war seit 1789 auch Dr. Samuel Reinhold Winkler, zuerst Kreisarzt von Baltischport/Paldiski, dann in Reval freipraktizierend und seit 1820 Oberarzt am staatlichen Hospital der Allgemeinen Fürsorge zuletzt im Range eines Staatsrats; 1793 veröffentlichte er in Reval „Von einigen der gewöhnlichsten Krankheiten der Ehstländischen Bauern", in denen er die als Kreisarzt gemachten *Erfahrungen und Beobachtungen* niedergelegt hat und das noch 1975 einer Reprint-Ausgabe gewürdigt wurde. Nicht unerwähnt kann Dr. Johann Christian Moier bleiben, 1814-1836 Professor in Dorpat, der als Begründer der Dorpater chirurgischen Schule gilt. Daneben war er ein begnadeter Pianist und vor allem für seine Interpretation Beethovenscher Sonaten bekannt. In der russischen Literaturgeschichte begegnen wir ihm als Mann von Žukovskijs Jugendliebe, der 1823 in Dorpat jung verstorbenen Mascha Protasova. Es ist überliefert, dass er *als Mitglied der Freimaurer-Loge, welche damals in Reval ihren Hauptsitz hatte, auch in Dorpat den Mittelpunkt der versprengten ausländischen wie inländischen Jünger dieses Ordens bildete* und er deswegen später – nachdem Klinger 1817 durch den Pietisten Fürst Lieven als Kurator abgelöst worden war – als *Freidenker* verdächtigt wurde, *allein es konnte ihm Nichts angehabt werden, er war ein in allen Schichten der Gesellschaft hochgeachteter Mann.*[28] Auch sein jüngerer Bruder, der Jurist Franz Moier, war Mitglied der „Isis". Waren die bisher erwähnten Ärzte und Apotheker alles Landeskinder, so begegnen wir in dem 1773 aus dem Hannoverschen nach Livland gekommenen und später geadelten Dr. Johann Diedrich Pezold, der Kreisarzt von Wesenberg/Rakvere wurde und dort auch eine Apotheke betrieb, ebenso einem Einwanderer wie in der Person von Dr. Friedrich

---

[28] Carl v. Seidlitz, Wasily Andrejewitsch Soukoffsky. Ein Russisches Dichterleben. Mitau 1870, S. 81ff.

Wilhelm Macdonald. Der in Berlin ausgebildete Arzt und Chirurg unbekannter Herkunft[29] war dem Revaler Domkirchenbuch zufolge 1806 als preußischer Militärarzt aus französischer Kriegsgefangenschaft geflohen, seinem König nach Königsberg gefolgt und wurde 1809 von der Kaiserinwitwe als Oberarzt an das St. Petersburger Marienhospital berufen, um dann wieder als Militärarzt die Feldzüge gegen Napoleon mitzumachen, bevor er nach deren Ende als Oberarzt am Hospital der Allgemeinen Fürsorge der Vorgänger von Dr. Winkler wurde und sich danach als praktischer Arzt in Reval niederließ – *er war einer der ausgezeichnetsten Ärzte, die Reval je besessen hat,* heißt es bei seinem Tod im Kirchenbuch.

Die Reihe der Kanzlei- und anderen Beamten ohne eine akademische Ausbildung beginnt mit dem letzten der insgesamt fünf Stifter der „Isis", dessen bisher nicht Erwähnung getan wurde, mit dem Kaufmannssohn und Lizentverwalter, also Zollbeamten, Heinrich Nottbeck, der bereits 1774 starb und über den weiteres nicht überliefert ist. In dieser Gruppe treffen wir neben anderen Zollbeamten eine Reihe von Revalern an, die sich aus der Position einfacher Kanzleibeamter hochgearbeitet haben wie z.B. Johannes Rosmarin, der 1795 als Schreiber der Gouvernementsregierung in den Staatsdienst getreten war und es bei seinem Tode 1834 bis zum Hofrat gebracht hatte. Die bemerkenswerteste Karriere aber machte Justus Fehst, der – 1795 als Sohn eines ehemaligen Uexküllschen Kammerdieners in Reval geboren – nach dem Besuch der Kreisschule im Kameralhof angestellt wurde und dort bis zum Staatsrat avancierte; noch augenfälliger wird sein gesellschaftlicher Aufstieg durch die Ehe mit einer geborenen Gräfin Rehbinder und

---

[29] Nach dem Tod im Jahr 1849 wurde im Kirchenbuch der Ritter- und Domkirche eingetragen, er sei am 15. Oktober 1777 in Luckenwalde/Mark Brandenburg geboren, doch wird der Name Macdonald in den Kirchenbüchern von Luckenwalde nicht erwähnt. War er - man beachte den Vornamen - vielleicht der natürliche Sohn eines vornehmen Vaters?

geschiedenen Gräfin Manteuffel aus Sack/Sakku dokumentiert, deren Vater Karl Friedrich heute in Estland als Begründer der dortigen Bierbrauerei und Namenspatron eines eleganten Restaurants am Revaler/Tallinner Rathausplatz einen hohen Bekanntheitsgrad genießt, und deren Mutter eine Gräfin von Nassau zu Leck war. Fehst wurde allerdings erst in der Endphase der „Isis" 1818 Freimaurer. Sein Vater Johann und sein älterer Bruder Diedrich, ersterer Ratsdiener und damals zugleich Siechenhofmeister und letzterer, ebenfalls Ratsdiener, verblieben hingegen in ihrem ursprünglichen sozialen Milieu und wurden 1809 bzw. 1812 als dienende Brüder in die „Isis" aufgenommen. Einziger Einwanderer in dieser Gruppe ist Hermann Wilhelms aus Hamburg, der als zur französischen Armee zwangsrekrutierter Soldat 1812 in russische Kriegsgefangenschaft geriet und die Chance ergriff, sich in Reval als Kameralhofbeamter und Privatlehrer eine neue Existenz zu schaffen – Gotthard von Hansen erinnert sich seiner als stadtbekannten Objekts einer ihn wegen seiner offenbar geringen Körpergröße neckenden Revaler Schuljugend.

Eine wichtige, wenn auch zahlenmäßig nicht besonders starke Gruppe stellen die evangelischen Theologen dar. Allerdings haben – wie wir noch sehen werden – auch die meisten der Pädagogen ursprünglich Theologie studiert, sich dann aber ganz erzieherischen Aufgaben zugewandt. An erster Stelle unter den Pastoren ist Joachim Friedrich Hartmann aus Riga zu nennen, der nach dem Studium in Leipzig und einer kurzen Zeit als Hofmeister 1775 zuerst Diakon und dann 1792 Pastor an der Nikolaikirche wird, um von 1795 bis zu seinem Tode 1808 das Amt des Oberpastors an der Olaikirche und damit des Superintendenten der Revaler Stadtgeistlichkeit auszuüben. In Leipzig war er in die Loge „Minerva" rezipiert worden, und in Reval tritt er gleich nach seiner Ordination der „Isis" bei, um in ihr zuerst als Redner, dann als Zeremonienmeister und schließlich acht Jahre lang bis 1790 und dann nochmals 1792-1794 als

Meister vom Stuhl eine herausragende Rolle zu spielen. Nach seinem Tod folgt ihm Christian Gottlob Mayer als Oberpastor und Superintendent nach. Dieser stammte aus Gera, hatte in Jena studiert und war über Riga, wo er zuerst Hauslehrer und daran anschließend in Pernau Pastor gewesen war, nach Reval gekommen. Hier wird er 1812 in die wiederbegründete „Isis" aufgenommen. Bald 40 Jahre hat er in Reval gewirkt, galt – wie es in seinem Nachruf heißt – als *einer der bedeutendsten Kanzelredner seiner Zeit, der dem Kirchenwesen [...] und dem öffentlichen Gottesdienst seine Würde und Heiligkeit* wiedergab, *der Privatandacht aber neue größere Geltung* verschaffte, *als die Frivolität und der Libertinismus jener Zeit ihr einzuräumen geneigt waren*[30], und Gotthard von Hansen erinnert sich: *Sein Einfluß wurde ein unbegrenzter*[31]. Mayer war auch maßgeblich an der Gründung der Estländischen Bibelgesellschaft beteiligt und viele Jahre einer ihrer Direktoren. Als Junggeselle vermachte er die Hälfte seines nicht unbeträchtlichen Vermögens dem Dr. Martin Luther-Waisenhaus in Reval. Die anderen Pastoren, die im Laufe der Jahrzehnte in die „Isis" aufgenommen werden, mit einer Ausnahme alles Landeskinder, wirkten auf dem Lande und konnten daher nur bei gelegentlichen Aufenthalten in der Stadt an den Logenarbeiten teilnehmen. Zu diesen zählt der 1789 rezipierte spätere Volksaufklärer und „Bahnbrecher der estnischen Nationalsprache" (Leo Anvelt[32]) Otto Wilhelm Masing, damals ein junger Pastor in Luggenhusen/Lüganuse im Osten Estlands, der es nie über den Grad eines Lehrlings hinaus gebracht hat, ebenso wie der einer späteren Generation um die Entwicklung der estnischen

---

[30] Das Inland 1848, Spalte 955f.
[31] Sprengfeld (wie Anm. 1), Seite 47f.
[32] In: Leo Anvelt, Eva Aaver, Heli Laanekask, Abel Nagelmaa (Hrsg.), Die Briefe von Otto Wilhelm Masing an Johann Heinrich Rosenplänter 1814-1832. Erster Band 1814-1818. Tartu 1995 [zweisprachig deutsch-estnische Ausgabe], Seite 46.

Schriftsprache verdienter Pastoren angehörende Dr. Heinrich von Jannau, der in Nordlivland wirkte und 1816 aufgenommen wurde, aber dann – wie er selbst berichtet – nie mehr Gelegenheit gehabt habe, die Loge zu besuchen.

Anders als die Pastoren waren von den elf Pädagogen in der „Isis" allein acht nach Estland eingewandert; sieben der elf hatten Theologie studiert, zum Teil in Verbindung mit anderen Fächern, dann aber, aus welchen Gründen auch immer, nicht die Pastorenlaufbahn eingeschlagen. Nur Johann Bernhard Heinrich Göbel aus der Gegend um Dortmund war neben seinem Amt als Rektor der Pernauer Stadtschule auch Diakon an der dortigen Nikolaikirche gewesen, bevor er über St. Petersburg, wo er seit 1763 zuerst als Inspektor und dann Direktor der berühmten St. Petrischule eine Anstellung fand, nach Reval kam, wohin er 1766 als Professor primarius, d.h. Direktor an die Domschule berufen wurde. Unter seiner Leitung erfuhr diese altehrwürdige Lehranstalt eine grundlegende Reorganisation und Modernisierung und wurde als *Ritterakademie* (später Ritter- und Domschule) unter vollständiger Lösung von der Kirche zu einem Institut der Estländischen Ritterschaft. Göbel blieb 15 Jahre in Reval und setzte sich dann unter Zurücklassung von Frau und Kindern und erheblicher Schulden 1781 ins Ausland ab, zuerst nach London, bis sich seine Spuren während der Französischen Revolution in Paris verlieren. Seine Frau wurde aus der Armenkasse der „Isis" unterstützt.

Noch vier weitere Mitglieder der „Isis" waren an der Domschule tätig: Göbels Nachfolger als Direktor wird für die Dauer von 40 Jahren Johann Christian Tideböhl, der in Halle und Leipzig Theologie studiert hatte und dort in Freimaurerlogen aufgenommen worden war, bevor er 1775 zur „Isis" stieß. Ein gleich ihm engagierter Freimaurer begegnet uns in Karl Ludwig Carpov aus Westpreußen, nach dem Studium in Jena als Hofmeister adliger Kinder auf dem Lande eingewandert und seit 1771 dreißig Jahre Professor der Mathematik, Physik und lateinischen Sprache – ein vielseitiger Mann, der auch noch den medizinischen Doktorgrad erwarb, meteorologische Beobachtungen anstellte, die zu den besten ihrer Zeit zählen und nicht nur als Revaler Repräsentant des Buchhändlers Hartknoch in Riga für die Verbreitung zeitgenössischer deutscher Literatur in Estland sorgte: Als ihn Klopstock 1773 beauftragte, Subskriptionen für seine „*Deutsche Gelehrtenrepublik*" (Hamburg 1774) entgegenzunehmen, kündigte er dies im Revaler Wochenblatt mit den Worten an, er *wünsche, hiedurch ein abermaliges Mittel gewonnen zu haben, dem Herrn Legationsrath Klopstock und zugleich andern deutschen Gelehrten einigen Beweis zu geben, daß die Wissenschaften und ihre Beförderer in keiner deutschen* [sic] *Provinz mit größerer Wärme verehrt werden, als in Esthland*[33]. Aus Thüringen wanderte der in Jena zum Dr. phil. promovierte Ernst August Wilhelm Hörschelmann ein, der 1768 als Professor der Philosophie und Geschichte an das Revaler Gymnasium berufen wurde und dort im Lauf von über 20 Jahren achtmal Rektor war. Auch er ein Multitalent: nicht nur gründete er 1772 die *Revalischen Wöchentlichen Nachrichten,* die er bis zu seinem Tode 1795 selbst redigierte und in der er zahlreiche Aufsätze publizierte, sondern er gab zwischen 1787 und 1796 drei Adressbücher der Revalschen Statthalterschaft heraus, die uns wie das Revaler Wochenblatt noch heute eine wichtige Informationsquelle sind. Er galt den Zeitgenossen als ein guter Klavierspieler und vertonte die 1788 im Liebhabertheater uraufgeführte Operette „Die väterliche Erwartung", deren Libretto von Kotzebue stammte und – für die damalige Zeit ganz ungewöhnlich – auch Szenen und Lieder in estnischer Sprache enthält[34]. Daneben vertrieb er auch Noten; so nahm er z.B. 1778 Vorbestellungen

---

[33] Revalsche Wöchentliche Nachrichten vom 16. September 1773.
[34] Helmut Scheunchen, Lexikon deutschbaltischer Musiker. Wedemark-Elze 2002, Seite 109f.

auf neue Werke von Philipp Emanuel Bach entgegen[35]. In die „Isis" wird er 1778 aufgenommen und bekleidete dann nacheinander das Amt des Redners, Ersten Vorstehers, deputierten Meisters und schließlich 1790-1792 als Nachfolger von Pastor Hartmann das des Meisters vom Stuhl. Ebenfalls am Gymnasium wirkte seit 1778 als Professor des bürgerlichen Rechts, der Mathematik, Physik und der französischen Sprache der in Straßburg geborene und von der dortigen Universität als Magister phil. abgegangene Johann Jakob Reutlinger. Er kam aus St. Petersburg, wo er in die Loge „Zum Apoll" aufgenommen worden war, als Hofmeister nach Estland und tritt kurz darauf der „Isis" bei, in der er Zeremonienmeister und dann Redner wird, ihr später aber nicht mehr angehört. Obwohl er nicht Jura studiert hatte, unterrichtete er bürgerliches Recht und hatte während der Statthalterschaftszeit neben seinem Lehramt verschiedene Beamtenpositionen inne, wird nach ihrer Aufhebung auch 1797 als Oberlandgerichtsadvokat zugelassen. Reutlinger scheint – möglicherweise als Ergebnis seiner Zugehörigkeit zu einer St. Petersburger Loge – über gute Verbindungen in der Residenz und als Folge davon auch zum alten Generalgouverneur Browne in Riga verfügt zu haben.

Die Gutsbesitzer, die kein Landesamt bekleideten und daher nur selten in Reval weilten, spielten im Logenleben soweit festzustellen keine besondere Rolle.

Das kann man so von den Rats- und Gildedienern nicht sagen; als „dienende Brüder" – einige von ihnen sind uns schon begegnet – waren sie zwar Mitglieder sozusagen minderen Rechts, doch im Hintergrund stets präsent und für das leibliche Wohl der übrigen Brüder bei Tafellogen unersetzlich. So dürften sie sich in den meisten Fällen allgemeiner Wertschätzung erfreut haben, und wenn der ältere Fehst (Johann) später auch als normaler Bruder rezipiert wurde und bis in den Meistergrad aufstieg, dann kann man daran wohl eine Anerkennung für ge-

---

[35] Revalsche Wöchentliche Nachrichten vom 26. September 1778.

leistete gute Dienste erblicken. Manch dienendem Bruder hat die Tätigkeit in der Loge sicher auch beim Fortkommen im bürgerlichen Leben geholfen; jedenfalls hat es der als bescheidener Zollbesucher in den Staatsdienst und kurz darauf 1790 als dienender Bruder in den Dienst der „Isis" getretene Wilhelm Ritter im Lauf der Jahrzehnte bis zum Hofrat in der Gouvernementsregierung gebracht.

Zur kleinen Gruppe der Künstler zählt nur ein Landeskind, nämlich der Porträt- und Landschaftsmaler Karl Freiherr von Ungern-Sternberg. Bei den Herrnhutern in Niesky und Barby erzogen, musste er, nach Estland zurückgekehrt, schon als junger Mann bezahlte Anstellungen in der ritterschaftlichen Verwaltung und später in der Adeligen Kreditkasse annehmen, weil er von seiner Kunst und dem kleinen Rittergut Birkas/Pürksi auf Nuckö/Noarootsi seine Familie nicht ernähren konnte. Immerhin gelang es ihm, 1806/07 ein Jahr zur Weiterbildung an der Kunstakademie in Dresden zu verbringen, wo er Pochmann und Gerhard von Kügelgen zu seinen Lehrern zählte. Wir verdanken dem Maler Ungern eine Reihe noch heute erhaltener Porträts von estländischen Zeitgenossen und zahlreiche Ansichten liv- und estländischer Baudenkmäler und Landschaften. Freimaurer wurde er bei einem längeren Aufenthalt in St. Petersburg 1809 in der Loge „Alexander zum gekrönten Pelikan", 1813 wird er Mitglied der „Isis". Die Maurerei muss Ungern viel bedeutet haben; denn wie soll man sich sonst erklären, dass sein gut erhaltener Grabstein auf dem Friedhof von Noarootsi, wovon sich jeder Besucher überzeugen kann, Freimaurersymbole (Winkelmaß, Sterne und Zirkel) aufweist, und das, obwohl er 1830 starb, in einer Zeit des striktesten Verbots aller geheimen Gesellschaften unter Nikolai I. Mir ist im Übrigen kein weiterer solcher Grabstein in Estland bekannt. Eine Generation vor Ungern-Sternberg hielt sich 1782/83 mit Joseph Darbès einer der bedeutendsten Porträtisten seiner Zeit vorübergehend in Reval auf und wurde im Dezember 1782 – nachdem er bereits anderswo Maurer geworden war – auch Mitglied der „Isis". Er hatte lange in St. Petersburg gearbeitet, auch Katharina II. gemalt, und reiste nach dem – in der einschlägigen Literatur bisher unbemerkt gebliebenen – Aufenthalt in Estland nach Riga und Kurland weiter, um sich 1785 in Berlin niederzulassen. Zu den von ihm porträtierten Berühmtheiten zählen auch Friedrich II. und Goethe. Es gibt vier aufschlussreiche Briefe von Darbès an Dr. Johannes VII. Burchart[36] aus denen u.a. hervorgeht, dass er in Reval auch einige seiner Logenbrüder wie z.B. den Meister vom Stuhl Hartmann gemalt hat; leider sind diese Bilder verschollen. Dem Aufenthalt von Darbès verdanken wir aber immerhin ein Porträt von August Wilhelm Hupel, wenn auch nur in der Form eines Kupferstichs nach einem wohl ebenfalls nicht mehr existierenden Original. Ein Zeitgenosse wiederum von Ungern-Sternberg und wie dieser ein Schüler von Kügelgen war Karl Siegesmund Walther aus Dresden, den Kotzebue 1812 als Zeichenlehrer für seine Kinder nach Estland geholt hatte und der dann über 30 Jahre als solcher an der Domschule unterrichtete. Von ihm stammen über 100 Porträts und 25 Altargemälde, die noch heute viele Kirchen in ganz Estland schmücken. 1814 wird Walther in die „Isis" rezipiert. Bei den drei anderen Künstlern handelt es sich um die Musiker Christoph Gabler aus Sachsen, Heinrich Gottfried Gödicke aus dem Eichsfeld und Friedrich Mainzer unbekannter Herkunft, der sich nur vorübergehend in Reval aufhielt und dann wieder nach Deutschland zurückkehrte. Sie werden zwischen 1813 und 1818 in die „Isis" aufgenommen. Gabler hat sich vor allem als Komponist von Klavierstücken einen Namen gemacht. Gödicke war Vorspieler (Geiger) und später Leiter des Revaler Theaterorchesters und zugleich Organist an der Domkirche, bevor er 1828 als Musiklehrer und Kapellmeister nach St. Petersburg ging. Mainzer war der Vorgänger von

---

[36] Eesti Ajaloomuuseum 128/1/115.

Gödicke als *Musikdirektor* am Theater. Über alle drei habe ich schon an anderer Stelle ausführlicher berichtet[37].

Das gilt auch für die sechs Schauspieler, die – alle erst nach Wiederbegründung der Loge im Jahre 1812 – Mitglieder der „Isis" wurden, alle aus Deutschland eingewandert waren und sich bedingt durch den Niedergang des Theaters zum Teil auch nur zeitweise in Reval aufhielten. Zwei von ihnen, August Ciliax aus dem Weimarschen und Ludwig Ohmann aus Hamburg, waren auch Sänger und komponierten, so dass die Abgrenzung zu den Musikern im engeren Sinn eine etwas künstliche ist. Unter den reinen Schauspielern erfreute sich der Komiker Wilhelm Piwko – wie ebenfalls Gotthard von Hansen, aber auch andere zu berichten wissen – großer Beliebtheit; nach vorübergehender Abwesenheit kam er nach Reval zurück und betrieb 1822-1828 mit dem ebenfalls zurückgekehrten Schauspieler und Sänger Louis Schwerin aus Berlin (der Mitglied der „3 Streithämmer" war) das Theater als gemeinsames Unternehmen. Es liegt auf der Hand, dass Schauspieler ein besonderes Interesse an der Zugehörigkeit zur Internationale der Freimaurer haben mussten, die ihnen an jedem neuen Ort, an dem es eine Loge gab, schnell gesellschaftlichen Anschluss verschaffte.

Schließlich noch ein Blick auf die vier Handwerker in der „Isis". Drei von ihnen waren eingewandert: der Perückenmacher Georg Konrad Asmos aus Danzig, 1778 als dienender Bruder und 1790 *wegen geleisteter treuer Dienste* als ordentliches Mitglied aufgenommen, der um die Jahrhundertwende vermutlich auch aus Danzig nach Reval gekommene Perückenmacher Johann David Pobowsky (rezipiert 1817) und der 1795 aus Flensburg eingewanderte Malermeister Johannes Hau. Obwohl Hau als der Autor von Ansichten der Stadt Reval und ihrer Umgebung aus den 1820er Jahren in Erinnerung ge-

---

[37] Vgl. Anm. 13 und jetzt auch Scheunchen (wie Anm. 34) Seiten 81ff. (Gabler) und 87f. (Gödicke).

blieben ist, zähle ich ihn zu den Handwerkern, da er sich als Dilettant verstand und immer dem Handwerkerstand verbunden blieb, wie schon seine prominente Stellung in der St. Kanutigilde, deren Ältermann er jahrelang war, zeigt. 1813 in die „Isis" rezipiert, trat er nach Wiederbegründung der „3 Streithämmer" zu dieser Loge über. Der einzige gebürtige Revalenser unter den Handwerkern in der „Isis" war der Buchbinder Johann Valentin Loose, der in der Endphase der Loge dienender Bruder gewesen ist.

Haben wir uns nun einen Überblick darüber verschafft, aus welchem Personenkreis sich die Mitglieder der Loge „Isis" rekrutierten und damit versucht, eine Antwort auf die Frage zu geben, wie ihre Sozialstruktur aussah, so knüpft sich daran die nächste an, nämlich die nach dem Einfluss der einzelnen Mitglieder auf das Logenleben. Da eine gründlichere Untersuchung den Rahmen dieses Beitrags sprengen würde, will ich mich auf einige Hinweise beschränken. Ein Maßstab für das persönliche Engagement wäre die Frequenz der Teilnahme an den Logensitzungen; diese kann nur aufgrund des Protokolls festgestellt werden, was uns im Falle der „Isis" immerhin bis zum Ende des Jahres 1814 möglich wäre[38]. Ein anderer Indikator ist die Bereitschaft, Logenämter zu übernehmen bzw. das Vertrauen der Brüder in das einzelne Mitglied, es in dieses oder jenes Amt zu wählen. Betrachten wir also einmal summarisch die „Beamten" der „Isis", so ergibt sich folgendes Bild: Von den 42 Personen, die während der gesamten Existenz der Loge Beamtenfunktionen ausgeübt haben, waren 17 Juristen (41%), 8 Ärzte und Apotheker (19%), 5 Pädagogen (12%), 4 Landesbeamte (10%), je 3 Kaufleute und nichtstudierte Beamte (7%) und je 1 Pastor und Offizier (2%), d.h. von den uns bekannten 210 Logenmitgliedern waren nur 20% Beamte (wobei viele von ihnen mehrere Ämter nacheinander bekleidet haben). Von persönlichen Eigenschaften einmal abgesehen, die den einzel-

---

[38] Vgl. Anm. 3.

nen Bruder zur Übernahme eines Amtes befähigten bzw. die Wahl auf ihn fallen ließen, unterstreichen diese Zahlen den weiter nicht erstaunlichen Sachverhalt, dass sich der Kern der Loge – denn um ihn handelt es sich bei den Beamten – aus ständig in der Stadt lebenden Brüdern zusammensetzte (auch alle vier Landesbeamten waren durch ihr ritterschaftliches Amt zumindest zum zeitweiligen längeren Aufenthalt in Reval verpflichtet). Doch Statistiken soll man bekanntlich, wenn überhaupt, dann nur mit Vorsicht trauen: Bedenken wir, dass ein Pastor – nämlich Joachim Friedrich Hartmann – allein zehn Jahre als Meister vom Stuhl an der Spitze der „Isis" gestanden hat, also ein Drittel der gesamten Lebensdauer der Loge, so relativieren sich die oben angegebenen Zahlen (von den übrigen 6 Brüdern, die das Amt eines Meisters vom Stuhl bekleidet haben, waren 3 Juristen (Kiesow, Riesenkampff, Riesemann), 2 Landesbeamte (Brevern, Ungern-Sternberg) und 1 Pädagoge, (nämlich Hörschelmann). Diese sieben führenden Männer – so unser vorläufiger Befund – und einige andere herausragende Logenbeamte haben im Laufe der Jahrzehnte das Gesicht der „Isis" geprägt und müssen daher zu wichtigen Trägern der Aufklärung in Estland gerechnet werden.

VOM SCHREIBEN LEBEN

Garlieb Merkel als Zeitschriftsteller

Heinrich Bosse

Im letzten Drittel des 18. Jahrhunderts änderte sich die Struktur der Öffentlichkeit. Der ständische Buchhandel war ausgerichtet gewesen auf eine spezifische Minderheit, auf die lateinische Universität und ihre lateinkundigen Absolventen, oder wie man damals sagte, auf die gelehrte Republik (*res publica literaria*). Durch die Aufklärung modernisiert, wandelt er sich zu einem umfassenden, nationalsprachlichen Markt der Nachrichten, Meinungen, Unterhaltung und Kultur – und zwar für möglichst alle. Auf diesem Markt suchen sich in zunehmender Zahl Universitätsabsolventen (Gelehrte, *literati*) einen Lebensunterhalt; 1790 zählt man bereits 230 dieser „privatisierenden Gelehrten", unter ihnen Jakob Michael Reinhold Lenz.[1] Wie er wandten sich die meisten den Schönen Wissenschaften zu, versuchten sich als Zeitschriftenherausgeber – am prominentesten ist Christoph Martin Wieland (1733-1813) mit seinem „Teutschen Merkur" – oder schrieben Romane. Nicht alle konnten auf solch eine Erfolgsgeschichte zurückblicken wie Joachim Christoph Friedrich Schulz (1762-1798), der es schließlich zum Weimarischen Hofrat und Professor an der Academia Petrina in Mitau brachte, nachdem er anderthalb Jahre ohne väterliche Unterstützung zu studieren versucht hatte und mit einem Kommilitonen zusammen ins Blaue losgezogen war:

---

[1] Ueber die privatisirenden Gelehrten in Deutschland. In: Journal von und für Deutschland 7/1790, 11. Stück, S. 391-400. Selbst wenn man die Zahl, der Nicht-Erfaßten wegen, verdoppelt, so bleibt sie doch noch weit unter jenen Ziffern, die vor geraumer Zeit durch die literatursoziologischen Zusammenstellungen geisterten.

„Sie kamen nach Dresden, ließen sich bey einer Schauspielergesellschaft annehmen, bereueten aber bald diesen Schritt, und der eine von ihnen wurde Soldat, *Schulz* hingegen versuchte es, sich als Schriftsteller fortzuhelfen und schrieb seine früheren, jetzt vergessenen Romane. In einigen Jahren arbeitete er sich durch dieses Hülfsmittel zu einem gewissen Wohlstande empor, machte nunmehr Reisen durch Deutschland und erwarb sich überall Freunde und Gönner."[2]

Auch Trivialromane konnten noch unter dem Zeichen der Schönen Wissenschaften (*belles lettres*) zur Gelehrten Republik gerechnet werden – nicht aber die (politischen) Zeitungen, die als sub- oder nichtakademisches Dienstgewerbe galten[3], zumindest bis zur Französischen Revolution.

Hier nun, in dieser Übergangszone zwischen Schriftstellerei und Journalismus, finden wir den Kritiker Garlieb Helwig Merkel (1769-1850), der sich selber – sehr doppelsinnig – als ‚Zeitschriftsteller' bezeichnete.[4] „Er hatte", bemerkt Werner Bergengruen, „soviel Witz, Schlagfertigkeit und geistige Beweglichkeit, daß er aus der Fülle seiner Gaben wohl ein Dutzend Pressekonzerne hätte speisen können."[5] Doch auch sich

---

[2] Johann Friedrich v. Recke/Karl Eduard Napiersky (Hrsg.), Allgemeines Schriftsteller- und Gelehrten-Lexikon der Provinzen Livland, Esthland und Kurland, Bd. IV (Mitau 1832) Reprint Berlin 1966, S. 142. Schulz hat über seine Schriftstellereinkünfte genauestens Buch geführt; die Aufstellung, die Recke/Napiersky noch vorgelegen hat, scheint leider verschollen zu sein.

[3] Vgl. Heinrich Bosse, Die gelehrte Republik. In: Hans-Wolf Jäger (Hrsg.): ‚Öffentlichkeit' im 18. Jahrhundert, Göttingen 1997 (Das achtzehnte Jahrhundert. Supplementa 4), S. 59f.

[4] Z.B. im Vorbericht zu seinem „Beweis daß es halb so viel koste, seine Ländereien von Tagelöhnern bestellen zu lassen, als von leibeigenen Bauern" (Riga 1814) u.ö.

[5] Rezension von: „Thersites". Erinnerungen des baltischen Journalisten Garlieb Merkel von Maximilian Müller-Jabusch. In: Baltische Bücher 4/1920, Nr. 41 (13.10.1920). Für den Hinweis danke ich Henning von Wistinghausen (Berlin).

selber hatte er zu ernähren, und so blitzen in seinem Lebenslauf alle Widersprüche auf, die der neue Dienst an der Öffentlichkeit entband. Als Publizist zeigt Merkel sich in der Gestalt des freien *philosophe*, der die großen Interessen der Menschheit vertritt und damit zugleich für seinen Lebensunterhalt sorgt. Als Aufklärer kämpft er für die freie Entfaltung der Nationalkulturen. Als Livländer durchmisst er dabei auf seinem Lebensweg jenen Raum, den Heinz Ischreyt das ‚nordosteuropäische Kommunikationssystem' genannt hat.[6]

Garlieb Merkel wurde am 21. Oktober 1769 im Pastorat Loddiger/Lēdurga geboren.[7] Im Jahr darauf wurde sein Vater, Daniel Merckel, des Amtes enthoben und, mit einem Viertel des Gehalts, zwangspensioniert. Durch den Tod des Vaters (1782) verlor der dreizehnjährige Merkel seinen ersten Lehrer und alle Mittel, die Rigaer Domschule weiterhin zu besuchen. Anderthalb Jahre bildete er sich im Studierzimmer seines Vaters alleine fort, 1784 kehrte er vorübergehend in die Sekunda der Domschule zurück, nahm aber kurz darauf, da er keine Aussichten hatte, studieren zu können, eine Stelle als Kanzleischreiber beim livländischen Gewissensgericht an; dort wurde

---

[6] Vgl. Heinz Ischreyt, Buchhandel und Buchhändler im nordosteuropäischen Kommunikationssystem (1762-1797). In: Buch und Buchhandel im achtzehnten Jahrhundert. The Book and the Book-Trade in Eighteenth-Century Europe, Hamburg 1981 (Wolfenbütteler Schriften zur Geschichte des Buchwesens 4), S. 249ff.

[7] Eine vorzügliche Einführung in Merkels Jugendzeit bietet Jürgen Heeg, Garlieb Merkel als Kritiker der livländischen Ständegesellschaft. Zur politischen Publizistik der napoleonischen Zeit in den Ostseeprovinzen Rußlands. Frankfurt a.M. u.a. 1996 („Der Werdegang Garlieb Merkels und die Entstehung der ‚Letten'), S. 72ff. Merkel selbst hat autobiographisch über sein Leben Auskunft gegeben in „Skizzen aus meinem Erinnerungsbuche" (Riga 1812/16) und „Darstellungen und Charakteristiken aus meinem Leben" (Leipzig 1839/40). Rund 350 Briefe Merkels - die Grundlage jeder biographischen Darstellung – sind mit großer Energie gesammelt worden von Jörg Drews, Thomas Taterka, Dirk Sangmeister und harren ihrer Veröffentlichung.

er Ende 1786 wegen schlechter Handschrift und Überheblichkeit entlassen. Alles in allem, ein denkbar schlechter Start ins Leben für einen Büchermenschen oder *literatus*.[8] Die Schulausbildung war unbefriedigend, selbst nach den lockeren Maßstäben des Ancien Régime, denn es war ihm nicht gelungen, einen Gönner oder wenigstens Empfehlungen – das Äquivalent zu den heutigen Zeugnissen – zu erlangen; der öffentliche Dienst war blockiert, an ein Studium war nicht zu denken. Zwei Jahre hielt sich Merkel in Riga über Wasser und verkehrte in einem Kreis junger Hofmeister, Künstler und Schauspieler, der sich „Propheten-Club" nannte, bis ihn der Schauspieler Carl Ferdinand Daniel Grohmann (1758-1794) zu einem Vergleich zwischen Voltaire und Schiller inspirierte und, mit diesem Aufsatz als Begabungsnachweis ausgerüstet, ihm sodann zu Empfehlungen für eine Hofmeisterstelle auf dem Lande (1788-1792) verhalf. Das war zunächst eine Gelegenheit zur Weiterbildung und, so Merkel selber, „eine ehrenvolle Auszeichnung [...], ich hatte noch nicht mein neunzehntes Jahr zurückgelegt und nicht einmal den ganzen Kursus eines Gymnasiums durchgemacht."[9] Vier Jahre später versuchte Merkel er-

---

[8] Die Standesgrenze, definiert durch Universitätsbesuch und/oder perfekte Lateinkenntnisse, wurde in Livland – wie sonst auch – streng beachtet. Vgl. etwa den Brief des Rigaer Konrektors Johann Gottfried Arndt an Gadebusch vom 25. Nov. 1762: „Hr. *Völckner*, der ietzt in St. Petersburg ist, und als Translateur beim Rath [Gerhard Friedrich Müller] gelehrten Rang hier prätendirte, ist kein Litteratus. Er ist aus Halle, und mein Landsmann, wo seine Mutter noch sehr dürftig lebt; er mußte aus Classe IV. der Lateinischen Schule des Waisenhauses weg und in Herrendienste gehen. [...] Wenn er die Lat. Grammatic cultiviret hätte, würde er's durch seine Begierde zu emergiren, im Rußischen hochgebracht haben." Briefe gelehrter Männer an Friedrich Konrad Gadebusch, Bd. I. Nr. 45 (Historisches Staatsarchiv Lettlands, Riga, Best. 4038, Verz. 2, Akte 1639).

[9] Garlieb Merkel, Darstellungen I. (wie Anm. 7), S. 148. Wie sehr ein Hauslehrer, der noch nicht studiert hatte, sonst diskriminiert werden konnte, zeigen die „Erinnerungen aus meinem Jugendleben" des Homer-

neut, in Riga Fuß zu fassen. Aus dieser Zeit stammt wohl ein kurzer Aufmunterungstext seines Freundes Grohmann, „Die Göttinn des Schiksals und der Unzufriedene, Ein Fragment. Meinem Freund Garlieb Merkel gewidmet", der mit den Worten beginnt: „Halt ein, Kurzsichtiger! hemme den Lauf Deiner Klagen!"[10] Nach neun verlorenen Monaten nahm Merkel eine zweite Hofmeisterstelle an, von der aus er sich als Autor zu profilieren begann. Neben einem Gelegenheitsgedicht auf den Landrichter von Aderkas (1792) schrieb er im Jahr darauf ein Lehrgedicht „Versuch über die Dichtkunst. Riga 1794" mit überdeutlichem Bezug auf Popes „Essay on Criticism"(1711), das auch für Livlands Dichtung eine neue Blüte ankündigt:

Dein Lenz ist da! Wohl dir mein Vaterland!
Dein Lenz ist da! Die spätsten Enkel glühen
Dereinst bei Deiner Barden Melodien.[11]

Weitere poetische Versuche, eine Ode und ein Ossianisches Epos, galten nun aber einem, oder vielmehr *dem* sozialpolitischen Thema der Zeit, der Leibeigenschaft der lettischen und estnischen Bauern. In einem Brief an den Superintendenten Karl Gottlieb Sonntag (1765-1827) schreibt Merkel rückblickend: „1794 lehrte mich *Ihre* Behandlung des Gegenstandes, einsehen, daß es mit der Poeterey über solche Dinge Possen sey, wenn man zu wirken suche. Ich entwarf die Letten."[12] Das wurde der Text, der Merkel in Livland verhasst, in Deutschland bekannt und in Lettland unsterblich gemacht hat.

Übersetzers Johann Heinrich Voß. In: Abraham Voß (Hrsg.), Johann Heinrich Voß. Briefe (1829), Reprint 1971, Bd. I., S. 44f.

[10] K. F. D. Grohmann, Beytrag zur Lektüre. Zweyte Auflage [2. Bändchen], Riga und Leipzig 1793, S. 128f.

[11] Garlieb Merkel, Kritische Antiken. Ein Beitrag zur Literatur-Geschichte Deutschlands. Riga 1837, S. 22.

[12] Brief an K. G. Sonntag vom 15. März 1819, zit. n. Karl Christoph von Stritzky, Garlieb Merkel und „Die Letten am Ende des philosophischen Jahrhunderts" (Phil. Diss. Königsberg), Riga 1939, S. 52.

Verglichen mit den älteren Autoren der livländischen Aufklärung bringt Merkel einen unerhört neuen Ton in die Diskussion der Bauernfrage. Eisen, Jannau, Hupel, Friebe, Snell hatten sich im Stil von Denkschriften oder Memoranden geäußert, auf Nachteile hingewiesen, Vorteile entwickelt, Bedenken zerstreut, kurz, sich als patriotische Ratgeber verstanden.[13] Merkel dagegen tritt als öffentlicher Ankläger auf; er will nicht nur die Verhältnisse verbessern, er will vor allem diejenigen anprangern, die daran schuld sind, dass sie im Argen liegen. Schuldig sind die Nachfahren der Kreuzritter und Mönche, nämlich die adligen und geistlichen Gutsbesitzer, als „Unterdrücker meines Vaterlandes" (S. 155).[14] Sie setzen das erste Unrecht der Eroberung fort, indem sie die ursprünglichen Herren des Landes, „das Ihre Vorfahren durch ein Verbrechen gegen die Menschheit erbeuteten" (S. 115), weiterhin mit allen Mitteln im Zustand der Rechtlosigkeit halten. In einem ununterbrochenen Kontinuum der Kolonisierung werden die eigentlichen Ernährer des Landes gepeinigt, „wenn die gewalttätige Caste, die neben ihnen haust, neue Räubereien ersonnen hatte, oder neue Marter" (S. 92). Dieses Kontinuum kann nicht irgendwie gelockert, es muss gesprengt werden: „Soll der Lette zum Menschen, zum Staatsbürger erhoben werden, so ist es nothwendig, daß man ihn vor allen Dingen den gewaltsamen Händen entreiße, in denen er bisher geängstiget ward." (S. 149). Mit den Fesseln des Unrechts sind auch die Fesseln der Vergangenheit ab-

---

[13] Die Funktion der Beratung verbindet – systemtheoretisch gesehen – die *res publica literaria* mit der *res publica politica*. Vgl. Rudolf Stichweh, Der frühmoderne Staat und die europäische Universität. Zur Interaktion von Politik und Erziehungssystem im Prozeß ihrer Ausdifferenzierung (16.–18. Jahrhundert), Frankfurt a.M. 1991, bes. S. 154ff.

[14] Seitenzahlen im Text beziehen sich auf die Neuausgabe von Thomas Taterka (Hrsg.), Die Letten in Liefland am Ende des philosophischen Jahrhunderts. Ein Beitrag zur Völker- und Menschenkunde von Garlieb Helwig Merkel, Wedemark 1998 (Beiträge zur baltischen Geschichte 17).

zuwerfen, so lautet der historisch-moralische Imperativ, der seit 1789 alle Politik begleitet. Es geht Merkel nicht nur um die Befreiung der Bauern, es geht ihm um die Befreiung der ganzen Nation, zu der diese Bauern gehören. Die Kolonisierung hat ihnen die Chance genommen, sich politisch selbst zu behaupten und im Spiegel einer eigenen Nationalkultur ihrer selbst innezuwerden: „Izt hätten sie vielleicht unter den Bewohnern Europas geglänzt: hätten schon ihre Kante, ihre Voltäre, ihre Wielande etc. gehabt und spielten eine wichtige Rolle im Reiche der Wissenschaften, wie im Reiche der Politik" (S. 18). Diese Chance soll wieder eröffnet werden.

In seiner Streitschrift für die lettischen Bauern und gegen die deutschen Herren zeigt sich Merkel als politischer Autor, ganz im Sinne Carl Schmitts[15], er definiert die Lage als einen extremen Konflikt, in dem es nur noch zwei Parteien gibt, Feind oder Freund, einen „unterdrückenden Theil" und einen „unterdrückten" (S. 147), Tyrannen oder unglückliche Brüder. Feind- und Freundbilder sind dabei in mehreren Dimensionen polarisiert: vertikal als Tyrann vs. Sklave, horizontal als Fremder vs. Einheimischer. Indem Standesunterschied und Nationalität zusammenfallen, indem die unteren Stände „eine von den obern verschiedene Nation ausmachen" (S. 95), werden die Letten, „die das Grab ihrer freien Väter mit Sklavenketten umrasseln, ihr Feld für eine ihnen ewig fremde Menschenklasse pflügen" (S. 11), zu Autochthonen festgeschrieben, die Deutschen zu Eindringlingen. Diesem unversöhnlichen Gegensatz entspringt der Hass als „die einzige energische Empfindung" lettischer Bauern (S. 25), als „Nationalhaß" (S. 113). In seinem Blick in die Zukunft im 6. Abschnitt der „Letten" prophezeit Merkel eine Revolution innerhalb der nächsten zehn Jahre, bei der „die ganze lettische Nation sich erhöbe" (S. 113), alle Deutschen ermordet würden und das Land im Chaos versänke.

---

[15] Carl Schmitt, Der Begriff des Politischen. Text von 1932 mit einem Vorwort und drei Corollarien, Berlin 1963.

Als Warner beschwört er die Herrschenden, diesem Unheil zuvorzukommen, einesteils sogar die Ritterschaft selber, „auch wenn nie, nie von dem Adel die Wiedererstattung der Bürgerrechte des Bauren zu erwarten ist" (S. 46), anderenteils, und vor allem, die russische Zarin. Schließlich sind es die russischen Bajonette allein, die bis jetzt den deutschen Despotismus gestützt haben.

So gelingt es Merkel, ein lokales Problem, die Leibeigenschaft in Livland, mit dem Gang der Weltgeschichte zu verknüpfen. Eine primäre Schuld der Kolonisierung bewirkt fortzeugend den latenten Kriegszustand, aus dem erst die Befreiung der Letten eine friedliche Zukunft heraufführen kann. Zu der politischen Argumentation gesellt sich moralischer Druck; nur wenn „sich die Stimme Europens mit Abscheu erhebt" (S. 12), bestehen Aussichten auf eine grundlegende Besserung. „Ohne Adlicher oder Lette zu seyn" (S. 13), will der deutsche Autor, wie viele andere aufgeklärte Autoren[16], keiner Partei angehören, um desto besser Partei ergreifen zu können, und beansprucht die paradoxe Position eines unparteiischen Anklägers. Er ist unparteiisch, indem er die Bauern vor Unterdrückung und den Adel vor seinem Untergang schützen will – er ist Ankläger, indem er ein aufsehenerregendes Beispiel nach dem anderen in sein Räsonnement einflicht. Wie sich die Kritik der Verhältnisse zur Geschichtsphilosophie hin erweitert, so konzentriert sie sich nach der anderen Seite hin auf das Erzählen skandalöser Geschichten.

---

[16] Der wissenssoziologische Begriff der ‚sozial freischwebenden Intelligenz' (Karl Mannheim) trifft zwar das Selbstverständnis der aufgeklärten *literati*, keineswegs aber ihren sozialen Status. Zur Verwischung dieses Unterschieds hat nicht zuletzt Immanuel Kant mit seiner „Beantwortung der Frage: Was ist Aufklärung?" (1784) beigetragen. Vgl. Heinrich Bosse, Der geschärfte Befehl zum Selbstdenken. Ein Erlaß des Ministers v. Fürst an die preußischen Universitäten im Mai 1770. In: Friedrich Kittler u.a. (Hrsg.), Diskursanalysen II. – Institution Universität, Opladen 1990, S. 31-62.

Merkels Freund und Gönner Sonntag, damals Oberpastor an St. Jacobi, schlug dem jungen Hofmeister vor, das Manuskript der „Letten" dem Landtag der Ritterschaft direkt vorzulegen, um durch die bloße Androhung der Publizität Reformen zu bewirken.[17] Doch Merkel wollte nicht hinter den Kulissen als Ratgeber wirken, sondern im Scheinwerferlicht der Öffentlichkeit als Autor: „Ohne Schonung, ohne Rücksicht mußte ich sprechen, wenn ich nicht umsonst gesprochen haben wollte" (S. 15) – Europa sollte nicht nur auf Livland schauen, sondern auch Merkels Stimme hören. Der Preis der Autorschaft war, aus Livland zu verschwinden, als ein Winkelried der Wahrheit gewissermaßen, „der auf alles renoncirte, was ihm sein Vaterland darbot, und es vorzüglich deshalb verließ, um demselben in einem freiwilligen Exil nothwendige Wahrheiten zu sagen" (S. 148). Doch was hatte Livland an Berufsaussichten zu bieten? Ihm, als einem Unstudierten, stand keine lukrative Geistesarbeit offen, er hätte sein Leben als zweitklassiger Hofmeister in fremden Haushalten fristen müssen. Die spektakuläre Autorschaft war dagegen ein Mittel, freilich ein riskantes, endlich Livland zu verlassen und in die Nähe deutscher Universitäten und deutscher Buchhändler zu kommen. So ist die Publikation der „Letten" im August 1796 wohl nicht nur als „Selbstopfern"[18] zu verstehen, sondern ebenso sehr ein Ausbruch aus dem Gefängnis der Abhängigkeiten. Was Merkel für die lettischen Bauern erschreiben will, Freiheit und Selbstbestimmung, das erschreibt er auch für sich selber. So wenigstens lässt sich eine Passage seiner „Reisegeschichte" (1800) verstehen:

---

[17] Brief Sonntags an Merkel vom 6. Januar 1796: „Wie? Freund! wenn Sie ihr Mscpt dem Convent der Ritterschaft zuzustellen wüßten? mit der Versicherung etwa, daß wenn nicht thätige Maaßregeln zur *Abhelfung* dieser Beschwerde der Menschheit genommen werden, dann dieß Brandmark den Schuldigen vor ganz Europa aufgedrückt werden sollte? Ob das nicht würken sollte?" (Latvijas Akadēmiskā Bibliotēka. Best. 25, Mspt 930 a, Bl. 7).
[18] Merkel, Darstellungen I, (wie Anm. 7), S. 217.

„Ich war Jüngling und die trübste Ahnung, die mir meine beengte Lage einflüsterte, war die, daß ich ewig auf einen Fleck gebannt im Kreise derselben Menschen würde reifen und altern müssen. Ich studirte so ämsig in den Reisebeschreibungen und selbst in den Zeitungen, lauschte so ängstlich auf die Erzählungen der Reisenden, wie ein Gefangener durch sein Gitterfenster auf die lachenden Wiesen unter demselben sieht, die er nie betreten wird. [...] Nennt es nicht unmännliche Schwachheit, wenn ihn sein Schmerz hinreißt, Verwünschungen gegen seinen Tyrannen auszustreuen und mit Knirschen an den Eisenstäben seines Gitters zu rütteln, ungeachtet er schon vor Jahren erprobte, daß seine Hand zu schwach sey, sie zu zerbrechen. Ich ward Mann und eine unvermuthete Wendung meines Schicksals schleuderte mich hinaus in die Welt. Jahrelang war der Postwagen meine dauerndste Wohnung. Mit offenem Sinne und noch offenerm Herzen schöpfte ich Eindrücke und Genüsse aller Art in meine Brust. O, es ist süß, frey wie die Vögel des Himmels hinzuschweben durch Länder und Städte, keck und muthig um sich her zu schauen und sich nieder zu lassen, wo immer ein angenehmer Sitz uns winkt."[19] Die unvermutete Wendung seines Schicksals führte Merkel selbst herbei, als er seine Stellung kündigte und im Mai 1796 mit seinem Manuskript zu Schiff nach Deutschland reiste. Nun war er frei wie ein Vogel, allerdings auch nicht viel reicher, denn der Verleger bot ihm 24 Dukaten für die 24 Druckbogen von „Die Letten vorzüglich in Liefland am Ende des philosophischen Jahrhunderts".

---

[19] (Garlieb Merkel), Eine Reisegeschichte. Vom Verfasser der Rückkehr ins Vaterland. Berlin 1800, S. 13-16. Das Buch enthält eine lockere Zusammenstellung von Betrachtungen, Charakterskizzen und Erzählungen, darunter auch zwei mit livländischer Leibeigenschaftsthematik („Der Heimathlose", „Das Vaterland") und schließt mit einer sentimentalen Bordellgeschichte.

Es folgen Jahre des Suchens und Experimentierens. Der junge Autor war bemerkt worden, aber um davon leben zu können, brauchte er Freunde, Gönner und Verbindungen, ein Umfeld und ein Profil als Schriftsteller. Zunächst strebte er in den Raum der Universität und immatrikulierte sich als Medizinstudent für den Sommer 1796 in Leipzig, zum Winter 1796/97 in Jena. Doch Studium und Burschencomment waren seinen eigenen Arbeiten wenig förderlich und so zog es ihn 1797 ins benachbarte Weimar, das ihm zunächst als die geistige Hauptstadt Deutschlands erschien. Dort nahm er Kontakt auf mit Herder und Wieland, vor allem aber mit Carl August Böttiger (1761-1835), dem Direktor des Weimarer Gymnasiums, einem der großen Literaturagenten der Goethezeit. Merkel richtete sich als freischaffender Schriftsteller ein, indem er langfristig an historischen Projekten schrieb, kurzfristig Zeitschriftenbeiträge und Übersetzungen veröffentlichte. Die Übersetzungen allerdings waren ihm peinlich, weil sie nach Lohnarbeit aussahen. „Der Lockenraub, ein scherzhaftes Heldengedicht von A. Pope, frey und metrisch übersetzt von G. Merkel" (1797), habe ihm beim Publikum geschadet, meint Merkel rückblickend über diese Arbeit: „Ihr Charakter stach zu sehr von dem der ‚Letten' ab; er mußte sie an dem meinigen irre machen."[20] Ein anderes Werk, die Übersetzung eines englischen Gesellschaftsromans, sollte unbedingt anonym bleiben.[21] Dazwischen ver-

---

[20] Merkel, Darstellungen II, (wie Anm. 7), S. 71.
[21] Es handelt sich um „A Gossip's Story" (1796), übersetzt als „Eine Klatschgeschichte von der Verfasserin des Werks: die Vortheile der Erziehung. Aus dem Englischen", Leipzig (Hartknoch 1798). In seinem Brief an Johann Friedrich Hartknoch, datiert Leipzig, den 9. Januar 1799, gesteht Merkel, „daß ich herzlich böse darüber war, mich als den Uebersetzer der Klatschgeschichte angekündigt zu sehen. Mein Name muß nicht zu oft erscheinen und – er steht ja auch nicht auf dem Titel." Sammlung von Merkels Schriften in der Rigaer Nationalbibliothek (G. Merķeļa rokrakstu kolekcijā) R x/46, No. 289 867, Bl. 2. Die Schrift fehlt in der Publikationsliste bei Recke/Napiersky, erst im Anhang zum

suchte Merkel, sich im Vorhof der Politik umzutun, und trat im August 1797 eine Stelle als Sekretär des dänischen Ministers, des Grafen Ernst Heinrich von Schimmelmann in Kopenhagen an; doch schon Anfang November reute ihn der Schritt und im Januar 1798 kehrte er über Lübeck nach Weimar zurück.

Es lag auf der Hand, an den Erfolg der „Letten" anzuknüpfen und die livländische Thematik fortzuschreiben. Aber wie? Ein Weg führte in die politische Theorie. Merkel beschritt ihn mit „Hume's und Rousseau's Abhandlungen über den Urvertrag. Nebst einem Versuch über Leibeigenschaft, den Liefländischen Erbherren gewidmet von G. Merkel" (1797); die Arbeit wurde beachtet und sogar von Herder rezensiert. Ein anderer Weg führte in die Geschichtsschreibung, doch livländische Geschichte war ohne Polemik nicht zu haben: „Die Vorzeit Lieflands, ein Denkmahl des Pfaffen- und Rittergeistes" in zwei Bänden (1798, 1799). Das prinzipielle Interesse an der Geschichtsphilosophie, das schon aus den „Letten" gesprochen hatte, fand schließlich Ausdruck in Merkels „Sammlung von Völker-Gemälden nebst einem Versuche über die Geschichte der Menschheit" (1800).[22] Für die konkrete Beschäftigung mit Livland jedoch versuchte sich Merkel in datengestütztem Erfinden oder Doku-Fiktion, der anonym 1798 in Kopenhagen publizierten „Rückkehr ins Vaterland. Ein Halbroman".[23] Die Vor-

---

2. Band der „Darstellungen" (wie Anm. 7), S. 332 bekennt sich Merkel dazu.

[22] Zu Merkels Geschichtsphilosophie, speziell in Beziehung auf Herder, vgl. jetzt Hans Graubner, Herders Wirkung auf den baltischen Publizisten Garlieb Merkel. In: Peter Andraschke und Helmut Loos (Hrsg.), Ideen und Ideale. Johann Gottfried Herder in Ost und West. Freiburg i.Br. 2002, S. 308-315.

[23] Den (kontrastiven) Bezug zu Dänemark betont Regina Hartmann, Das Bild vom eigenen und vom anderen Land in literarischen Texten Garlieb Merkels. In: Michael Schwidtal und Armands Gūtmanis (Hrsg.), Das Baltikum im Spiegel der deutschen Literatur. Carl Gustav Jochmann und Garlieb Merkel. Beiträge des Internationalen Symposions in Riga vom 18. bis 21. September 1996, Heidelberg 2001, S. 61-75. Den Bezug zur

rede erklärt, in durchsichtiger Ironie, die Lebensgeschichte des Ich-Erzählers für wahr, die Beispiele aus der livländischen *chronique scandaleuse* dagegen für reine Erdichtung. Das Buch spielt mit den unterschiedlichsten Textsorten: Stimmungsbilder vom Eisgang der Düna oder dem Johannisabend in Riga, Anekdoten wie die vom Leben und Sterben des unglücklichen kurländischen Advokaten Wilhelm Ludwig Koenemann (1751-?), politische Kommentare zur Statthalterschaftsverfassung-, satirische Charakterskizzen, *stories* zum Entrüsten oder Weinen, darunter – erstmals in der Literatur überhaupt – die Liebesgeschichte zwischen einem Deutschen und einer lettischen Leibeigenen. Obwohl sich der alternde Held endlich zum Bleiben entschließt, ist Livland doch kein rechtes Vaterland, weder für ihn, noch sonst für einen Einwohner:

„Vielleicht gibt es kein zweites Volk auf der Erde, das weniger Vorliebe, ja, das sogar so entschiedene Verachtung gegen sein Vaterland hat, als die Liefländer. Ich weiß die Ursache davon wohl: es ist nur dem Namen nach ein Vaterland; es ist nur das Land, in welchem sie sklavisch gehorchen oder despotisiren. Seine Bewohner bilden nicht *eine* Nation: jeder Stand fast ist eine andere. Die Bürger und der Adel sind Teutsche: die Armee und die meisten Civilbeamte sind Russen oder haben doch russische Weise und Denkungsart angenommen; die Bauern sind Letten. Es herrscht so wenig Gemeinschaft unter diesen verschiedenen Klassen, daß es viele Glieder der einen giebt, welche die Sprache der andern beiden nicht verstehn. Der kleine Abstand, der sich in andern Ländern zwischen den verschiedenen *Ständen* findet, ist hier die Kluft von einem *Vol-*

Leibeigenschaftsthematik diskutiert Roger Bartlett, Russische und baltische Publizistik gegen die Leibeigenschaft. Aleksandr Radiščevs ‚Reise von St. Petersburg nach Moskau' und Garlieb Merkels, ‚Die Letten' und ‚Rückkehr ins Vaterland'. In: Jörg Drews (Hrsg.), „Ich werde gewiß große Energie zeigen". Garlieb Merkel (1769-1850) als Kämpfer, Kritiker und Projektemacher in Berlin und Riga. Bielefeld 2000 (Bielefelder Schriften zu Linguistik und Literaturwissenschaft 13), S. 35-41.

ke zum andern. Kein Gemeingeist also, keine gegenseitige Anhänglichkeit. Jeder ist nur für sich besorgt, höchstens für seinen Stand: was mit den andern vorgeht, ist einem jeden völlig gleichgültig. Doch – *abrenuntio!* – "[24]

Die Absage (Renuntiation) an das Vaterland gilt seinen unerbittlichen Standesgrenzen, die ihrerseits doppelt begründet sind, eigentumspolitisch und national. Damit taucht, nicht einmal schattenhaft, hinter dem aufgeklärten Ziel, die Standesunterschiede abzuschaffen, ein Fernziel auf, das einer homogenen nationalen Einheit, welche alle Einzelegoismen zum Gemeingeist integrieren könnte. Schon in den „Letten" hatte Merkel die „Spaltung der National-Masse in Classen oder Stände, vorzüglich durch das Lehnsystem" (S. 106) beklagt und auf die gewaltige Energie verwiesen, die „ein Volk, ein Ganzes" (S. 102) zu entwickeln fähig sei. Diese Gedankenspuren erlauben es, das Verhältnis zwischen Aufklärung und Nationalismus besser zu bestimmen[25]: Nationalismus ist weniger eine, mehr oder weniger romantische, Gegenreaktion gegen die Aufklärung, sondern vielmehr die unvermeidliche Konsequenz aus der Aufhebung der Standesunterschiede.

In den ersten Jahren seines Aufenthalts in Deutschland experimentiert Merkel mit diversen Spielarten der Autorschaft. Da ist die eher akademische Rolle des Historiographen oder Geschichtsphilosophen, dann die eines kritischen Beobachters

---

[24] (Garlieb Merkel), Die Rückkehr ins Vaterland. Ein Halbroman, o.O. 1798, S. 102f. Wieland stellte das „deliciöse Werkchen" auf eine Stufe mit Sternes „Sentimental Journey" (1768), beklagte allerdings die Selbstherabsetzung durch das Motto aus Martial: „Dieses sogenannte *Zwittergeschöpf* hat nur einen einzigen Flecken und der ist das schändliche, lästerliche *nos haec novimus esse nihil.*" Die Annihilierung („Wir wissen, daß dies nichts ist') könnte sich ebenso auf das Titelwort „Vaterland" beziehen wie auf den gesamten Text.

[25] In Anlehnung an Ernest Gellner, Nationalismus und Moderne. Berlin 1991.

gesellschaftlicher Verhältnisse, schließlich die des Romanciers oder belletristischen Erzählers. Schon bald ahnte Merkel, worin seine eigentliche Stärke lag. „Wenn ich das ganze Menschenwesen," schrieb er im Oktober 1797, „nicht blos als ein Schauspiel betrachte, wenn ich nicht blos ein lachender Zuschauer dabei seyn kann, wenn ich theil an der Furie nehmen soll, so bin ich verloren. Ich büße alles eigenthümliche, mein Character alle Haltung ein."[26] Die Haltung des Zuschauers, seit Addisons „Spectator" (1711) das Wahrzeichen räsonierender Medien, gewinnt bei Merkel eine eigentümliche Dynamik. Zunächst ganz wörtlich in dem Unternehmen, frei wie ein Vogel des Himmels „hinzuschweben durch Länder und Städte, keck und muthig um sich her zu schauen" – er unternahm im Winter 1798/99 eine Reise, die ihn durch die Reichsstädte Bremen, Hamburg und Lübeck führen und in eine der sehr marktgängigen Reisebeschreibungen münden sollte. Im März 1799 schreibt Merkel im Vorgefühl, die Investition an Zeit und Geld werde sich lohnen, dem Verleger Hartknoch in Leipzig:

„Meine Reise, lieber Freund, ist zu Ende. Ich stehe mit schwerem Portefeuille und leerer Geldbörse da, und jetzt sollen Sie mir Lager-Stroh geben, damit ich in einen ruhigen Winkel gehen und verdauen kann. Das wird für diesmal doch wieder Weimar seyn, und ich brenne vor Begierde, nur bald dort mein Schreibe-Pult auf zu stellen. Seyen Sie also so gütig, mir so schnell als möglich 20 Louis zu schicken: mein Aufenthalt in Berlin fängt an mir kostbar zu werden; ohne hin kostet mich die Reise schon 50 Dukaten von meinem eigenen Gelde. »Sie hätten sparsamer reisen können«, werden Sie sagen. O ja, aber ich hätte auch nicht halb so viel gesammlet: und – kurz, diese

---

[26] Brief an den Kriegsassessor Weyland, Kopenhagen den 5. Oktober 1797. Zit. n. Jürgen Heeg, Publizität – Nemesis und Schutzgeist. Garlieb Merkels freimütige Publizistik in ihrer Bedeutung für den deutschen Journalismus zu Beginn des 19. Jahrhunderts. In: „Ich werde gewiß große Energie zeigen." (wie Anm. 23), S. 119.

Reise soll mir binnen einem Jahr Ehre, Ehre und Ehre bringen."[27]

Inzwischen erhält Merkel 3 Dukaten für den Druckbogen, ja für sein Bändchen „Erzählungen" (1800), die dann jedoch von Johann Daniel Sander in Berlin verlegt wurden, hatte er noch einen nachträglichen Dukaten mehr verlangt, wenn das Buch gut ginge[28] – ein deutlicher Fortschritt, auch wenn die wahren Erfolgsschriftsteller bereits 7 Dukaten (20 Taler) pro Bogen erzielten.[29] Die ohnehin lockere Darstellungsform seiner Reisebriefe lockert Merkel bewusst weiter auf, zwischen den Textsorten hinschwebend und keck um sich schauend: „Statistische oder historische Nachrichten? Anekdoten oder Abentheuer? Satyrische oder empfindsame Sittengemälde? Philosophische Betrachtungen? Von allem diesem werden Sie etwas hier beisammen finden [...]."[30] Es sieht aus, als hätte er hier endlich eine ihm gemäße Darstellungsform gefunden: Aktualität plus Abwechslung. Zum Auftakt kontrastiert er die Karriere im Vaterland, die durch Verwandtschaften und Gewohnheiten vorbestimmt ist, mit dem Abenteuer völlig eigener Verdienste.

---

[27] An Johann Friedrich Hartknoch, Berlin den 12. März 1799. Rigaer Nationalbibliothek (wie Anm. 21), Bl. 3. Seine Materialsammlung kommentiert Merkel in einem Brief an Carl August Böttiger, Hamburg, den 21. November 1798: „Übrigens habe ich schon so viel Böses gesammelt, daß ich einen Folianten schreiben könnte, aber da ich nur grade gleichviel Böses als Gutes sagen will, kann ich höchstens ein kleines Octavbändchen zu produciren hoffen." Bernd Maurach (Hrsg.), Die Briefe Garlieb Helwig Merkels an Carl August Böttiger. Bern u.a. 1987, S. 40.

[28] An Johann Friedrich Hartknoch, Lübeck den 9. Januar 1799 (wie Anm. 21).

[29] Siehe die lehrreiche Diskussion der Schriftstellerhonorare bei Dirk Sangmeister, August Lafontaine oder die Vergänglichkeit des Erfolges. Leben und Werk eines Bestsellerautors der Spätaufklärung. Tübingen 1998 (Hallesche Beiträge zur europäischen Aufklärung 6), bes. S. 211ff.

[30] Garlieb Merkel, Briefe über einige der merkwürdigsten Städte im nördlichen Deutschland. 1. Band. Briefe über Hamburg und Lübeck. Leipzig 1801. Einleitung, S. II.

„Es lebe die Fremde!", ruft der literarische Selfmademan aus. „In ihr reift man zur vollkommensten Selbständigkeit, und das Glück, das man in ihr macht, hat zehnfach höhern Werth, als dasjenige, das die Heimath mehr darbietet, als gewinnen läßt."[31] Doch, der Autor hat im literarischen Leben Fuß gefasst. Und zwar, indem er sich mobil macht; dem beweglichen Beobachter bieten sich im Medium der Reisebeschreibung aktuelle Zustände als Neuigkeiten dar. Wenn er sich aber je ortsfest niederlassen sollte – wie wird er zu Neuigkeiten kommen? Sie werden ihm wohl ins Haus gebracht werden müssen, durch Reisebeschreibungen oder aktuellere Medien.

Seitdem er im Januar 1799 zum ersten Mal in Berlin war, ist Merkel dem Zauber der Großstadt erlegen. Berlin hatte zu dieser Zeit 170.000 Einwohner, Weimar etwa 6.000; in Berlin gab es 48 Buchhandlungen und Buchdruckereien, in Weimar eine. Selbst wenn die Zahl derer, die sich für Kunst und Wissenschaft interessierten, kaum größer gewesen sein dürfte als die Anzahl der Plätze im Nationaltheater am Gendarmenmarkt (ca. 1.000)[32], so bewirkten jedoch die örtlichen Zeitungen, traditionelle gesellige Verbindungen[33] und neuere Formen der Geselligkeit, wie die Salons namentlich jüdischer emanzipierter Familien, eine gegenseitige Verstärkung und Beschleunigung kultureller Interessen, die Merkel zu dem Satz begeistern:

---

[31] Ebenda, S. 3.
[32] Dass der Kreis der Schauspielfreunde aus allen Ständen überraschend klein war, ist eines der Ergebnisse von Rudolf Weil, Das Berliner Theaterpublikum unter A. W. Ifflands Direktion (1796 bis 1814). Ein Beitrag zur Methodologie der Theaterwissenschaft. Berlin 1932 (Schriften der Gesellschaft für Theatergeschichte 44).
[33] Berlin hatte Ende des 18. Jahrhunderts ein hoch entwickeltes Vereinsleben. Aktenkundig sind 38 Vereine und 16 Freimaurerlogen, doch muss es noch viel mehr gesellige Verbindungen gegeben haben. Vgl. Florian Maurice, Freimaurerei um 1800. Ignaz Aurelius Feßler und die Reform der Großloge Royal York in Berlin. Tübingen 1997 (Hallesche Beiträge zur europäischen Aufklärung 5), bes. S. 145ff.

„Mit einem Worte: hier waren der Gedanke und der Buchstabe lebendig, und je mehr sie es wurden, desto höher stieg der Einfluß Berlins auf das übrige Deutschland."[34] Merkels gesellschaftlicher Stammplatz wurde das Haus des Verlegers Sander, in welchem es die Dame des Hauses mit Goethe und den Romantikern hielt, der Herr des Hauses dagegen mit seinen Erfolgsautoren Lafontaine und Kotzebue, so dass Reibungen erfreulicher wie unerfreulicher Art auftraten.[35] Merkel hatte sich bislang von allen Verbindungen, auch von den Freimaurern ferngehalten[36], doch am 8. März 1799 wurde er in die Johannisloge „Friedrich Wilhelm zur gekrönten Gerechtigkeit" mit allen drei Graden eines Lehrlings, Gesellen und Meisters rezipiert.[37] Juden und Frauen waren von den Logen ausgeschlossen; um aber neuen Verkehrsformen Raum zu geben, entstanden in Berlin erstmals Vereinigungen für Männer und Frauen, Juden und Christen. Zunächst die auf 50 Mitglieder begrenzte

---

[34] Merkel, Skizzen (wie Anm. 7), S. 45.
[35] Wie in allen angesehenen Häusern Berlins war der, der einmal eingeführt worden war, jederzeit zur gewöhnlichen Teestunde willkommen. Doch scheinen sich die Gäste nach ihren literarischen Neigungen auch räumlich dissoziiert zu haben. „Um den Sanderschen Theetisch sammelte sich vorzüglich die neue Schule und deren Anhang. [...] Auch der Hauswirth kam, doch gewöhnlich erst zwischen acht und neun Uhr, von seinem Comptoir, um diesen Theen beizuwohnen. [...] Sein Comptoir war ein eigentlicher Heerd der Gegenrevolution wider die neuen Ansichten in Kunst und Literatur. *Kotzebue* und *Merkel* fanden sich dort, nebst beinahe lauter solchen Gelehrten ein, die für die herkömmlichen Grundsätze und Autoritäten leben und sterben zu müssen meinten." Friedrich Laun (Friedrich August Schulze), Memoiren. Bd. I, Bunzlau 1837, S. 199-211.
[36] Am 9. November 1797 schrieb er aus Kopenhagen an Böttiger, „[...] ich gehöre zu keinem Zirkel und habe es bis izt vorsätzlich vermieden, weil ich aus jugendlichem Ehrgeiz, als isolierter Jüngling wirken wollte, wozu sich Männer, wie es mir schien, vergeblich verbanden." Die Briefe Merkels (wie Anm. 7), S. 29.
[37] Urkunde im Historischen Staatsarchiv Lettlands: Best. 4038, Verz. 2, Akte 1394, S. 5. Für den Nachweis danke ich Gvido Štraube (Riga).

Mittwochsgesellschaft Ignaz Aurelius Feßlers (September 1796), dann die Gesellschaft der Freunde der Humanität (Januar 1797). In die letzte ließ sich Garlieb Merkel am 14. Dezember 1799 aufnehmen und gehörte ihr, abgesehen von seinem Aufenthalt in Frankfurt/Oder, bis Ende 1802 an.[38] Das Wintersemester 1801/02 sowie das Sommersemester 1802 boten ihm nämlich nochmals Gelegenheit zu einem Besuch in der akademischen Welt, diesmal als Lehrender. Um Vorlesungen halten zu dürfen, hatte Merkel sich mit dem Grad eines „Dr. phil." in die Matrikel der Universität eingetragen, d.h. statt des in der philosophischen Fakultät üblichen Magistertitels den Doktortitel für sich beansprucht.[39] Er las im Winter vierstündig über Ästhetik; für den Sommer waren drei Kollegien, über Wielands „Oberon", über die Geschichte der Menschheit und wiederum Ästhetik angekündigt, doch ließ Merkel sie ausfallen, weil er weder den erhofften Lehrstuhl für Geschichte und

---

[38] Gesellschaft der Freunde der Humanität. Mitgliederverzeichnis 1798-1845. Landesarchiv Berlin: A Rep. 060-40, Nr. 4, Bl. 12. Die Gesellschaft gab, unter der Leitung von Ignaz Aurelius Feßler und Johann Gottlieb Rhode die Monatszeitschrift „Eunomia" heraus, unter deren Mitarbeitern auch Merkel für Geschichte, Ästhetik und schöne Künste aufgeführt ist (Januar 1801: An die Leser, S. 11). Merkel publizierte darin jedenfalls seine Festrede zur Stiftungsfeier unter dem Titel „Was heißt Humanität?", mit der Antwort: „Bildung des Herzens durch den Geist" und einem Kompliment an den Grafen Schimmelmann (Eunomia, März 1801. Bd. I, S. 193-208).

[39] Am 28. Oktober 1801 wurde Merkel als „Dr. phil." gratis immatrikuliert; der Vorgang seiner Graduierung liegt im Dunkeln. Viktor Bernatzky: Die Promotion in der philosophischen Fakultät an der Universität Frankfurt a. O., Phil Diss. Breslau 1901, verteidigt mit guten Gründen die Gleichstellung von Magister- und Doktorgrad in der philosophischen Fakultät. Doch muss es sich in einer Zeit, in der selbst Kant oder Schiller nur Magister der Philosophie waren, beim Dr. phil. um Ausnahmeansprüche handeln. Außer Merkel kennt Bernatzky auch nur noch einen weiteren Fall (1810) aus der früheren Universitätsgeschichte.

Ästhetik noch einen Professorentitel erhalten hatte.[40] Damit war auch die Herausforderung einer Dozentenrolle bestanden, und es war klar: Keine Universität, schon gar nicht Frankfurt an der Oder, bot eine Alternative zu Berlin.

In seinen Rückblicken hat Merkel die Jahre des Ausprobierens als planvolle Vorbereitung stilisiert, da „ich, ein Fremder, Leben und Wandel der Nation noch zu wenig kannte, zu deren öffentlichen Sprechern ich mich gesellen wollte"[41]. Als solcher würde er an der Schnittstelle tätig werden, wo Wissenschaften, Kunst und bürgerliches Leben sich berühren, frei in der Wahl seiner Themen, frei in der Wahl der Vermittlungsformen. Will er sich „zu einer öffentlichen, unabhängigen Stimme für Deutschland ausbilden", so muss er jedoch ein Doppeltes leisten; er muss unparteiisch beobachten und sich dann parteiisch einmischen: „sein *Geschäft* ist, das Leben des Volks, zu dem er sich zählt, mit immer wahrer Aufmerksamkeit zu beobachten, mit immer reinem, furchtlosem Willen bei jeder öffentlichen Verhandlung, der er sich gewachsen fühlt, laut Partei *für's Recht* zu ergreifen." Dabei gibt es für Merkel charakteristischerweise eine Variable: Das ist das Volk, zu dem er sich zählt – zunächst sind es gewissermaßen die Letten, dann die Deutschen, dann die Russen und schließlich, leider, auch das christliche Europa. Zugleich gibt es eine Konstante: Das ist das Bestreben, durch Schreiben Einfluss zu nehmen. Schließlich eine Prämisse: Er muss und will vom Schreiben leben. Dafür hat er sich, aus den beiden livländischen Autorrollen, dem Kunstrichter und dem Anwalt der Unterdrückten, herauswachsend, das ganze Spektrum der klassischen Aufgaben des Redners (*officia oratoris*) erschrieben. Er will unterhalten (*delecta-*

---

[40] Briefe an Böttiger vom 15. November 1801, 3. April und 23. Juli 1802. Die Briefe Merkels (wie Anm. 27), S. 105ff.
[41] G. Merkels Uebersicht seiner Leistungen als Zeitschriftsteller Deutschlands. Skizzen aus meinem Erinnerungsbuche. 4. Heft. Riga und Leipzig 1816, S. 347-350.

re), indem er amüsiert und zum Lesen und Kaufen anreizt; er will unterrichten (*docere*), indem er möglichst wahrheitsgemäß informiert; er will bewegen (*movere*), indem er für eine gute Sache kämpft.

Doch wo ist das Recht, wo ist die gute Sache? Im Frühjahr 1799 fädelte sich Merkel in eine laufende Polemik über die Zustände in der Berliner Charité ein[42]; aber er musste sich in der „Neuen Berlinischen Monatsschrift" als unwissender Ausländer abkanzeln lassen, dazu als Beispiel für „eine freche ungezogene Publizität".[43] In dieser Situation greift er zurück auf die erste Autorenrolle, die des Kunstrichters. Jedoch die literarische Situation ist nun eine ganz andere als in Livland 1793/94. Der literarische Markt in Deutschland, so kann man sagen, ist sich seiner selbst bewusst geworden. Als die Brüder Schlegel für ihr „Athenaeum" einen neuen Verlag suchten, hatten sie leichtes Spiel wegen ihrer gerüchtweise zu erwartenden Polemik. „Deine Waffenrüstung gegen Wieland", schrieb Friedrich im Dezember 1798 seinem Bruder über den Buchhändler Fröhlich, „reizt ihn dermaßen, weil er glaubt, es würde einen sehr großen Effekt machen", und maliziös setzt er hinzu: „Artig wäre es, Wielands litterarischen Tod zu einem Punkt des Contracts zu machen."[44] Polemik, auch literarische, hatte nicht nur

---

[42] Garlieb Merkel, Wohlthätigkeit der Publicität oder die Berliner Charité, publ. in Hennings' „Genius der Zeit", sowie in Vollmers „Geißel". Durch die Doppelpublikation fällt allerdings der Schatten der Erwerbsabsichten auf die gute Sache. Vgl. jedoch Jürgen Heeg, Publizität – Nemesis und Schutzgeist. Garlieb Merkels freimütige Publizistik in ihrer Bedeutung für den deutschen Journalismus zu Beginn des 19. Jahrhunderts. In: „Ich werde gewiß große Energie zeigen." (wie Anm. 24), S. 115-131, hier S. 116.

[43] (Johann Erich Biester), Ueber ein paar neue Aufsätze die Charité betreffend. In: Neue Berlinische Monatsschrift, Juni 1799. Bd. I, S. 464.

[44] Friedrich Schlegel an Caroline und August Wilhelm Schlegel, Berlin den 22. Dec. 1798. Caroline. Briefe aus der Frühromantik. Nach Georg Waitz vermehrt herausgegeben von Erich Schmidt. Bd. I, Leipzig 1913, S. 486f.

mit dem Guten, Wahren und Schönen zu tun, sondern versprach ein gutes Geschäft, und da war keiner, der das nicht gewusst hätte. „Meine künftigen Schriften werden durch diesen Vorgang nur mehr Aufmerksamkeit erregen",[45] bemerkte Merkel, als die Hamburger sich gegen seine Schilderungen wehrten, und fügte hinzu: „Ich will lieber, daß man zuweilen auf mich schimpfe, als daß man mich gar nicht bemerke."

Diese selbstbewusste Marktförmigkeit der Literatur erschien den Zeitgenossen schlechterdings als Anarchie. Im Februar 1801 schrieb Wieland an seinen Verleger Göschen: Der seit den „Xenien" unter die junge Generation „gefahrene Jakobinische Sansculottismus bekleckst die Geschichte unserer Litteratur und Kunst mit einem schmählichen Flecken", er habe eine „Periode der schändlichsten Anarchie in der Gelehrten-Republik" erzeugt.[46] Tatsächlich markiert Schillers Musenalmanach auf das Jahr 1797, der die „Xenien" enthält, einen Wendepunkt in der Geschichte der deutschen Öffentlichkeit, welcher allzu gerne vergessen wird. In 414 persönlich gemünzten, aber verästelten Schmähgedichten hatten Goethe und Schiller „Guerre ouverte" an zahlreiche spätaufklärerische Publikationsorgane und Autoren erklärt, auch an Revolutionsfreunde wie den Kapellmeister Johann Friedrich Reichardt. Fast das ganze literarische Leben der Zeit fand sich nach der Differenz ‚Kunst vs. Trivialliteratur' gewogen und fast immer zu leicht befunden. Die Distichen waren nicht mehr gelehrte Argumente und Verdikte, wie sie Kunstrichter gegeneinander zu schleudern pflegten – es war kultivierter Hohn, der als Zündfunke ins Publikum geworfen wurde, um programmati-

---

[45] An Böttiger, den 15. Februar 1800. Merkels Briefe (wie Anm. 27), S. 81f.
[46] Wieland an Göschen, den 15. Februar 1801. Zit. n. Albert R. Schmitt, Wielands Urteil über die Brüder Schlegel. Mit ungedruckten Briefen des Dichters an Carl August Böttiger. In: Journal of English and Germanic Philology 65/1966, S. 656.

sche Fronten zwischen Freund und Feind zu bilden oder zu erhärten. Also Revolution. „Der neue Schillersche ‚Musenalmanach' ist ein wahres Revolutionstribunal, ein Terrorism, gegen welchen alle guten Köpfe in Masse aufstehen müssen", schrieb Böttiger schon im Oktober 1796.[47] Auch Merkel war durch das Verfahren, „einer großen Anzahl ausgezeichneter Männer Beleidigungen zu sagen", in seinem Literaturverständnis persönlich getroffen.[48] Und wenn vollends das 1. Stück des „Athenaeum" (Mai 1798) mit Novalis' Worten Goethe zum wahren Statthalter des poetischen Geistes auf Erden erhob, so konturierte sich wiederum ein despotischer Feind: Die Diktatoren aus Weimar und ihre Jenaer Jünger.

Der schwelende Konflikt wurde akut in dem Maße, wie die Jenaer Jünger nach Berlin drängten. Dort erschien das „Athenaeum" (1798-1800); dort lebte Friedrich Schlegel in einer mehr oder weniger öffentlichen Beziehung mit Mendelssohns Tochter, Dorothea Veit, bis September 1799, und von April 1801 bis Januar 1802; dorthin kam der Berliner Ludwig Tieck

---

[47] Carl August Böttiger an Christian Friedrich Wilhelm Jacobs, den 9. Oktober 1796. Zit. n. Bernd Leistner: Der Xenien-Streit. In: Hans-Dietrich Dahnke und Bernd Leistner (Hrsg.): Debatten und Kontroversen. Literarische Auseinandersetzungen in Deutschland am Ende des 18. Jahrhunderts. Berlin und Weimar, Bd. I, S. 451-539, hier S. 477. Leistners Einschätzung, die Xenien-Fehde habe stilbildend für alle weiteren literarischen Auseinandersetzungen um 1800 gewirkt, stimme ich unbedingt zu. Sie hat auch die deutsche Unterscheidung von Dichtung und Literatur maßgeblich befördert.

[48] Merkel, Darstellungen I (wie Anm. 9), S. 99. Schon in seinen „Skizzen" (wie Anm. 7), S. 45 hatte Merkel die Urszene beschrieben, wie er, von der Lektüre der Xenien empört, eingeladen wird, Goethe kennen zu lernen. Dass sie prägend war, belegt auch der Satz: „Ich werde öfter auf die Xenien zurückkommen und dann manche andre Seite und Folge derselben erwähnen müssen." (Skizzen, S. 41). Man braucht also Merkels Frontstellung gegen Goethe – anders als bei dem aus Weimar stammenden August (von) Kotzebue – nicht auf persönliche Erfahrungen zurückzuführen; der Affront der Xenien reicht hin.

im Winter 1800/1801 aus Jena zurück; dort gab es August Ferdinand Bernhardi (1769-1820), seit 1799 Schwager Ludwig Tiecks, als Lehrer am Friedrich-Werderschen Gymnasium; bei ihm wohnte August Wilhelm Schlegel ab Februar 1801, um von 1801 bis 1804 seine Vorlesungen über Literatur und schöne Kunst zu halten. Schon im Herbst 1799 begann das Geplänkel mit hämischen Gerüchten und Spottgedichten[49], im Sommer 1800 wich Merkel zu einem eingehenderen Studium der neueren Literaturtheorie nach Potsdam aus, im Herbst 1800 nahm er die Fehde auf, die sich ihm geradezu als Revierkampf darstellte, im Gefühl, er müsse mit der neupoetischen Schule „gleichsam *pro loco* disputiren, wenn ich dem Aufenthalt in der schönen Königsstadt nicht entsagen sollte."[50] Sein Medium sollte eine literaturkritische Zeitung in Briefen sein, etwa wie die „Literaturbriefe" (1759-1765) von Lessing, Nicolai, Mendelssohn, Abbt; nur war der Adressat ein Frauenzimmer, nicht ein verwundeter Offizier, es ging nicht um Literatur (Gelehrsamkeit) überhaupt, sondern um Belletristik, und Merkel schrieb alles allein. Von September 1800 bis April 1803 erschienen seine „Briefe an ein Frauenzimmer über die wichtigsten Produkte der schönen Literatur", in Berlin wöchentlich zu beziehen durch die Sandersche Buchhandlung, außerhalb monatsweise.

Seine Angriffe gegen die Romantische Schule eröffnet Merkel mit der Versicherung, streng unparteiisch zu sein; rückblickend, zu Beginn des zweiten Jahrgangs, bekennt er offen, „die Menschen, deren Züchtigung Anfangs einer von meinen Haupt-Zwecken war, benahmen sich so ungebärdig und versicherten so unermüdet, daß meine Briefe nichts als Armseligkeiten enthielten", dass er immer mehr Lust und Liebe zu

---

[49] Vgl. Heinz Härtl, „Athenaeum"-Polemiken. In: Debatten und Kontroversen (wie Anm. 47), Bd. II, S. 246-357, bes. S. 308ff.
[50] Merkel, Skizzen, 4. Heft (wie Anm. 7), S. 360.

seiner Arbeit bekommen habe.[51] Die Diktatoren in der schönen Literatur, heißt das, sind aus luftigerem Stoff als die livländischen Haus- und Hoftyrannen. Diese standen einem Menschheitsziel im Wege, der Bauernbefreiung; Merkels öffentliche Anklage sollte sie beschämen, das Phantasma der Vernichtung sollte sie erschrecken, damit der Weg frei würde. Aber welchem Menschheitsziel stand die Romantische Schule im Weg? Um sie züchtigen oder öffentlich zu beschämen, musste Merkel die Rolle des Anklägers mit der des Spötters vertauschen und ein potentiell unendliches Spiel beginnen. Solange die Romantiker Contra gaben, gab es Aufsehen, Absatz und Arbeitsfreude: Die „ästhetische Prügeley"[52] konnte fortgesetzt werden. In der diffamierenden Zielsetzung standen sich die Parteien nichts nach. War Merkels Absicht, die „Ueberspannten und Sophisten" nicht so sehr zu widerlegen, als sie vielmehr „aus der Mode zu bringen, indem ihre Schwächen und Fehlgriffe dem zur Unterhaltung lesenden Publikum aufgedeckt würden",[53] so bekannte Friedrich Schlegel offen: „Die Kritik ist die Kunst, die Scheinlebendigen in der Literatur zu töten."[54] Und wenn Schlegels Stil von Schiller mit dem Satz kommentiert wird: „Mir macht diese naseweise, entscheidende, schneidende und einseitige Manier physisch wehe",[55] so war das annähernd

---

[51] Briefe an ein Frauenzimmer, 50. Brief. Bd. IV., Berlin 1801, S. 1.
[52] Vgl. Lutz Vogel, „Ästhetische Prügeleien." Literarische Fehden in Berlin und Weimar (1800-1803). In: Debatten und Kontroversen (wie Anm. 47), Bd. II, S. 358-416, speziell zu Merkels „Frauenzimmerbriefen" S. 367ff. Die wichtigsten Pamphlete sind abgedruckt bei Rainer Schmitz (Hrsg.), Die ästhetische Prügeley. Streitschriften der antiromantischen Bewegung, Göttingen 1992.
[53] Merkel, Skizzen, 4. Heft (wie Anm. 7), S. 361.
[54] Eisenfeile Nr. 59 (publ. in den „Charakteristiken und Kritiken" der Brüder Schlegel, 1801). Kritische Friedrich-Schlegel-Ausgabe. Hrsg. von Ernst Behler u.a., Bd. II, München u.a. 1967, S. 404.
[55] Schiller an Goethe, den 23. Juli 1798. Siegfried Seidel (Hrsg.), Der Briefwechsel zwischen Schiller und Goethe. Bd. II., München 1984, S. 122.

äquivalent zur „bombastischen Sprache", die der Bibliothekar Biester an Merkel rügte: „Er spricht ganz sonderbar enthusiastisch, oder soll ich sagen vornehm?; er weiß Alles noch ganz anders und besser als andre Menschen."[56] Gerade Merkels moderner Tonfall, sein Witz und die aggressiven Anzüglichkeiten seiner literarischen Frotzelei nahmen ihm den Rückhalt bei der etablierten Berliner Aufklärung. Als literaturkritischer Selfmademan blieb er Solist, als Solist freute er sich über die Anzahl seiner Feinde: „Hatte jemals ein Schriftsteller eine größere und mannigfaltigere Menge"?[57] Um seine literarische Polemik den unstudierten Lesern, und vor allem den Leserinnen, als amüsante Unterhaltung zu verkaufen, hatte Merkel auf alle Kunstphilosophie und die entsprechenden Begriffe Verzicht getan, grundsätzlich abgestoßen von dem Verfahren, „überall von philosophischen Begriffen ausgehen zu wollen, wo es darauf ankam, ganz einfach aus den Zwecken und Eigenschaften eines einzelnen Dichterprodukts zu zeigen, daß es gelungen oder mißlungen sey".[58] Damit kommt er allerdings zurück auf die Zeit Gottscheds (1700-1766), als man nach rhetorischen Gesichtspunkten jeweils Gedanke (*inventio*) und Ausdruck (*elocutio*) einzeln zu würdigen und dann zueinander in Beziehung zu setzen pflegte. Er verkennt nicht nur die poetologische Zäsur um 1770[59], er verkennt vor allem, was die Katheder- und Popu-

---

[56] Neue Berlinische Monatsschrift (wie Anm. 34), S. 459f.
[57] Briefe an ein Frauenzimmer (wie Anm. 51), S. 6.
[58] Merkel, Skizzen, 4. Heft (wie Anm. 7), S. 355.
[59] Das ältere System der Rhetorik unterschied nicht zwischen mündlicher und schriftlicher Kommunikation, dagegen machen die neueren Ansätze, namentlich Herders, gerade diesen Unterschied zu einem Ausgangspunkt der Medienreflexion sowie zur Ausbildung getrennter Produktions-(Ästhetik) und Rezeptionstheorien (Hermeneutik). Vgl. Heinrich Bosse, Der Autor als abwesender Redner. In: Paul Goetsch (Hrsg.), Lesen und Schreiben im 17. und 18. Jahrhundert. Studien zu ihrer Bewertung in Deutschland, England, Frankreich. Tübingen 1994 (Script-Oralia 65), S. 277-290.

larphilosophen der Aufklärung im Verlauf eines halben Jahrhunderts geleistet hatten, seit Baumgartens „Aesthetica" (1750/59) in der Literaturtheorie, seit der *Querelle des Anciens et des Modernes* in der Konzeption einer Literaturgeschichte. So gewähren seine Literaturkritiken das gespenstische Bild, dass ein wiedererstandener Gottsched, mit derselben faustdicken Selbstgewissheit, nur mit mehr Witz, Goethe und Schiller, Novalis und Tieck, Kleist, Hölderlin und Jean Paul schulmeistert, es fehle ihnen an poetischen Geist.

Im August 1802 kehrte Merkel wieder nach Berlin zurück und probierte dort alsbald ein neues Wirkungsfeld aus: Nach den akademischen Vorlesungen, neben der Literaturkritik nun das Tagesgeschehen. In Berlin erschienen zu dieser Zeit zwei Zeitungen dreimal pro Woche, zum einen die Vossische Zeitung („Königlich privilegirte Berlinische Zeitung von Staats- und gelehrten Sachen"), zum andern die Haude- und Spenersche Zeitung („Berlinische Nachrichten von Staats- und gelehrten Sachen"). Wie die Doppeltitel zeigen, wollten sie Nachrichten nicht nur aus der *res publica politica* bringen, sondern ebenso aus der *res publica literaria*. Diese zweite Sparte wurde durch den sogenannten gelehrten Artikel bedient, der – auch wenn die Vossische Zeitung Lessing (1751 und 1753-1755) oder Karl Philipp Moritz (1784) unter ihre Redakteure zählen konnte – herkömmlicherweise nicht mehr als drei Bestandteile aufwies: vor allem Buchrezensionen, dann Personalnachrichten aus der akademischen Welt, schließlich Gedichte. Auch Merkel kannte die standestypische Berührungsscheu gegenüber politischen Zeitungen, „ich hatte in meinem Leben nichts für eine Zeitung geschrieben, ja, die Wahrheit zu sagen, bei meiner damaligen entschiedenen Gleichgültigkeit gegen die Politik las ich zuweilen in drei Monaten kein Zeitungsblatt."[60] Doch er

---

[60] Merkel berichtet den Beginn seiner Journalistenlaufbahn sehr anschaulich in seiner „Zeitung für Literatur und Kunst" (Riga 1811, Nr. 43 und 45), wieder abgedruckt bei Maximilian Müller-Jabusch, Thersites. Die

war gewillt, sich einzumischen und mitzureden, und begann, Beiträge zum gelehrten Artikel zu liefern, zunächst für die Vossische Zeitung; dann aber, nach einer besonders witzigen Theaterkritik, die das Publikum vergnügte und einige Schauspieler verdross, ließ er sich abwerben und als Redakteur der Haude- und Spenerschen Zeitung fest anstellen. Dort legte er am 16. Oktober 1802 sein Programm vor, einen Gründungstext des deutschen Feuilletons. Nachdem der zweite Koalitionskrieg gegen Frankreich mit den Friedensschlüssen von Lunéville (1801) und Amiens (1802) beendet worden war – Preußen blieb seit 1795 neutral –, schien Frieden in Europa eingekehrt zu sein. Schlechte Zeiten mithin für politische Nachrichten, Zeit also für Wissenschaften und Künste: „Durch die Beschäftigung mit diesen wird der Herausgeber dieser Zeitungen versuchen, ihre Leser für den Abgang wichtiger politischer Neuigkeiten zu entschädigen. Sie wird von diesem Blatte an einen stehenden Artikel literarischen oder artistischen Inhalts geben: bald eine Beurtheilung neuer Schauspiele und ihrer Darstellung auf dem Nationaltheater; bald kurze Rezensionen vorzüglich belletristischer Werke; bald Auszüge von wichtigen Artikeln aus Journalen, gleich nach Erscheinen derselben, bald merkwürdige Notizen, Anekdoten und was sonst Anspruch

---

Erinnerungen des deutsch-baltischen Journalisten Garlieb Merkel 1796-1817, Berlin 1921, S. 132f. Zur Berührungsscheu der *literati* vgl. Merkels eigenen Aufsatz über politische Zeitungen (Der Freimüthige, Nr. 251 vom 17. Dezember 1805, S. 586) oder auch Johann Arnold Minder, Briefe über Hamburg, Leipzig 1794, S. 70f, der das Zeitungslesen der städtischen Bürger (Kaufleute und Handwerker) damit verteidigt, dass sie schon aus Geschäftsinteresse „mit einer ganz besondern Sorgfalt und Neugierde nach Begebenheiten des Tags und nach Neuigkeiten forschen, obgleich dieß freilich dem, der nur im Reiche der Gelehrsamkeit zu Hause ist, immer etwas auffallen muß."

darauf machen kann, gebildeten Lesern aller Stände anziehend zu seyn."[61]

Das Kernstück der neuen Einrichtung bildete die aktuelle Theaterkritik. Gewiss, es gab im letzten Drittel des 18. Jahrhunderts eine Fülle von Theaterzeitschriften, die jährlich, monatlich, selbst wöchentlich erschienen, es gab sogar in den Jahren 1797 und 1798 eine „Berlinische Dramaturgie"[62], aber in die Tageszeitungen hatte sich die Kritik der Stücke und der Aufführungen nur ausnahmsweise verirrt. Merkel jedoch ging oft und regelmäßig ins Theater und gab umgehend Bericht davon, im Dezember des Jahres 1802 allein vierzehnmal.[63] Seine Kritiken suchten den Stil der gebildeten und zugleich witzigen Unterhaltung zu reproduzieren, wie er sich in den Berliner Salons herausgebildet hatte, ein Stil, der in Berlin gefiel, auch wenn er auswärtigen Beobachtern mitunter als epidemische Witzsucht erschien.[64] Die Schauspieler selbst goutierten Merkels Kritiken allerdings keineswegs und baten die Regierung – erfolglos – um deren Abstellung.[65]

---

[61] Zit. n. Erich Widdecke, Geschichte der Haude- und Spenerschen Zeitung 1734-1874, Berlin 1925, S. 124f. Die Vossische Zeitung hatte bereits am 6. Juli ständige Theaterrezensionen angekündigt, das Vorhaben freilich nicht verwirklichen können.

[62] Ludwig Geiger, Berlin 1688-1840. Geschichte des geistigen Lebens in der preußischen Hauptstadt. Bd. II, Berlin 1895, S. 155ff (5. Kapitel „Theater"). Vgl. auch die Bibliographie bei Peter Heßelmann, Gereinigtes Theater? Dramaturgie und Schaubühne im Spiegel deutschsprachiger Theaterperiodika des 18. Jahrhunderts (1750-1800). Frankfurt a.M. 2002. Wöchentlich erschien z.B. die „Allgemeine Theaterzeitung" (1800) von Johann Gottlieb Rhode (1761-1827), ebenfalls einem „privatisirenden Gelehrten" aus dem Umkreis der „Eunomia", der in den 1790er Jahren Hofmeister und Erziehungsunternehmer in Estland war.

[63] Weil, Berliner Theaterpublikum (wie Anm. 32), S. 70.

[64] (Wolf Davidson), Briefe über Berlin. Landau 1798, S. 3f.

[65] Im April/Mai 1803. Vgl. den Brief an Böttiger vom 7. Mai 1803 (wie Anm. 27), S. 117, sowie Widdecke, Haude- und Spenersche Zeitung (wie Anm. 61), S. 130ff. Im Gefolge der Karlsbader Beschlüsse wurde

Durch die unterschiedlichsten Beiträge, namentlich durch gereimte und ungereimte Einsendungen, durch Anfragen und Antworten entwickelte sich ein Leserbriefverkehr, der den wissenschaftlich-artistischen Artikel in das öffentliche Gespräch einband. Zugleich konnte Merkel darin seinen Kampf gegen die Romantische Schule *ad hoc* weiterführen. Unter anderem traf es den aus Mitau/Jelgava gebürtigen Casimir Ulrich Boehlendorff (1775-1825), der als Briefpartner Hölderlins bekannt geworden ist und damals in Berlin für die Vossische Zeitung tätig war. Merkel hatte im Herbst 1802 in den „Frauenzimmerbriefen" geurteilt, man könne Boehlendorffs Gedichten die Sinnlosigkeit nicht absprechen, und die sichere ihm ja den Namen eines Poeten.[66] Boehlendorff verteidigte sich in einem „Recurs"(1802), Merkel replizierte in seiner Zeitung, Boehlendorff oder ein Freund wieder in der seinen, aber dann sehnte sich Boehlendorff doch nach anderen Orten, „wo nicht, wie in Berlin, die wilden Scharen der Zeitungen zum seelenmordenden Krieg gegeneinander anrückten"[67], und er flüchtete sich, geistig zerrüttet, nach Kurland zurück.

Für Merkel liefen die Geschäfte der Polemik dagegen gut; sie verschafften ihm ein Einkommen, ja eine Machtstellung als „berlinischer Literaturpapst im Miniaturformat".[68] Sozial und finanziell ist seine Position im März 1803 besser, als er sie sich hätte vorstellen können, und sie bringt ihm das, was er will, Einfluss und Einladungen: „Sie fragten mich vor fünf Monaten, wie meine Situation sei? Sie ist jetzt recht gut. Ich erhalte für meine Artikel in der Spenerschen Zeitung 500 Thl. und 600 für den Verlag meiner Briefe; damit kann ich leben. Für das künf-

---

1819 tatsächlich verordnet, dass eine Kritik erst nach der jeweils dritten Aufführung gedruckt werden durfte.

[66] Vgl. Karl Freye, Casimir Ulrich Boehlendorff, der Freund Herbarts und Hölderlins. Langensalza 1913 (Mann's Pädagogisches Magazin 547), S. 200ff.
[67] Brief vom Februar 1803 an Anna Noltenius, zit. n. ebd., S. 211.
[68] Müller-Jabusch, Thersites (wie Anm. 60), S. 157.

tige Jahr hab' ich ein Projekt, das mein Einkommen verdreifachen wird, und dann – heurathe ich. Nun bin ich was ich sein wollte, ehe ich im Ernst daran zu denken mich unterfinge. [...] Im Allgemeinen fürchtet und – fetiert man mich. Das ist mir schon recht: denn wie wenig Menschen sind es wert, daß man sich um ihre Liebe bewirbt."[69]

Für seinen beweglichen Geist gibt es kein Stehenbleiben beim Erreichten, kaum arriviert, gilt es schon die nächste Stufe zu meistern. Das neue Projekt, das ihm vorschwebt, ist eine Kulturzeitung, die Aktuelles aus Wissenschaft und Kunst für diejenigen Leser aus der Oberschicht bringt, die sich dafür interessieren, die Leser aus den gebildeten Ständen. August von Kotzebue hatte eine ähnliche Idee gehabt und ließ seit Januar 1803 den „Freimüthigen" erscheinen. Merkel gab dann ab Juni 1803 „Ernst und Scherz. Ein Unterhaltungsblatt literarischen und artistischen Inhalts" als Wochenzeitung heraus. Doch war die Konkurrenz in diesem Fall nicht ersprießlich, so dass beide Publizisten ihre Zeitungen fusionierten. Ab 1. Oktober 1803 erschien „Der Freimüthige, oder Ernst und Scherz. Berlinische Zeitung für gebildete und unbefangene Leser" nahezu täglich, zunächst viermal, später fünfmal pro Woche. Die Zeitung mit ihrem reichen Themenfächer – Literatur, Musik, Malerei, Bildhauerkunst, Reisebeschreibungen, Anekdoten, Ungedrucktes berühmter Männer – gliederte sich in einen Abhandlungsteil mit Rezensionen, Aufsätzen, Erzählungen, kurzen Essays, und einen Nachrichtenteil, der unter dem Titel „Nichtpolitische Zeitung" Korrespondentenberichte, Pressestimmen oder Nachrichten Aus Aller Welt brachte, dazu eine wöchentliche Anzeigenbeilage, so dass sie sich rasch zu einer Goldmine entwickelte. Als Alleinherausgeber hatte Kotzebue mit dem ersten Jahrgang mehr als 2.000 Taler verdient, im Verein mit Merkel nahm er sich ein Fixum von 800 Talern,

---

[69] Brief an Böttiger vom 26. März 1803. Merkel, Briefe (wie Anm. 27), S. 116f.

sowie Honorar für seine Beiträge, teils Reisenotizen, teils witzige Bildungsglossen, teils Polemiken wie der berüchtigte „Beweis, daß Herr von Göthe kein Deutsch versteht".[70] Merkel sollte zunächst ein Jahresgehalt von 1.200 Talern als Redakteur erhalten, kam aber im Jahr 1804 bei 1.800 verkauften Exemplaren auf 1.818 Taler für sich allein.[71] Inzwischen hatte er sein Engagement für die Haude- und Spenersche Zeitung verringert und sich eine Art Supervision gesichert, während Julius von Voß seit Oktober 1803 die eigentliche Theaterkritik besorgte.

Der „Freimüthige" kann zu Recht als Vorläufer und Vorbild der Kulturzeitschriften des 19. Jahrhunderts gelten, unter denen Cottas „Morgenblatt für die gebildeten Stände" (1807-1867) vielleicht die bekannteste ist. Zugleich aber nahm die Zeitung auch Fühlung mit jenem preußisch-deutschen Patriotismus auf, wie er unter Friedrich Wilhelm III. (1797-1840) und der Königin Luise um die Jahrhundertwende vorsichtig zu Wort kam.[72] Vorsichtig, weil Preußen nur den interessierten Zuschauer spielte, während Europa unter der Drohkulisse der französischen Waffen ein neues Aussehen annahm, während

---

[70] „Der Freimüthige" Nr. 223, 8. November 1805, S. 472f. Kotzebue untersucht den neu erschienenen „Epilog zu Schillers ‚Glocke'" mit dem Ergebnis: 10 Sprachfehler in 10 Stanzen, und der Insinuation, „Goethe *verstehe* es wohl besser, aber er meyne, für uns sei alles gut genug, und wenn er nur niese, so müssen wir niederfallen und anbeten."

[71] Nach Sangmeister, August Lafontaine (wie Anm. 29), S. 227, Anm. 117.

[72] Etwa in Monatsschriften unter dem Titel „Jahrbücher der preußischen Monarchie unter der Regierung Friedrich Wilhelms des Dritten" (1798-1801) oder „Patriotisches Archiv" (1799-1801). Vgl. hierzu Otto Tschirch, Geschichte der öffentlichen Meinung in Preußen vom Baseler Frieden bis zum Zusammenbruch des Staates (1795-1806). Bd. I, Weimar 1933, S. 318ff, Bd. II., Weimar 1934, S. 110ff. Hier klafft eine veritable Wissenslücke, denn die Freunde des 18. Jahrhunderts haben den aufgeklärten Patriotismus bis 1789 erforscht, die Freunde des 19. Jahrhunderts den modernen Nationalismus seit Fichtes „Reden an die deutsche Nation" (1807/08), aber der Zeitraum dazwischen hat wenig Interesse gefunden.

das Heilige Römische Reich Deutscher Nation sich im Reichsdeputationshauptschluss (1803) geradezu selbst zerlegte, während Napoleon zur Eroberung Englands ansetzte und seine Militärdiktatur in ein Kaisertum umwandelte (Dezember 1804), während England und Russland, Österreich und Schweden einen Dritten Koalitionskrieg zur Herstellung des europäischen Gleichgewichts unternahmen und verloren (1805). In die „Nichtpolitische Zeitung" ließ Merkel zusehends politische Kommentare einfließen, und zwar auf dem Weg der Glosse, wenn er etwa „Aus Französischen Blättern" Informationen weiterreichte, wie die vom 3. Januar 1805: „Die Franz. Zeitungen melden jetzt, was sonst nur die Englischen thaten, welche Gesundheiten bei den Gastmählern ausgebracht worden. Man sieht: die Englischen Moden machen in Frankreich Eroberungen, indeß die Franz. Waffen England zu erobern drohen; - oder vielmehr: die National-Sitten der Europäischen Völker fließen immer mehr in einander. Möchte nur bald auch *die* Mode aus England und Frankreich nach *Deutschland* übergehen, daß man ein Vaterland zu haben glaubt, und es liebt. Es ist beinahe die einzige wahrhaft heilsame, die wir von den Nachbarn entlehnen könnten – vermuthlich macht sie eben deshalb so langsame Fortschritte."[73]

Allerdings war man in Berlin geteilter Meinung, was die Vaterlandsliebe betraf. Die einen hielten es mit den Errungenschaften der Französischen Revolution und folglich mit Napoleon, namentlich Friedrich Buchholz (1768-1843), der von Herbst 1803 bis Anfang 1806 die Vossische Zeitung leitete – die anderen hielten es mit England und Russland. Merkel muss sich relativ bald entschieden haben, und zwar, wie ich annehmen möchte, gegen Napoleons „Moniteur". Denn inzwischen wurden die Errungenschaften der Revolution von einer gleichgeschalteten Presse vertreten. Napoleon hatte zum einen die Anzahl der Zeitungen in Frankreich reduziert, pro Departement

---

[73] Der Freimüthige Nr. 2, 3. Januar 1805, S. 8.

durfte nur noch ein Blatt erscheinen; zum anderen hatte er den „Moniteur" zur Staatszeitung erhoben, die ein Nachrichten- und Meinungsmonopol für das ganze eroberte und verbündete Europa ausübte, so dass jede politische Nachricht wörtlich dem „Moniteur" entnommen werden musste.[74] Da erhob sich wiederum der Feind in der Gestalt des Despoten, indem „in beinah allen Ländern des Continents nur eine Stimme erschallte, die eherne des Tyrannen an der Seine, der seine Lohnschreiber vernünfteln und schmähen ließ, wie es seine Pläne forderten". Im Oktober 1805, als die preußische Mobilmachung, nach einer Neutralitätsverletzung, sich gegen Frankreich richtete, ließ Merkel sein Visier fallen und erklärte, auch im „Freimüthigen" solle dem Genius des Vaterlandes ein Altar errichtet werden, zumal jetzt, „da Preußens an Tapferkeit und Kriegszucht unübertroffenes Heer auszieht für die gerechteste Sache, die jemals vertheidigt ward."[75] Und was ist die gerechte Sache? Es ist wieder die Freiheit zur nationalen Selbstbestimmung und Selbstentwicklung, welche, da die deutsche Nation auf viele Staaten verteilt lebt, von einem Vorkämpfer behauptet werden muss, nämlich Preußen. Wer kann wohl, fragt Merkel gelegentlich einer politischen Tagesschrift, ein Interesse an der Vergrößerung Bayerns haben? „Etwa die Bayern selber? Ist es das brave *Deutsche* Volk, dieses Namens? – Nein, denn dieses würde in die Willkühr einer ihm in jeder Rücksicht, in Sprache, Cultur und Charakter fremden Nation fallen, für das Interesse derselben bluten oder bezahlen müssen [...]. Es giebt nur *ein* großes Interesse für Baiern und das ganze übrige Deutschland: daß sein Wohlstand, sein Charakter, seine eigentümliche Cultur

---

[74] Heeg, Publizität (wie Anm. 42), S. 121f. So berichtet der „Freimüthige" am 21. November 1805 (Nr. 232, S. 511) „Aus Französischen Blättern", die „Kölnische Zeitung" sei verboten und ihre Druckpressen beschlagnahmt worden, weil sie einen Artikel geliefert habe, der „das Gegentheil von den Nachrichten des Moniteurs enthielt, und die öffentliche Freude über die Französischen Siege störte".

[75] Der Freimüthige Nr. 206 vom 15. Oktober 1805, S. 307.

nie den hochmüthigen Ansprüchen und dem Eigennutz fremder Nationen aufgeopfert werde, – und dies Interesse läßt sich nur durch unverbrüchliche Anhänglichkeit der kleinern Staaten an die größern, durch Treue und Einigkeit *aller Deutschen unter einander*, bewahren."[76]

Da ist sie wieder, die Konstellation der „Letten": eine kulturfremde Eroberernation, vor der die Indigenen beschützt werden müssen. Um die politische Polemik mit ganzer Kraft aufnehmen zu können, plante Merkel, neben dem „Freimüthigen" alsbald „ein politisch-historisches Blatt herauszugeben, das unter einem unbefangenen Titel einen Krieg auf Leben und Tod mit dem Moniteur führen soll."[77] Das heißt, er wollte vom Feind lernen, und, um *ein* öffentlicher Sprecher für Deutschland zu sein, zugleich *der* Sprecher der preußischen Regierung werden. Merkel hat die Lehren der Französischen Revolution, die die Öffentlichkeit zum Medium der Politik gemacht hatte, bestens begriffen. Er übertrug den Satz, „daß ein gebildetes Volk die öffentlichen Angeleheiten [sic] nur dann zu seinen eigenen macht, wenn es sie kennt",[78] geradeswegs auf die Kabinettsregierung Ihrer preußischen Majestät, um in deren Sinne, wenn auch nicht in deren Sold, durch seinen geplanten „Zuschauer" die öffentliche Meinung zu lenken: „Daß keine Invectiven gegen B[onaparte] und sein Volk vorkommen sollen, versteht sich von selbst, und daß ich in dem Sinn des Cabinets immer bleiben werde, gleichfalls, denn – es fällt mir gar nicht

---

[76] Das Staatsinteresse von Baiern bei dem dritten Koalitionskriege. Ebenda Nr. 240 vom 2. Dezember 1805, S. 542.

[77] Brief an Böttiger vom 9. November 1805, zit. n. Dirk Sangmeister, Vom ‚Zuschauer' zu den ‚Allgemeinen Staatsanzeigen'. Ein unbekanntes Kapitel Berliner Zeitungsgeschichte. In: „Ich werde gewiß große Energie zeigen" (wie Anm. 23), S. 93. Sangmeister hat die Geschichte von Merkels Zeitschriftenplan detailliert entfaltet und in den Zusammenhang weiterer offiziöser Projekte gestellt, in die Adam Müller und Heinrich von Kleist verwickelt waren.

[78] Wie Anm. 72.

ein, auf meine eigene Hand den Volksprediger machen zu wollen. Ich will Deutschland ein *officiell räsonnirendes* Blatt geben, da es ein solches braucht, nicht aber den philosophischen Messias spielen. Hält man mir mit den Noten und Relationen Wort, so wird für die politisch-literarischen Räsonnements wenig Raum bleiben, und was die übrigen betrifft, so wird man für oder wider England oder Frankreich sprechen, je nachdem das Cabinet gesinnt ist.[...] Wir Privatmänner müssen es uns nicht heraus nehmen, dem Volk *durch Zeitungen* unsre Privatansichten aufdrängen zu wollen: das führt nur zu Unfug. Etwas anderes ist es mit Büchern. – Mir ist, als sähe ich Sie von den vorstehenden Äußerungen aus *meiner* Feder überrascht: aber sie sind jederzeit meine feste Überzeugung gewesen. Gegen die Russische *Regierung* hätte ich nie so etwas geschrieben, als ich gegen den Liefländischen Adel schrieb."[79]

Um schreibend Macht auszuüben, braucht es einen Bezug zu denjenigen, die herrschen – wie in der *res publica literaria* die Käufer, so in der *res publica politica* der Souverän. War es in den „Letten" eine mehr oder weniger imaginäre Beziehung auf die russische Zarin, so wäre es für die patriotische Zeitschrift der Draht zum preußischen Hof; denn die Schriftstücke politischer Verhandlungen („Noten und Relationen") sollen ja eben die Politik an Nicht-Politiker („Privatmänner") vermitteln helfen. So liefert sich der Schreibende allen Kursschwankungen der Herrschenden („für oder wider England oder Frankreich") aus, indem es ihre Macht ist, die er teilen will.

Die für Anfang 1806 angekündigte Publikation des offiziösen „Zuschauers" musste Merkel zunächst verschieben, dann ganz aufgeben. Nach dem preußischen Kontrakt mit Frankreich im Dezember 1805 stellte auch der „Freimüthige" einen Monat später seine politischen Äußerungen ein – um sie um September 1806 verstärkt wieder aufzunehmen. Die Kriegserklärung

---

[79] Brief an Böttiger vom 8. Dezember 1805. Merkels Briefe (wie Anm. 27), S. 139.1.

an Frankreich feiert Merkel in Tönen, wie man sie erst einige Jahre später in den Befreiungskriegen wieder hören wird. Die Patrioten Norddeutschlands, „die für die Existenz ihres Vaterlandes für die beleidigte Ehre ihrer Fürsten und ihrer Nation" ins Feld ziehen, kämpfen nicht aus blindem Nationalhass, sondern für das Selbstbestimmungsrecht der Nationen, in gesamtdeutscher, ja europäischer Mission: „Aus dem südlichen Deutschland, aus halb Europa ächzt die Klage gemißhandelter Völker zu uns herüber [...]. Es ist ein *heiliger* Krieg, den Preußen führt, ein Krieg für die Cultur und die Selbständigkeit Europa's."[80] Nur wenige Tage später war Preußen besiegt, Napoleon in Berlin. Merkel musste sich in Sicherheit bringen und floh zurück nach Livland.

Nicht in Berlin, wie er scherzhaft angekündigt hatte, sondern in Riga gab Merkel sein Zeichen der Sesshaftigkeit und heiratete, am 15. September 1807; im Jahr darauf konnte er sich auf dem Gut Depkinshof bei Riga ansässig machen. Auch hier hatte er sich zum politischen Journalismus autorisieren lassen wollen, doch den erwünschten „officiellen Auftrag zur Bekämpfung der Fanfaronaden und feindseligen Unwahrheiten der Buonopartischen Zeitungen" versagte ihm der russische Hof[81], so dass er auf eigene Faust tätig wurde. Offen kämpferisch zunächst in den „Supplementblättern zum Freimüthigen" von April bis Juni 1807, behutsamer nach dem Tilsiter Frieden in dem literarisch-politischen „Zuschauer", den er selbst von 1807 bis 1831 herausgab und der bis in sein Todesjahr 1850 fortgeführt wurde.[82] In den Jahren 1811 und 1812 gliederte

---

[80] Der Freimüthige Nr. 205 vom 13. Oktober 1806, S. 303f.
[81] Garlieb Merkel, Die Geschichte meiner liefländischen Zeitschriften. In: Baltische Monatsschrift 45/1898, Bd. I, S. 185-210, 281-303, hier S. 190.
[82] Zu den politischen Qualitäten des „Zuschauers" vgl. Jürgen Heeg, Die letzte Bastion politischer Publizistik im Kampf gegen Napoleon: Die Zeitschriften des Journalisten Garlieb Merkel aus Livland. In: Zeitschrift für Ostmitteleuropa-Forschung 45/1996, S. 175-183; zu den literarischen

Merkel die Literarische Beilage des „Zuschauers" als eigene „Zeitung für Literatur und Kunst" aus, wahrscheinlich, wie Jörg Drews urteilt, die geschlossenste und ausgewogenste Leistung Merkels als Kritiker und Herausgeber.[83] Der Einmarsch Napoleons in Russland rief ihn von neuem auf den politischen Plan. Da der „Zuschauer" keine Kriegsnachrichten bringen durfte, wirkte Merkel zunächst in selbständigen Schriften und Flugblättern für die gerechteste Sache, „für die das Schwert geschwungen werden kann: für die Bewahrung des Vaterlandes vor fremden, entehrendem Joche" mit seinem Appell an die Bewohner der Ostseeprovinzen Russlands: „Mitbürger! In den Zeiten, wie die gegenwärtige, verschwinde jede kleinliche Sonderung. Wir sind Russen! Alle sind wir Russen! Sonst nichts wollen wir sein!"[84] Dieser Appell erschien als Flugblatt, in deutschen Zeitungen und, vom Dichter Deržavin übertragen, auch in russischen Journalen. Seit dem Oktober 1812 setzte jedoch Marquis Philipp Paulucci, der neue Generalgouverneur der Ostseeprovinzen, Merkels propagandistische Potenz gezielt für den Frontwechsel Preußens ein, so dass letztlich auch sein „Zuschauer" dazu beitrug, dass die Konvention von Tauroggen geschlossen werden konnte.[85] Auch danach lief seine Agitation gegen die „Bonapartische Race" weiter, die alle deutschen Patrioten als „Glebae adscripti, Leibeigene, die an der Erdscholle

---

Qualitäten vgl. Jörg Drews, „Parteilos, aber kühn! / Kühn, aber besonnen!" - ? Garlieb Merkel als Literaturkritiker in Berlin und Riga, 1800 bis 1811. In: „Ich werde gewiß große Energie zeigen" (wie Anm. 23), S. 85-88.

[83] Ebenda, S. 90.
[84] Garlieb Merkel, An die Bewohner der Ostseeprovinzen Rußlands. Zit. n. Müller-Jabusch, Thersites (wie Anm. 60), S. 208.
[85] Julius Eckardt, York und Paulucci. Aktenstücke und Beiträge zur Geschichte der Konvention von Tauroggen. Aus dem Nachlaß Garlieb Merkel's. Leipzig 1865.

kleben, auf der sie geboren wurden" unterdrückte.[86] Damit hatte allerdings, nachträglich gesehen, Merkels politische Publizistik den Zenit ihrer Wirksamkeit erreicht.

Danach nämlich, nach dem Wiener Kongress – begann der Feind zu fehlen, der ganz Europa in Atem gehalten hatte. Wie hätte man ohne ihn eine nationale Aufgabe angreifen oder eine *corporate identity* herbeischreiben können? Merkels Rolle als Stimme Russlands war kriegsbedingt gewesen und ließ sich nicht fortführen, schon gar nicht aus der deutschsprechenden Provinz heraus. Also machte er sich zum zweiten Mal auf den Weg nach Deutschland, um wiederum ein deutscher Autor und, an seine Berliner Beziehungen anknüpfend, doch so etwas wie der Sprecher einer Nation zu werden. Das schlug fehl. Diese Geschichte erzählt Merkel freilich nicht als die Geschichte *seines* Wunsches, sondern als groteskes Missverständnis, welches den Wunsch der preußischen Regierung nicht an seine, Merkels, Adresse gelangen ließ.[87] Wie auch immer, als Merkel Ende März 1816 nach Berlin kam, war der Platz besetzt. Kotzebue hatte den „Freimüthigen" (1808) an den Verleger August Kuhn verkauft, und jene regierungsnahe Stimme des Volkes, als die Merkel seinerzeit seinen „Zuschauer" konzipiert hatte, artikulierte sich bereits – direkt anschließend an Merkels Projekt – in Adam Müllers „Deutschen Staatsanzeigen".[88] Merkel gründete daraufhin „Ernst und Scherz oder der alte Freimüthige" im Juli 1816 neu und schrieb zu Ende des Jahres zuversichtlich an Böttiger: „Die merkantilischen Aussichten meines Blattes sind sehr günstig. So bald es so viel abwirft, daß ich in

---

[86] So Merkel in der Zeitschrift „Glossen" vom 6. September 1813, zit .n. Heeg, Die letzte Bastion (wie Anm. 82), S. 184.

[87] Und zwar bereits einen Monat nach seiner Rückkehr nach Livland im „Zuschauer" vom 16. Juni 1817. Vgl. Roger Bartlett, Heimat in der Fremde. Garlieb Merkel und sein Buch „Über Deutschland, wie ich es nach einer zehnjährigen Entfernung wiederfand" (1818). In: Schwidtal/Gūtmanis, Baltikum (wie Anm. 23), S. 88, Anm. 319.

[88] Vgl. Sangmeister, ‚Zuschauer' (wie Anm. 77), S. 103ff.

Berlin, ohne das Vermögen meiner Frau in Anspruch zu nehmen, ein kleines Haus machen kann, lasse ich meine Familie herauskommen, und bin Deutscher auf Lebenszeit."[89] Jedoch es öffnete sich kein Pfad zur Regierung für den Autor, der aus dem Ausland kam. Anfang April 1817 kündigte Merkel an, er werde eine Reise an den Rhein unternehmen, Ende Juni stellte der „alte Freimüthige" sein Erscheinen ein und Merkel war endgültig zurückgekehrt nach Livland.

Die Reise resultierte natürlich in einer Reisebeschreibung, „Über Deutschland, wie ich es nach einer zehnjährigen Entfernung wiederfand" (Riga 1818). Dieses Deutschland bestand nun aus einem Konglomerat von Staaten, die nach innen und außen mit dem Problem der Vereinheitlichung beschäftigt waren: Souverän nach innen, hatten sie die säkularisierten und mediatisierten Reichsgebiete rechtlich anzugleichen, gebunden nach außen im Rahmen des Deutschen Bundes, hatten sie für politischen Konsens zu sorgen. Einer der großen Stolpersteine auf dem Weg zur Vereinheitlichung war die Rechtsstellung der Juden. Das Toleranzpatent Josephs II. (1781), die bürgerrechtliche Gleichstellung im revolutionären Frankreich (Gesetz vom 13. November 1791), Napoleons ‚Code civil' (1804), das preußische Edikt betreffend die bürgerlichen Verhältnisse der Juden (11. März 1812) hatten zwar Maßstäbe gesetzt, aber mehr als Beratungsbedarf konnte Artikel 16 der Bundesakte vom 8. Juni 1815 nicht festlegen.[90] Die Öffentlichkeit beriet sich inzwischen hierüber mit einer neuen, unerhörten Schärfe. Je mehr die Privilegien der alten Zünfte und Korporationen schwanden, je mehr Egalisierung politisch praktiziert wurde, desto inkommensurabler war die korporative Verfassung der

---

[89] An Böttiger, den 28. Dezember 1816. Merkels Briefe (wie Anm. 27), S. 157.

[90] Vgl. Reinhard Rürup, Emanzipation und Antisemitismus. Studien zur „Judenfrage" der bürgerlichen Gesellschaft. Göttingen 1975 (Kritische Studien zur Geschichtswissenschaft 15), S. 16ff.

jüdischen Gemeinden; je mehr man sich ein Europa der homogenen Nationen dachte, desto irritierender das jüdische Gottesvolk, die Nicht-Nation schlechthin.[91] Es gab zahlreiche Stimmen, die einer gewaltsamen Assimilierung das Wort redeten, das heißt die Sonderkultur der Juden auslöschen wollten, und Merkel schloss sich ihnen an. Wie der Philosoph Jakob Friedrich Fries in seiner Schrift „Über die Gefährdung des Wohlstandes und Charakters der Deutschen durch die Juden" (1816), prophezeit auch Merkel allgemeine und blutige Volkserhebungen gegen jüdische Hybris: „Der Entwendung von Hostien und des Abschlachtens der Christenkinder wird man sie freilich nicht leicht wieder beschuldigen: aber es können sich wohl andere, vernünftigere Anklagen finden, die nur um desto furchtbarer wirken werden."[92] Solchen Anklagen widmet er zwei Kapitel seines Buches.

Abgesehen von dem Vorwurf, die Juden hätten mit Napoleon kollaboriert, geht es immer wieder um die Konkurrenz auf wirtschaftlichem Gebiet. Berlin zum Beispiel: seit Einführung der Gewerbefreiheit werde der Buchhandel durch jüdische Buchhändler ruiniert, fast die ganze Friedrichstadt gehöre schon den Juden, Hunderte von christlichen Familien seien ausquartiert und müssten mit Hilfe der Polizei untergebracht werden – kurz, es ist an dem, „daß in vielen Theilen Deutsch-

---

[91] Vgl. generell Klaus Holz, Nationaler Antisemitismus. Wissenssoziologie einer Weltanschauung. Hamburg 2001. Zur Situation nach 1800 vgl. Rainer Erb und Werner Bergmann, Die Nachtseite der Judenemanzipation. Der Widerstand gegen die Integration der Juden in Deutschland 1780-1860. Berlin 1989 (Antisemitismus und jüdische Geschichte 1).

[92] Garlieb Merkel, Ueber Deutschland, wie ich es nach einer zehnjährigen Entfernung wieder fand. Riga 1818, Bd. II, S. 162f. Zu Fries vgl. Gerald Hubmann, Sittlichkeit und Recht. Die jüdische Emanzipationsfrage bei Jakob Friedrich Fries und anderen Staatsdenkern des Deutschen Idealismus. In: Horst Gronke u. a. (Hrsg.), Antisemitismus bei Kant und anderen Denkern der Aufklärung. Würzburg 2001, S. 125-151.

lands die Christen und die Juden ihre ehemaligen Rollen gewechselt haben."[93] Wurden früher die Juden von frommen Christen unterdrückt, so werden es jetzt die ortsansässigen Christen durch die „uns ewig fremde Nationalität". Damit zeichnet sich Merkels bekanntes Muster durch, wieder müssen die Indigenen vor kulturfremden Despoten beschützt werden:

„Die Juden haben ferner die Freiheit, auch außerhalb der Stadt Grundstücke zu kaufen: sie haben das benutzt, in dem einzigen Lustorte, den die Berliner besitzen, alle genußvolle Bequemlichkeit an sich zu ziehn, sich in den Besitz fast aller Landhäuser zu setzen, die auf beiden Seiten des Tiergartens liegen. Da sitzen denn diese *Fremden* an schönen Sommerabenden schaarenweise vor *ihren* Thüren, und sehen die Bürger im Sande oder Sumpfe waten. – In mehrern Deutschen Staaten bestreben sie sich eifrig, die erhaltenen *Freiheiten* darauf auszudehnen, dass sie auch Rittergüter kaufen. Erlaubt man ihnen das, so werden sie, da ein so ungeheurer Theil des baaren Geldes in ihren Händen ist, in ein Paar Jahrzehnden den verarmten Adel ausgekauft haben, und die ackerbauenden *Bürger* des Staats werden den *Fremden* überall mit Dienstpflichten verhaftet, in manchen Provinzen ihnen leibeigen seyn. Wäre das so recht, gegen den Staat und seine Bürger?"

In dieser Schreckensvision rücken die Juden in die Vorrechte des Adels ein, eine prekäre Position nach 1789. Tatsächlich werden sie, als Geldaristokratie, nicht selten ebenso sehr bekämpft wie die Feudalaristokratie[94], so dass es scheinen will, als würde ihnen der ganze revolutionäre Hass auf die Herr-

---

[93] Ebenda, S. 148f. Die weiteren Zitate S. 149, S. 158f, S. 154f.
[94] Ausdrücklich etwa [Friedrich Buchholz], Untersuchungen über den Geburtsadel und die Möglichkeit seiner Fortdauer im neunzehnten Jahrhundert. Von dem Verfasser des neuen Leviathan. Berlin und Leipzig 1807. In dem Kapitel „Ueber das Verhältniß des Adels zu der Judenschaft" (S. 162ff) wird sogar argumentiert, dass sich Adel und Juden gegenseitig benötigen und unterstützen.

schenden nachgetragen. Merkel gebraucht diese Denkfigur als gehässiges Hilfsargument, um die Juden vom Recht auf bürgerliche Gleichstellung auszuschließen. Ein europäischer Staat, der den Juden Bürgerrechte gäbe wie allen anderen Einwohnern, würde gegen sein wichtigstes Grundgesetz verstoßen, er würde „der reinen Christlichkeit des Staates" entsagen. Die reine Christlichkeit bezeichnet plötzlich, wie sonst der Begriff der Nationalkultur, das Phantom der Homogenität: „Der Staat, in welchem man ihnen volle Bürgerrechte zugestände, hörte auf *ein christlicher* zu seyn, indem er einem seiner Grundgesetze entsagte; er würde ein *gemischter*" – ebenso wie weiße Leinwand, wenn man sie mit farbigen Streifen bemalt, nicht mehr weiß ist, sondern bunt, „unwidersprechlich".

Merkel hat nicht immer so gedacht. Auf seiner ersten Reise (1798/99) hatte er sich gegen die Ausgrenzung der Juden in den Hansestädten empört, gegen Vorschriften, die sie zwingen, von Rechts wegen „Fremdlinge in ihrem Vaterland zu bleiben".[95] In Berlin hatte er Umgang mit Juden und Jüdinnen und wohnte bei der Mutter von Henriette Herz[96]; noch seine Beschreibung der literarischen Welt Berlins in den „Skizzen" (1812) rühmt die jüdische Kolonie als die unterhaltendste Region der Stadt.[97] Es ist gewiss, dass Berlin sich verändert hatte, als Garlieb Merkel 1816 zurückkehrte und dableiben wollte; es ist denkbar, dass Merkel mit dieser Veränderung nicht zurecht kam. Das Bild des im Sande oder Sumpfe watenden Besitzlosen, unter den spöttischen Blicken der Besitzenden, vermittelt eine demütigende Erfahrung – sagen wir, unter Arrivierten nicht arrivieren zu können, weil alles besetzt ist. Merkel gelang

---

[95] Merkel, Briefe über einige der merkwürdigsten Städte (wie Anm. 30), S. 38. Zum Kontext vgl. Wolfgang Griep, Was zu sagen ist, und wie. Garlieb Merkel über Hamburg, Bremen und Lübeck. In: „Ich werde gewiß große Energie zeigen" (wie Anm. 23), S. 63ff.
[96] Brief an Böttiger vom 15. Februar 1800, „am neuen Markte bei der Frau Doctorin Lemos". Merkels Briefe (wie Anm. 27), S. 82.
[97] Merkel, Skizzen (wie Anm. 7), S. 303ff.

es nicht, anzukommen, und er macht dafür, so möchte ich annehmen, die Juden haftbar. Auch in der Folgezeit blieb er, ohne eine eigentliche *causa* daraus zu machen, bei seiner Judenfeindschaft.[98]

Zurück in Riga erlebte Merkel die Bauernbefreiung in Livland, die am 6. Januar 1820 offiziell proklamiert wurde. Er feierte die Reform, die er zu Recht auch sich selber zugute hielt, in einer Erinnerungsschrift „Die freyen Letten und Ehsten" (1820), wofür er vom Zaren Alexander I. eine lebenslängliche Pension von 300 Silberrubeln erhielt. Auch wenn er gelegentlich noch Aufsätze in deutschen Zeitschriften veröffentlichte, blieb er doch ein Publizist in und für Livland, oder vielmehr für die drei russischen Ostseeprovinzen. Außer dem „Zuschauer" gab er von 1827 bis 1837 das „Provinzialblatt für Kur- Liv- und Ehstland" heraus, das ihm selber von allen seinen journalistischen Unternehmungen als die wichtigste und gelungenste erschien. Es deckte alle möglichen Themen ab, Landwirtschaft, Handel, Gewerbe, polizeiliche Vorkommnisse, Statistik, Wetterbeobachtungen, Tagesgeschehen und Kultur, und dies so „piquant und populär" wie möglich: „Mit Hülfe ausgezeichneter Mitarbeiter warf ich eine Menge Kenntnisse, Rügen und neue Ideen ins Publicum, von denen mehrere erst ausgeführt wurden, als das Blatt schon aufgehört hatte."[99] Das Blatt brachte ihm jährlich 1.000 Silberrubel Gewinn, die Hälfte seiner Einkünfte überhaupt.[100] Neben der publikumsbezogenen Arbeit, die Leser zu amüsieren, informieren, interessieren, muss es noch eine andere, publikumsabgewandte Seite gegeben haben, ein Lesen und Studieren und Schreiben zur Kultur seiner selbst. Bereits 1827 äußert sich Merkel in einem Brief:

---

[98] So Roger Bartlett, der überhaupt erst auf das Antisemitismus-Problem bei Merkel hingewiesen hat, Merkel und sein Buch „Über Deutschland ..." (wie Anm. 92), S. 85.
[99] Merkel, Liefländische Zeitschriften (wie Anm. 81), S. 292ff.
[100] Ebenda, S. 300ff.

„Jetzt ziehe ich aus meinen Studien die Resultate aus in kurzen Abhandlungen, von denen ich dann und wann eine erscheinen lasse, wenn sich eine Gelegenheit findet. Das ganze mag dann liegen bleiben und meine Söhne mögen nach meinem Tode es benutzen und wegwerfen, wie sie wollen. Mir ist das Publicum so gleichgültig, oder vielmehr verächtlich geworden, daß mir nichts daran liegt, ob es jemals etwas von allem dem erfährt."[101]

Das energische Projekt, durch Schreiben Einfluss zu nehmen, kommt eher an sein Ende als das Schreiben selbst. Bei Merkels Tod sollen seine ungedruckten Schriften an die zehn Bände umfasst haben, aber nur ein kleiner Teil davon hat sich erhalten.

---

[101] Brief an Johann Friedrich von Recke vom 9. August 1827, zit. n. Stritzky, Garlieb Merkel (wie Anm. 12), S. 60.

DIE BAUERNFRAGE IN ESTLAND

Die wirtschaftliche und soziale Lage des Landvolks am Ende des 18. Jahrhunderts bis zur Bauernbefreiung 1816/1819

Konrad Maier

„Die Soldaten hatten in das ehemalige Pflaster auf dem Wesenberger Marktplatz vier Pflöcke gerammt, die mit Stricken verbunden waren und ein Quadrat von ungefähr zwanzig Ellen bildeten. Hinter dem Seil drängelten sich die Gaffer. [...] Ich schob mich an breiten Rücken und stummen Gesichtern vorbei bis zum Seil. [...] Da waren sie schon in Begleitung von Soldaten – vier stumme Männer mit kantigen, blassen bärtigen Gesichtern. [...] Als sie einen Augenblick später bäuchlings auf dem Boden lagen und die Soldaten auf ihnen saßen, einer auf ihren Beinen und einer auf ihrem Nacken, las der Leutnant das Urteil des Oberlandgerichts vor: »Dieselbigen vier Bauern der Frau von Tiesenhausen, die ihr in allem gehorchen müssen, diese vier sturen Rebellen sind als Strafe für ihren Ungehorsam, für freche Verleumdung ihrer Herrin und schließlich als Exempel für alle, die sich törichterweise ihren Erbherren widersetzen könnten, zur Prügelstrafe verurteilt: Simson 40 Paar Hiebe, Lammas 30 Paar Hiebe, Tonn und Kalda je 20 Paar Hiebe.«[...] Nun waren alle vier Missetäter, alle vier Verbrecher, nackt bis aufs Hemd, zur Züchtigung bereit, und die drei Trommler standen in einer Ecke des mit dem Seil abgegrenzten Quadrats zusammen. Der Offizier gab ein Zeichen, die Trommeln ertönten dumpf, an jeden Missetäter trat von beiden Seiten je ein Soldat heran, und das Pfeifen und Klatschen der Ruten ging los.

Eigenartig – der Trommelwirbel war so laut, dass das Klatschen der Hiebe und das Stöhnen der Geprügelten nicht zu hören waren. Zumindest solange es sich nicht zum Geschrei erhob – solange es nur ein tiefes Ächzen darstellte. [...] Die ganze Luft war voll vom Pfeifen der Ruten. Und als das Prügeln andauerte, spürte ich, daß in der feuchten Morgenluft über der Volksmenge noch etwas schwebte – die kalten, klebrigen, nassen Klumpen, die die Ruten den Nahestehenden beim Prügeln ins Gesicht wirbelten. Und dann, beim zehnten oder fünfzehnten Hieb, färbten sich die Hemden der Männer rot, und ich fühlte plötzlich etwas Warmes in mein rechtes Auge und an meine rechte Wange spritzen. Ich fuhr über mein Gesicht und sah an den Fingern, daß es ein Blutstropfen war, nur wußte ich nicht, ob das Blut von Simson, Lammas, Tonn oder Kalda stammte.[...] Der Trommelwirbel hörte so abrupt auf, daß mir schien, die Stille hätte mir einen Schlag in den Nacken versetzt. Der Leutnant schrie etwas in die Stille hinein, die Geprügelten erhoben sich vom Stroh, [...] und nach dem grausamen Schauspiel begannen sich die Menschen langsam und schweigsam zu zerstreuen."[1]

Der wohl bekannteste zeitgenössische Schriftsteller Estlands, Jaan Kross, hat hier in seinem Rakvere-Roman eine fiktive Szene plastisch dargestellt, die im 18. Jahrhundert, dem sogenannten „aufgeklärten und philosophischen", in Estland an der Tagesordnung war: Wegen Unbotmäßigkeit, wegen Eigensinn, wegen Arbeitsverweigerung, wegen Nichterfüllung der Pflicht oder der Pacht oder beidem, wegen jedes beliebigen Grundes, den der allmächtige Gutsherr geltend machte, konnten die „undeutschen" Bauern zur Prügelstrafe verurteilt werden – und diese wurde in der Regel auch nach den Buchstaben des Urteilsspruches und – soweit nötig – unter tätiger Mithilfe von Soldaten ausgeführt.

In der vorrangig von deutschbaltischen Historikern bestimmten Geschichtsschreibung zum 18. und beginnenden 19.

---

[1] Jaan Kross, Die Frauen von Wesenberg oder Der Aufstand der Bürger. München 1997, S. 26-30.

Jahrhundert[2] finden wir derartige Darstellungen eher selten. Was hier überwiegt, ist bei der Behandlung der Agrarverhält-

---

[2] Vgl. u.a. Leonid Arbusow, Die altlivländischen Bauerrechte, in: Mitteilungen aus der livländischen Geschichte 23 (1924-1926), S. 1-141; Nachträge S. 141-144 u. 634-645; Ders., Die „Livländische Landesordnung" von 1668. Ihre Entstehung und ihre Quellen, besonders die bauerrechtlichen. Posen 1942 (Quellen und Forschungen zur baltischen Geschichte. 2), S. 1-41; Hans Dieter von Engelhard, Hubertus Neuschäffer, Die Livländische Gemeinnützige und Ökonomische Sozietät (1792-1939). Ein Beitrag zur Agrargeschichte des Ostseeraums. Köln/Wien 1983 (Quellen und Studien zur baltischen Geschichte. Bd. 5); Hamilkar von Foelkersahm, Baltischer Adel und lettische und estnische Landbevölkerung in ihren gegenseitigen Beziehungen. In: Baltische Hefte 11 (1965), S. 3-35; Axel von Gernet, Die Aufhebung der Leibeigenschaft in Estland. Reval 1896; Ders., Geschichte und System des bäuerlichen Agrarrechts in Estland. Reval 1901; Otto Mueller, Die livländische Agrargesetzgebung. Riga 1892; Hubertus Neuschäffer, Carl Friedrich Frhr. von Schoultz-Ascheraden. Ein Beitrag zum Forschungsproblem der Agrarreformen im Ostseeraum des 18. Jahrhunderts. In: Journal of Baltic Studies 12 (1981), S. 318-332; Ders., Katharina II. und die Agrarfrage in den baltischen Provinzen. In: Journal of Baltic Studies 14 (1983), S. 109-120; Ders. Aufhebung der Leibeigenschaft in Estland im Jahre 1816, in: Ostdeutsche Gedenktage 1991 (1990), S. 275 ff.; Ders., Bauernbefreiung in Livland. In: Ostdeutsche Gedenktage 1994 (1993), S. 280 ff.; Guntram Philipp, Die Wirksamkeit der Herrnhuter Brüdergemeine unter den Esten und Letten zur Zeit der Bauernbefreiung. Köln/Wien 1974 (Forschungen zur internationalen Sozial- und Wirtschaftsgeschichte. 5); Rolf von Sivers, Die Gutsuntertänigkeit in Livland, insbesondere im 18. Jahrhundert. Erlangen 1935; Alexander Tobien, Zur Geschichte der Bauernemancipation in Livland. In: Baltische Monatsschrift 27 (1880), S. 273-303; Ders. Die Agrargesetzgebung Livlands im 19. Jahrhundert. Bd. 1, Berlin 1899; Bd. 2, Riga 1911; Ders., Die Bauernbefreiung in Livland. In: Festgaben für Friedrich Julius Neumann. Tübingen 1905, S. 1-45; Astaf von Transehe-Roseneck, Gutsherr und Bauer in Livland im 17. und 18. Jahrhundert. Straßburg 1890 (Abhandlungen aus dem Staatswiss. Seminar zu Straßburg. VII); Wilhelm Baron von Wrangell, Die Bauerngesetzgebung. In: Die Estländische Ritterschaft, ihre Ritterschaftshauptmänner und Landräte. Limburg a.d.L. 1967, S. 62-95. Kritisch hierzu auch: Jürgen Heeg, Die Wohn- und Lebensbedingungen der Letten und Esten

nisse im Baltikum eine Darstellung verschiedener reformerisch-altruistischer Persönlichkeiten des deutschbaltischen Gutsbesitzertums aus den Reihen der Ritterschaften, die – in der Tradition ihrer Vorväter stehend – das Landeswohl mit all seinen humanistischen Begleiterscheinungen in den Vordergrund ihrer Tätigkeit stellten, weshalb sie gerade in dieser Historiographie als konsequente und bisweilen bewunderungswürdige Reformatoren behandelt werden.

Worum es in den folgenden Ausführungen geht, ist der Versuch, die politischen und sozioökonomischen Veränderungen in Estland seit der Mitte des 18. Jahrhunderts zu erläutern und daneben die Situation der Gutsbesitzer und die alltägliche Lebenswelt der „Undeutschen", der bäuerlichen Bevölkerung zu beleuchten, die sich damals als „maarahvas", also „Landvolk" bezeichnete und erst ab den 1850er Jahren „eestlased" („Esten") zu nennen begann.

Den ersten Reformanstrengungen im Zusammenhang mit dem Jahre 1765 folgen somit die finanzpolitischen Reformen unter Zarin Katharina II. von 1783, die Bauernverordnungen an der Wende vom 18. zum 19. Jahrhunderts sowie die in allen Standardwerken gerühmte Bauernbefreiung von 1816 (für Estland) bzw. 1817 (für Kurland) und 1819 (für Livland).[3] Dass dabei nicht alle Facetten der politischen und ökonomischen Entwicklung im 18. Jahrhundert berücksichtigt werden können, muss angesichts des zur Verfügung stehenden Rahmens nicht ausdrücklich betont werden.

Neben einschlägigen Veröffentlichungen aus deutschbaltischer Feder aus den letzten Jahrzehnten sei vor allem das Werk

---

in der baltischen Agrarpublizistik. In: Aufklärung in den baltischen Provinzen Rußlands. Ideologie und soziale Wirklichkeit, hrsg. von Otto-Heinrich Elias in Verbindung mit Indrek Jürjo, Sirje Kivimäe u. Gert von Pistohlkors. Köln 1996 (Quellen und Studien zur baltischen Geschichte. 15), S. 107-124.

[3] Vgl. hier die allzu unkritischen Äußerungen von Neuschäffer, Aufhebung (wie Anm. 2) und Ders., Bauernbefreiung (wie Anm. 2).

von Juhan Kahk genannt, des wohl bekanntesten Agarhistorikers der estnischen Sowjetzeit[4], und hier vor allem sein posthum erschienenes Werk „Bauer und Baron im Baltikum".[5]

---

[4] Vgl. u.a. Juhan Kahk, Rahutused ja reformid. Talupoegade klassivõitlus ja mõisnike agraarpoliitika Eestis XVIII ja XIX sajandi vahetusel (1790-1810) [Unruhen und Reformen. Der Klassenkampf der Bauern und die Agrarpolitik der Gutsbesitzer in Estland (1790-1810)]. Tallinn 1961; Ders., Eesti talurahva võitlus vabaduse eest. Talurahva vastuhakud ja rahutused aastail 1816-1828 [Der estnische Bauer um Kampf um seine Freiheit. Bauernunruhen in den Jahren 1816-1828]. Tallinn 1962; Ders., Krest'janskoe dviženie i krest'janskij vopros v Estonii v konce XVIII i pervoj četverti XIX veka [Die Bauernbewegung und die Agrarfrage in Estland am Ende des 18. und im ersten Viertel des 19. Jahrhunderts]. Tallinn 1962; Ders., Die Krise der feudalen Landwirtschaft in Estland. Das zweite Viertel des 19. Jahrhunderts. Tallinn 1969; Ders., Der Bauer in der Literatur und im wirklichen Leben. Die progressiven baltischen Publizisten an der Grenzscheide des 18. und 19. Jahrhunderts und ihr Held. In: Der Bauer Mittel- und Osteuropas im sozio-ökonomischen Wandel des 18. und 19. Jahrhunderts, hrsg. von Dan Berindei (u.a.). Köln/Wien 1973, S.351-365; Ders., Eesti talupoegade religioosetest tõekspidamisest ja kultuuritasemest kahe sajandi eest [Die religiösen Ansichten und das kulturelle Niveau der estnischen Bauern vor zwei Jahrhunderten]. In: Keel ja Kirjandus 22 (1979), Nr. 1, S. 11-19; Ders. Inimesest ja elust eesti talutares XIX sajandi esimesel poolel [Über die Menschen und das Leben im estnischen Bauernhaus in der ersten Hälfte des 19. Jahrhunderts]. In: Keel ja Kirjandus 23 (1980), H. 3, S. 141-147; Ders., The role of landlords and peasants in the agricultural progress of the XVII-XIXth centuries. Tallinn 1989; Ders., Die baltischen Agrarreformen des 19. Jahrhunderts in neuer historischer Perspektive. In: Zeitschrift für Ostmitteleuropa-Forschung 45 (1996), H. 4, S. 544-555; Ders. Naiveté or Real Intuition? Peasant Attitudes and Agrarian Policies in the Baltic Region from the Sixteenth to the Nineteenth Century. In: Journal of Baltic Studies XXVIII (1997), H. 3, S. 247-254.

[5] Juhan Kahk, Bauer und Baron im Baltikum. Versuch einer historisch-phänomenologischen Studie zum Thema „Gutsherrschaft in den Ostseeprovinzen", hrsg. von Otto-Heinrich Elias u. Henning von Wistinghausen. Tallinn 1999.

Die Landtagsbeschlüsse von 1765

Mit dem Regierungsantritt Katharinas II. im Jahr 1762 begann auch für das Baltikum eine neue Zeit.[6] Dies galt vor allem für innenpolitische Veränderungen auf den Sektoren von Wirtschaft und Agrarwesen. Katharina war es, die auf der Grundlage der von ihr definierten Staatsinteressen die Agrargesetzgebung und -reformierung des Baltikums zu einem ersten Schwerpunkt ihrer Regierung machte.

Im Zeitalter des Merkantilismus und der Theoretiker des aufgeklärten Absolutismus war es im Baltikum der Theologe und Kameralist Johann Georg Eisen[7], der staatswirtschaftlichen

---

[6] Vgl. Georg Sacke, Livländische Politik Katharinas II. Riga/Posen 1944 (Quellen und Forschungen zur baltischen Geschichte. 5), S. 26-73; Neuschäffer, Katharina II. und die baltischen Provinzen. Hannover-Döhren 1975 (Beiträge zur baltischen Geschichte); Ders., Katharina II. (wie Anm. 2); Ders., Katharina II. und die Aufklärung in den baltischen Provinzen. In: Aufklärung in den baltischen Provinzen Rußlands, hrsg. von Otto-Heinrich Elias in Verb. mit Indrek Jürjo, Sirje Kivimäe u. Gert von Pistohlkors. Köln (u.a.) 1996 (Quellen und Studien zur baltischen Geschichte. Bd. 15), S. 27-42.

[7] Zu Person und Werk vgl. Roger Bartlett: Johann Georg Eisen, Minor Writings. In: Journal of Baltic Studies 21 (1990), S. 95-104; Ders. Russia's First Abolitionist: The Political Philosophy of J. G. Eisen., In: Jahrbücher für Geschichte Osteuropas N.F. 39 (1991), S. 161-176; Johann Georg Eisen (1717-1779). Ausgewählte Werke. Deutsche Volksaufklärung und Leibeigenschaft im Russischen Reich, hrsg. von Roger artlett u. Erich Donnert. Marburg 1998 (Quellen zur Geschichte und Landeskunde Ostmitteleuropas. 2); Erich Donnert, Das religiöse und philosophische Weltbild Johann Georg Eisens (1717-1779). In: Jahrbuch für Geschichte der sozialistischen Länder. Berlin 1969, S. 61-75; Ders., Johann Georg Eisen (1717-1779). Ein Vorkämpfer der Bauernbefreiung in Rußland. Leipzig 1978; Hubertus Neuschäffer, Der livländische Pastor und Kameralist Johann Georg Eisen von Schwarzenberg. Ein deutscher Vertreter der Aufklärung in Rußland zu Beginn der zweiten Hälfte des 18. Jahrhunderts. In: Rußland und Deutschland. Festschrift für Georg von Rauch, hrsg. von Uwe Liszkowski. Stuttgart 1974, S. 120-144; Ders., Zur Manipulation einer Schrift von J. G. Ei-

Argumenten gegenüber den moralisch-humanitären[8] auch in der Leibeigenschaftsfrage den Vorzug gab. Ihm ging es bei seinen Vorschlägen um die wirtschaftliche Seite der Bauernbefreiung, da „der soziale Mißstand der Bauernschaft dem ökonomischen Zustand des Staates hinderlich"[9] war. Seine Gedanken eines neuen Kameralsystems[10] fielen am Zarenhof, an den sich Eisen von Estland aus 1762 begeben hatte, auf fruchtbaren Boden, denn bereits für Peter III. war ein gesunder Bauernstand die Voraussetzung für einen gesunden (Soldaten-)Staat.[11] Im Folgejahr traf Eisen mit der neuen Regentin Katharina II. zusammen, wo seine Vorschläge ebenfalls eine interessierte Zuhörerschaft fanden. 1764 beauftragte sie den Pastor von Torma, eine Schrift über den verderblichen Einfluss der Leibeigenschaft zum Druck fertigzustellen, die im gleichen Jahr erschien.[12] Hier stellte Eisen die historische Entwicklung der Leibeigenschaft dar und schloss ein Projekt zur Verbesserung der bäuerlichen Situation an. Der wichtigste Punkt, die Umwandlung der Fron in eine Geldpacht, mündete jedoch nicht in die Regierungspläne.

„Ihro Kaiserl. Majestät, deren landesmütterliche Sorgfalt sich auch auf den geringsten Dero Unterthanen erstreckt und der Sonne gleich auch die tiefsten Thäler beleuchtet und er-

---

sen. In: Buch- und Verlagswesen im 18. und 19. Jahrhundert. Beiträge zur Geschichte der Kommunikation in Mittel- und Osteuropa, hrsg. von Herbert G. Göpfert (u.a.). Berlin 1977, S. 76-84; Georg Sacke, Zur Chronologie der literarischen Wirksamkeit Pastor Eisens. In: Jahrbücher für Geschichte Osteuropas Bd. 6 (1941), H. 1, S. 85-91.

[8] Vgl. Neuschäffer, Der livländische Pastor (wie Anm. 7), S. 31.
[9] Hans Kruus, Grundriß der Geschichte des estnischen Volkes. Tartu 1932, S. 51.
[10] Abgeschlossen wurde das Werk bereits 1756.
[11] Vgl. Werner Conze, Die deutsche Kolonie Hirschenhof, das Werden einer deutschen Sprachinsel in Livland. Berlin 1934, S. 26.
[12] Anonyme Schrift mit dem Titel „Eines liefländischen Patrioten Beschreibung der Leibeigenschaft, wie solche in Liefland über die Bauern eingeführt ist".

wärmt, haben durch die bei derselben angetragene Klagen mit Mißfallen erfahren, [...] in wie großem Bedruck der Bauer in Livland lebe", teilte Browne 1765 dem Livländischen Landtag mit, nachdem die Monarchin wenige Monate vorher die baltischen Ostseeprovinzen besucht hatte. Sie sei fest entschlossen, „dieser Misere abzuhelfen und sonderlich der tyrannischen Härte und dem ausschweifenden Despotismo [...] Grenzen zu stellen, umso mehr entschlossen, als das dominium supremiens der Krone dadurch benachteiliget würde".[13]

Um dem zu begegnen, schlug der Generalgouverneur vor, die Leistungen der Bauern festzuschreiben, damit diese „mit dem Vermögen der Bauern in einem Verhältnisse stehe[n]; dass zum Beispiel zu jeder Arbeit, nach der Größe der Gesinde, gewisse Tage auferlegt werden, und daß diese Arbeit nur zu diesen Erfordernissen angewendet, und wenn solche nicht nöthig, der Bauer nicht an deren Stelle zu anderen Frohndiensten angestrengt werde".[14] Darüber hinaus postulierte er die Beschränkung der Hauszucht und die Anerkennung des Rechts der Bauern, den Überschuss ihrer Produktion zu verkaufen. Die Livländische Ritterschaft reagierte auf die Reformvorschläge der Regierung mit großer Empörung. Der Landtag war zwar bereit anzuerkennen, dass der Bauer auch Eigentümer an Vieh, Pferden, Getreide, Kleidungsstücken usw. sein könne, aber die Gutsherren behielten sich z.B. das Recht vor, das Bauernland mit dem Hofsland zu vereinigen. Jede Möglichkeit genauerer Regulierung der Bauernleistungen wurde verneint. Die Hauszucht wollte man auf 10 Paar Ruten begrenzen. Klage dürfte

---

[13] R. J. L. Samson von Himmelstiern, Historischer Versuch über die Aufhebung der Leibeigenschaft in den Ostseeprovinzen in besonderer Beziehung auf das Herzogthum Livland. In: Beilage zum Inland (1838). S. 49.
[14] Ebenda, S. 51.

der Bauer nur dann erheben, wenn er zuvor allen Verpflichtungen, über die er klagen wollte, nachgekommen sei.[15]

Einige wenige Adlige waren dessen ungeachtet zu weitergehenden Zugeständnissen bereit. So warnte Landrat Karl Friedrich Baron Schoultz von Ascheraden seine Standesgenossen vor den gefährlichen Folgen, welche die Ablehnung der Vorschläge der Regierung nach sich ziehen würden. Er schlug vor, „den Zustand des Bauers (zu) verbessern, ihm ein festes Eigenthum, gemessene Pflichten und kurz ein Recht (zu) geben, wodurch seine Wohlfahrt in Sicherheit gesetzt wird".[16] Für diese Vorschläge wurde er von der Mehrheit der Adligen im Landtag heftig kritisiert, das für seine Bauern gedruckte Bauernrecht (von 1764) als gefährliche, zur Insurrektion verleitende Publikation verboten und konfisziert.[17]

Diese offene Widerspenstigkeit war für die Regierung unannehmbar. Der Landtag wurde mit direkten Drohungen zum Nachgeben gezwungen, so dass die Regierungsforderungen angenommen und am 12. April 1765 in der Form eines Patentes veröffentlicht wurden:

- „daß, wenn der Bauer seinem Herrn nichts an Arbeit, Gerechtigkeit und Vorstreckung schuldig ist, er eigentümlich behalten solle, was er erwerben kann oder von seinen Eltern vererbt (erhalten hat);
- daß die Leistungen der Bauern an Arbeit und Fuhren bestimmt seyn sollten […]
- daß die Gerechtigkeit, die jetzt (1765) bestimmt worden ist, niemals erhöht werden soll;

---

[15] Ebenda, S. 61-70.
[16] Ebenda, S. 74.
[17] Vgl. Neuschäffer, Schoultz-Ascheraden (wie Anm. 2).

- daß es den Bauern frei stehe, über ihre Herren zu klagen, jedoch erst wenn sie bescheidene Vorstellungen dem Herrn gethan haben und dann den Richter um Milderung des Druckes zu bitten."[18]

Die Veröffentlichung von 1765 spornte die Bauern an, ihre Klagen energischer zu vertreten. Bis 1783 ereigneten sich Bauernproteste auf nicht weniger als 48 livländischen Gütern, auf denen man nicht nur klagte und protestierte, sondern auch die Fron verweigerte. Regierung und die Institutionen des Adels konnten es sich nicht mehr leisten, die Forderungen der Landleute gänzlich zu ignorieren, ohne dass es jedoch zu wirklichen Prozessen zugunsten einzelner Bauern kam.[19]

Die Kopfsteuer von 1783

In den Jahren 1783 bis 1785 führte Katharina II. in den baltischen Provinzen das gleiche Verwaltungssystem wie im übrigen Reich ein, die Statthalterschaftsverfassung. Im Jahr 1783 wurde bekannt gegeben, dass ab sofort auch die baltischen Bauern, jedes männliche Individuum, die so genannte Kopfsteuer zu entrichten hätten. De facto zahlten die Gutsbesitzer die neue Steuer und erhielten dafür das Recht, die Leistungen und Abgaben ihrer Bauern entsprechend zu erhöhen. Das Ergebnis war eine allgemeine Rechtsunsicherheit. Als man den Ukas in den Kirchen verlas, interpretierten ihn viele Bauern, sie hätten ab sofort keine anderen Verpflichtungen mehr, als nur eben dem Kaiser diese Kopfsteuer zu zahlen. Ihre Vertreter wanderten nach Riga, um sich über ihre Gutsbesitzer zu beschweren und Informationen über die Kopfsteuer zu erhalten. Erste Unruhen im Folgejahr waren aus den Regionen von Walk/Valga, Wolmar/Valmiera, Pernau/Pärnu oder Dorpat/Tartu zu vermelden.

---

[18] Himmelstiern, Historischer Versuch (wie Anm. 13), Sp. 90.
[19] Zu Beispielen vgl. Kahk, Bauer und Baron (wie Anm. 5), S. 106.

Der Zivilgouverneur von Livland, Alexander Beklešov, kam zu der Erkenntnis, die Bauern würden von ihren Gutsbesitzern tyrannisiert und protestierten nur gegen erhöhte Verpflichtungen. Während er noch versuchte, das unbarmherzige Auspeitschen aufsässiger Bauern zu verhindern, unternahm der Dorpater Kreishauptmann von Krüdener im Juni 1784 mit einem Militärkommando einen „Beruhigungsmarsch" durch den ganzen Kreis und teilte harte Prügelstrafen aus. Im Gegenzug sammelten sich auch die Bauern in bewaffneten Scharen. Bei der Unterdrückung möglicher Zusammenrottungen kam es an mehreren Orten zu kleineren Scharmützeln, aber auch zu ernsten Zusammenstößen. An diesen „Kopfsteuerunruhen" beteiligten sich Bauern von nicht weniger als 151 Gütern.[20] Zu ihrer erfolgreichen Unterdrückung waren zwei Regimenter Soldaten und ein Regiment Kosaken erforderlich. Nichts desto trotz sahen sich die Gutsbesitzer nun doch gezwungen, sich an ihr Versprechen von 1765 zu erinnern und sich ernsthafter mit der Fronregulierung zu beschäftigen.

An der Wende zum 19. Jahrhundert

Während sowohl beim Landtag von 1765 als auch bei der Einführung der Kopfsteuer den zaghaften Reformansätzen Dekrete und Ukase von oben vorangegangen waren, war die Zeit bis zur Jahrhundertwende geprägt von bäuerlichen Unruhen, die erst spät zu Nachdenken und zu besonnener Reaktion der Ritterschaften führte.

Mit einem Ukas vom 5. April 1797 untersagte der Zar, den Bauern an Sonntagen Frondienste abzufordern; „in der Regel" seien drei Tage Fron in der Woche ausreichend. Durch einen weiteren Ukas konnten die Bauern ausdrücklich dem Monarchen Beschwerden einreichen, wobei aber ein Ukas von 1767, der Klagen gegen die Gutsbesitzer verbot, ebenfalls in Kraft

---

[20] Vgl. ebenda, S. 110.

blieb. Die ungewöhnliche Vereidigung des Landvolks bei der Thronbesteigung Pauls I. und der inkonsequente Ukas von 1797 lösten im ganzen Reich Unruhen aus. Das Landvolk wandte sich an den Kaiser mit der Bitte, es „vom Joch des Gutsherren zu befreien", und man schrie: „Schlagt sie tot, sie sollen den Ukas über unsere Befreiung bekanntgeben."[21] Wieder kämpften die Bauern gegen „übermäßige Frone" und unbarmherzige Auspeitschungen. Im Vergleich mit den 1750er Jahren war erstere verdoppelt worden. Zwar war die Gouvernementsregierung der Auffassung, von den Bauern dürften nur solche Leistungen gefordert werden, die ihrer wirtschaftlichen Leistungskraft sowie der allgemeinen Gerechtigkeit und der Überlieferung entsprächen. Der Gutsbesitzer reagierte in der Regel damit auf bäuerliche Klagen, dass er die Ländereien neu vermessen und neue Wackenbücher zu seinen Gunsten zusammenstellen ließ. Die Bauern wollten aber diese einseitig festgelegten Normen nicht anerkennen; schließlich wurde ihr Widerstand mit Prügelstrafen unterdrückt.

Schon 1795 erwog der Generalgouverneur, solche „privaten Vermessungen" zu verbieten. Die Zentralregierung mischte sich von neuem in die Bauernfrage ein. Aufmerksamkeit erregte in der europäischen Öffentlichkeit die Veröffentlichung eines Buches, dessen schnell bekanntwerdender Verfasser der livländische Pastorensohn Garlieb Merkel war. Das Büchlein, vom radikalen Aufklärertum geprägt, beschränkt sich nicht auf die Beschreibung der schweren Lage der Bauern, sondern es warnt auch die Gutsbesitzer vor Vergeltung: „Die Nation hat aufgehört, der sklavische Hund zu sein [...]. Sie ist ein Tiger, der mit stiller Wuth in seinen Fesseln knirscht, und sehnsuchtsvoll den Augenblick erwartet, wo er sie zerbrechen und seine

---

[21] Kahk, Rahutused ja reformid (wie Anm. 4), S. 269.

Schmach in Blut abwaschen kann [...]. Alle Höfe und Städte würden geplündert und ständen in Flammen".[22]

1800 publizierte Johann Christoph Petri, der in Estland einige Jahre als Hauslehrer tätig gewesen war, seine „Briefe über Reval"[23], in denen er die Lage der Bauern in Estland einer vernichtenden Kritik unterzog. Seine Ablehnung der Leibeigenschaft verstärkte er 1802 in seinem dreibändigen Werk „Ehstland und die Ehsten".[24] Er forderte zwar keine sofortige und

---

[22] Garlieb Merkel, Die Letten, vorzüglich in Liefland, am Ende des philosophischen Jahrhunderts. Ein Beitrag zur Völker- und Menschenkunde. Leipzig 1797, hier S. 226f. Vgl. zu Merkels Publizistik u.a. die Veröffentlichungen von Jürgen Heeg, Die politische Publizistik Garlieb Merkels und seine Kritik an der livländischen Leibeigenschaft. In: Jahrbücher für Geschichte Osteuropas N.F. 40 (1992), S. 27-40; Ders., Garlieb Merkel als Kritiker der livländischen Ständegesellschaft. Zur politischen Publizistik der napoleonischen Zeit in den Ostseeprovinzen Rußlands. Frankfurt a.M. (u.a.) 1996 (Europäische Hochschulschriften. III: Geschichte und ihre Hilfswissenschaften. 718); Ders., Garlieb Merkel und die baltischen Völker. In: Das Baltikum im Spiegel der deutschen Literatur. Carl Gustav Jochmann und Garlieb Merkel. Beiträge des Internationalen Symposions in Riga vom 18. bis 21. September 1996 zu den kulturellen Beziehungen zwischen Balten und Deutschen, hrsg. von Michael Schwidtal und Armands Gūtmanis. Heidelberg 2001, S. 43-60; sowie den Beitrag von Heinrich Bosse hier in diesem Band.

[23] [J. Chr. Petri,] Briefe über Reval nebst Nachrichten von Ehst- und Liefland. Ein Seitenstück zu Merkels Letten. Von einem unparteiischen Beobachter. Deutschland 1800. Nach neuestem Forschungsstand ist die Verfasserschaft Petris für die „Briefe" nicht eindeutig geklärt; ich verdanke diese Kenntnis dem freundlichen Hinweis von Indrek Jürjo, Tallinn. Zu weiteren publizistischen Tätigkeiten Petris. vgl. Jürgen Heeg, Die Publikationen Johann Christoph Petris (1762-1851) über Estland, Livland und Rußland. In: Journal of Baltic Studies XVI (1985), Nr. 2, S. 128-137; Ders., „Ueber einige Merkwürdigkeiten und Alterthümer in Lief- und Ehstland". Die Ostseeprovinzen Rußlands in den Publikationen Johann Christoph Petris (1762-1851). In: Zeitschrift für Ostforschung 34 (1985), S. 536-557.

[24] Johann Christoph Petri, Ehstland und die Ehsten, oder historisch-geographisch-statistisches Gemälde von Ehstland. Ein Seitenstück zu Merkel über die Letten. 3 Bde., Gotha 1802.

gänzliche Abschaffung (wie Merkel), doch sollte seiner Auffassung nach (1813) den Bauern ein gewisses Bildungsniveau vermittelt werden, bevor man ihnen Eigentum an Grund und Boden zugestehen könne. Dabei dürften die Fronarbeiten nicht willkürlich ausgedehnt, sondern müssten genormt und gesetzlich festgelegt werden. Als Endpunkt seiner Forderungen stand die Übereignung beweglichen Vermögens an das Landvolk. Petri war kein revolutionärer Aufklärer, sondern präferierte eine Reform von oben, wobei manche seiner Schriften wohl eher anderen Autoren (Meck, Hupel) zugeschrieben werden müssen und nicht aus seiner eigenen Feder stammen.

Am Ende des 18. Jahrhunderts versuchte die Ritterschaft, die sich einer Verschlechterung ihrer ökonomischen Lage gegenübersah, zunächst noch hartnäckig, die Bewertung der Lage der Landleute nach den „schwedischen Methoden" allein in den Händen zu behalten. Der estländische Landtag von 1795 legte fest, niemand sei berechtigt, „von seinen Bauern an Arbeit oder Gerechtigkeit mehr zu fordern, als selbige nach den bisherigen Wackenbüchern zu thun schuldig und gehalten gewesen sind".[25] Alles bewegliche Vermögen, das der Bauer innehabe, gehöre ihm, wenn er alle Verpflichtungen gegenüber dem Gutshof erfüllt habe. Diese Beschlüsse, ein den Bauern geschenktes Bauernrecht, publizierte man in der 1802 beschlossenen Fassung und nach erfolgter kaiserlicher Bestätigung auch in estnischer Sprache.

Nach mehreren Unruhen auf livländischen Gütern erhielt der Generalgouverneur aus St. Petersburg die strenge Anweisung, allen Gutsbesitzern Livlands mitzuteilen, „daß, wenn sie von ihren Bauern etwas über das im Wackenbuch Bestimmte fordern oder ihnen auferlegen werden", ihre Güter „unter Kronssdisposition" gestellt werden würden.[26] Darüber hinaus

---

[25] Gernet, Geschichte und System (wie Anm. 2), S. 100.
[26] Tobien, Agrargesetzgebung (wie Anm. 2), Bd. 1, S. 230.

sollte ein Verzeichnis der Gutsbesitzer angefertigt werden, auf deren Gütern es noch keine Wackenbücher gab.

In einem Bericht vom 29. November 1802, nach dem erneuten Wechsel auf dem Zarenthron, machte der livländische Zivilgouverneur Richter, der sich damit auf die Seite des konservativen Adels schlug, deutlich, die Bauern seien von Natur aus so faul, dass sie nur mit Strenge zur Arbeit zu zwingen seien. Folgende Faktoren seien Ursache von Unruhen wie denjenigen von Kaugershof/Kauguri, die Anlass für den Bericht gewesen waren: In den Städten und auf den Gütern Livlands gebe es viele freie Leute (Handwerker und Literaten), die Kontakte mit den Bauern hätten und ihnen „über die nur in Phantasievorstellungen existierende Gleichheit und über die Menschenrechte" Flausen in den Kopf setzten.[27] Dabei wird er wohl an die unlängst publizierten Schriften von Merkel und Petri gedacht haben, in denen die Gutsbesitzer als Räuber des Eigentums des lettischen beziehungsweise estnischen Volkes dargestellt wurden.

Schon im August 1802 hatten reformorientierte Kräfte in Adelskreisen mit Friedrich Wilhelm von Sivers an der Spitze jedoch in einem Brief an Alexander I. einen Reformplan vorgelegt, der vorsah, die Leistungen der Bauern nach den Prinzipien der schwedischen Reform vom Ende des 17. Jahrhunderts festzusetzen. Dafür mussten neue Landvermessungen getätigt werden. Am Ende des Jahres wurde Sivers nach St. Petersburg gerufen, wo sein präziser Reformplan am 30. Januar 1803 vom Kaiser bestätigt wurde und von nun an als Richtschnur bei der Ausarbeitung der neuen Bauernverordnung diente. Zwar warfen auf dem im Februar 1803 in Riga beginnenden Landtag viele Adlige Sivers Befugnisüberschreitung vor, doch am Ende wurde zur Ausarbeitung des Gesetzestextes eine spezielle

---

[27] A. Kāpostiņš, Vidzemes zemnieku nemieri Kaugurmuižā 1802 g. [Der Aufstand der livländischen Bauern in Kaugershof im Jahre 1802]. Riga 1924 (Valsts Archiva Raksti. 1), S. 50 ff.

Kommission (einschließlich der Vertreter der Ritterschaft) in St. Petersburg zusammengerufen. Der von ihr ausgearbeitete Text des livländischen Bauerngesetzes wurde am 20. Februar 1804 vom Kaiser bestätigt.

Die Bauernverordnungen von 1804

Die livländische Bauernverordnung von 1804 sah genaue Regeln für die Vermessung des Bodens und die Schätzung der Bodenqualität vor. Bäuerliche Abgaben und Arbeitsleistungen wurden genau bestimmt. Neben der Normalfron mussten auch alle Leistungen der Hilfsfron in den Wackenbüchern genau beschrieben und ihr Anfang und Ende angegeben werden. Die Bauernwirte erhielten ihre Stellen zu erblicher Nutzung und konnten nur durch Gerichtsbeschluss aus ihren Wirtschaften versetzt werden. Da die Landvermessungen jahrelange Arbeit bedeuteten, bekamen die Bauern provisorische Wackenbücher auf der Grundlage der letzten Hakenrevision. Für eventuell zu viel geleistete Fron und Abgaben sollten sie entschädigt werden.

Auch die Estländische Ritterschaft begann 1803 ihre Daten für die Wackenbücher zusammenzustellen. Einigen wenigen war klar, dass es nötig sein würde, die Bauerngesetzgebung der beiden benachbarten Gouvernements zu vereinheitlichen. So musste der im Februar 1804 zusammentretende estländische Landtag zur Kenntnis nehmen, dass die Regierung für Livland die Fronregulierung gefordert hatte. Nach heftigen Diskussionen wurden das Muster eines Wackenbuches und der Entwurf eines neuen, nach livländischem Beispiel formulierten Bauernrechtes zusammengestellt. Schon am 1. Dezember 1804 billigte der Kaiser auch dieses Gesetz, das im Grunde dem livländischen Text entsprach, allerdings mit einem prinzipiellen Unterschied: Es schrieb keine Vermessung und Bonitierung des Bauernlandes vor. Der Wert des Landes und folglich auch die

Höhe der in den Wackenbüchern bestimmten bäuerlichen Leistungen wurden von den Gutsbesitzern selbst festgesetzt.[28] Die Empörung der Bauern, die sich von den neuen Verordnungen Erleichterungen erhofft hatten, folgte konsequent.

Spätestens seit diesen gesetzlichen Regelungen wird ein Grundproblem der baltischen Agrargesetzgebung deutlich. Zwischen der Beratung der Reformen, der Verabschiedung und Verkündung per Zarenukas und der Durchführung bis in die letzten Kirchspiele und die einsamen Gutshöfe vergingen in der Regel mehrere Jahre, so dass eine offensichtliche Diskrepanz zwischen den de jure-Vorschriften und den de facto Gegebenheiten jedem Bauern spürbar wurde. Die Reaktionen der Bauern waren denn auch im Vergleich zu ihrem Verhalten aus den Vorjahren sehr ähnlich: Die Bauern wurden über die neuen Gesetze informiert und kehrten nach Hause zurück in der sicheren Erwartung, dass „die alte schwedische Frone" wieder eingeführt werde; ihrem Gutsbesitzer erklärten sie, dass sie von jetzt an „nicht mehr leisten werden als 1½ Tage in der Woche".[29] Anderswo verminderten die Landleute eigenmächtig die Frontage und erklärt, dass alle Verordnungen, die ihnen von der Kirchenkanzel erläutert worden waren, falsch seien, weil sie von Riga ganz andere Informationen bekommen hätten.

Die livländische Gouvernementsregierung musste bereits im Juli 1803 mit der Hilfe eines Bataillons Musketiere den Widerstand der Bauern mit harten Prügelstrafen brechen. Unruhen brachen auch aus, als im Juni 1804 die Revisionskommissionen begannen, den Bauern die neuen Wackenbücher auszuhändigen. Am Ende des Jahres 1804 und Anfang 1805 erfasste die Unruhe alle Kreise Livlands. Überall forderten die Bauern die „alten" oder „schwedischen" Fronen.

---

[28] Vgl. Gernet, Geschichte und System (wie Anm. 2), S. 111f.
[29] Kahk, Rahutused ja reformid (wie Anm. 4), S. 375f.

In Livland wurden die Exemplare des neuen Bauernrechts schon im Sommer 1804 verteilt, in Estland geschah das erst Anfang 1805. Man weiß, dass einige Exemplare des für Livland bestimmten Textes auch in die Hände estländischer Landleute gerieten. Bauern weigerten sich daraufhin, Hilfsarbeiter zum Roggenschnitt zu stellen. Auch verglichen die Bauern die in den verschiedenen Gouvernements ausgegebenen Wackenbücher miteinander und stellten fest, dass in den livländischen Exemplaren die Zahl der beim Riegendreschen zu leistenden Tage genau angegeben war. Daraufhin begannen in Estland Gerüchte zu kursieren, es existiere noch ein „richtiges", von den Gutsbesitzern verheimlichtes „kaiserliches Gesetz".[30]

Die rechtliche Bauernbefreiung

Die Regierungskommissionen zur Vorbereitung der Bauernverordnungen wussten zwar, dass die praktische Durchführung der gleichen agrarpolitischen Prinzipien in Livland wie auch in Estland die Vermessung der Bauernländereien voraussetzen würde. Die Estländische Ritterschaft weigerte sich allerdings hartnäckig und behauptete, die kostspieligen Landvermessungen würden die Gutsbesitzer ruinieren. Erst eine 1808 in Estland ausbrechende Hungersnot veranlasste die Regierung, sich erneut mit der Lage des Landvolks in diesem Gouvernement zu beschäftigen. 1809 erließ Alexander I. einen Ukas, um das Bauerngesetz von 1804 zu verbessern. Als 1810 der estländische Landtag sich dem kaiserlichen Willen entgegenstellen wollte, wurde er vom Zivilgouverneur unter Druck gesetzt. Zwei Wochen später wurde von einer speziellen Kommission die Frage aufgeworfen, ob man nicht doch die rechtliche Befreiung der Bauern vorantreiben müsse. Landrat Jakob Georg von Berg erhielt die Zustimmung von Kaiser Alexander I. für

---

[30] Zu den Unruhen vgl. die detaillierte Übersicht bei Kahk, Bauer und Baron (wie Anm. 5), S. 120-126.

diese Lösung. Der Landtag von 1811 beschloss daraufhin, die Leibeigenschaft in Estland aufzuheben; das von einem engeren Ausschuss ausgearbeitete neue Bauernrecht wurde 1816 vom Kaiser bestätigt.[31]

Auch in Livland war die Bauernfrage komplexer geworden. Gutsbesitzer, die von ihren Bauern nach durchgeführter Landvermessung zu hohe Leistungen gefordert hatten, sollten diese dafür entschädigen. Etwa ein Drittel aller livländischen Gutsbesitzer hätte eine derartige Kompensation zu zahlen gehabt. Wenn jedoch die Bauern für frei erklärt wurden, fiel die Frage der Entschädigungen weg. Die Frage war nun in erster Linie, wie das zu geschehen habe. „Jedem das Seine. Dem Gutsbesitzer bleibe das Eigenthum des Landes, dem Bauer die freie Benützung seiner Kraft", erklärte Heinrich von Hagemeister.[32] Um die Lage des Landvolks zu verbessern, sollte den befreiten Bauern die erbliche Nutzung seines Gesindes belassen und ein Maximum der zu zahlenden Pachtsumme festgelegt werden. Viele der livländischen Edelleute zögerten, ihre Zustimmung zur Aufhebung der Leibeigenschaft zu geben, stützten sich auf die Lehre von Adam Smith und behaupteten, der Herr müsse völlig freie Hand hinsichtlich der Bauern und ihrer Ländereien bekommen. Erst auf dem Landtag von 1818 fiel die Entscheidung: „Die Liefländische und Oeselsche Ritterschaft entsagt für immer dem alten, auf Leibeigenschaft und Erbunterthänigkeit gegründeten Rechte, unter Vorbehalt des ihr nach Grundgesetzen und Allerhöchst bestätigten zuständigen Eigenthums und unbeschränkten Benutzungsrechtes auf Grund und Boden", hieß es in dem livländischen Bauerngesetz von 1819.[33]

---

[31] Zum Ablauf vgl. auch Gernet, Geschichte und System (wie Anm. 2), S. 141-150.

[32] J. von Sivers, Zur Geschichte der Bauernfreiheit in Livland. Wiederdruck einer Reihe von Flugschriften und Zeitungsartikeln aus den Jahren 1817-1818. Riga 1978, S. 1-10.

[33] Zit. nach Kahk, Bauer und Baron (wie Anm. 5), S. 130.

Der Gutsbesitzer erhielt das Recht, als Gegenleistung für das von den Bauern bestellte Land der Bauerstellen von den Leuten Arbeitszeit nach „wechselseitiger Übereinkunft" (Zeitpacht) zu fordern. Gleichzeitig wurde die Freizügigkeit der Bauern streng beschränkt. Es handelte sich also um eine rechtlich-abstrakte Befreiung und gleichzeitig um eine sozial-konkrete Weiterführung der alten Abhängigkeit in neuer Form.[34]

*In allen Bauerngesetzen war nun sehr detailliert vorge*schrieben, wie die Pacht- und Dienstkontrakte abzuschließen waren. Eine freie Wahl von Dienstort oder -umfang war nicht vorgesehen. Wer sich weigerte, die wackenbuchmäßigen Leistungen zu erbringen, musste sofort seine Stelle räumen und sich anderswo verdingen. Dies löste umgehend Empörung aus; in den Jahren 1822/23 weigerte sich ungefähr ein Fünftel aller livländischen Bauernwirte, der neuen Rechtslage zuzustimmen[35] – und zwar in der Überzeugung, dass bald das richtige kaiserliche Gesetz verkündet werden würde, das ihnen die Freiheit und ihr Land gäbe.

In Estland hatten schon ab 1816 auf einigen Gütern Fronverweigerungen stattgefunden, weil die Bauern auf das „richtige Gesetz" hofften. Um den Widerstand der Bauern zu brechen, kam es 1822/23 zu einer neuen Welle militärischer Strafkommandos, die auf den Dörfern nach Weisung der Ritterschaftsbeamten dem Landvolk Prügelstrafen verteilten und die Unruhen – wie so oft schon – gewaltsam unterdrückten.

Interessenlage der Gutsbesitzer

Während auf der einen Seite der aufklärerische Altruismus einiger Angehöriger der deutschbaltischen Ritterschaften als Movens für das allmähliche Ansteigen der Reformbereitschaft in der altüberkommenen Ständegesellschaft von der Historio-

---

[34] Ebenda.
[35] Ebenda, S. 131.

graphie betont wird, bleibt ein sehr viel näher liegender Motivstrang der Gutsbesitzer deutscher Herkunft unterbelichtet: die eigene wirtschaftliche Lage.

In der ersten Hälfte des 18. Jahrhunderts lässt sich noch keine deutliche Vermehrung der bäuerlichen Fronpflichten feststellen: Die Bauern konnten meistens die traditionelle Höhe der Fronleistungen bewahren. Es scheint, dass wir es zunächst noch mit einer Konsolidierungsphase zu tun haben, in der die Bauernwirtschaften die Möglichkeit zur Erholung hatten. Ganz anders gestaltete sich die Lage am Ende des 18. und am Anfang des 19. Jahrhunderts. Nun vergrößerte sich das Areal der Hofsfelder sehr viel schneller als die Zahl der Menschen und Gespanne auf den Bauerstellen, „und folglich verstärkte sich die Fronausbeutung der Bauern in den letzten Jahrzehnten des 18. Jahrhunderts erheblich".[36]

Der Prozess des inneren Ausbaus und der räumlichen Differenzierung der Gutswirtschaften wurde im 18. Jahrhundert schwungvoll weitergetrieben. Nach 1766 wurde die Ausfuhr von Branntwein aus den Ostseeprovinzen nach Russland gestattet, und die baltischen Gutsbesitzer stürzten sich mit Eifer auf die gewinnbringende Tätigkeit der Schnapsbrennerei für den russischen Binnenmarkt. Die dafür notwendigen Arbeiten in der Branntweinküche wurden als Fronarbeit verrichtet und kosteten den Gutsherrn fast nichts. Um die Jahrhundertwende war das Brennen dagegen in den russischen Nachbarregionen noch wenig verbreitet. Nach dem Höhepunkt am Ende des 18. Jahrhunderts erlebte dieser Produktionszweig im Baltikum heftige Schwankungen, die Preise fielen auf die Hälfte (Getreide)

---

[36] Herbert Ligi, Talupoegade koormised Eestis 13. sajandist 19. sajandi alguseni [Die Feudallasten der Bauern in Estland vom 13. bis 19. Jahrhundert]. Tallinn 1968, S. 261.

bzw. ein Drittel (Branntwein) und erreichten das frühere hohe Niveau erst wieder in der Mitte des 19. Jahrhunderts.[37]

Die Brennereien halfen auch beim Problem des Düngermangels. Ungefähr ein Drittel des verbrauchten Getreides bekam man aus der Branntweinküche als Schlempe zurück, mit der man Mastochsen füttern konnte, die als Nebenprodukt Dünger für die Hofsfelder lieferten. Obwohl die Branntweinpreise in der ersten Hälfte des 19. Jahrhunderts fielen, machten die mit der Ochsenmast erzielten zusätzlichen Erlöse das Brennen immer noch gewinnbringend.

Geld bekam man vor allem durch den Branntwein- und Getreideverkauf sowie durch die Krügerei; alle anderen Einnahmequellen spielten keine bedeutende Rolle. Das Geld wurde ausgegeben, um verschiedene Steuern und Schulden zu begleichen, sowie für die Anteile der zahlreichen Verwandten bzw. die Sicherung und Ausweitung des eigenen standesgemäß erscheinenden Lebensstandards.

Arnold Soom hat für die zweite Hälfte des 17. Jahrhunderts überzeugend gezeigt, dass der Reingewinn der von ihm untersuchten Güter zwar bedeutend war, dass diese jedoch mit beträchtlichem Defizit gewirtschaftet hätten, wäre man von der Fronarbeit zur Lohnarbeit übergegangen.[38] Ungefähr dasselbe Bild eröffnet sich uns auch im 19. Jahrhundert. Bis zu 90% aller gutsherrlichen Einnahmen basierten auf den Erzeugnissen, die von in Zeitpachtverträgen arbeitenden Bauern produziert wurden: Getreide und Branntwein; der Verlust dieser Einnahmequellen hätte die Gutswirtschaften ruiniert. Die Fortführung eines Wirtschaftssystems, das billige Arbeitskraft zur Verfü-

---

[37] Somit hatten die Gutswirtschaften mit großen ökonomischen Schwierigkeiten zu kämpfen. Von 1811 bis 1830 kamen beispielsweise in Livland 119 Güter auf Auktionen unter den Hammer. Vgl. Eesti majandusajalugu [Estnische Wirtschaftsgeschichte], hrsg. von H. Sepp (u.a.). Bd. 1, Tartu 1937, S. 380f.

[38] Arnold Soom, Der Herrenhof in Estland im 17. Jahrhundert. Lund 1954, S. 373.

gung stellte, war also für viele Gutsbesitzer existenzentscheidend.

Bäuerliches Idyll?

Und wie gestaltete sich der Alltag der Mehrzahl der Bevölkerung auf dem Lande? „Als eine Charakterzeichnung der gesetzlichen Verhältnisse und der schönen Liberalität der Machthaber in Liefland ist mir noch oft vorgekommen, daß ich hier und da an der Wand eine große Peitsche hängen sah. Das sind unsere Landesgesetze, sagte man, als ich das Instrument mit einiger Aufmerksamkeit betrachtete, weitere haben wir keine und weitere brauchen wir keine."[39] Und Karl Philipp Michael Snell schrieb: „Auch die Damen führen in ihrem Hause und in ihren Küchen ein strenges Regiment, und lassen ihre Mägde bey dem geringsten Versehen niederstrecken und mit der Karbatsche züchtigen".[40]

„Viele Gutsherren lebten mit ihren (Bauern) väterlich, nahmen an ihren Festlichkeiten teil [...], dann wurde die Gutsherrschaft, oft noch mit einigen vom benachbarten Adel, in dem Bauernhause aufgenommen und bewirtet [...]. Bei den Krankheiten der Bauern wurde die größte Sorgfalt angewendet. Die Hausfrau schickte und fuhr nach Gesinden, um Hülfe zu leisten", erinnerte sich dagegen ein kurländischer Edelmann.[41] Ab dem 18. Jahrhundert änderten die jäh steigenden Fronleistungen vieles im Leben der Bauern. Die Intensivierung der kommerziellen und der Geldverhältnisse veränderte die Einstellung der Bauern zu Grund und Boden sowie zur Arbeit zusehends.

---

[39] J. G. Seume, Mein Sommer 1805. o.O. 1806, S. 61f.
[40] K. Ph. M. Snell, Beschreibung der russischen Provinzen an der Ostsee. Jena 1794, S. 167.
[41] E. von Rechenberg-Linten, Zustände Kurlands im vorigen und diesem Jahrhundert. Mitau 1858, S. 19.

Das Bauernhaus, die sog. Wohnriege, war „das Wohnhaus, dessen Dach durchgängig mit Stroh gedeckt ist, ohne Schornstein und Fenster, und mit einer so niedrigen Thür, daß man nicht anders als gebückt hineinkriechen kann", berichtet Petri. „Unter einem Dache enthält dieses Haus die schmutzige, niedrige, finstere und vom Rauche schwarze Wohnstube, die Dreschtenne, den Pferde- und Viehstall und ein kleines Vorhaus".[42] Oft wohnten und schliefen die Besitzer mit ihren Kindern und Kindeskindern, Knechten und Mägden in einem einzigen solchen Behältnisse, das man ohne Übertreibung mehr einen Stall, nicht eine Stube nennen konnte, denn Schweine, Enten, Gänse und Hühner bevölkerten das Gebäude ebenso.

Die Wohnriege diente in erster Linie als Arbeitsraum für das Riegendreschen, weil die Wetterverhältnisse das Dreschen unter freiem Himmel oft nicht zuließen. Die Garben wurden in der Wohnstube auf den Darrstangen getrocknet und dann auf der Tenne gedroschen. Dort wurden auch im Winter die Pferde und das Geflügel gehalten; letzteres wurde während sehr kalter Winter bisweilen auch in die Riegenstube hineingelassen. Hupel schreibt folgendes: „Bey uns schläft der Bauer mit allen den seinigen in der warmen Stube; er und sein Weib auf einem Gestelle, das sein Bett vorstellt; er bedeckt sich mit seinen Kleidern, der Lette mit eine besonderen Decke; Kinder und Gesinde liegen auf der Erde oder auf dem Ofen, auch wohl oben auf dem Gerüste, wo Korn getrocknet wird. Aber alles ist finster; der Este hat gar keine, der Lette und Russe nur kleine Fenster [...]. Den Sommer schlafen sie sehr oft zerstreut im Stall und auf dem Boden [...], in ihren Stuben dulden sie keinerlei Thiere, höchstens im Winter etliche Hühner, Hunde und Katzen."[43]

---

[42] Petri, Ehstland (wie Anm. 24), Bd. 2, S. 146ff.
[43] August Wilhelm Hupel, Topographische Nachrichten von Lief- und Ehstland. Bd. 1-3, Riga 1774-1782, hier Bd. 2, S. 139.

In der bäuerlichen Familie, der so genannten Nuklearfamilie, lebte ein jungverheiratetes Paar meist zusammen mit den Eltern. Wenn Kinder kamen, entstand eine Drei- oder Zweigenerationenfamilie. In der Regel bewohnte die „Wirtschaftsfamilie" das Gebäude zusammen mit den Knechten und Mägden. Die Wirte mussten Knechte in Lohnarbeit beschäftigen, wenn die Arbeitskraft der eigenen Familie nicht mehr ausreichte, um mit allen Fronarbeiten fertig zu werden. Wenn der Wirt genug Kinder hatte, so arbeiteten seine Söhne und Töchter auf dem Gutshof im Frondienst; in den Quellen erscheinen sie als Fronknechte und Fronmägde.

Knechte und Mägde wurden für ein Jahr oder auch für mehrere Jahre in Dienst genommen, der Dienstvertrag wurde in der Regel sonntags am Georgitag oder zu Martini bei der Kirche oder im Kirchenkrug geschlossen. Vereinbart wurden die Dienstfrist, die Höhe des Gehalts und die zum Lohn gehörende Kleidung und Kost. In der Regel erhielt der Knecht „von seinem Brotherrn ein Stückchen Feld und ein Stückchen Heuschlag als Beigabe zu seinem kargen Lohn".[44] Knechte und Mägde unterstanden einer strengen Hauszucht seitens der Bauernwirte.[45]

Als Lostreiber – wabadik – bezeichnete man bis zur Mitte des 19. Jahrhundert alles, was nicht Wirt oder Wirtin, Knecht oder Magd war. Sie lebten in ärmlichsten Verhältnissen, und bei den häufigen Hungersnöten waren sie die ersten Opfer. In den aus den Jahren 1807/08 erhaltenen Quellen finden sich Beschreibungen besonders von den Leiden der Lostreiber.[46]

---

[44] Zit. nach Kahk, Bauer und Baron (wie Anm. 5), S. 82.
[45] Noch in dem Gesetz über die Freilassung der Bauern in Estland von 1816 wurde speziell betont, dass die Bauernwirte auch im Zustand der Freiheit das Recht hatten, ihre Knechte und Mägde körperlich zu bestrafen (§ 190).
[46] Vgl. Kahk, Rahutused ja reformid (wie Anm. 4), S. 155-165.

Einer der ersten Kanäle, durch den die Geldwirtschaft in das Dorf eindrang, bestand im Netz der Dorfkrüge. Mit dem ansteigenden Branntweinbrand der Güter wuchs auch die Zahl der Dorfkrüge. Sie wurden besucht, wenn sich Bauern mit Branntweinfuhren nach St. Petersburg oder in die Provinzstädte begaben; beim sonntäglichen Kirchgang wurde der Kirchenkrug besucht, und im Krug trafen sich heimkehrende Fronknechte. „Der Bauer brachte einiges Korn zur Stadt und zwar direkt zum ‚befreundeten' vorstädtischen Kaufmann, der ihn beherbergte, während seiner Anwesenheit in der Stadt wohl gar beköstigte und mit der notwendigen Ware, Eisen, Salz, Heringen, Strömlingen und dergl. versorgte", so lautet eine Beschreibung des Bauerhandels in Livland am Anfang des 19. Jahrhunderts.[47]

Bis zum zweiten Viertel des 19. Jahrhunderts war die Bauernwirtschaft noch weitgehend selbstversorgend und benötigte nur wenig Zahlungsmittel. Der Bauer ging einmal im Jahr zum Dorfschmied, um sein Pferd beschlagen und das eigene Werkzeug reparieren zu lassen. Schneider, Wagenschmied, Tischler oder Böttcher wurden noch seltener gebraucht. Für Geld (oder Getreide) mussten höchstens die benötigten Werkzeuge (Beil, Messer, Hobel, Bohrer, Säge, Meißel) und Geräte zur Leinen- und Wollverarbeitung sowie Gebrauchsgegenstände wie Spaten, Pflugschare, Pferdegeschirr, Kessel u.a. eingekauft werden.

Es dürfte klar geworden sein, dass die Abhängigkeit der Bauern permanent und omnipräsent war, die Abhängigkeit vom Verwalter und Aufseher, vom Gutsherrn und von den Regierungsbeamten. Dass diese Wehrlosigkeit gegenüber möglichen Übergriffen gerade am Ende des 18. und zu Beginn des 19. Jahrhunderts immer radikalere Gewaltausbrüche implizierte, wird nicht allzu sehr überraschen.

Die Leibeigenschaft hatte einen Punkt erreicht, der die bäuerliche Bevölkerung in den Widerstand trieb. Die Herauf-

---

[47] Zit. nach Kahk, Bauer und Baron (wie Anm. 5), S. 85.

setzung der Hilfsfron bedeutete fehlende Zeit und Kraft bei der Verrichtung der anfallenden Arbeiten auf den von den Bauern bewirtschafteten Höfen. Die gesamte bäuerliche Bevölkerung (Lostreiber, Familien der Bauernknechte usw.) bekam die ständige Unsicherheit zu spüren. Es gab keinerlei gesetzliche Schranken für ungerechtfertigt harte Strafen, die Arbeit mit primitivem Gerät und abgearbeiteten Zugtieren war nicht einmal für Subsistenzwirtschaft ausreichend – und hatte verheerende Konsequenzen, sofern eine Hungersnot wie die von 1808, die Armut der Bauern und der Mangel an Lebensmitteln bedrohliche Ausmaße annahm. An den Reformplänen und -maßnahmen waren die Bauern in keiner Weise beteiligt, und die von amtlichen Stellen vielgepriesene Bauernbefreiung (1816 bzw. 1819) hatte zum Ergebnis, dass die Bauern mit ihrer persönlichen Freiheit wenig anzufangen wussten, denn das in ihrer Bewirtschaftung befindliche Bauernland wurde zum Eigentum der Gutsbesitzer erklärt. Der Bauer musste auf jeden vom Gutsherrn ihm vorgelegten ‚freien' Vertrag eingehen. Er durfte nicht einmal seine Gemeinde verlassen, um sich anderswo anzusiedeln. Sogar die berüchtigte Hauszucht blieb den Gutsbesitzern unverändert vorbehalten.

Schlussbemerkung

„Schon [...] Schoultz-Ascheraden hat im Jahre 1765 [...] Agrarreformen durchgeführt, die sich auch auf die Landtagsbeschlüsse niederschlugen. [...] Auf den jeweiligen weiteren [...] Landtagen, so etwa 1795, wurden [...] Agrarreformen vorbereitet, die [...] schließlich in der Bauernbefreiung am Beginn des 19. Jahrhunderts in allen baltischen Provinzen endeten. [...] Die Maßnahme von 1816 bedeutete den ersten gesetzlichen Schritt für die Emanzipationsbewegung des estnischen und lettischen Volkes", so Hubertus Neuschäffer in seinem

Beitrag zur Aufhebung der Leibeigenschaft in Estland im Jahre 1816.[48]

Die hier konstruierte Kausalkette zwischen den Landtagsbeschlüssen von 1765, den Agrarreformen der Jahrhundertwende und der Bauernbefreiung von 1816 bzw. 1819 macht sich eine Argumentation zu eigen, vor der sich jeder Historiker hüten sollte: Aus der zeitlichen Perspektive des Nachgeborenen wird versucht, der Entwicklung im Baltikum eine Zielgerichtetheit unterzuschieben, die von den Akteuren weder gesehen noch beabsichtigt war. Es war nicht der hehre Altruismus evangelisch-lutherischer gutsherrlicher Patriarchen und aufgeklärter estophiler Pastoren oder absolutistisch regierender Menschenfreunde, der die Reformierung der alten Agrarzustände in Est-, Liv- und Kurland in Angriff nahm, sondern es waren unterschiedliche Gruppen- und Staatsinteressen, die dafür verantwortlich waren, dass sich Dinge veränderten – verspätet und nicht kontinuierlich durchdacht, sondern als Reflex auf die Erfordernisse der kurzfristigen Tagespolitik. In den baltischen Provinzen führt der Weg wohl zunächst über private Bauernrechte, die im Rahmen ihrer Gutsbereiche von einigen fortschrittlichen Gutsbesitzern erlassen wurden, bis zur Aufhebung der Leibeigenschaft. Diese brachte der estnischen bäuerlichen Bevölkerung persönliche Freiheit ohne wirtschaftliche Sicherheit – nicht weniger, aber vorläufig auch bei weitem nicht mehr!

---

[48] Neuschäffer, Aufhebung (wie Anm. 2), S. 275f.

DIE DOMÄNENGÜTER AUF ÖSEL UND IN LIVLAND

Vergleichende Übersicht über die Regulierung der Agrarverhältnisse nach dem Bauernbefreiungsgesetz von 1819

Kersti Lust

Sowohl in der estnischen Geschichtsschreibung als auch in der mündlichen Überlieferung, die aus den ersten Jahrzehnten des vorigen Jahrhunderts stammt, hat sich der Standpunkt verbreitet, dass das Leben der Bauern auf den Kronsgütern bedeutend besser war als auf den Rittergütern. Diese Behauptung wird durch die Tatsache erklärt, dass auf den Kronsgütern sowohl die Frondienste und der Pachtzins, als auch die Loskaufsummen staatlicherseits reguliert und normiert waren. Aber auch auf den Rittergütern waren die gutswirtschaftlichen Verhältnisse nicht nur ein Ergebnis von Beziehungen und Konflikten zwischen Gutsbesitzern und Bauern, sondern in vielem auch staatlichen Handelns.[1] Schon im 17. Jahrhundert mischte sich der Staatsapparat sehr stark in die bäuerlichen Angelegenheiten in den baltischen Provinzen ein. Wir haben es hier mit einem gesamteuropäischen Phänomen zu tun, wie es Clemens Zimmermann zusammenfasst, „die seit dem 17. Jahrhundert wachsende Durchorganisation des Feudalismus durch steigende staatliche Kontrolle".[2] Der vorliegende Aufsatz möchte eine Übersicht über die Regulierung der Agrarverhältnisse auf den Domänengütern in Livland und auf der Insel Ösel nach dem Bauerngesetz von 1819 geben. Er versucht, folgende Fragen zu beantworten: Unterschieden sich die bäuerlichen Lebensverhältnisse auf den Kronsgütern von denen auf den Rittergütern? Wenn ja, in welcher Weise? War das Leben der Bauern auf den

---

[1] Juhan Kahk, Bauer und Baron im Baltikum. Tallinn 1999, S. 144.
[2] Zitiert bei: Ebenda, S. 93.

Kronsgütern tatsächlich bedeutend besser als auf den Rittergütern? Als Hauptquellen für diesen Beitrag dienen bisher unbenutzte Quellen aus den Beständen des Lettischen Staatlichen Historischen Archiv in Riga.

Das Bauernbefreiungsgesetz von 1819 galt im Unterschied zu früheren und späteren Regulativen in ganz Livland und in gleicher Weise sowohl auf den Ritter- als auch auf den Kronsgütern. Die Agrarregulative von 1765 und 1804, die für die privaten und auch für die domanialen Bauern verbindlich waren, bezogen sich nicht auf Ösel. 1838 wurde die Bewirtschaftung der Kronsgüter in den Ostseeprovinzen dem Verwaltungsbereich des neugegründeten Domänenministeriums unterstellt. Seit der 1841 veröffentlichten Verordnung zur Verwaltung der Reichsdomänen in Kur-, Liv- und Estland verlief die Regulierung der Agrarverhältnisse auf den Kronsgütern und auf den Rittergütern aufgrund unterschiedlicher Gesetze. Obwohl die Zahl der Kronsgüter in den Ostseeprovinzen im 18. Jahrhundert beträchtlich vermindert wurde, gehörten 1762 auf der Insel Ösel immer noch 65% des Landes der Krone. In Livland betrug der Prozentsatz etwa 20 und in Estland nur 1,5.[3]

Die Zahl der Kronsgüter und der Anteil der Kronsbauern im estnischen Teil Livlands (Mitte des 19. Jahrhunderts.)[4]

Kreis	Werro	Dorpat	Fellin	Pernau	Oesel
Güter	7	17	14	20	39
Prozent	13.0	14.5	20.7	36.1	55.0

Die sogenannten positiven Ordnungen Livlands von 1765

---

[3] Hubertus Neuschäffer, Kleine Wald- und Forstgeschichte des Baltikums. Bonn 1991, S. 43.
[4] Tiit Rosenberg, Eesti mõisate ajalooline ülevaade. In: Eesti mõisad. Tallinn 1994, S. 15, 22.

In der Mitte des 18. Jahrhunderts wurde die Frage der Regelung der Bauernverhältnisse in den baltischen Provinzen wieder akut. Kaiserin Katharina II., die gern die Rolle einer aufgeklärten Monarchin spielen wollte, wurde auf die Lage der dortigen Bauern aufmerksam. Schon während ihrer Reise in die Ostseeprovinzen im Jahre 1764 sprach die Kaiserin den Wunsch aus, bestimmte Maßnahmen zur Besserung der Lage der livländischen Bauernschaft zu treffen. Gleich nachdem Katharina II. Riga verlassen hatte, nahm Generalgouverneur Graf Browne die Durchführung der Reformpläne in Angriff. Im Januar 1765 legte er dem livländischen Landtag die Präpositionen vor. Sie enthielten unter anderem folgende Forderungen: Sicherung der bäuerlichen Eigentumsrechte auf bewegliche Güter, Normierung der Fronarbeit sowie Anerkennung des Klagerechts der Bauern gegen ihre Gutsherren. Diese Punkte fanden im Landtag keinen günstigen Boden. Jede Möglichkeit genauerer Regulierung der Bauernleistungen wurde abgelehnt.[5] Der Generalgouverneur wies nunmehr darauf hin, dass die Reformen dann eben von der Zentralregierung durchgeführt werden würden, wenn der Adel sich den Propositionen verschlösse. Diese Drohung verfehlte ihre Wirkung nicht: Der livländische Adel veröffentlichte einen Beschluss, der den Forderungen Katharinas entsprach.[6]

Das zentrale Problem des Agrarregulativs Livlands von 1804 war immer noch die Festlegung der Bauernleistungen. In der Bauernverordnung wurden genaue Regeln für die Vermessung des Bodens und die Schätzung der Bodenqualität vorgegeben. Die Bauern erhielten das vererbbare Nutzungsrecht; der Verkauf von Bauern wurde verboten. Sowohl die positiven Verordnungen von 1765 als auch das Bauerngesetz von 1804 können durchaus mit den Rechten verglichen werden, die den

---

[5] J. Kahk (wie Anm. 1), S. 103.
[6] Georg Sacke, Livländische Politik Katharinas II. In: Quellen und Forschungen zur baltischen Geschichte 5. Riga und Posen 1944, S. 32.

livländischen Kronsbauern als Ergebnis der Reduktion schon in den 1690er Jahren zugestanden worden waren.[7]

Die Agrarregulative auf der Insel Ösel

Erfolgreicher als in Livland war die von der Regierung durchgeführte Regulierung der Agrarverhältnisse auf den Kronsgütern der Insel Ösel. Die unterschiedliche Behandlung dieser Angelegenheiten durch die Regierung in Estland und in Livland erklärt sich aus dem großen staatlichen Landbesitz in Livland und vor allem auf Ösel. Anfang 1765 nahm eine Revisionskommission auf Ösel unter Leitung des Generalökonomiedirektors Stackelberg die Arbeit auf. Die Arbeit dieser unter verschiedenen Namen wirkenden Kommission dauerte bis 1836[8] und nicht bis 1828, wie man es bis heute irrtümlicherweise annimmt. Nach der Vermessung des Landes und der Abschätzung des Bodens begann der Austausch der Streustücke untereinander. Dafür ein Beispiel: 75 private Güter bestanden vor der Regulierung aus nicht weniger als 20.257 Parzellen, nach der Regulierung aber nur noch aus 173.[9] Dann wurden alle Güter und Dörfer durch eindeutige Grenzen markiert, im richtigen Verhältnis zu den Äckern mit Heuschlägen und Weiden ausgestattet, ebenso wurde der Gehorch der Bauern nach Maßgabe der ihnen zugeteilten Ländereien ausgerechnet und festgesetzt. Auf den Domänen wurden Verträge mit den Bauern abgeschlossen. Der entscheidende Punkt dieser Verträ-

---

[7] Mati Laur, Die Bauernbefreiung im Baltikum. Historiographische Aspekte und heutige Forschungslage. In: Zeitschrift für Ostmitteleuropa-Forschung 52 (2003) S. 85-94.
[8] Estnisches Historisches Archiv Tartu (EHA), Bestand (B.) 291, Verzeichnis (V.) 9, Akte (A.) 474.
[9] Evald Blumfeldt, Saaremaa revisjoni- ja reguleerimistööd 1765–1828. In: Õpetatud Eesti Seltsi Toimetised XXX. Tartu 1938, S. 101-102.

ge war die Festlegung der Fron auf den Gütern.[10] Alle Leistungen und Abgaben wurden sorgfältig in ein spezielles Wackenbuch eingetragen. Das bedeutet, dass gleichzeitig mit der erneuten Hakenrevision eine Reform zur Verbesserung der Bauernlage in Angriff genommen wurde. Sämtliche Agrarreformen während der Regierungszeit Katharinas II. wurden vom Staat veranlasst. Zwischen der Reform und der Hakenrevision auf Ösel und den Propositionen für den livländischem Landtag von 1765 bestand ein direkter Zusammenhang. Es ging dabei weniger um humanitär-soziale Ziele, sondern vor allem um eine Steuerreform, die dem Staat Geld einbringen sollte.[11] Um mehr Geld in die Staatskasse zu bekommen, musste man auch die Situation der Bauern verbessern. In diesem Sinne wurden eine Güterrevision und eine Landregulierung auf der Insel Ösel durchgeführt.

Im 18. Jahrhundert spielte Ösel in der Agrarpolitik der Zentralverwaltung noch eine bedeutende Rolle, an der Wende vom 18. zum 19. Jahrhundert war aber diese Frage für die Regierung nicht mehr aktuell. Nunmehr stand die Durchführung der Agrarreformen im festländischen Teil des Gouvernements an erster Stelle; die Regierung hatte keine Zeit mehr, sich auch noch mit der Ausarbeitung von Gesetzen für die Bauern auf den Rittergütern dieser weit entlegenen Provinz zu beschäftigen. Das Interesse für die Agrarverhältnisse auf Ösel wurde noch dadurch vermindert, dass ja durch die Revisionsbestimmungen die Lage der Kronsbauern bereits verbessert worden war. Eine konkrete Anregung zur Regulierung der Leistungen und Abgaben bekamen die öselschen Gutsbesitzer aus Livland.[12] Die sich am 27. Februar 1797 zum Konvent versammelten Abgeordneten erfuhren, dass der livländische Landrat

---

[10] Hubertus Neuschäffer, Katharina II. und die Agrarfrage in den baltischen Provinzen. In: Journal of Baltic Studies XIV, Nr. 2. 1983, S. 114.
[11] Ebenda, S. 113-115.
[12] Juhan Kahk, Rahutused ja reformid. Tallinn 1961, S. 314-317.

Friedrich von Sivers auch dem Öseler Adel riet, Maßnahmen zur Normierung der Leistungen und Abgaben zu treffen. Im Adelskonvent wurde daraufhin beschlossen, die Fronsnormen auf der Ebene der Kirchspiele festzulegen. Auf diese Weise versuchte man, die von den Gutsherren ausgearbeiteten Normen zum gültigen Recht zu erheben. Das gelang. 1797 wurden diese Kirchspielmaßstäbe bestätigt.

Sowohl auf dem Festland des Gouvernements als auch auf der Insel Ösel stand die Lage der Bauern schon im Jahre 1802 wieder auf der Tagesordnung. 1803 wurde im Landtag der 1797 in Livland verfasste Entwurf einer Bauernverordnung verlesen. Dieser Text wurde mit wenigen Änderungen vom Landtag von Ösel auch bestätigt. Nur die Höhe der Frondienste wurde hier nicht eindeutig geregelt, vielmehr beschloss man, diese Frage eigenständig zu lösen. Nach dem Beschluss des Landratskollegiums vom 29. Mai 1803 konnte der Gutsbesitzer wählen, ob er das für die Kronsgüter geltende Prinzip der Wackenbücher oder die schon früher ausgearbeiteten sogenannten Kirchspielmaßstäbe anwenden wolle. Dieser Gesetzesentwurf wurde vom Generalgouverneur dem Zaren zur Bestätigung vorgelegt, aber in St. Petersburg nicht bestätigt.

Die Bauernverordnung von 1819

Laut der Bauernverordnung von 1819 erhielten die Bauern ihre persönliche Freiheit, aber das gesamte Land wurde zum Eigentum der Gutsherren erklärt. Die Grundlage der wirtschaftlichen Beziehungen zwischen dem Gutsherrn und dem Bauern beruhte von nun an auf gegenseitigen und freiwilligen Vereinbarungen. Die Bauern bebauten die zu ihrer Verfügung stehenden Ländereien auf der Grundlage der mit den Gutsbesitzern abgeschlossenen Pachtverträge. Auch in diesen sogenannten freien Verträgen, die durch das 1819 in Kraft getretene Gesetz die Beziehungen zwischen dem Gutsherrn und dem Bauern regeln sollten, war die Höhe der Fronleistungen immer noch die Kernfrage. Die Bauern, die 1823 rechtlich von der Leibeigenschaft befreit werden mussten, wurden am Martinstag 1822 gefragt, ob sie ihre Bauerstellen nach den bisherigen Fronnormen pachten würden; wenn nicht, dann müssten sie im Frühling nächsten Jahres ihre Höfe verlassen. Diese Forderung löste eine Protestwelle aus.[13] Sowohl im festländischen Gouvernement als auch auf der Insel Ösel weigerten sich viele Bauern, unter solchen Bedingungen die Pachtverträge abzuschließen.

Die deutschbaltische Geschichtsschreibung stützte sich bei der Bewertung der Bauernbefreiung in den Ostseeprovinzen auf die Meinung des livländischen Generalsuperintendanten Ferdinand Walter aus dem Jahr 1864. Walter behauptete, dass „der Landtag von 1849 doch das Unrecht, welches [man] 1819 gegenüber der Bauernverordnung von 1804 den Bauern tat, zurechtgestellt hat".[14] Einer der besten Kenner der baltischen Agrargeschichte, Alexander Tobien, verfolgt in seinem zweibändigen Werk zur Agrargesetzgebung Livlands dasselbe Schema. Er hält die Ergebnisse der Bauernbefreiung für unbefriedigend. Schwere wirtschaftspolitische Fehler seien damals gemacht worden, weil man sich humanitär klingenden Doktrinen vom freien Vertrag geöffnet habe.[15] Er befand: „Im freien Kontraktrecht, das die schlimmste Form der Vereinbarung – kurzbefristete Zeitpachten mit Fronleistungen zuließ, erblickte man den wesentlichen Grund des Verfalls der Bauernwirte. [...] Gleichzeitig war die Scheidewand beseitigt, die den Gutsherrn daran hinderte, Bauernland nach Belieben einzuziehen und mit dem

---

[13] J. Kahk (wie Anm. 1), S. 131.
[14] Juhan Kahk, Murrangulised neljakümnendad. Tallinn 1978, S. 19.
[15] Gert von Pistohlkors, Geschichtsschreibung und Politik: Verfassungsproblematik in der deutschbaltischen Historiographie und Publizistik 1800–1918. In: Geschichte der deutschbaltischen Geschichtsschreibung, hrsg. von Georg von Rauch. Köln u.a. 1986, S. 329.

Hofsland zu vereinigen".[16] Nach der Meinung von Tobien sei diese Fehlentwicklung freilich vor allem dem maßgeblichen Einfluss der Reichsregierung und im Einzelnen des Generalgouverneurs Philipp Paulucci anzulasten. Ohne diesen wäre im Landtag gewiss ein Kompromiss zustande gekommen, mit dem man dem Ziel der Sicherung des Bauernlandes und damit der Landbevölkerung ein gutes Stück nähergekommen wäre.[17] Hinsichtlich der Bewertung dieser Bauernbefreiung ohne Grund und Boden und über die obenerwähnten Gesetze herrscht unter den deutschbaltischen und den estnischen Historikern eine seltene Übereinstimmung, dass nämlich die beiden ersten Jahrzehnte dieser Regelung die Guts- und die Bauernwirtschaft eher ruiniert als weiterentwickelt haben. Dass durch die Befreiung der Bauern die Agrarfrage bei weitem noch nicht gelöst worden war, verstanden auch einige Kronsbeamte, und zwar noch ehe die Maßnahmen in Livland in Kraft getreten waren und umfangreiche Bauernunruhen, die ungefähr ein Fünftel aller livländischen Bauernwirte erfassten, begonnen hatten. Im August 1822, einige Monate vor der Befreiung der ersten Hälfte der Bauernwirte in Livland, schrieb Vizegouverneur Cube an Generalgouverneur Marquis Paulucci: Wolle man den wirtschaftlichen Verfall der Bauernschaft vermeiden, so müsse man dafür sorgen, dass die Pachtverträge mit den Bauern in der Regel für den gleichen Zeitraum wie die Gutspachtverträge abgeschlossen würden, dass kein Gesinde (hier im Sinne von Bauerstelle) der Verpachtung entzogen werden dürfe, als nur mit spezieller Genehmigung des Kameralhofs, und dass die Gesinde nur an die Ackerbauern verpachtet werden dürften.[18]

---

[16] Alexander Tobien, Die Bauernbefreiung in Livland. Tübingen 1905, S. 21.
[17] G. von Pistohlkors (wie Anm. 15), S. 330.
[18] Lettisches Staatliches Historisches Archiv Riga (LVVA), B. 3, V. 5, A. 927. Bl. 11v.

Normierung der Frondienste

Als die Wackenbuchnormen nach der rechtlichen Bauernbefreiung von 1819 ihre gesetzliche Kraft auf den Rittergütern verloren, haben die Vorschriften, die im Ökonomiereglement vom 21. März 1696 sowie im Entwurf der Arrendeverträge vom 19. November 1693 standen, sowohl den Inhabern als auch den Ökonomiebehörden bei der Verwaltung und Bewirtschaftung der Kronsgüter weiterhin als allgemeine Richtschnur gedient.[19] Als der Livländische Kameralhof dem Finanzminister im Jahre 1832 einen Entwurf für ein neues Ökonomiereglement im Livländischen Gouvernement zur Bestätigung vorlegte, wurde dieses in St. Petersburg nicht unterzeichnet.[20] Am 11. Mai 1826 bestätigte Generalgouverneur Paulucci das gedruckte Formular für die mit den Bauern auf den livländischen Kronsgütern abzuschließenden Pachtverträge. Der zweite Punkt dieses Vertragsformulars besagte, dass „die im Wackenbuch bestimmten und festgesetzten Fronen aller Art, sowie auch die ebendaselbst festgestellten Naturalabgaben in der im Wackenbuch vorgeschriebenen Zeit und mit Beobachtung der in der alten Bauernverordnung von 1804 sowie der Ergänzungsparagraphen von 1809 enthaltenen, hierauf Bezug habenden Bestimmungen zu leisten und abzutragen" sind.[21] 1823 wurde die Livländische Messrevisionskommission gegründet, die bis 1854 arbeitete. Aufgrund der am 11. April 1825 unterzeichneten „Instruktion für Landmesser zur Vermessung der Kronsgüter in Livland" wurde vorgeschrieben, die Taxation und Graduation nach der Verordnung von 1804 und nach den Ergänzungsparagraphen von 1809, und zwar mit Hinzuziehung

---

[19] Vortrag der ersten Abteilung des Livländischen Kameralhofs (28.05.1830): LVVA, B. 77, V. 11, A. 15. Bl. 1-2v.
[20] LVVA, B. 77, V. 11, A. 15. Bl. 310.
[21] LVVA, B. 77, V. 11, A. 44, Bl. 225-230.

der Gutsverwaltung, eines Gemeinderichters, eines Gemeindevorstehers und des Wirtes des zu graduierenden Gesindes vorzunehmen.[22] Von wesentlicher Bedeutung war hier nicht nur, dass für die Festlegung der Fronleistungen die Taxationsergebnisse grundlegend waren, sondern auch die Tatsache, dass bei dieser Festlegung die Bauern ein Mitspracherecht hatten. Gemäß der obenerwähnten Instruktion für Landmesser sollten die Vertreter der Gesindewirte über alle sich aus der Messung, Graduation und Taxation ergebenden Resultate genau befragt werden.[23]

Durch die Pachtverträge verpflichteten sich die Kronspächter, keine die Wackenbuchnormen überschreitende Fronleistungen einzufordern. In einem 1818 abgeschlossenen Pachtvertrag verpflichtete sich der Pächter der Güter Kallie/Kalli und Sellie/Seli zum Beispiel, „die Güter nach dem Kronsarrendekontrakt und Ökonomiereglement, auch Wackenbüchern und denen von Zeit zu Zeit etwa noch zu erlassenden Vorschriften zu bewirtschaften."[24] Die in dem 1827 abgeschlossenen Pachtvertrag des Gutes Jaepern/Jõõpre festgelegten Verpflichtungen unterschieden sich eigentlich nicht von denen, die vor 1819 erlassen wurden: Dem Pächter war vorgeschrieben, „von der Jõõpre Bauernschaft keine andere Präestanda an Arbeit, Gerechtigkeit und Fuhren zu exiquiren, als das Wackenbuch erlaubte und die neue Bauernverordnung und etwanige frühere Vorschriften es gestatteten."[25]

Obwohl es in Estland keine Taxationsergebnisse gab, aufgrund deren die Wackenbuchnormen auf den Kronsgütern festgelegt werden konnten, wurden auch hier die Leistungen normiert. Eine vom Generalgouverneur Paulucci erlassene Ver-

---

[22] LVVA, B. 77, V. 16, A. 815.
[23] Ebenda.
[24] LVVA, B. 77, V. 15, A. 65, Bl. 24-30v.
[25] LVVA, B. 77, V. 15, A. 59, Bl. 12-17.

ordnung bestimmte dazu den Status quo des von den Bauern dieser Güter bis zum Jahr 1816 geleisteten Gehorchs.[26]

Man muss also einräumen, dass es Diskrepanzen zwischen dem Gesetz und der Wirklichkeit gab. Alexander Tobien und Juhan Kahk haben übereinstimmend behauptet, dass auch auf den Rittergütern tatsächlich auch nach 1819 meist die Wackenbücher als Grundlage der Frondienste galten.[27] Dieselbe Schlussfolgerung vertrat das Öselsche Ritterschaftskollegium in seinem Schreiben vom 12. Oktober 1842 an den Zivilgouverneur Livlands, in dem es behauptete, dass die bis 1819 geltenden „sog. Kirchspielsmaßstäbe, wo jedoch keine »freie Kontrakte« existierten, auch noch dann größtenteils als Grundlage bei den Leistungen der Bauern angenommen wurden".[28]

Es entsteht dabei die Frage, in welchem Maße die Meinungen der Bauernvertreter bezüglich der Taxation im festländischen Livland überhaupt berücksichtigt wurden? Es tauchten dabei in der Regel keine besonderen Probleme auf, denn die Bauern protestierten gewöhnlich gegen die Taxationsergebnisse nicht; wenn es Einwände gab, so bezogen sich diese nur auf die Einschätzung einzelner Grundstücke. So lief es aber nicht immer. In Avvinorm/Avinurme beschweren sich viele Bauern noch zehn Jahre nach der Veröffentlichung der Wackenbuchleistungen über falsche Veranschlagung der ihnen zugeteilten Ländereien und des Gehorchs.[29] Die Unzufriedenheit nahm hier solche Ausmaße an, dass über 100 Pächter ihre Stellen kündigen wollten. Obwohl in dieser Zeit wiederholt Landmesser und Kronsbeamte beauftragt wurden, die Klagen der Bauern zu überprüfen, war das Ergebnis dieser Kontrollen immer dasselbe, dass nämlich die Aufmessung der Ländereien für richtig befunden wurde. Darüber hinaus meinte die Messkom-

---

[26] EAA, B. 39, V. 1, A. 440.
[27] A. Tobien (wie Anm. 16), S. 20-21; J. Kahk (wie Anm. 1), S. 130-132.
[28] LVVA, B. 3, V. 5, A. 840, Bl. 3-3v.
[29] LVVA, B. 186, V. 3, A. 34, Bl. 259-259v.

mission, dass nach dem stattgefundenen Verhör der Bauernvertreter alle Klagen über das Messgeschäft abzuweisen seien, weil andernfalls das Regulationsgeschäft aufgehalten würde.[30] Die Bauern behaupteten freilich, dass man sie während des Verhörs in Walk/Valga einfach nicht zum Worte kommen ließ.[31] Die Bauernvertreter des Gutes Flemmingshof/Laius-Tähkvere beschwerten sich bei dem Generalgouverneur darüber, dass ihnen in Walk Resultate der Messung von der Kommission vorgelesen wurden, sie jedoch nicht im Stande gewesen seien, diese sofort zu beurteilen.[32]

Kündigungsrecht der Gutspächter

Auch auf den Kronsgütern hatte der Grundherr das Recht, selbst wenn der Bauer seine Bauerstelle ordentlich bewirtschaftet und seine Leistungen bezahlt hatte, diesem nach Ablauf des Pachtvertrags zu kündigen. 1829 mussten die Kronsbeamten auf dem Amtgut Schlock/Sloka die Klage der Wirtin Liese Mengelsohn aus dem Bauernhof Narringu beurteilen, die gerichtlich ihren Hof zwangsweise verlassen sollte, ob der Gutshof zu dieser Forderung berechtigt sei oder nicht? Die angerufene Instanz meinte, dass dem Grundherrn das Recht zustehe, dem Pächter nach Ablauf der Pachtjahre zu kündigen, ohne das begründen zu müssen.[33] Die Anwendung dieses Rechts war freilich nicht so einfach. Der Gutsverwaltung war es nämlich nicht gestattet, ohne Genehmigung der Ökonomiebehörden den Wirten ihre Gesinde zu kündigen. Noch komplizierter wurde es, wenn der Gutspächter die Gesindeländereien an seine Hofsfelder anschließen wollte. „Bauernlegen" war nur unter bestimmten Bedingungen zulässig. Nach dem auf den Kronsgü-

---

[30] LVVA, B. 77, V. 15, A. 481, Bl. 1-1p, 3-4v.
[31] LVVA, B. 186, V. 3, A. 34, Bl. 303-304.
[32] Brief des Generalgouverneurs an den Livländischen Kameralhof: LVVA, B. 77, V. 11, A. 370, Bl. 1.
[33] LVVA, B. 77, V. 11, A. 515.

tern auf dem Festland Livlands geltenden Prinzip durfte die Hofsaussaat 20 Lofstellen je Haken Bauernland nicht überschreiten.[34] Die Gutsverwaltung musste dem Gesetz zufolge dafür Sorge tragen, dass der Lebensunterhalt der Bauern auch weiterhin sichergestellt war; der Kreiskommissar war verpflichtet, über die Einhaltung dieser Bedingung zu wachen.[35] Der Pächter des Gutes Alt-Luislep/Vana-Luislepa beantragte beispielsweise 1823 bei Moritz von Krüdener, zur legalen Vergrößerung der Hofsfelder zwei Tinnigesinde einzuziehen. Bevor man ihm diese Genehmigung erteilte, verlangte der Livländische Kameralhof vom Pernauer/Pärnuer Kreiskommissar eindeutige Antwort auf die Fragen, ob die Größe der Äcker auch weiterhin im gehörigen Verhältnis zu den Heuschlägen und Weiden stehen würden und ob es auf dem Gutshof brachliegende Felder gäbe, die man bebauen könnte.[36]

Anfang der 1840er Jahre veränderte sich die Einstellung zur Gründung von Hoflagen radikal. Pläne zur Anlegung der Hoflagen wurden nicht mehr genehmigt. Im Regulierungsprojekt des Gutes Tammenhof/Tammemõis wurde noch 1840 durch Zusammenlegung von zwei Bauerstellen eine neue Hoflage eingerichtet, „um die gesetzliche Aussaat zu gewinnen und dem Gut die möglichste Revenüe zu sichern"[37]. Drei Jahre später aber, als die Messkommission die Regulierung des Gutshofs Lais/Laiuse beurteilte, meinte diese, dass zur Anlegung einer neuen Hoflage designierte Gesindeländereien als Bauernland verbleiben müssten.[38] 1848 genehmigte der Livländische Domänenhof das Einziehen des Lodi-Gesindes zur Hoflage im Gut Kastolatz/ Kastolatsi nicht, „da der Hof bereits

---

[34] Journal der Livländischen Messkommission (28.10.1843): LVVA, B. 186, V. 3, A. 359, Bl. 324.
[35] Brief des stellvertretenden Dörptschen Kreiskommissairs an die Livländische Messkommission: LVVA, B. 186, V. 3, A. 641, Bl. 132-133v.
[36] 133, B. 186, V. 3, A. 603.
[37] LVVA, B. 186, V. 3, A. 641, Bl. 107-111.
[38] LVVA, B. 186, V. 3, A. 359, Bl. 324.

eine die Arbeitskraft übersteigende Aussaat hat und bei der [zu] bewerkstelligenden Überführung der Bauern auf Geldpacht weniger eine Erweiterung als eine Verkleinerung der Hofswirtschaft ins Auge zu fassen ist."[39]

Wenn zur gesetzlichen Anlegung von Hoflagen, um zu wackenbuchsmäßigen Vergrößerung der gesetzlichen Aussaat der Hofsfelder zu kommen, Bauerngesinde eingezogen werden mussten, war den abgehenden Wirten, wenn sie ihre Bauerstellen zu Georgii verließen, noch im folgenden Herbst die Aberntung ihres im vorhergegangenen Herbst besäten Winterfeldes gestattet.[40] Im Gut Hahnhof/Haanja mussten 1839 nicht weniger als 17 Wirte wegen der Anlegung einer Hoflage ihre Gesinde räumen. Die Klagen der Wirte halfen nicht, denn nach einigen misslungenen Versteigerungen, um dem Gut einen Pächter zu finden, bekam der neue Gutspächter doch das Recht, eine Hoflage auf Bauernland anzulegen. Mit ihren Klagen erreichten die Wirte nicht viel, nur das Recht, ihre Bauerstellen noch ein weiteres Jahr bewirtschaften zu dürfen und die besäten Sommer- und Winterfelder abzuernten. Sie wurden verpflichtet, sich über das Kirchspielgericht nach Umsiedlungsmöglichkeiten in andere Gemeinden umzusehen.[41] Juhan Kahk zufolge mussten die auf Rittergütern lebenden Zeitpächter viel öfter ihre Stellen verlassen, als das früher der Fall gewesen war.[42]

Lostreiber

Das Grundprinzip der Bauernverordnung von 1819 war, dass die Bauern den Frondienst als Gegenleistung für das von ihnen bewirtschaftete Bauernland leisten mussten. Die Gutsverwal-

---

[39] LVVA, B. 186, V. 3, A. 72, Bl. 48-49v.
[40] LVVA, B. 77, V. 11, A. 15.
[41] LVVA, B. 77, V. 15, A. 493.
[42] J. Kahk (wie Anm. 1), S. 146.

tungen wie auch die Wirte versuchten nun Möglichkeiten zu finden, um die Arbeitskraft der Lostreiber, die kleine Grundstücke bebauten, auszunutzen oder aber sie loszuwerden. Besonders viele Lostreiberwirtschaften entstanden auf den Kronsgütern auf Ösel in der ersten Hälfte des 19. Jahrhunderts. Die Vorschriften, die der Livländische Kameralhof und die Ökonomieverwaltung von Ösel für Lostreiber erlassen hatten, waren den auf den Kronsgütern wie auch auf Rittergütern auf dem Festland des Gouvernements geltenden Vorschriften ähnlich. Man versuchte die Lostreiber zu zwingen, Fron zu leisten, unbewohnte Ländereien zu bebauen, auf dünn besiedelte Krons- oder Rittergüter umzusiedeln, ihre Stellen als wackenbuchmäßige Gesindestellen anzunehmen oder sich als Knechte zu verdingen.[43] Auf dem Festland des Gouvernements verlangte man von den Kirchspielgerichten, unter Zuziehung und Beratung des Kreiskommissars die Leistungen festzulegen, welche die Lostreiber den Gesindewirten, wo sie Gesindeländereien, und dem Hof, wo sie Hofsland innehaben, zu entrichten hätten. Bauern, welche die auf diese Weise ihnen auferlegten Leistungen nicht übernehmen wollten, mussten ihre Ansiedlungen räumen.[44] Aufgrund des Befehls des Livländischen Kameralhofs vom 19. Januar 1840 befand man, dass alle Lostreiber für Brennholz und Weidenutzung 23 Tage zu Fuß pro Jahr Fron leisten mußten. Als Vorbild diente die „für die Privatgüter sanctionierte usance".[45]

---

[43] Kersti Lust, Riigimõisate jaotamisest õiguslikele talupoegadele. In: Ajalooline Ajakiri 4 (115). 2001, S. 71.
[44] LVVA, B. 77, V. 15, A. 484, Bl. 24-24v.
[45] Brief des Baltischen Generalgouverneurs an den Livländischen Kameralhof (24.03.1841): LVVA, B. 77, V. 15, A. 487, Bl. 16-16v.

Schlussfolgerungen

Während es nach der Bauernverordnung von 1819 auf den Rittergütern keine konkrete staatliche Regulierung der agrarischen Sozialverhältnisse mehr gegeben hat, blieben auf den Kronsgütern staatliche Weisungen und Normierungen wirksam. Die Normierung der den Bauern auferlegten Leistungen war auf den Kronsgütern und den Rittergütern sehr unterschiedlich. Hinsichtlich der Behandlung der Lostreiber, die im Dorfleben eine wesentliche Rolle gespielt haben, gab es keine Unterschiede. Den Generalgouverneur Paulucci trifft keine Schuld dafür, dass die Willkür der Gutsherren auf den Rittergütern nicht gesetzlich beschränkt wurde. Im Gegenteil, gerade auf die Initiative von Paulucci hin wurde eine Reihe von Verordnungen erlassen, welche die Kronsbauern vor der Willkür der Gutspächter schützen sollten. Unsere einleitende Fragestellung, ob die bäuerlichen Lebensverhältnisse auf den Kronsgütern tatsächlich besser waren als auf den Rittergütern, kann also bejaht werden.

Der Einfluss des Bauernbefreiungsgesetzes von 1819 auf die Bauernwirtschaften wird gewöhnlich für ruinierend gehalten. Diese Einschätzung begründet man mit den Bestimmungen des Gesetzes, welche die Leistungsnormierung abschafften und dem Gutsherrn erlaubten, nach Ablauf des „freien Pachtvertrags" dem Bauernwirt sein Gesinde zu kündigen und nach Belieben die Gesindeländereien an die Hofsfelder anzuschließen. Aus der hiermit vorgelegten Untersuchung geht aber hervor, dass die genannten Gesetzesvorschriften gerade auf den Kronsgütern gar nicht auf die erwartete Weise angewandt wurden. Die alten Normierungen und Schutzbestimmungen galten hier weiterhin. Trotz der oben erwähnten Unterschiede zwischen den Krons- und den Rittergütern haben die in den 1840er Jahren stattgefundenen Unruhen und die Konversionsbewegung auch die Kronsbauern mitgerissen.[46] Den Grund dieser Unruhen sah man vor allem in der abrupten Verschlechterung der Lage der Bauern. Wenn die durch das Gesetz von 1819 veranlassten „Fehler"[47] der Hauptgrund für den Verfall der Bauernwirtschaft gewesen wären, hätten die Kronsbauern den Unruhen und der Konversionsbewegung fernbleiben müssen. Die Krise der 1840er Jahre war vor allem eine Krise der feudalen Wirtschaftsweise; sie war nicht die Folge eines verfehlten Gesetzes. Das ergibt sich vor allem daraus, dass man, um diese Krise zu überwinden, nicht zur Normierung der Leistungen und zur Einräumung eines vererbbaren bäuerlichen Nutzungsrechts zurückkehrte, sondern dass man die Beziehungen zwischen Gutshof und Bauerstelle nach kapitalistischen Grundsätzen umzugestalten begann. Die Bauernhöfe wurden den Bauernwirten in Geldpacht gegeben oder verkauft, und damit wurde die gegenseitige patriarchalische Verbundenheit von Gutshof und Bauerstelle zerstört. Statt Fronknechte arbeiteten nun Lohnarbeiter auf den Hofsfeldern.

Man sollte noch erwähnen, dass die Staatsverwaltung diese neuen Reformen sehr zügig durchführte: Die ersten Schritte in diese Richtung wurden auf den Kronsgütern schon vor dem

---

[46] Hans Kruus, Talurahva käärimine Lõuna-Eestis XIX sajandi 40-ndail aastail. Tartu 1930.

[47] Ein sprechendes Beispiel dafür, was man für die Gründe des Ärgers der Bauern hielt, ist die Tatsache, dass man beim Ausbruch der Unruhen zuerst diese „Fehler" zu verbessern anfing. 1842 bestätigte der baltische Generalgouverneur die sog. 22 Paragraphen. Denen zufolge sollten sämtliche Fronleistungen nur durch die Bauernverordnung von 1804 und 1809, nebst den bezüglichen, von der Obrigkeit speziell erlassenen Vorschriften nach den Wackenbüchern normiert sein (EAA, B. 2418, V. 1, A. 29, Bl. 3-4). Außerdem teilte der Generalgouverneur in einer Zirkulärvorschrift allen Kirchspielsrichtern Livlands mit, dass die Gutsherren bis zur endgültigen Entscheidung des Kaisers nicht mehr befugt seien, das ihnen 1819 gewährte freie Kündigungsrecht den Bauernwirten gegenüber auszuüben; Alexander Tobien, Die Agrargesetzgebung Livlands im 19. Jahrhundert. Bd. 2. Riga 1911, S. 90.

Ausbruch der Bauernunruhen gemacht. Auf Anordnung des Grafen Pavel Kisselev, der von 1837 bis 1856 das Domänen-Ministerium leitete, wurde schon im Jahre 1837, vor der Einführung der neuen Verordnung zur Verwaltung der Reichsdomänen[48], in den baltischen Gouvernements eine gründliche Revision der Reichsdomänen durchgeführt. H. C. Baron Offenberg, der diese Revision in Kurland durchführen sollte, erhielt eine Instruktion, die ihm unter anderem auftrug, Möglichkeiten zu finden, um die Lage der Bauern zu verbessern, die Gesinde auf Geldpacht umzustellen und Hofsfelder den Bauern zu verkaufen.[49] Der Senatsukas vom 12. Juni 1841, der die sogenannte Kisselevsche Reform einleitete, schrieb noch vor, die Bauern in die weitergehende Vormundschaft der Gutsverwaltungen zu nehmen. Dessen ungeachtet legten sowohl eben dieser Ukas als auch andere während der Amtszeit von Kisselev als Domänenminister erlassene Vorschriften und Anordnungen den Grund zur schnellen Befreiung der Bauern von der Vormundschaft der Gutspächter sowie der Verwaltung der Reichsdomänen. Aufgrund der im Domänenministerium ausgearbeiteten Instruktionen wurde dann die Regulierung der Ländereien durchgeführt. Die Instruktion vom 31. Oktober 1846 erleichterte den Übergang zur Geldpacht wesentlich.[50] Ein Gesetz, das

---

[48] Verordnung zur Verwaltung der Reichsdomänen in Kur-, Liv- und Estland (12.06.1841): Polnoe Sobranie Zakonov (PSZ) I, Bd. XVI, Nr. 14643.

[49] Heinrihs Strods, Kurzemes kroņa zemes un zemnieki 1795–1861. Rīga 1987, S. 38.

[50] LVVA, B. 185, V. 9, A. 540. Das Bedürfnis, zur Geldpacht überzugehen, war schon früher ausgedrückt worden. Siehe z.B. die Instruktion für die Livländische Messkommission vom Jahre 1843; § 63 derselben lautet: Bei anerkanntem Nutzen der Ablösung der Bauerarbeitsprästanden durch einen Geld- oder Kornzins, muss die Verwaltung der Reichsbesitzlichkeiten die Versetzung der Bauern aus dem ökonomischen in das Zinsverhältnis stets vor Augen haben und zu diesem Behuf mit allen derselben zu Gebote stehenden Mitteln mitwirken: LVVA, B. 186, V. 1, A. 107.

die Entstehung des bäuerlichen Grundbesitzes möglich machte, wurde dagegen zuerst von der Ritterschaft in Kraft gesetzt.[51]

---

[51] Als Experiment wurde das Recht, das Bauernland auf den Kronsgütern zu kaufen, mit dem Beschluss des Domänenministers vom 25. November 1859 gegeben: Latvijas vēstures avoti. Dokumenti par tautas atmodas laikmetu 1859-1867 g. Bd. 5. Rīga 1939, S. 49-51. Man sollte jedoch nicht außer Acht lassen, dass die Ritterschaft die 1849 genehmigte Bauernverordnung nur vorübergehend, für 6 Jahre, einführte. Die auf dem Livländischen Landtag von 1854 gebildete Revisionskommission machte den Vorschlag, außer dem obligatorischen Mindestmaß den Rittergütern auch ein Mindestmaß an unverkäuflichen bäuerlichen Grundstücken (10 Haken) aufzuerlegen. Damit sollte der Bauernlandverkauf verhütet werden. Der Vorschlag wurde auf dem Landtag von 1856 angenommen. Diese Einschränkung wurde aber im Reichsrat abgewiesen. Erst nach der Verordnung vom 25. November 1859, am 13. November 1860, wurde das neue Gesetz, das im Wesentlichen mit der Agrarverordnung von 1849 übereinstimmte, vom Alexander II. unterschrieben. A. Tobien (wie Anm. 47), S. 218-220, 236-237.

DER GROSSE FRIEDHOF VON RIGA

Seine Entstehung, seine landschaftliche, architektonische und künstlerische Bedeutung

Eižens Upmanis

Im Laufe der Geschichte jeder Stadt sind hervorragende memoriale Stätten entstanden, auf denen Hunderte und Tausende von Angehörigen früherer Generationen begraben liegen. Diese Stätten symbolisieren die Entwicklungstendenzen des Staates und der betreffenden Stadt während bestimmter Geschichtsabschnitte und erinnern zugleich an deren hervorragende Persönlichkeiten. Für Riga stellt der Große Friedhof ein solches Symbol dar: die Hauptruhestätte vieler Generationen Rigenser vom Ende des 18. Jahrhunderts bis zum Anfang des 20. Jahrhunderts. Für einen späteren Zeitabschnitt – im 20. Jahrhundert – war das der Waldfriedhof Riga.

Das Ensemble des Großen Friedhofes ist nicht nur als typisches Beispiel einer Nekropole in einer bestimmten historischen Periode wichtig. Es hatte große Bedeutung hinsichtlich des Wandels der Anschauungen der damaligen Rigenser über ihre Lebenswelt, über den städtischen Raum und über ihr Verhältnis zu den Generationen der Verstorbenen. Um diese Bedeutung (den mentalen Faktor) zu verstehen, sollten wir in die Geschichte zurückblicken, indem wir die Beisetzungsriten früherer Zeitalter (zunächst in der Stadt des Mittelalters) betrachten.

Gemäß der christlichen Tradition und den kanonischen Vorstellungen wurden die sterblichen Überreste der Menschen in die Erde gebettet (lies: begraben oder in entsprechenden unterirdischen Räumen – Krypten, Katakomben und ähnlichen Kammern – beigesetzt), in Übereinstimmung mit der Heiligen Schrift: „Von der Erde bist du gekommen, zur Erde sollst du werden". Die Tradition der Feuerbestattung, die für die antike

Welt typisch war, wurde vom frühen Christentum prinzipiell abgelehnt. Das ist verständlich – eine neue Ideologie negiert frühere Prinzipien und Traditionen, denn sie will sich durch Unterschiede, nicht durch Kontinuität hervorheben. Der Kultus der heiligen Märtyrer, auch die postulierte und sehr buchstäblich aufgefasste „Auferstehung des Fleisches" verlangte, den Leichnam in einem sicheren Ort zu bestatten, bis zum Jüngsten Tag.

Diese Weltanschauung hatte einen direkten Realisierungsmechanismus zur Folge, sowohl in den Anfängen des Christentums (zum Beispiel Verwahrung in Katakomben), als auch in der späteren Tradition des Mittelalters, Krypten für Begräbnisse unter den Kirchen einzurichten, was den Raum unter dem Fußboden einer Kirche allmählich zu einer Gruft-Ebene umwandelte. Die Bestattungsplätze konnten aber auch als Kirchhöfe unmittelbar neben den Kirchen eingerichtet werden, die in dieser Zeit direkt im bewohnten Stadtzentrum langfristig funktionierende Ruhestätten bildeten. Diese Tradition prägte auch die charakteristische Auffassung vom Alltag, in dem die gegenwärtige Generation praktisch neben den früheren Generationen (den Verstorbenen) lebte und sich jedes Mal mit ihnen einig fühlte, wenn sie sich ins Gotteshaus zum Gebet oder zu einer Zeremonie begab.

Die Tradition, die sich im Laufe der Jahrhunderte herausgebildet hat, funktionierte, ungeachtet aller antisanitären Aspekte, die diesen Brauch begleiteten. Denken wir nur daran, was während eines Hochwassers passierte (die meisten Städte entstanden an Flussufern), wenn der Wasserspiegel in der Stadt, also auch in den Kirchen, das Niveau der Kirchenfußböden stark überstieg. In der Domkirche von Riga sehen wir heute noch die Marke des Hochwassers vom 13. April 1709, die diese Situation anschaulich macht. Den Aussagen der Zeitzeugen entnehmen wir, dass die Kirche monatelang gelüftet werden musste, und zwar wegen des unerträglichen Gestanks.

Im Zeitalter der Aufklärung, als sich der Verständnis der Menschen bezüglich der Bedeutung sanitär-hygienischer Umstände stark änderte, wurden alle Voraussetzungen zur Änderung der beschriebenen Tradition geschaffen. Zum ausschlaggebenden Katalysator dieses Prozesses wurde die letzte große Pest-Epidemie in den Jahren 1770/72 in Europa. Viele Regenten erteilten die Anweisung, die Begräbnisplätze der Innenstädte zu schließen und neue Friedhöfe außerhalb der Städte anzulegen. 1772 erließ der Russische Senat eine Verordnung (einen „Ukas"), der verbot, Verstorbene innerhalb des Stadtterritoriums beizusetzen. In einem Befehl über die Änderung der Bestattungen in Riga vom 23. Februar 1772 wurde zudem bestimmt, dass Friedhöfe wenigstens 300 Faden außerhalb der Stadt, auf einem freien Gelände, anzulegen und einzuzäunen seien. Der Anfang der Tätigkeit der neuen Friedhöfe wurde für den Mai 1773 vorgesehen. In der Innenstadt wurden alle Kapellen, sowohl unterirdische in den Kirchen, als auch oberirdische Kapellen, zugemauert.

Das Territorium für den Neuen Friedhof von Riga wurde in der St. Petersburger Vorstadt hinter der Rauens-Pforte, zwischen der St. Petersburger Straße und dem Kriegs-Spital, zugewiesen. Es handelte sich um ein sandiges Gefilde, vier Werst von der Innenstadt entfernt. Dort wurden gleichzeitig drei Friedhöfe angelegt, die sich später stark erweiterten und zu einer einzigen Institution zusammenschlossen. Heute kennen wir diesen Platz unter dem Begriff „Großer Friedhof". Der Stadt am nächsten wurde ein Gelände der St. Jacobi-Gemeinde angewiesen, die sich schon seit der schwedischen Zeit insofern in einer bevorzugten Lage befand, als diese Kirche den Jesuiten weggenommen worden war, um dort die „Krons"-Gemeinde unterzubringen, in der sowohl Vertreter der schwedischen Administration, als auch die diesen Kreisen nahestehenden adligen Familien vereinigt waren. In der Nähe wurde ein Grundstück den Orthodoxen zugewiesen, die dort den Friedhof der

Himmelfahrt-Gemeinde (später Pokrowa), (Des Schützenden Schleiers der Allerheiligsten Mutter Gottes), anlegten (Abb. 1). Es ist zu vermerken, dass der größte Teil dieser orthodoxen Gemeindemitglieder, wie für vorstädtische Gemeinden charakteristisch, lettisch war. Ein Viertel Werst weiter wurde den Angehörigen von sechs lutherischen Gemeinden ein gemeinsames Friedhofsgelände angewiesen: der Dom-, St. Petri-, Reformations-, St. Johannis-, St. Gertruden- und Jesus-Gemeinde. Gerade durch dieses Prinzip eines für diese Gemeinden gemeinsamen Friedhofes entstand der Begriff „Großer Friedhof", der zunächst nur auf das letzterwähnte Territorium bezogen wurde.

Die zugeteilten Gelände wurden durch Holzzäune begrenzt. Der Bau der für die Zukunft vorgesehenen Mauereinfriedung sollte noch mit dem sogenannten Ingenieurkommando – der Administration der Verteidigungsanlagen – abgestimmt werden, welches aber dafür sorgte, dass es, der militärischen Doktrin jener Zeit entsprechend, auf dem der Stadt angrenzenden breiten Territorium keine Mauern gab. Im Falle eines feindlichen Angriffs sollten die dort zugelassenen Holzbauten niedergebrannt werden. Dadurch hätte der Feind keinen Zufluchtsort gehabt.

Als tatsächliches Datum der Eröffnung der neuen Friedhöfe von Riga kann man den 7. Mai 1773 betrachten. An diesem Tag fand die erste Beisetzung auf dem Gelände des „Großen Friedhofes" statt. Auf dem St. Jacobi-Friedhof wurde die erste Leiche am 4. Juni desselben Jahres beerdigt. Schon am 25. April 1773 hatte der Rigaer Magistrat die Ordnung des letzten Geleits festgelegt: Die eigentliche Zeremonie sollte in einer der Kirchen von Riga stattfinden und gleich danach, spät am Abend vor der Schließung des Stadttores oder früh am nächsten Morgen gleich nach dessen Öffnung, sollte der Sarg zum Friedhof gebracht und dort ins Grab gesenkt werden. Eine Feier auf dem Friedhof war verboten; die Angehörigen durften an der Beisetzung nicht teilnehmen.

Der neue Beisetzungsort und die neue Beisetzungsform waren ein harter Schlag für die traditionellen Vorstellungen der Rigenser hinsichtlich eines Begräbnisses und der Gestaltung eines Friedhofes. Die schnelle und radikale Veränderung der üblichen Bräuche rief die Unzufriedenheit der Bürgern hervor, insbesondere auch deshalb, weil auf dem nahegelegenen St. Jacobi-Friedhof diese Änderungen nicht eingeführt wurden und dort die gewöhnlichen Feierlichkeiten des letzten Geleits mitsamt der Teilnahme von Angehörigen weiterhin stattfinden durften. Als Resultat des Protestes musste der Rat 1775 seinen Beschluss ändern.

Der innere Protest und der Wunsch, die gewohnten Traditionen nach Möglichkeit zu bewahren, äußerte sich in der Suche nach solchen Bestattungsformen, die auch unter den Umständen des neuen Friedhofes den Beisetzungen in Kirchengrüften möglichst nahe kamen. Dazu dienten neu errichtete Kapellen mit einer unterirdisch ausgebauten Gruft, in welcher die Särge mit den Verstorbenen aufgestellt wurden, und einem oberirdischen Teil, den man funktional, mit einem akzentuierten Eingangsteil und einem kleineren Raum mit dem Zugang zum unteren Raum, gestaltete. Mehrere Rigenser Familien, in ihrem Wunsch einig, bauten eine Kapellenreihe entlang der Friedhofsgrenze, welche die „Reihen-Kapellen" genannt wurden. Mehr als 20 Gebäude in einer Reihe und unter einem Dach wurden im Laufe weniger Jahre errichtet: von 1775 bis 1779. Sie hatten ein Pultdach, das in der Richtung des Raumes außerhalb des Friedhofes abfiel. Vom Friedhof aus nahm man sie als eine Wand fast identischer, kleiner zusammengebauter Fassaden wahr. In dieser Wand hoben sich nur die Eingangsportale mit den Epitaphien und ihren metallgeschmiedeten Türflügeln ab. Die Portale waren im Barockstil gestaltet, der gegen Ende des 18. Jahrhunderts in Riga noch üblich war. Der Anstrich war für die Tendenzen der geltenden Stilrichtung charakteristisch: gelbe Wände mit weißen (mit schwarzen Umrissen) aufgezeichneten Rustiken. Das zeugte davon, dass der Geschmack hinsichtlich des Kapellenbaus sich nicht vom Stand der Wohnhausarchitektur unterschied. Nur der „Benutzer" war der schon entschlafene Vorgänger der Auftraggeber.

Später wurde die Kapellenreihe durch drei Kapellen erweitert, die der Architektur ihrer Zeit gemäß im Empire-Stil gestaltet waren. Sie hatten unverputzte Ziegelwände, ausgestattet mit Rustiken aus Naturstein, und mit interessanten Portalen ägyptischer Tradition mit einem lakonischen Epitaphen-Stein. So sah auch die Kapelle der Familie Barclay de Tolly aus. Gegen Ende des 19. Jahrhunderts, als der Historismus vorherrschte, wurden mehrere Barockportale der Kapellen abgemeißelt und an deren Stelle völlig andere, dem Zeitgeschmack entsprechende historistische Portale unter Verwendung von Elementen der klassischen Architektur geschaffen. Solche Veränderungen konnten durch den Wechsel des Kapelleneigentümers veranlasst werden, was also nicht nur bei städtischen Wohnhäusern, sondern auch bei den Kapellen auf den Friedhöfen vorkam. Diese Modernisierung konnte aber auch von den jüngeren Generationen derselben Familie durchgeführt werden, die den neuesten Modetendenzen folgen wollten. Die „Reihen-Kapellen" waren gleichermaßen klein, mit einbögigen Portalen. Nur die Kapelle der reichen Familie Hollander als auch „das Erbbegräbnis der löblichen Blauen Bürgerkompagnie" wurden breit, mit dreibögigen Portalen errichtet, die mit ihren in Stein gemeißelten Dekors, Symbolen und Inschriften prächtig ausgestattet waren.

Es ist zu unterstreichen, dass in dieser Zeit und auch später, in der ersten Hälfte des 19. Jahrhunderts, sowie bei der Bearbeitung der Kapellen als auch bei der Herstellung freistehender Denkmale vorwiegend weiches Steinmaterial – Kalkstein oder Sandstein – verwendet wurde. So konnte man die Dekorelemente sehr fein und reich ausarbeiten. Es gab kaum Monumente aus Marmor, obwohl in den Kirchen, besonders in Südeuropa, der Marmor einer der am meisten für diesen Zweck verwandten Steinen war. Unserem Klima entsprechend wurden fast alle Denkmale aus Sandstein gebildet, der vorwiegend aus Deutschland geliefert wurde, oder aus Kalkstein, so auch aus örtlichem Dolomit. Leider muss man heute feststellen, dass auch diese Steine für das Rigaer Klima nicht ganz geeignet waren.

Die reicheren Familien leisteten es sich, in derselben Zeit auf dem Friedhofsgelände freistehende Kapellen zu errichten. Dazu gehört die Kapelle Weizenbreier, die in Barockformen mit betontem Giebel gestaltet wurde. Die verfeinerte architektonische Form der Kapellen entsprach der damaligen Innenausstattung, wo auf dem Putz der Stammbaum der Familie aufgezeichnet war. Doch nicht nur die reichen Gemeindemitglieder konnten die Kapelle zum Aufstellen der Särge ihrer Verstorbenen benutzen. Die St. Petri- und die Dom-Gemeinden errichteten für diesen Zweck eine gemeinsame Leichenkapelle, die als Holzkonstruktion ausgeführt wurde. Wegen ihrer grünglasierten Dachziegel hieß sie die „Grüne Kapelle". Der erste Sarg wurde dort am 7. November 1773 aufgestellt. Im Laufe der nächsten 60 Jahre wurden in dieser Kapelle 176 Särge deponiert. Als der Beschluss gefasst wurde, die Kapelle aufzulassen und die Gruft mit Erde zuzuschütten, wurden 43 Särge, dem Wunsch der Angehörigen entsprechend, an einem anderen Ort aufgestellt; für die anderen 133 wurde 1833 ein gemeinsames Denkmal in Form eines schönen Kreuzes aus Sandstein mit entsprechenden Aufschriften errichtet. Öffentliche Gebäude entstanden auf dem Friedhofsterritorium bald nach der Aufhebung des Verbotes, dass Angehörige des Verstorbenen am feierlichen letzten Geleit teilnahmen. 1776 wurde vom Zimmermann J. Krämer eine achteckige Holzkapelle mit einem kleinen Glockentürmchen gebaut. Hier fanden die Zeremonien statt, hier suchten Trauergäste Zuflucht im Falle eines Unwetters. In der Zeichnung von Johann Christoph Brotze (1796) ist dieses Gebäude von der an die jetzige Klusa-Straße angrenzenden Seite des Friedhofs aus zu sehen. Hinter dem Friedhofszaun ist irgendein Wohnhaus mit Wirtschaftsgebäuden zu erkennen. Gegen Anfang des 19. Jahrhunderts wurde anstelle dieser kleinen Beerdigungskapelle ein gemauertes Gebäude in ähnlichen Formen errichtet. Im Plan vom 1822 findet man an dieser Stelle die Bezeichnung: *Gebäude zur Aufbewahrung der Kränze und Grabplatten*. Ein Gebäude analoger Bedeutung und Planung war noch näher bei der Kapellenreihe zu sehen. Wahrscheinlich war auch dieses für seine Zwecke bei voller Funktion des Friedhofs zu klein.

In späteren Jahren wurden für Feierlichkeiten des letzten Geleits auch Kapellen in der Kapellenreihe benutzt. In Jahren 1859 bis 1861 wurde nach Plänen des Stadtbaumeisters J. D. Felsko eine neue gemauerte Kapelle schon außerhalb des ursprünglichen Geländes des Großen Friedhofes erstellt. Um sie zu verbreitern und zu modernisieren, wurde 1891 beschlossen, die Kapelle nach Plänen des Baumeisters C. D. Neuburger umzubauen. Die sogenannte Neue Kapelle wurde in neogotischen Formen als ein Gebäude ausgebaut, das aus mehreren verbundenen Baukörpern bestand. Im vorderen Teil gab es einen umfangreichen Eingang mit gedeckter Terrasse, wo die Trauergäste zusammenkommen konnten. Der zentrale Trakt wurde als eine Kapelle mit einem Querschiff gestaltet, die mit der Altar-Apside endet. Auf der linken Seite wurde die Kapelle durch einen gedeckten Übergang mit der Leichenhalle und mit dem Glockenturm, der in der zweiten Etage eine Glocke trug, verbunden. Diese Anlage war damals die modernste Friedhofskapelle in Riga, in der gegen 300 Personen zusammenkommen konnten (Abb. 2).

Auf dem St. Jacobi-Friedhof wurde 1793 eine Kapelle erstellt. Ihr jetziges Aussehen erhielt sie 1886, als sie nach dem Plan des Architekten O. Sievers umgebaut wurde (Abb. 3). Als Resultat dieses Umbaus bekam sie auch den neuen Glockenturm. Im Laufe der Umbauarbeiten wurden die Räume der Gruft im Keller aufgelöst; 42 Erwachsenen- und 30 Kindersärge wurden in ein gemeinsames Grab umgebettet. Diesen Ort überquert jetzt die Senču-Straße, die seit den 1960er Jahren ungefähr mit der Grenze des Großen Friedhofes zu den St. Jacobi- und Pokrow-Friedhöfen zusammenfällt.

Die ursprüngliche Planung und Einrichtung des Großen Friedhofs zeichnete sich nicht gerade durch Originalität und besondere Ausmaße aus. Das Sandgefilde wurde mit einem Holzzaun umgeben; dort wurden einige Bäume gepflanzt. Auf dem ganzen Gelände, wie es der Zeichnung von Johann Christoph Brotze zu entnehmen ist, wurden die Grabstellen frei angeordnet, von denen nur auf dem Boden liegende Platten zeugten. Auch die Grabplatte war ein Element, das direkt aus der Tradition der Kirchenbestattung auf den Friedhof übernommen wurde. Ursprünglich hatte sie eine rein funktionelle Bedeutung: Sie bildete den Abschluss der Gruft und zugleich auch den Kirchenfußboden. Auf dem Friedhof wurde die Grabplatte zur Form des ersten Grabdenkmals, das nun schon symbolisch die Grabstelle deckte, die sich in der Erde befand, und den Besuchern diesen Platz anzeigte. Das interessante Denkmal in Form eines runden Balles auf einem Fundament, das auf der Zeichnung von Brotze zu sehen ist, ist als eine Ausnahme in der Landschaft der horizontalen Platten zu bewerten.

In dieser Situation wurde der auf der Grabplatte eingemeißelte Text – das Epitaph – zum einzigen Element des Schmucks und des Gedenkens. Im 18. Jahrhundert wurde dieses Epitaph als ein kleiner Essay gestaltet, als ein Zeichen wahren Gedenkens. Der Verfasser bemühte sich, in ihm nicht nur die Lebensdaten des Verstorbenen, sondern auch seine guten Eigenschaften zu beschreiben und die eigene Trauer über dessen Heimgang auszudrücken. So lautete, zum Beispiel, ein solches Epitaph auf dem Grab von Nicolaus Möller, eines Ältesten der Kleinen Gilde: (Abb. 4)

Hier schläft der Greis,
von vielen Redlichen beweinet.
Ach jede Bürgertugend
war in Ihm vereinet
Fleiß, Biedertreu und Vaterzärtlichkeit
Laut klagen Gattin, Kinder, Enkel,
doch vergebens,
Sein Geist schwebt über uns
in Wonnen ewigen Lebens,
Und weinet, dringt Ihm nach zur Seeligkeit.
Nicolaus Möller
Weyland Aeltester der kleinen Gülde
Geboren im Keyserl. Reichs Lehnamte
Gehren in Thüringen am 26. Dezember 1710
Gestorben am 4. April 1787,
Im Ehestande gelebt 52 Jahre
aus zwei Ehen gezeugt 14 Kinder
und erlebte neun und dreißig Enckeln.

Welch lebendige und farbige Gestalt entsteht vor uns, wie ausdrucksvoll wird dieser Mensch uns dargestellt! In den späteren Jahren herrschten vertikal aufgestellte Denkmale verschiedener Art vor. Dadurch wurden die Grabplatten zu Elementen der allgemeinen Grabgestaltung und hatten noch nur eine allgemeine lakonisch-informative Beschriftung.

Eines der ältesten und hervorragendsten Monumente des Großen Friedhofes ist das Grabmal von M. Fromhold. Es bildet eine dreiseitige Pyramide, die auf der Vorderseite mit einem Reliefporträt geschmückt ist, das ein Kranz umschlingt, der von Engeln gehalten wird (Abb. 5). Auf dem Sockel ist das umkränzte Familienwappen angebracht. Auf ähnliche Weise, aber ohne Porträtreliefs, wurde damals der größte Teil der Denkmale gestaltet. Im Allgemeinen, wie die Bilder späterer Jahre zeigen, wurde auf diese Weise auf dem Großen Friedhof ein dichtes Netz von Grabmalen und Zäunen gebildet, welche die einzelnen Grabstellen begrenzten.

Vorwiegend wurden für die Gestaltung der Denkmale architektonische Elemente der Antike genutzt, wie Säulen, Obelisken, Stelen und andere mehr. Im Dekor wurde die Urne zu einem unentbehrlichen Teil (Abb. 6 und 7). Die Urne war das charakteristischste und bekannteste Beisetzungsymbol der antiken Welt – ein Gefäß, in dem die Asche der Vorfahren aufbewahrt wurde. In das Dekor der Denkmale gingen verschiedene Symbole ein, die inhaltlich mit den Motiven des Todes und der Ewigkeit verbunden waren. Das Gedenken geben Kränze, Lorbeer- und Eichenzweige wieder, den Tod symbolisieren nach unten gerichtete Fackeln, die Ewigkeit symbolisiert eine Schlange, die in ihren eigenen Schwanz beißt, das rege Leben des Verstorbenen meinen die Bienen mit dem Bienenhaus. Fast auf jedem Denkmal der damaligen Zeit sehen wir die Gestalt eines Schmetterlings (Abb. 8). Er ist das Symbol für die Auferstehung, eines der Grundpostulate des christlichen Glaubens. Ähnlich, wie die Raupe in der Puppe stirbt und aus dieser Puppe in Gestalt eines Schmetterlings ausfliegt, so verlässt auch der Mensch seinen weltlichen Leib, die Seele erhebt sich Gott entgegen. Die Denkmäler waren reich verziert mit in Stein gehauenen Draperien, Familien-Wappen, Epitaphien in Formen von Medaillons und Kartuschen und ähnlichen Dekorelementen.

Auch die Umzäunung der einzelnen Grabstelle wurde in dieser Zeit durch architektonisch fein ausgearbeitete, in Stein gehauene Pfosten gebildet, die durch einen niedrigen, metallgeschmiedeten Zaun verbunden wurden. Für den Klassizismus ist es charakteristisch, dass die Denkmale direkt auf dem Grab aufgestellt werden. Konstruktiv werden sie durch einen deckenden Bogen gestützt, auch in dem Falle, dass der Beigesetzte sich nicht in einer Gruft befindet, sondern begraben ist. Außer von dem Zaun wird das Denkmal durch den Umfang seines

Sockels begrenzt. Diese charakteristische Form sehen wir auch bei dem Grabmal des Bürgermeisters Alexander Gottschalk von Sengbusch, das in der interessanten Form einer Marmorsäule gestaltet ist.

An dieser Stelle ist zu bemerken, dass der Fonds von Dr. Huhn, der sich im Stadtarchiv Riga befindet, einen ganzen Band mit sehr seltenen Zeichnungen der Originaldenkmäler und Abschriften der Inschriften enthält, der 1822 entstanden ist. Auch dieser Fundus bezeugt die künstlerische Vielfalt bei Denkmälern solcher Art. Gleichzeitig belegt er die gemeinsamen Tendenzen der jeweiligen Epoche und die regionalen Eigenarten bei dessen Gestaltung.

Die Denkmäler weisen sowohl auf dem lutherischen als auch auf dem unweit gelegenen orthodoxen Friedhof die gleiche Stilistik und den gleichen Formenbestand auf. Das ist höchst bemerkenswert, wenn wir an die strenge kanonische Dogmatik und an die unausbleibliche Verwendung von Symbolen denken, die für die Orthodoxe Kirche charakteristisch sind. Am Anfang des 19. Jahrhunderts wiederholen sich bei den Denkmalen auf dem orthodoxen Friedhof dieselben Urnen und ebenfalls die andere beschriebene Symbolik. Dabei fehlte, zum Beispiel, völlig das achtspitzige orthodoxe Kreuz. In einige dieser Grabmäler wurde das Kreuz später eingehauen. Das ist leicht beim näheren Betrachten seiner Gestalt und nach seinem Platz auf dem Denkmal zu erkennen.

Bei vielen Denkmalen erscheint auch das Motiv des abgebrochenen Lebens in Form einer gebrochenen Säule, eines Obelisken mit gebrochener Spitze oder eines geknickten Baumes (Abb. 9). Solche Symbole beziehen sich auf die Grundgedanken der Romantik in der ersten Hälfte des 19. Jahrhunderts. Die Romantik betonte die Bedeutung der Schmerzes und der Trauer im Menschenleben, dessen vorübergehenden Charakter, die Vergänglichkeit und das Vergessen werden, das Eins werden mit der Natur. Die Romantik ging davon aus, dass auch die

Erinnerung vergänglich ist und nur solange andauert, als das Holzkreuz auf dem Grab erhalten bleibt. Wenn dieses verwest und in sich zusammenfällt, verschwindet das Grab, es wächst zu und geht in die Natur über. Auch das Gedenken an den Verstorbenen erlischt. Derartige Motive romantischer Weltanschauung sind auch bei denjenigen Denkmalen der ersten Hälfte des 19. Jahrhunderts zu beobachten, die uns ein Kreuz, einen abgebrochenen Baumstamm zeigen, der von einem Efeu, von Disteln, sogar von Pilzen überwuchert wird. Manchmal wurde die Faktur eines Baumstammes so lebensecht dargestellt, dass sie völlig mit der lebendigen Struktur der Oberfläche mit Moos bewachsener Baumstümpfe übereinstimmte (Abb. 10).

Das Kreuz als eine selbständige Form des Denkmals erschien auf den Friedhöfen der Stadt Riga erst nach 1820. In dieser Zeit wurde es vorwiegend in Sandstein gehauen und mit verschiedenartigen ein-, zwei-, dreibögigen oder noch komplizierteren Dekor der Kreuzspitzen ausgestattet. Für die Mitte des 19. Jahrhunderts kann man die übertriebene Stilisierung der verwendeten Elemente als charakteristisch bezeichnen, bis hin zu der Tendenz, die Stelenform völlig durch stilisierte Pflanzenelemente, Akanthus und anderes mehr zu ersetzen.

Mit der ersten Hälfte des 19. Jahrhunderts beginnt auch die Verwendung eines neuen Steinmaterials – des Granits – in Friedhofsdenkmälern. Als eines der ältesten ist in diesem Zusammenhang das Grabmal der Brüder Cumming (1825) zu erwähnen. Hier sehen wir alle wichtigen architektonischen und dekorativen Formen, die für die vorher betrachteten Monumente charakteristisch waren: Den Obelisken mit einer Urne an der Spitze, mit einem Epitaph in einem ovalen Medaillon verziert. Das Material des Denkmals bestimmte die Stilisierung der Formen und die Stufe der Ausarbeitung von Details. Die reichen Profile der Bearbeitung des Obelisken verwandelten sich nunmehr in einfachere Stufen, die Stilisierung der Urnen erreichte den völligen Lakonismus der Form, die dekorative Bearbeitung der Epitaphe wurde völlig weggelassen, nur für deren Text wurde eine ovale Sandsteinplatte genutzt.

So lakonisierte sich die reiche dekorative Formensprache des Klassizismus, sie schematisierte sich und nahm die neue Gestalt der bekannten, ebenfalls mit hoher handwerklicher Qualität ausgeführten Gebilde an – der Obelisken, Stelen und der anderen Formen, die wir so gut aus den am Ende des 19. Jahrhunderts geschaffenen typischen Bearbeitungsarten von Denkmalen und Grabmonumenten kennen.

Eines der wesentlichen, einen Friedhof formenden Elemente ist dessen Gesamtplanung. Im Vergleich mit dem Umfang, den J. Ch. Brotze (Abb. 11) im 18. Jahrhundert gezeichnet hat, verbreiterte sich der Friedhof rasch in der ersten Hälfte des folgenden Jahrhunderts. 1795 kam der Gärtner J. Zigra aus Lübeck nach Riga. Sein Urteil über den Großen Friedhof war ziemlich negativ. Im Jahre 1823 wurde ein Plan zur Erweiterung des Friedhofes ausgearbeitet. Gärtner Zigra gestaltete ihn in einer für die Zeit des Klassizismus typischen regelmäßigen Anlage mit einem halbrunden Vorplatz beim Haupteingang. Das Erweiterungsgelände wurde durch gerade Fußwege in rechteckige Plätze eingeteilt. Es war vorgesehen, jeden dieser Plätze mit einem vier Fuß breiten Rasenrand zu umgeben. Für diese Flächen waren Grabstellen ohne hochragende Denkmale vorgesehen, damit die rechteckigen Viertel besser überschaubar wären und die Funktionen eines flächenhaften Blumenbeetes erfüllen könnten. Auf diese Weise konnte man das Gesamtbild der Friedhofsanlage überblicken.

Es war geplant, die Grabstellen je zwei in einer Reihe mit einem vier Fuß breiten Abstand dazwischen anzuordnen. Größere, vorwiegend für Familien bestimmte Grabstellen, auf denen das Aufstellen von größeren Denkmalen erlaubt war, wurden am Rand der Hauptwege und auf besonderen Teilen des Friedhofes vorgesehen. Dieses Gesamtprojekt der Erweiterung der Friedhöfe zeigt ein undatierter Plan, der ebenfalls um diese

Zeit ausgearbeitet wurde. Das Sandgefilde, auf dem 1773 der Große Friedhof eröffnet worden ist, war im Laufe der Zeit zu einem vielseitigen und vielgestaltigen Friedhof geworden.

Ursprünglich war das Friedhofsgelände von einem Holzzaun umgeben. 1802 wurde unter der Leitung des Baumeisters Ch. Haberland mit der Erneuerung des Zaunes begonnen. Es wurde eine Umfriedung mit gemauerten Pfosten aus roten Ziegeln und Verbindungsteilen aus Holzlatten errichtet. 1807 wurde diese Arbeit vom Baumeister J. D. Gottfried fortgesetzt, und so geschah es mit jeder neuen Erweiterung des Friedhofsterritoriums.

Bei der Gesamtplanung des Friedhofes wurden besondere Räume ausgewiesen, die nicht für Beisetzungen vorgesehen waren. Sie waren als Grünzonen geplant, mit der Möglichkeit des Aufbaus einer Familienkapelle. Im Allgemeinen gab es auf dem Großen Friedhof nicht sehr viele einzeln stehende Kapellengebäude. Hier ist neben den bereits genannten Bauten aus dem Ende des 18. Jahrhunderts auch ein im Empirestil errichtetes Erbbegräbnis, die Kapelle der Familie L. Pychlau, zu erwähnen (Abb. 12). Der niedrige, massive Baukörper ist mit einem Satteldach und einem Eingangsbogen mit metallgeschmiedetem Gitter ausgestattet. Dieser Bau ist ein gutes Beispiel der memorialen Architektur seiner Zeit. Der größte Teil der Kapellen aus der zweiten Hälfte des 19. Jahrhunderts säumte den halbrunden Friedhofseingang oder lag an der Linie, die heute durch die Miera- und die Senču-Straße gebildet wird.

In der Epoche des Historismus wurden in der Gedächtnisarchitektur vorwiegend stilistische Formen zweier vergangener Epochen verwendet: einmal der antiken Welt, so dass die Kapellen die Form antiker Tempel nachahmten, sowie der Epoche der Gotik, indem sie als mittelalterliche Kirchenkapellen gestaltet wurden. Ein typisches Beispiel der tempelartigen Kapelle ist die Kapelle für N. Pychlau, deren Eingang in Form einer breiten Säulenhalle gebildet war (Abb. 13). Neogotische Kapellen wurden mit einem reichen Dekor gotischer Formen ausgestattet. Es wurden sowohl gotische Spitzbögen verwendet, als auch die Wände mit Fialen versehen. Die Giebel wurden mit Kreuzblumen und Kräbbchen dekoriert.

Leider ist nur in seltenen Fällen der Name des Architekten dieser Friedhofskapellen bekannt. Eine Ausnahme ist die Kapelle der Familie von Reinhold, bei der man weiß, dass sie vom Architekten H. Scheel gebaut worden ist. Sie wurde im Stil der Neo-Renaissance, in Form einer Rotunde mit Kuppeldach und reicher Innenausstattung geplant. Die Augenzeugen erzählten, dass in deren Zentrum die Figur Christi gestanden habe. Diese Kapelle ist erhalten geblieben und gehört zu den schönsten architektonischen Zeugnissen des Ensembles des Großen Friedhofes.

Am Anfang des 20. Jahrhunderts war der Friedhof schon ziemlich dicht mit Gräbern bedeckt. 1903 wies A. Bergholz auf dessen Überbelegung hin und prophezeite, dass in 60 bis 70 Jahren der Friedhof aufgelassen und dank seiner großen Bäume zu einem schönen städtischen Park werden würde. Als Resultat der bekannten historischen und politischen Erschütterungen büßte gegen Ende des Zweiten Weltkrieges der Große Friedhof seine funktionelle Bedeutung ein. Die verschiedenen Varianten der Rekonstruktion des Friedhofes wurden während der Sowjetokkupation sehr stark den damaligen politischen Tendenzen und der ideologischen Zensur untergeordnet. An dieser Stelle sollte in Zukunft ein Park entstehen, in dem die Geschichte der Stadt sowohl in ihrem sozialpolitischen als auch in ihrem architektonisch-künstlerischen Aspekt in ausreichendem Maße zum Ausdruck kommt.

Die letzten Beisetzungen auf dem Gelände des Großen Friedhofes fanden im Jahre 1957 statt. Es folgten mehr als 30 Jahre staatlich sanktionierter Zerstörung, wodurch die Anlage den größten Teil ihrer Monumente und Gestaltungselemente verlor. Heute hat das Konsistorium der Lettischen Evangelisch-

Lutherischen Kirche den Friedhof in seinen Besitz übernommen. Das Gelände wird noch immer von der städtischen Gärtnerei gepflegt, die auch für andere Gärten und Parks der Stadt Riga zuständig ist. Es fehlt aber noch immer an einem klaren Konzept über das künftige Schicksal dieser Nekropole der Stadt. Das Konsistorium würde das Friedhofsgelände gern durch neue Beisetzungen oder durch das Aufstellen von Urnen nutzen, aber das steht in Widerspruch zu dem Standort dieses Ensembles, das heute wieder mitten im Stadtzentrum liegt. Dadurch würden vielleicht sogar die erhalten gebliebenen Ruinen des historischen Milieus beeinträchtigt oder zerstört, die uns an die 200-jährige Nekropole von Riga erinnern.

Um die richtige Lösung zu finden, die auch die Interessen der auf dem Großen Friedhof beigesetzten Vorfahren berücksichtigt, muss zuerst eine genaue historische Bestandsaufnahme durchgeführt werden. Vor allem ist die Rekonstruktion der leider verlorengegangenen Friedhofsgesamtplanung und der Übersicht über die Belegungsstruktur unbedingt erforderlich. Dazu müssten sämtliche Daten aus mehr als 20 historischen Friedhofsbüchern mit EDV erfasst werden. Diese sollten dann mit den fragmentarisch erhalten gebliebenen Planungsunterlagen verglichen werden. Diese Informationen müssen nach den Kategorien systematisiert werden, die auch in den Friedhofsbüchern vorkommen: die Gemeinde, der Teil und das Quartal des Friedhofs, die Reihe und der Platz. Erst dann wäre es möglich, die genaue Lage jedes Grabes auf dem 35 ha großen Ensemble festzustellen. Das wäre nötig, wenn man die Gräber einzelner kulturhistorisch bedeutender Persönlichkeiten wieder auffinden will und wenn man vielen Rigaer Familien, die darüber gern etwas erfahren wollen, Auskunft über die Gräber ihrer Vorfahren geben möchte. Dann könnte man diese Grabstellen in der Natur neu gestalten. Und dann könnte man auch über weitere denkmalpflegerische und rekonstruierende Maßnahmen auf dem Territorium des Großen Friedhofes entscheiden.

Der Autor des Textes möchte die Gelegenheit nutzen, und Herrn Dietrich A. Loeber herzlich danken für seine direkte und persönliche Unterstützung beim Beginn des beschriebenen Arbeitsprogramms. Zurzeit ist Dank seiner uneigennützigen Beihilfe fast die Hälfte der erhaltenen Friedhofsbücher aufgearbeitet worden. Einst hat der Historiker Rudolf Schierant, ein Rigaer Patriot, über diesen Friedhof gesagt: „Die Stadt gewinnt ein Geschichts- und Kulturdenkmal, welches dieser Generation von den früheren Generationen berichten wird, von ihren Errungenschaften auf den Feldern der Wissenschaft, Kultur, Literatur und anderen Bereichen. Ein Tourist wird in diesem Park ein Andenken an den einst berühmten Schaffenden finden, dessen Tätigkeit weit über die Grenzen der Stadt und auch ihm bekannt ist. Er wird positiv urteilen von denen, die hier jetzt leben und das kulturelle und gesellschaftliche Leben der Stadt gestalten." Hoffentlich kann durch unsere gemeinsame Arbeit diese schöne Vision verwirklicht werden.

Abb. 1 Orthodoxe Grabstelle
(Bildnachweis: Abb. 1 - 13 Privatfotos E. Upmanis)

Abb. 2 Friedhofskapelle

Abb. 3 Kapelle auf dem St. Jakobi-Friedhof

Abb. 4 Epitaph des Nicolaus Möller

Abb. 5 Grabmal M. Fromhold

Abb. 6 Grabstein mit offener Urne

Abb. 7 Grabstein mit geschlossener Urne

Abb. 8 Grabstein mit Schmetterling

Abb. 9 Grabstein mit gebrochener Säule und geknicktem Baum

Abb. 10 Grabstein wie ein bewachsener Baumstumpf

Abb. 11 Grabstein J. Chr. Brotze

Abb. 12 Kapelle der Familie L. Pychlau

Abb. 13 Kapelle für Nicolai Pychlau

Personenregister

Abbt, Thomas 234
Addison, Joseph 225
Aderkas, von (Landrichter) 215
Adlerberg, Woldemar von 93
Albaum, Franz Ulrich 61
Alexander I., Zar 7, 35, 36, 41, 73, 90, 99, 118, 120, 123, 134, 135,
        138, 146, 174, 181,182, 254, 270–275, 301
Alexander II., Zar 19, 92, 303
Althing, siehe Fischer, Christian August
Anna Iwanowna, Zarin 88
Anrep, Heinrich Reinhold von 112, 113, 119
Antonov, Boris 122
Apraxin, Graf (General) 93, 100
Araktschejew, Aleksej Graf 112
Arndt, Ernst Moritz 39
Arndt, Johann Gottfried 214
Arvelius, Friedrich Gustav 63–66
Asmos, Georg Konrad 208

Bach, Philipp Emanuel 205
Baden, Karl Friedrich Markgraf von 18
Badie, la (Freimaurer) 168
Baer, Karl Ernst von 92
Baggehufwudt, Karl von 116
Baranoff, Andreas von 89
Barclay de Tolly (Familie) 310
Barclay de Tolly, Michael Andreas von 99, 107, 112, 115–121, 125
Baumgarten, Alexander Gottlieb 237
Beklešov, Alexander 267
Benckendorff, Konstantin Alexander Graf von 41, 93, 115, 117, 122, 176
Benckendorff, Paul von 196, 197
Benjowsky, Moritz August Graf von 68, 69
Bennigsen, Levin August 111
Berens, Johann Christoph 62, 63, 65, 72
Berg, Friedrich Wilhelm Rembert von 84, 115, 119
Berg, Gregor von 100, 115, 116, 190
Berg, Jakob Georg von 274
Berg, von (Gardeoffizier) 120

Bergengruen, Werner 212
Bergholz, Alexander 320
Bergmann, Balthasar von 169
Bergmann, Heinrich Eberhard von 172
Bernhardi, August Ferdinand 234
Bielfeld, Jakob Friedrich Freiherr von 15, 19, 26, 29
Biester, Johann Erich 236
Biron (Familie) 79
Bistram, Carl Heinrich Georg von 115, 122
Bluhm, Hermann 197
Blum, Karl Ludwig 145
Blumenthal (Freimaurer) 169
Bock, Timotheus von 36, 115
Bodisco, Theophile 38, 68, 93
Boehlendorff, Casimir Ulrich 240
Borg, Karl Friedrich von der 145, 159
Böttiger, Carl August 221, 226, 228, 230, 232, 233, 239, 241, 245, 246, 249, 250, 253
Bradke, Friedrich von 83
Bradke, Georg von 96
Brevern, Johann von 193, 195, 210
Brilly, de (Offizier) 79
Bröcker, Erdmann Gustav von 155
Brockhausen (Platzmajor) 95
Brotze, Johann Christoph 311, 313, 318, 333
Browne, George Graf 205, 264, 287
Buchholz, August 142
Buchholz, Friedrich 243, 252
Budberg, Gotthard Wilhelm Baron von 179, 180
Budberg, Johann von 171
Bulgarin, Faddei 160
Bunge (Apotheker) 95
Bunge, Friedrich Georg von 145, 151, 155, 157
Burchart, (Bellavary de Sycava), Familie 197
Burchart, Christian 198
Burchart, Johannes (VII.) 189, 207
Burchart, Johannes (VIII.) 198, 199
Burke, Edmund 11, 13
Buttlar, von (Offizier) 79
Buxhoeveden, Friedrich Wilhelm von 83, 107, 109–111, *129*

Caesar, Julius 117
Cagliostro, Graf 171
Čajkovskij, Peter 185
Carpov, Karl Ludwig 203
Ciliax, August 208
Clausewitz, Carl von 120
Collins (Freimaurer) 179
Cotta, Johann Friedrich Frhr. 242
Croy, de la (Familie) 171
Cube (Vizegouverneur) 292
Cumming (Brüder) 317

Darbès, Joseph 206, 207
Daue, Justus von 158
Davidson, Wolf 239
Davydov, Denis 117
Dehn, Thomas Johann von 189
Derfeld, Michael 107
Derfelden, Detleff Johann von 107
Derfelden, Otto Wilhelm von 83, 105–107
Derschau, von (Leutnant) 100
Devienne, Pierre 185
Deržavin, Gavriil Romanovič 248
Dill (Kapellmeister) 95
Duborgh (Familie) 187
Dufour (Kaufmann) 187
Duhamel, A. O. 88
Dunsdorfs, Edgars 167

Eckardt, Julius 132, 248
Eckbaum, Elias 197
Eisen, Johann Georg von 28, 165, 216, 262, 263
Elisabeth I.,Zarin 80, 88
Emme, Johann von 116
Engel, Karl Ludwig 192
Engels, Friedrich 120
Engelhardt, Lev von 108
Essen, Magnus von 116, 197
Ewers, Johann Philipp Gustav 136, 139, 140, 142, 144, 149

Fehst, Diedrich 201
Fehst, Johann 200, 201, 205
Fehst, Justus 201
Felsko, Johann Daniel 312
Fersen, Hans Heinrich von 82, 107, 109, 110, 123, *128*
Feßler, Ignaz Aurelius 229
Fichte, Johann Gottlieb 422
Findeisen, Friedrich Gotthard 50, 51, 52
Fircks, von (Familie) 171
Fischer, Christian August 60, 61
Fölkersahm, Hamilkar Baron 30, 151
Forster, Georg 196
Frese (Familie) 187
Frey, Johann 184
Friebe, Wilhelm Christian 216
Friedlaender, E. 145
Friedrich II., König von Preußen 15, 17, 18, 20, 207
Friedrich Wilhelm III., König von Preußen 242
Fries, Jakob Friedrich 251
Fries, Jakob 185
Fröhlich (Buchhändler) 231
Fromhold, M. 314, *327*
Fürst, von (Minister) 218
Fürstenberg, Johann von 86

Gabler, Christoph 207, 208
Gadebusch, Konrad Friedrich 214
Gentz, Friedrich von 39
Glehn (Familie) 187
Glinka, Grigori 158
Gloy, Georg 189
Göbel, Johann Bernhard Heinrich 203
Gobineau, Joseph Arthur Graf 13
Gödicke, Heinrich Gottfried 207, 208
Goebel, Carl Christoph Traugott 145, 152, 153, 157
Goerres, Joseph 39
Goethe, Johann Wolfgang von 207, 228, 232, 233, 235, 237, 242
Goetze, Peter Otto von 159
Golizyn, Aleksander Fürst 138
Göschen, Georg Joachim 232
Gottfried, J. D. 319

Gottsched, Johann Christoph 236, 237
Grabbe, Paul Graf 99
Graß, Karl 62
Grenzius, Michael Gerhard 50, 52
Grohmann, Carl Ferdinand Daniel 214, 215
Grotthuß, Theodor Baron von 92
Grünewaldt, von (General) 93, 94
Gustav III., König von Schweden 19

Haberland, Christoph 325
Hadamar, Lazare 185
Hagemeister, Balthasar 170
Hagemeister, Heinrich von 275
Hamann, Johann Georg 62
Handtwig, Karl Adam von 86
Handwig, Gustav Chr. von 168
Hansen, Gotthard von 177, 178, 180, 182, 201, 202, 208
Hardenberg, Karl August Fürst von 27
Harder, G. 171
Harder, Johann Wilhelm 169
Harpe, Otto Wilhelm von 119
Hartknoch, Johann Friedrich 54, 169, 204, 221, 225, 226
Hartmann, Joachim Friedrich 185, 201, 205, 207, 210
Hartmann, Regina 222
Hau, Johannes 208
Haydn, Joseph 196
Heine, Heinrich 21
Helffreich, Gotthard von 119
Helmersen, Gregor von 92, 95
Hennings, August von 231
Helwig, Karl Thure von 193
Herder, Johann Gottfried 13, 62, 165, 173, 221, 222, 236
Herz, Henriette 253
Heyde, Johann Diedrich von der 168
Hoffmann, Benjamin Gottlob 60
Holbeck, Carl 156, 157
Holbeck, Frommhold 156
Holbeck, Marcus 156, 157
Holbeck, Otto 157
Hölderlin, Friedrich 237, 240
Hollander (Familie) 310

Höppener (Familie) 187
Höppener, Christoph Johann 189
Hörschelmann, Ernst August Wilhelm 63, 204, 210
Horatius Lucius 146
Hotzen, Johann Daniel 169
Hoyer (Kaufmann) 187
Hoyningen-Huene, Jacob von 116
Hueck, (Familie) 187
Hueck, Adam Johann von 189
Huhn, Dr. 316
Hume, David 222
Hupel, August Wilhelm 8, 9, 54–59, 65–67, 69, 70, 72, 193, 207, 216, 270, 280

Iffland, August Wilhelm 227
Igelström, Alexander Graf von 116
Igelström, Otto Heinrich Graf von 82, 107, 108, *126*

Jacobs, Christian Friedrich Wihelm 233
Jahn, Friedrich Ludwig 39
Jankewitz, Theodor Nikolaus 169
Jannau, Heinrich Johann von 165, 171–173, 203, 216
Jazykov, Nikolaj 159
Jencken, Ferdinand 197
Jencken, Samuel Johann 187
Jermolov, Alexej 116, 118
Jordan, August Christian 188
Joseph II., Kaiser 18, 250
Jürgens, Johann Friedrich 187
Justi, Johann Heinrich Gottlob von 15, 26, 29

Kaissarov, Andrei 159
Kalda (Bauer) 257, 258
Kamenski, Michael 105
Kant, Immanuel 13, 19, 36, 62, 147, 218, 229
Karamsin, Nicolai Michailovic 29, 158
Karell, Karl Friedrich 184
Karl I. König von England 19
Karl XII., König von Schweden 19, 20

Katharina II., Zarin 14, 15, 17, 19, 22–24, 28, 29, 33, 36, 53, 59–61,
    65, 72, 73, 80, 81, 102, 104, 133, 173, 178, 179,
    187, 207, 218, 246, 260, 262, 263, 266, 287, 289
Kaulbars, Reinhold August Freiherr von 192
Keyserling, Alexander Graf von 92, 99
Keyserling, von (Familie) 171
Kiesow, Johann Erhard 188, 210
Kiselew (General) 93
Kisselev, Pavel Graf 302
Klebeck, Carl Magnus Baron 172
Klebeck, Johann Wilhelm Baron von 86
Kleist, Heinrich von 237, 245
Klee, Christian Karl Ludwig 71
Klinger, Friedrich Maximilian 144, 199
Klopstock, Friedrich Gottlieb 204
Knorring, Carl von 109
Knorring, Carl-Heinrich von 109
Knorring, Caroline Baronesse von 156
Knorring, Gotthard Johann von 107–109, *127,* 160
Koenemann, Wilhelm Ludwig 48, 49, 223
Kohl, Johann Georg 41, 42
Königsmann, Johann Gottlieb 157
Konstantin Pavlovič, Großfürst 106
Körber, Peter Friedrich von 197199
Korff, Friedrich von 116
Korff, Heinrich Baron von 171
Korff, von (Familie) 171
Kościuszko, Tadeusz 69, 82, 109
Kotzebue, August von 35, 38–40, 64, 67–70, 196, 204, 207, 228,
    233, 241, 242, 249
Kotzebue, Otto von 139
Krafft (Kaufmann) 187
Krämer, J. 311
Kross, Jaan 36, 258
Krüdener, Juliane Baronin von 41
Krüdener, Moritz von 297
Krüdener, Karl Gustav von 267
Kruedener, Karl von 89
Krusenstern, Adam Johann von 191
Kruse (Professor) 145
Kügelgen, Gerhard von 206, 207

Kuhn, August 249
Kurotschkin, K. J. 89
Kursell, Moritz Engelbrecht von 193, 194
Kursell, von 100
Küster, Gottlieb 187
Kutuzow, Michael Ilarionovič 105, 116, 117, 120, 121,

Lafontaine, August Heinrich Julius 228
Lambert, Karl von 116
Lambsdorff, von Oberst 100
Lammas (Bauer) 257, 258
Lapin, Vladimir 101, 118
Lassy, Graf (Offizier) 79
Laun, Friedrich siehe Schulze, Friedrich August
Lavater, Johann Kaspar 198
Lennhoff, Eugen 173
Lenz, Jakob Michael Reinhold 211
Lenz, Wilhelm 150, 177
Lessing, Gotthold Ephraim 13, 234, 237
Lew, (Löw) Friedrich Gottlieb 185, 186
Lichtenberg, Georg Christoph 18
Liebeskind, Johann Heinrich 60
Lieven, Dorothea Fürstin 41
Lieven, Carl Fürst 142, 199
Lieven, von (Generäle) 100
Lindfors, Axel Friedrich 115, 190
Lindner, Friedrich Ludwig 18, 40
Linné, Karl von 197
Loose, Johann Valentin 209
Löwendahl (Offizier) 79
Löwenstern, Eduard von 115, 191
Löwenstern, Georg von 191
Löwenstern, Hedwig Margaretha von 90
Löwenstern, Hermann von 191
Löwenstern, Woldemar Hermann von 115, 160, 191
Löwenwolde, (Familie) 79
Löwis of Menar, Friedrich von 116, 119, 121, 122, *130*
Ludwig XI., König von Frankreich 51
Ludwig XVI., König von Frankreich 12, 18, 33, 46, 54, 56, 57,
59, 63, 64, 66
Ludwig XVIII., König von Frankreich 21

Luise, Königin von Preußen 242

Macdonald, Alexandre 34, 35
Macdonald, Friedrich Wilhelm 200
Mainzer, Friedrich 207
Malzahn, Baron 168
Mannheim, Karl 218
Manteuffel, Andreas Gotthard Zoege von 100
Manteuffel, Gotthard Johann von 28, 29
Manteuffel, Ludwig Graf von 170
Manteuffel, Peter Graf 194
Manteuffel, von (Oberst) 100
Mara, Elisabeth Gertrud (Sängerin) 192
Marasinova, Je. N. 86
Maret, Hugo Bernard 35
Marie Antoinette, Königin von Frankreich 18
Martial, Marcus Valerius 224
Martinsen (Kaufmann) 187
Marx, Karl 13
Masing, Otto Wilhelm 202
Mayer, Christian Gottlob 202
Meck, Friedrich von 270
Mecklenburg, Karl Leopold Herzog von 168
Medem, Alexander von 171
Medem, von (Familie) 171
Mellin, Berend Heinrich von 107
Mendelssohn, Moses 233, 234
Mengden (Familie) 79
Mengelsohn, Liese 296
Merkel, Daniel 213
Merkel, Garlieb 8, 16, 28, 30, 35, 38, 39, 42, 61, 71, 72, 165, 167,
   172, 173, 212–255, 268, 269, 271
Metternich, Clemens Fürst 41
Meyendorff, Peter Baron von 89
Meyer, Carl Friedrich 155
Meyer (Kaufmann) 187
Middendorf, Alexander von 92
Minder, Johann Arnold 238
Moier, Franz 199
Moier, Johann Christian 159, 199
Möller, Nicolaus 313, 314, *326*

Montesquieu, Charles de Secondat 14, 16, 17
Moritz, Karl Philipp 237
Moses, Lewin siehe Lew
Mozart, Wolfgang Amadeus 196
Muischel (Mastenwracker) 171
Müller, Adam 245, 249
Müller, Gerhard Friedrich 214,
Müller, Julius Conrad Daniel 65
Münnich (Familie) 79–81
Musin-Puškin-Bruce, Vasilij Graf 186
Muth (Lehrer) 95

Napoleon I. 7, 11, 12, 18–21, 23, 27, 28, 33–35, 39, 40, 42, 43, 46, 73, 84, 87, 88, 101, 102, 109, 111, 112, 114, 115, 120, 185, 191, 192, 200, 243, 247, 248, 250, 251
Nassau zu Leck, Gräfin 201
Nauck (Rektor) 175
Neuburger, Carl David 312
Neue (Professor) 145
Neumann, Johann Georg 160
Neumann, Johann 139
Nicolai, Friedrich 234
Nikolai I., Zar 93, 94, 96, 138, 150, 174, 175, 206
Nikolai Nikolajewitsch, Großfürst 93
Nottbeck, Heinrich 200
Nottbeck, Johann Gottlieb 191
Novalis (= Friedrich von Hardenberg) 233, 237
Numsen, Frederik 110
Nyberg, Karl Johann 197

O'Hara, Antoine 185
Offenberg, von (Familie) 171
Offenberg, H. C. Baron 302
Ohmann, Ludwig 208
Oom, (Familie) 187
Osten-Sacken, Fabian von 116
Oudinot, Charles Nicolas 34

Pahlen, Carl Magnus von der 116, 142, 143
Pahlen, Paul Graf von der 89, 191
Pahlen, Peter Ludwig Graf von der 107

Pahlen, Peter Baron von der 116, 179
Parrot, Georg Friedrich 134, 135, 138, 152
Pascha, Ibrahim 105
Paul I., Zar 33, 38, 69–72, 81, 82, 92, 99, 106, 107, 134, 143,
    152, 195, 266–268
Paul, Jean 237
Paulucci, Philippo Marquis 142, 179, 180, 181, 189, 248,
    292–294, 300
Perevoshtshikov, Vassili 159
Peter I., Zar 20, 21, 75, 77, 79, 91, 93, 102
Peter III., Zar 79, 80, 263
Petri, Johann Christoph 30, 60, 269–271, 280
Pezold, Johann Diedrich 199
Pissarew, Alexander 104
Pistohlkors, Gert von 163
Pistohlkors, Otto von 174
Piwko, Wilhelm 208
Pobowsky, Johann David 208
Pochmann, Gregor von 206
Pohrt, Johann 172
Pope, Alexander 215, 221
Pöschmann, Georg Friedrich 135
Potjomkin, Grigori 102
Protasova, Mascha 159, 199
Puschkin, Alexander 99, 119
Pychlau, L. 319, *334*
Pychlau, Nicolai 319, *335*

Quesnay, Francois 26

Radiščev, Aleksandr 223
Rathke (Professor) 145
Rechenberg-Linten, Ernst von 279
Recke, Elisa Charlotte von der 165, 171
Recke, Johann Friedrich 212, 255
Rehbinder, Karl Friedrich Graf 201
Reichardt, Johann Friedrich 232
Reinhold, von (Familie) 320
Rennenkampf, Paul Reinhold von 170
Repnin, Nikolaj Wassiljevič Fürst 107, 179
Reutlinger, Johann Jakob 205

Reutz, Alexander Magnus von 139, 140
Rhode, Johann Gottlieb 229, 239
Richelieu, Armand Jean du Plessis 52
Richter, Christoph Adam von 271
Richter, siehe Paul, Jean
Riesemann, Alexander 191
Riesemann, Christoph 189, 210
Riesenkampff, Johann Georg 197
Riesenkampff, Justus Johann von 189, 210
Riesenkampff (Familie) 187, 189
Rivière, Pierre Paul Mercier de la 28
Ritter, Wilhelm 206
Rodde (Familie) 187
Rodde, Diedrich 189
Rousseau, Jean Jaques 222
Rosen, Andreas Baron von 36, 115
Rosen, Eugenius von 36
Rosen, K. Baron von 171
Rosenplänter, Johann Heinrich 202
Rosmarin, Johannes 200
Rücker, C. G. 162
Rüdiger, Friedrich Graf von 116, 119
Rumjanzew, Nikolai Petrowitsch 68
Rumjantsew, Pjotr 102, 104, 105, 106, 107
Runeberg, Johan Ludvig 111

Saint-Pierre, Charles Irénée Castel 58
Salemann, Karl Johann 189
Saltykow, Ivan Graf 104
Samson von Himmelstiern, Reinhold Johann Ludwig von 264
Sander, Johann Daniel 226, 228, 234
Schagin-Girej, Khan der Krimtartaren 82
Scheel, H. 320
Scherwinzky, Christian Friedrich 65, 66, 67
Schierant, Rudolf 322
Schilder, H. 172
Schiller, Friedrich von 13, 196, 214, 229, 232, 233, 235, 237
Schilling, Fabian Wilhelm von 194
Schimmelmann, Ernst Heinrich Graf von 222, 229
Schirren, Carl 153
Schlegel, August Wilhelm 231, 234

Schlegel, Caroline 231
Schlegel, Friedrich 231, 233, 235
Schlippenbach, Ulrich von 35
Schlözer, August Ludwig 31, 58
Schmitt, Carl 217
Schoultz von Ascheraden, Karl Friedrich Baron 259, 265, 283
Schubert, Friedrich von 115, 117, 120
Schultz (Kaufmann) 187
Schulze, Friedrich August 228
Schulz, Joachim Christoph Friedrich 211, 212
Schwarzenberg, Johann Georg Eisen von 28
Schwerin, Louis 208
Sembard, siehe Arvelius, Friedrich Gustav
Sengbusch, Alexander Gottschalck von 316
Sergasy, Khan der Kasachen 82
Seume, Johann Gottfried 16, 42
Sievers, Georg Graf von 116
Sievers, Jakob Johann von 81
Sievers, Joachim Freiherr von 190
Sievers, Karl von 116
Sievers, O. 312
Sigismund II. August, König von Polen 147
Simson (Bauer) 257, 258
Sivers, Friedrich Wilhelm von 271, 290
Siwicki, Julius 162
Smith, Adam 25, 30, 275
Snell, Karl Philip Michael 165, 167, 216, 279
Sonntag, Karl Gottfried 170, 173, 175, 215, 219
Soom, Arnold 278
Springfeld, Anna Dorothea 177
Stackelberg, (Familie) 189
Stackelberg, Baron von 100
Stackelberg, Georg von 194
Stackelberg, Gustav von 195, 288
Stackelberg, Otto Magnus Graf von 81
Stackelberg, Otto von 194, 195
Stackelberg, Reinhold Otto von 112, 113, 195
Stael von Holstein, Matthias von 90
Stalin, Josef 120
Stanecke, Emanuel von 181
Steiner (Kaufmann) 187

Steinhauer, Johann 171
Stenbock, Karl Magnus Graf 93
Stender, Gotthard Friedrich 165
Sternberg, Alexander von 196
Sterne, Laurence 224
Stöckel, (Familie) 158
Strahlborn, Heinrich Johann von 189
Strojew, W. 174
Struve, Wilhelm 145, 162
Suworow, Alexander Wassiljewitsch 82, 102, 104–107, 109, 113

Tarlé, Jevgenij 113, 117
Taube, Arved von 110
Tideböhl, Heinrich 189
Tideböhl, Johann Christian 203
Tieck, Ludwig 233, 234, 237
Tiesenhausen, Hans Heinrich von 61
Tiesenhausen, Gertrude von 257
Tobien, Ewald 139, 140, 148
Tocqueville, Alexis de 7, 13, 14, 43
Toll, Karl von 116
Tolstoi, Lev Graf 120
Tonn (Bauer) 257, 258
Toskana, Leopold Großherzog von 18
Trompowsky, Christian G. 170
Turenne, Henri de 117

Uexküll, Berhard Baron von 89
Uexküll, Boris Baron 89, 115, 118
Uexküll, Detlef von 118
Ulmann, Karl Christian 132, 153
Ulrich, Gustav Reinhold von 81
Ungern-Sternberg, Carl Christer von 105
Ungern-Sternberg, Dorothea von 161
Ungern-Sternberg, Fabian Reinhold Freiherr von 195, 196
Ungern-Sternberg, Johann Adolph 170
Ungern-Sternberg, Johann Friedrich Freiherr von 195
Ungern-Sternberg, Karl Freiherr von 206, 210
Ungern-Sternberg, von (Freimaurer) 171
Uvarov, Graf Sergej Semenovič 143

Veit, Dorothea 233
Vietinghof, 168
Vietinghoff, von (Freimaurer) 100
Vietinghoff-Scheel, Otto Hermann Baron von 81, 82
Villebois, Guillemot von 100
Völckner (Translateur) 214
Volkonski, Grigorij 105
Volkonskij, Pjotr Fürst 181
Vollmer (Journalist) 231
Voltaire (= François-Marie Arouet) 19, 20, 70. 71, 214
Voß, Julius von 242
Voss, (Freimaurer) 169
Voß, Johann Heinrich 215

Walter, Ferdinand 291
Walter, J. 145
Walther, Karl Siegesmund 207
Wangersheim, Konrad von 190
Wangersheim, Moritz von 190
Wangersheim, Reinhold von 190
Weismann von Weißenstein, Otto Adolf Baron von 103, 104, 105
Weizenbreier, (Familie) 311
Weyland (Kriegsassessor) 225
Weymarn, Hans Heinrich von 100
Wiegel, Philipp Philippowitsch 95, 117
Wieland, Christoph Martin 18, 211, 217, 221, 224, 229, 231, 232
Wiesender (Freimaurer) 179
Wilhelms, Hermann 201
Winkler, Samuel Reinhold 199, 200
Winzingerode, Ferdinand Baron von 117
Witte, (Familie) 187
Witten, von (Offizier) 79
Wittenberg, Karl 172
Wittgenstein, Ludwig Graf 34, 116
Wojeikov, Alexander 158
Wolff, Christian 15
Wrangel, Georg Gustav von 170
Wrangell, Georg Baron von 114, 115
Wrangell, Heinrich Johann von 69
Wrangell, von (Familie) 189

Zigra, Johann 318
Zimmermann, Clemenz 285
Zimmermann, Karl J. 170
Zuckerbecker, Johann 168
Žukovskij, Vassili 159, 199

Ortsregister

Alt-Luislep 297
Amiens 238
Arensburg 170
Astrachan 109
Augsburg 187, 188
Austerlitz 111 – 113, 121
Avinurme siehe Avvinorm
Avvinorm 295

Babadag 103
Baltischport 199
Barby 206
Berlin 172, 173, 198, 200, 207, 208, 225–228, 230, 231, 233, 234,
   236, 237, 239–241, 243, 247, 249–253
Birkas 206
Bremen 225
Bunzlau 228

Cēsis siehe Wenden
Charkov 135, 144

Dahlen 170
Danzig 208, 121
Depkinshof 35, 247
Dole siehe Dahlen
Dorpat 7, 8, 50–52, 70, 71, 84, 109–111, 119, 131–164, 178, 187,
   195–197, 199, 266, 267, 286
Dortmund 203
Dresden 9, 206, 207, 212

Eckau 121
Erlangen 196

Fall 93
Fellin 286
Flemmingshof 296
Flensburg 208

Focsany 105
Frankfurt/Oder 229, 230
Frankfurt/Main 68

Galatz 105, 106
Gehren 314
Gera 202
Göttingen 9, 110, 159, 164, 188, 194
Groß Jägersdorf 99

Haakhof 190
Haanja siehe Hahnhof
Hahnhof 298
Halle 188, 198, 203, 214
Hamburg 50, 60, 62, 201, 204, 208, 225, 232
Hapsal 187
Helmstedt 188
Helsingfors 185, 192

Isaktscha 103

Jaepern 294
Jelgava siehe Mitau
Jena 9, 157, 169, 170, 198, 202–204, 221, 233, 234
Joa siehe Fall
Jõõpre siehe Jaepern

Kagul 103
Kalli siehe Kallie
Kallie 294
Karlova 160
Kasan 93, 135, 136
Kastolatsi siehe Kastolatz
Kastolatz 297
Kaugershof 271
Kauguri siehe Kaugershof
Keblas 89
Keblaste siehe Keblas
Koman 113
Königsberg 92, 146, 149, 172, 200
Kolga siehe Kolk

Kolk 93
Kopenhagen 168, 222, 228
Kronstadt 157
Kutschuk-Kainardsch 103

Laibach 181
Lais 297
Laiuse siehe Lais
Laius-Tähkvere siehe Flemmingshof
Larga 103
Lasdohn 172
Lazdona siehe Lasdohn
Lēdurga siehe Loddiger
Leipzig 34, 54, 71, 115, 119, 170, 172, 187, 188, 193, 195, 198, 201, 203, 221, 225
Leitmeritz 187
Loddiger 213
London 203
Luckenwalde 200
Lübeck 187, 222, 225, 318
Lüganuse siehe Lüggenhusen
Lugden 156
Luggenhusen 202
Luke siehe Lugden
Lunéville 238

Maciejowice 109
Mäo siehe Mexhof
Maximen 105, 106
Memel 187
Mexhof 195
Mitau 47, 48, 49, 50, 144, 166, 171, 181, 211, 240
Modriku siehe Mödders
Mödders 192
Mohrungen 112
Moskau 86, 89, 94, 114, 133, 135, 173, 178, 179, 185, 196

Narva 702
Narringu 296
Nertschinsk 86
Niesky 206

Noarootsi siehe Nuckö
Novgorod 81
Novi 106
Nuckö 206

Oberpahlen 50, 58
Ösel 285, 286, 288 – 291, 295, 299
Orenburg 82
Ostrolenka 113
Otschakow 107

Paldiski siehe Baltischport
Paris 36, 38, 52, 64, 68, 185, 191, 203
Pärnu siehe Pernau
Pernau 65, 202, 203, 266, 286, 297
Potsdam 234
Preußisch-Eylau 112
Pskow 157
Pucht 193
Puhtu siehe Pucht
Pürksi siehe Birkas

Rägavere siehe Raggafer
Raggafer 192
Rakvere siehe Wesenberg
Ramnicu 105
Reval 7, 8, 32–34, 37, 41, 42, 61, 63, 64, 67, 115,
  123, 160, 166, 177–210, 264, 269
Riga 34, 35, 41, 53, 54, 60, 62, 63, 65, 68, 78, 81, 82, 116, 119,
  132, 154, 160, 161, 166–171, 173, 175, 179–181, 189, 190,
  210, 202, 204, 205, 207, 213–215, 223, 250, 254, 266, 271,
  273, 286, 287, 305–309, 311, 312, 316–318, 321, 322
Rostock 168

Saarbrücken 188
Sack 201
Sakku siehe Sack
Salisburg 170
Schlock 296
Segeberg 187
Seli siehe Sellie

Sellie 294
Simbirsk 82
Sloka siehe Schlock
Smolensk 108, 157
St. Helena 12
St. Petersburg 28, 34, 53, 60, 61, 76, 78, 79, 85, 86, 94, 97, 110,
133, 157, 168, 170, 172, 178, 180, 183–186, 190,
194, 196, 197, 200, 203, 205–207, 214, 270, 272,
282, 290, 293, 307
Stettin 187
Stockholm 197
Straßburg 188, 205

Tallinn siehe Reval
Tammemõis siehe Tammenhof
Tammenhof 297
Tartu siehe Dorpat
Tarutino 116
Tauroggen 248
Tiflis 157
Tilsit 247
Torma 263
Trikaten 172
Trikāte siehe Trikaten
Troppau 181
Tultscha 103
Twer 81

Ufa 82

Valbērģumž siehe Salisburg
Vana-Luislepa siehe Alt-Luislep
Värälä 108
Valmiera siehe Wolmar
Vilnius / Vilna siehe Wilna
Vitebsk 160
Virtsu siehe Werder
Volga siehe Walk

Walk 266, 296
Warschau 81, 108, 111

Weimar 208, 211, 221, 222, 225, 227, 233
Wenden 170
Werder 194
Werro 286
Wesenberg 184, 199, 257, 258
Wien 196, 249
Wilna 34, 35, 109, 131, 160
Wjatka 96, 157
Wladimir 95
Wolmar 266

Zorndorf 103
Zürich 198

Autorenverzeichnis

Heinrich Bosse, Dr.   Peter-Thumb-Str.1a
79100 Freiburg
Tel: 0761-8886506
Heinrich.bosse@germanistik.uni-freiburg.de

Otto-Heinrich Elias, Dr.   Silcherstr. 21
71665 Vaihingen
Tel: 07042-6359
heiner_elias@yahoo.de

Rein Helme, Dr. †

Indrek Jürjo, Dr.   Estnisches Nationalarchiv
Staatsarchiv
Tönismägi 16
EE-10119 Tallinn
Tel: 00372-6938522

Michael Katin-Jarzev, Dr.   Bolschaja Nikitskaja Str 49,
App. 33
21069 Moskau

Lea Leppik, M.A.   Estnisches Nationalarchiv
Historisches Archiv
J. Liivi 4
EE-50409 Tartu
Tel: 00372-7-387521

Kersti Lust, M.A.   Estnisches Nationalarchiv
Historisches Archiv
J. Liivi 4
EE-50409 Tartu
Tel: 00372- 7-387530

Konrad Maier, Dr.   Institut für Kultur und
                          Geschichte der Deutschen
                          in Nordosteuropa
                          Conventstr. 1
                          21335 Lüneburg
                          Tel: 04131-400590
                          Fax: 04131-391143

Guido Štraube, Dr.   Lettische Universität
                          Fakultät für Geschichte
                          Brivibas 32
                          LV 1050 Riga
                          Tel:00371-9689986

Eižens Upmanis   Geschäftsführer Bruder-
                          friedhof und Freiheitsdenk-
                          mal
                          Kalijzem iela 30
                          Lv 1046 Riga

Henning von Wistinghausen Lützow Ufer 1
                          10785 Berlin
                          Tel: 030-23003202

Schriftenreihe BALTISCHE SEMINARE
der Carl-Schirren-Gesellschaft e.V.

Band 1: **Karl Heinz Borck** (Hrsg.): *Die Bibelübersetzung und ihr Einfluss auf die estnische Kulturgeschichte.* Lüneburg 1996, 141 S.,(ISBN: 3-923149-27-1)

Band 2: **Claus von Aderkas** (Hrsg.): *300 Jahre lettische Bibelübersetzung durch Ernst Glück und ihr Einfluss auf die lettische Kulturgeschichte.* Lüneburg 2001, 136 S., (ISBN: 3-923149-29-8 bzw. 3-932267-31-1)

Band 3: **Günter Krüger** (Hrsg.): *Klassizismus im Baltikum.* Lüneburg. (in Vorbereitung, ISBN: 978-3-923149-37-7)

Band 4: **Uwe Albrecht** (Hrsg.): *Gotik im Baltikum.* Lüneburg 2004, 276 S., (ISBN: 978-3-923149-38-4)

Band 5: **Michael Garleff** (Hrsg.): *Literaturbeziehungen zwischen Deutschbalten, Esten und Letten.* Lüneburg (in Vorbereitung, ISBN: 978-3-923149-39-1)

Band 6: **Claudia Anette Meier** (Hrsg.): *Sakrale Kunst im Baltikum.* Lüneburg. (in Vorbereitung, ISBN: 978-3-923149-40-7)

Band 7: **Heinrich Wittram** (Hrsg.): *Baltische Gutshöfe. Leben - Kultur - Wirtschaft.* Lüneburg 2006, 324 S., (ISBN: 978-3-923149-41-4)

Band 8: **Detlef Kühn** (Hrsg.): *Schulwesen im Baltikum.* Lüneburg 2005, 220 S., (ISBN: 978-3-923149-42-1)

Band 9: **Gisela Reineking-von Bock** (Hrsg*.): Künstler und Kunstausstellungen im Baltikum im 19. Jahrhundert.* Lüneburg 2007, (ISBN: 978-3-923149-43-8)

Band 10: **Norbert Angermann** (Hrsg.): *Städtisches Leben zur Zeit der Hanse im Baltikum.* Lüneburg 2003, 290 S., (ISBN: 978-3-923149-44-5)

Band 11: **Heinrich Wittram** (Hrsg.): *Der ethnische Wandel im Baltikum zwischen 1850 und 1950.* Lüneburg 2005, 236 S., (ISBN: 978-3-923149-45-2)

Band 12: **Otto Heinrich Elias** (Hrsg.): *Zwischen Aufklärung und Baltischem Biedermeier.* Lüneburg 2007, (ISBN: 978-3-923149-46-9)

Band 13: **Jörg Hackmann** (Hrsg.): *Korporative und freiwillige Assoziationen in den baltischen Ländern.* Lüneburg (in Vorbereitung, ISBN: 978-3-923149-47-6)

Band 14: **Detlef Henning** (Hrsg*.): Nationale und ethnische Konflikte in Estland und Lettland während der Zwischenkriegszeit.* Lüneburg (in Vorbereitung, ISBN: 978-3-923149-50-6)

Band 15: **Dr. Yvonne Luven** (Hrsg*.): Das nationale Erwachen ab dem 19. Jahrhundert im Baltikum.* Lüneburg (in Vorbereitung, ISBN: 978-3-923149-52-0)

Carl-Schirren-Gesellschaft e.V., Am Berge 35, D-21335 Lüneburg
Tel.: (04131)36788, Fax: (04131)33453

www.ingramcontent.com/pod-product-compliance
Lightning Source LLC
Chambersburg PA
CBHW070934230426
43666CB00011B/2429